한국신약해설주석 1B

마태복음 13:53-28:20

신현우 지음

KECOT/KECNT 김상훈 총괄 편집

KECNT 신현우 책임 편집

한국신약해설주석 1B
마태복음 13:53-28:20

지음   신현우
총괄편집   김상훈
책임편집   신현우
교정교열   김덕원

발행처   감은사
발행인   이영욱
전화   070-8614-2206
팩스   050-7091-2206
주소   서울시 강동구 암사동 아리수로 66, 401호
이메일   editor@gameun.co.kr

종이책
초판1쇄   2022.11.30.
ISBN   9791190389754
정가   31,000원

전자책
전자책1쇄   2022.11.30.
ISBN   9791190389778
정가   23,200원

Korean Exegetical Commentary on the New Testament 1B

The Gospel According to Matthew 13:53-28:20

Hyeon Woo Shin

KECOT/KECNT General Editor, Sang-Hoon Kim

KECNT Editor, Hyeon Woo Shin

| 목차 |

KECNT/KECOT
총괄 편집자 서문

    일선 목회자들을 만나면 좋은 주석을 추천해 달라는 말씀을 자주 듣게 됩니다. 믿을 만한 성경 주석이 필요합니다. 시대적 필요에 맞는 새로운 주석 편찬에 대해 다음의 다섯 가지를 말할 수 있겠습니다.

    첫째, 건실한 개혁신학과 성경적 복음주의의 입장에 바로 서 있는 좋은 주석이 필요합니다. 하나님의 말씀인 성경에 대한 권위(authority)와 진정성(authenticity)을 신학(학문)이라는 이름으로 훼손하고 있는 주석이 적지 않습니다. 성경의 권위(*sola scriptura*, "오직 성경으로")를 중시한 종교개혁의 건실한 개혁신학과 성경의 영감적 특성을 존중하는 복음주의 관점에서 쓴 주석이 필요합니다. 영감된 말씀인 성경에 대한 존중과 바른 이해에 기반하는 주석은 주님의 교회를 새롭게 하고 생명력 있는 말씀 사역을 하도록 지원할 수 있습니다. 독자는 바른 신학과 성경에 대한 신뢰를 가지고 본문을 깊이 연구할 수 있습니다.

    둘째, 국내 저자에 의한 국제적 수준의 주석 집필이 요구되고 있습니다. 성경적 복음주의에 기초한다고 해서 학문적 특성이 배제되면 신뢰할 만한 주석이라 할 수 없을 것입니다. 주석의 학문성은 저자의 학문적 자질과 능력에서 비롯됩니다. KECNT(한국신약해설주석)의 집필진은 학문적으로 국제적인 교류를 해온 학자들이 중심이 됐습니다. 해외 신학계와 해석학계에 학문적 목소리를 낼 수 있는(내어온) 학자들이 주석 집필진이 된 것입니다. 그렇기에 주석의 학문적 수준을 신뢰할 수 있을 것입니다. 본문의 논쟁적 문제를 다룰 때도, 개혁신학과 복음주의에 뿌리를 두되, 진지한 학문적 태도로 연구되고 있는 것을 볼 수 있을 것입니다. 여기서 신앙과 학문의 조화를 발견할 수 있습니다.

각 주석은 독자적인 연구를 바탕으로 된 것입니다. 신학적으로나, 학문적으로 신뢰할 만한 저자들의 단권 주석은 해당 분야에 대한 철저한 연구 성과를 토대로 집필된 것입니다. 대표되는 주석들과 학자들의 견해들이 주석 안에 섭렵되면서도, 집필자 자신의 깊은 본문 연구를 토대로 주석된다는 특징이 있습니다. 각자의 영역에서 뚜렷한 학문적인 논의를 개진할 수 있는 저자들이기 때문입니다.

셋째, 단권 주석의 강점은 각 권의 전문성이 인정된다는 것입니다. 저자 한 사람이 성경 전권을 주석하는 방식은 학문적인 한계를 가질 수밖에 없습니다. 점차 전문화되어가는 학문적 흐름에는 맞지 않습니다. 해당 분야의 전문적 식견을 갖춘 저자에 의한 단권 주석 집필은 그런 점에서 의미가 큽니다. 각 권은 특장(特長)을 가진 각 저자의 적지 않은 시간 동안의 연구와 노력을 담은 주석서입니다. 같은 개혁신학과 복음주의 신앙을 가진 저자들에 의한 학문적 노력이 담긴 각 권의 주석입니다. 신학적으로, 학문적으로 검증된 저자들이 함께 어울려 성경 전체의 주석서를 내고 있습니다. 함께 하나님 나라를 위해 노력하려 합니다.

넷째, 성경 주석은 본문 중심의 주석일 필요가 있습니다. 개혁신학과 복음주의 전통의 문법적-역사적 해석은 하나님의 말씀인 성경 본문을, 역사적 맥락과 문법적 특징에 따라 세밀히 살펴, 본문의 계시적 의미를 밝히려는 해석입니다. 따라서 원어를 기초로 한, 각 절과 각 단원의 치밀한 주해에 집중합니다. 본문을 중시하는 문법적-역사적 해석의 전통은 최근 언어적·문학적·구조적·수사적 연구 등에 의해 더욱 발전되어 왔습니다. 하나님의 말씀 중심인 문법적-역사적 전제에 어울릴 수 있는 한, 이들 연구는 본문 해석에 유익한 면이 있습니다. 문법적-역사적 해석이 여러 갈래로 발전되고 있는 것입니다. KECNT에서 각 권의 저자가 어떤 특징과 강점을 가지고 성경 본문을 세밀히 해석하고 있는지 볼 수 있을 것입니다.

다섯째, 교회와 목회자의 필요에 맞는 주석이어야 할 것입니다. 교회가 신뢰할 만한 신학적 토대를 가지고 있다는 점과 함께, 철저한 본문 중심 해석이라는 특징 때문에 우리 한국 교회와 교회 사역자(설교자), 그리고 성경을 깊이 연구하고자 하는 분들에게 실제적인 도움이 될 것입니다. 특히 설교를 준비할 때, 본문에 대해 깊이 있고 정확한 해석의 기반이 가장 중요하다는 점에서 KECNT는 설교자의 좋은 동반자가 될 것입니다. 하나님의 말씀이 제대로 전해지면 교회는 회복됩니다. 교회의 진정한 개혁은 하나님의 말씀으로 됩니다. 한국 교회에 말씀의 뿌리가 깊이 내려지고 그 위에 갱신과 부흥의 나무가 서야 합니다.

마태복음을 저작하신 신현우 교수님은 탁월한 공관복음 전공 학자로 그의 암스테르담 자유 대학의 박사 학위 논문은 국제적으로 학문적인 수월성을 인정받는 CBET 시리즈에 채택되어 Peeters에서 출간된 바가 있고, 또한 JTS, Bible Translator 등 저명한 국제 학술지와 국내 주요 학술지 등에 상당한 연구 논문을 게재해 왔을 뿐 아니라 그간 교수 사역을 통해 십여 권의 전문서적을 저술해 온, 한국 신학계와 해석학계를 대표하는 신약 신학자라 할 수 있습니다. 이번 KECNT 마태복음 주석(상, 하)은 전통(보수)적인 개혁신학의 문법적-역사적 해석의 바탕에서 마태복음 본문 연구에 종합적이고 풍요로운 역사적-문헌적-주해적 해석을 독자들에게 제공해 줄 것입니다.

KECNT 편찬에 관계된 저희 모두는 이 일을 영예로 생각합니다. 좋은 주석서들이 활용되면 주의 교회가 힘을 얻게 될 것이기 때문입니다. 오직 하나님만이 영광을 얻으시기에 합당하십니다(*soli Deo gloria*, "오직 하나님께만 영광이").

2022년 9월 24일

김상훈

KECNT/KECOT 총괄 편집자

KECNT
책임 편집자 서문

한국신약해설주석(KECNT)은 성경을 하나님의 말씀으로 받아들이고 신앙의 규범으로 삼는 정통 신학의 틀 속에서 종교 개혁자들의 문법적-역사적 해석 방법을 사용하여 신약 성경을 연구하는 주석 시리즈입니다.

한국의 신학계는 그동안 비약적 발전을 하여 세계 신학의 한 축을 형성하는 단계로 진입하고 있습니다. 특히 한국의 신약학계는 이미 세계적인 수준에 도달하였습니다. 그리하여 이 주석 시리즈의 저자들은 국제 학계(총서 및 학술지 등)에 출판 실적이 있는 학자들 중에서 정통 신학을 추구하는 학자들을 선택하여 선정할 수 있었습니다.

이 주석 시리즈는 간단명료한 문체를 추구하며, 제한된 지면에 알찬 내용을 담고자 했습니다. 또한 문법적-역사적 해석 방법에 따라 원어의 용례, 역사적 배경과 본문의 문맥에 토대한 의미 파악에 주력하여 성경 각권 저자가 의도한 본문의 의미가 잘 드러나도록 하였습니다. 그리하여 우리 시대에 성경 본문을 적용하기 위한 튼실한 출발점을 얻을 수 있도록 하였습니다.

이 주석은 단락별로 번역, 절별 주해, 단락 해설로 구성하여 설교자들과 성도들이 성경을 연구하다가 필요한 구절을 쉽게 찾을 수 있도록 하였고, 단락 해설을 통해서는 심층 주해, 전체적인 흐름 파악, 또는 적용을 위한 통찰을 얻을 수 있도록 하였습니다. 성경 원어 본문 번역은 헬라어 본문 번역에서 출발하여 주해의 성과까지 반영한 결정체입니다. 이 부분은 모아서 추후 새로운 성경 번역본으로 출판하게 될 것입니다.

이 주석 시리즈는 주해 부분에서 헬라어를 음역할 경우에는 자음은 경음(ㄲ, ㄸ, ㅃ)을 활용하였습니다. 이것은 고대 및 현대 헬라어 발음과 유사할 뿐 아니라, 격음(ㅋ, ㅌ, ㅍ)과 함께 사용하여 유사한 발음의 헬라어 자음들을 한글로 명확히 구분하여 표기할 수 있기 때문입니다. 모음의 경우에도 영미식이나 독일식 발음이나, 현대 헬라어 발음도 따르지 않고 고대 헬라어의 발음으로 추측되는 방식으로 음역했습니다.

이 시리즈의 출판을 흔쾌히 수락하여 목회자들과 교회를 위한 주석서를 세상에 내놓는 수고를 감당해 주신 감은사의 이영욱 대표님께 감사를 드립니다. 아울러 한국교회와 목회자/성도들을 위하여 KECOT/KECNT 총괄편집장을 맡아주시어 물심양면으로 수고하시는 김상훈 교수님께 감사드립니다.

교회의 왕이시며 온 우주의 통치자이신 예수께 감사의 송영을 올립니다. 이 주석 시리즈도 우리의 주되신 예수께 드리는 예배의 일부입니다. 십자가의 길을 가심으로 마귀의 세력을 무너뜨리고 고난의 십자가 위에서 온 세상을 통치하시는 주 예수여, 영원토록 영광과 찬양을 받으소서. 아멘.

2022년 8월 13일

신현우

KECNT 책임 편집자

저자 서문

마태복음 본문 주해를 강의하며 원고를 쓰기 시작한 지 14년 정도 지났지만, 성경은 연구해도 더 깨닫게 되고, 새로운 논문들과 주석들이 계속 쏟아져 나오기에, 이제 출판해도 되겠다는 생각을 할 수 있는 시점은 계속 미루어진다. 그러나 이제 마음을 비우고 마태복음 해석의 징검다리에 돌 하나 보내는 마음으로 이 책을 출판한다.

원고의 분량이 많아서 우선 마태복음 1:1-13:52에 관한 해석을 담아 제1권으로 내었고, 이어서 13:53-28:20에 관한 해석을 담은 제2권을 내놓는다.

필자는 이 주석서를 쓰며 우선 헬라어 본문을 새로이 번역하였다. 또한 마태복음 본문에 관한 주해 결과는 다시금 본문 번역에 반영되었다. 그러나 주해 부분에서는 독자들을 위하여 종종 개역개정판의 본문을 언급하여 이 책을 활용하기 편리하게 하였다. 이 책에서 사용한 성경 역본을 특별히 언급하지 않은 경우는 개역개정판의 인용이거나 필자의 사역이다.

마태복음 주석서를 출판하며 필자는 이 책을 고 정훈택 교수님께 헌정한다. 그분은 2007년도에 마태복음 본문만을 읽고 묵상하며 『쉬운 주석 마태복음』을 출판하였다. 이 책은 신구약의 연속성을 강조하는 개혁신학적 특징을 잘 보여 주는 주석이었다. 그 후 정 교수님은 본격적인 마태복음 주석서를 집필하고자 하셨지만, 갑작스러운 병환으로 인해 은퇴도 하기 전인 2013년에 우리 곁을 떠나셨다. 은사님을 직접 찾아뵙고 전해 드릴 수는 없지만, 그분의 신학과 삶을 존경하는 후학들의 마음을 담아 그분이 사랑한 복음서인 마태복음에 관한 주석서를 그분에게 헌정한다.

주석은 과거의 연구 전통을 종합하고 한 걸음 더 나아가는 종합과 창조의 작업이다. 이 주석의 경우도 예외는 아니다. 집필을 위해서 직접 본문을 묵상하며 주해하는 작업부터 시작하였고 창조적 주해 성과를 포함하였지만, 기존의 주석서들과 국내외 학술 논문들에 담긴 정보들도 열심히 활용하였다. W. D. Davies & D. C. Allison을 비롯한 마태복음 해석에 기여한 해외 학자들만이 아니라 한국 신학의 전통을 세워가고 있는 한국 학자들의 성과도 소개하였다. 양용의 교수(2018년, 성서유니온)와 강대훈 교수(2019년, 상하 두 권, 부흥과개혁사)의 주석은 집적된 배경 연구에 토대한 알찬 주해적 성과를 가득 담고 있다. 김상훈 교수의 마태복음 주석은 구조 분석이 탁월하며, 정훈택 교수의 주석은 신구약의 연속성을 잘 통찰하였다. Kim, Seon Yong(김선용), Yang, Yong Eui(양용의), 강대훈, 김창훈(신약학자), 김태섭, 김학철, 박성호, 박윤만, 이민규, 이석호, 이준호의 한글/영어 소논문들(및 주석) 중에는 마태복음 주해에 도움이 되는 통찰이 있었다. 미리 마태복음을 연구하여 징검다리 돌들을 놓은 국내외의 많은 학자들이 아니었다면 필자는 돌 하나를 더 보태려고 강 한가운데로 가지 못했을 것이다. 그들의 연구 성과를 소개할 때 필자는 일일이 본문 주 또는 각주를 통하여 밝힘으로써 그들의 노고를 기억하고자 했다. 필자가 원고 집필을 마친 후 최종 교정 과정에 있을 때, 양용의 교수의 대작인 마태복음 주석이 출판되어서(2022년 9월, 이레서원), 필자는 시간상 이 책을 읽거나 인용하지는 못했다.

　　이 책에는 필자가 미리 저술한 책들(특히 『메시아 예수의 복음』, 『신약 헬라어 주해 문법』, 『신약 주석학 방법론』)과 논문들에 담긴 내용이나 아이디어에 겹치는 부분이 아주 조금 있지만, 일일이 각주에 밝히지는 않았고 이 서문을 통하여 언급한다. 필자는 이미 출판한 마가복음 주석서 (『마가복음』, 서울: 감은사, 2021)와 누가복음 주석서(『누가복음 어떻게 읽을 것인가』, 서울: 성서유니온, 2016)의 내용도 종종 활용하였고, 이 경우에는 본문 주 또는 각주에도 언급하였다. KECNT 주석은 각주 대신 본문 주를 사용하는 것을 원칙으로 하지만, 마태복음 주석의 경우에는 본문 주가 너무 많아서 종종 본문 주를 각주로 내려서 기재하였다.

　　인명이나 지명 등을 음역할 때에는 가급적 원래의 발음에 가깝게 하였지만, 고대 저자의 경우에는 관습적으로 이미 널리 알려진 발음이 있는 경우 독자들에게 친숙한 발음을 사용하였다(예. 어거스틴, 크리소스톰, 이레니우스, 필로). 또한 개역개정판 성경을 통하여 이미 널리 퍼진 인명이나 지명 등은 가급적 그대로 사용하였다. 그렇지만, 원래의 발음에 가깝게 표기하는 것이 더 좋다고 판단되는 경우에는 새롭게 음역하였다. 특히 이미 한국 사회에서 다른 발음으로 널리 알려져 있을 때에는 소통을 위하여 일반화된 발음으로 표기하였다(예. 다마스쿠스, 아시리아, 이집트). 개역개정판에 사용된 발음 중에는 중국어로 음역하여 표기한 것을 한자 발음으로 읽어서 음역한 것이 많다(예. 다메섹, 애굽). 이것은 원래의 발음과도 다르고 현대 한국 사회에서 사용하지도 않기 때문에, 교회에서나 사회에서나 모두 통용될 수 있는 익숙한 발음이 있을 경우에는 그러한 발음으로 음역을 하였다.

　　원고를 읽고 유익한 논평을 해 주신 총괄편집장 김상훈 교수님과 편집 및 출판 과정에서 많은 수고를 해 주신 감은사의 이영욱 대표님과 김덕원 교정자님에게 감사드린다.

　성경을 우리에게 주신 하나님의 은혜가 없었다면 이것을 해석하는 작업은 처음부터 불가능하였을 것이다. 또한 이 주석 작업은 하나님께서 주신 시간과 그 속에서 호흡하고 생각할 수 있었던 생명으로 인해 가능하였다. 유학 시절부터 지금까지 학업과 연구를 그치도록 방해하는 수많은 장애물이 긴 마라톤 같은 행진을 멈추도록 시시각각 압박해 왔지만, 오직 바다에 길을 내시는 하나님의 폭풍 같은 은혜로 거센 풍파를 넘어 올 수 있었다. 그 해일과 같은 은혜가 없었다면 이 책은 나올 수 없었을 것이다. 하나님의 말씀을 해석하는 신학적 작업은 시간과 생명의 근원이시며 계시의 기원이신 하나님을 찬미하고 그분에게 영광을 돌리는 감사의 표현이다. 이 책도 그러한 예배의 일부이다.

2022년 10월 3일

수락산 기슭에서

신현우

1. 학술지, 저서 및 총서

BDAG	W. Bauer, *A Greek-English Lexicon of the New Testament and Other Early Christian Literature*, revised and edited by F. W. Danker, 3rd ed., Chicago: The University of Chicago Press, 2000.
BDF	F. Blass & A. Debrunner, *A Greek Grammar of the NT and Other Early Christian Literature*, trans. by R. W. Funk, Chicago: University of Chicago Press, 1961.
CBQ	*The Catholic Biblical Quarterly*
DA	W. D. Davies & D. C. Allison, *A Critical and Exegetical Commentary on the Gospel According to Saint Matthew*, 3.vols. Edinburgh: T. & T. Clark, 1988-1997.
EKKNT	Evangelisch-Katholischer Kommentar zum Neuen Testament
HTR	*Harvard Theological Review*
JBL	*Journal of Biblical Literature*
JSNT	*Journal for the Study of the New Testament*
JETS	*Journal of the Evangelical Theological Society*
JTS	*Journal of Theological Studies*
NAC	New American Commentary
NovT	*Novum Testamentum*
NTS	*New Testament Studies*
Str-B	H. L. Strack & P. Billerbeck, *Kommentar zum Neuen Testament aus Talmud und Midrasch*, 6 vols., München: C. H. Beck, 1922-1961.
TC	*TC: A Journal of Biblical Textual Criticism*
WBC	Word Biblical Commentary
WUNT	Wissenschaftliche Untersuchungen zum Neuen Testament

2. 배경문헌

Adv. Marc.	Adversus Marcionem
Ant.	Flavius Josephus, Antiquities of the Jews
b.	Babylonian Talmud
Barnabas	The Epistle of Barnabas
CD	Cairo (Genizah text of the) Damascus (Document)
Deut. Rab.	Deuteronomy Rabbah
Exod. Rab.	Exodus Rabbah
Gen. Rab.	Genesis Rabbah
H.E.	Eusebius, Historia ecclesiastica (= The Church History)
Hom. on Mt.	Homilies on Matthew
j.	Jerusalem Talmud
J.W.	Flavius Josephus, The Jewish War
Koh. Rab.	Kohelet Rabbah
LAB	Philo, Liber Antiquitatum Biblicarum (= The Biblical Antiquities)
m.	Mishnah
Mek.	Mekhilta de Rabbi Ishmael
Midr. Ps.	Midrash 1 Psalms
P. Berol.	The Berlin Papyrus
Pesiq. R.	Pesiqta Rabbati
POxy	Papyrus Oxyrhinchus
Sib. Or.	Sibylline Oracles
Spec.	(Philo,) The Special Laws
t.	Tosefta
Tg. Isa.	Targum Isaiah
Tg. Neof.	Targum Neofiti
Tg. Ps.-J.	Targum Pseudo-Jonathan
Vit. Mos.	(Philo,) On the Life of Moses
1QapGen	쿰란 제1동굴에서 발견된 창세기 비록(Genesis Apocryphon)

1QH	쿰란 제1동굴에서 발견된 감사 찬송들
1QpHab	쿰란 제1동굴에서 발견된 하박국 주석
1QM	쿰란 제1동굴에서 발견된 전쟁 문서(War Scroll)
1QS	쿰란 제1동굴에서 발견된 공동체 규칙(The Community Rule)
1QSa	쿰란 제1동굴에서 발견된 회중 규칙(The Rule of the Congregation = 1Q28a)
4QFlor	쿰란 제4동굴에서 발견된 사화집(詞華集: Florilegium = 4Q174)
4QPBless	쿰란 제4동굴에서 발견된 족장들의 축복(Patriarchal Blessings)
4QSb	쿰란 제4동굴에서 발견된 256번 문서
11QPs[a]	쿰란 제11동굴에서 발견된 시편 사본 A
11QTemple	쿰란 제11동굴에서 발견된 성전 문서(The Temple Scroll = 11Q19)
11QtgJob	쿰란 제11동굴에서 발견된 욥기 탈굼

I. 본문 주석

마태복음 13:53-17:27은 예수의 사역을 통하여 예수의 메시아 정체를 소개한다. 특히 오병이어 표증(14:13-21), 물 위를 걸으신 표증(14:22-33), 칠병 표증(15:32-39)은 예수께서 신적인 분이심을 입증한다. 이러한 표증을 통하여 제자들은 예수께서 메시아이심을 고백하기에 이른다(16:13-16). 그러나 제자들은 예수께서 고난을 받으셔야 함을 아직 제대로 이해하지 못하였다. 예수께서는 그들에게 자신이 당할 고난을 예고하시고, 그들이 고난을 각오하고 자신을 따라야 함을 알리신다(16:21-25). 높은 산에서 예수께서 변화하신 모습과 그때 구름 속에서 들린 음성도 예수께서 메시아로서 고난을 당하실 것을 확인한다(17:5).

1. 고향에서 배척받으신 예수 (13:53-58)

예수께서는 고향에 가셔서 회당에서 가르치셨는데 그곳 사람들은 예수를 믿지 않는다.

1. 번역

13:53 예수께서 이 비유들을 마치셨을 때, 그곳에서 떠나셨다. **54** 그리고 그의 고향으로 가서 그들의 회당에서 그들을 가르치셨다. 그러자 그들이 놀라서 말했다.

"어디서 이자에게 이런 지혜와 권능이 왔는가?

55 이자는 목수의 아들이 아니냐?

그의 어미는 마리아라 불리고

그의 형제들은 야고보와 요셉과 시몬과 유다가 아닌가?

56 그리고 그의 누이들은 모두 우리와 함께 살지 않는가?

그런데 어디서 이자에게 이 모든 것이 왔는가?"

57 그리하여 그들은 그를 믿지 않았다. 그러나 예수께서는 그들에게 말씀하셨다.

"선지자가 자신의 고향과 집 외에는 존경받지 않는 곳이 없소."

58 그리고 그곳에서는 그들의 믿지 않음 때문에 많은 권능을 행하지 않으셨다.

2. 주해

53절 (비유를 마치심) 마태복음에서 '그리고 예수께서 (가르치시기를) 마치게 되셨을 때'는 5회 등장한다(7:28; 11:1; 13:53; 19:1; 26:1). 이러한 표현은 예수의 가르침에 관한 단원이 마칠 때마다 등장하여 마태복음의 구조를 보여 준다. 그러므로 이것은 새로운 단원을 시작하는 담화 표지에 해당한다.

54절 (고향으로 가신 예수) 예수께서 '고향' 나사렛에 가신다. 나사렛은 당시에 인구 500명 정도의 마을이었을 것이다.[1] 나사렛은 그곳에서 선한 것이 나올 수 없다고 한 나다나엘의 지적에 반영되었듯이(요 1:46), 무시 당하는 마을이었을 것이다. 나사렛 사람들도 이러한 생각으로 인해 예수를 배척했을 것이다.[2]

나사렛 사람들이 예수의 지혜와 권능에 놀란 이유는 예수께서 나사렛에서 성장하실 때 평범한 모습으로 사셨음을 짐작하게 한다(Maier, 498).

55-56절 (예수를 배척한 이유) 고향 마을 사람들이 예수를 배척하기 전에 한 말들은 그들이 왜 예수를 배척하였는지 이유를 알려 주는 단서이다. 그들은 예수가 '그 목수의 아들'이라고 지적한다. 이것은 동정녀 탄생에 대해 알지 못하는 사람들의 표현으로서 적합한 표현이다. 그렇지만 동정녀 탄생을 믿는 교회에 의해서는 이러한 표현이 창작되었을 리 없다. 실제로 사람들이 예수를 '목수의 아들'이라고 부르지 않았다면, 이러한 표현이 복음서에 등장하지 않았을 것이다.

목수는 단순히 나무만을 다루는 장인은 아니었다. 개역개정판에서 '목수'로 번역된 단어(τέκτων)는 사무엘상 13:19에서 창, 칼 등을 만드는 역할도 하는 것으로 나온다.[3] 이 단어는 건축 관련 일을 하는 사람을 가리키는 용어였다.[4] 그런데, 저스틴(Justin)은 예수께서 멍에와 쟁기를 만드는 일을 했다고 하며(*Dialogue with Trypho* 88), 고대 역본들은 대개 이 단어(τέκτων)를 목공 사역자를 가리키는 것으로 이해하고 번역하였다.[5] 그렇지만 예수께서 나무만이 아니라 다른 재료들도 다루며 건축 일을 하셨을

---

1. Edwards, 169.
2. 신현우, 2021: 331.
3. DA, 1991: 456.
4. 강대훈, 하, 23.
5. DA, 1991: 456.

가능성을 배제할 수 없다.

고향 사람들은 예수의 형제들이 야고보, 요셉, 시몬, 유다라고 언급한다. 이들은 아마도 예수의 사촌 형제들이 아니라 친형제들이었을 것이다(자세한 설명은 아래 해설 참고).

57절 (고향에서 배척당하신 예수) 고향 사람들은 예수를 배척하였다. 개역개정판에서 '~를 배척하다'로 번역한 부분에 해당하는 헬라어 표현(ἐσκανδαλίζοντο ἐν)은 "~ 믿지 않았다"를 뜻할 수 있다. 58절은 '그들이 믿지 않음'을 언급하는데, 이것은 57절의 '그들이 예수를 배척하였다'로 번역된 부분과 평행을 이루어 두 표현이 유사한 의미를 전달함을 알려 주기 때문이다. '배척하다'로 번역된 동사는 직역하면 '넘어지게 되다'로 번역할 수 있는데, 이것은 "믿음으로 가는 길에 장애물이 있어서 넘어져 의심하게 되다"는 뜻을 표현한다고 볼 수 있다.

나사렛 사람들이 예수를 배척한 이유는 예수께서 나사렛 사람인 요셉의 집안 사람이라는 것이었다. 그들이 제시한 이유들은 그 목수의 아들임, 어머니는 마리아임, 그 형제들도 아는 사람임, 누이들이 모두 자신들과 함께 있음이었는데, 이것들은 모두 예수께서 나사렛 사람이라는 증거들이다. 그들은 나사렛에서는 선지자나 메시아가 나올 수 없다고 믿었기 때문에 이것들이 증거로 작용할 수 있었을 것이다.

예수께서는 "선지자가 자기 고향과 자기 집 외에서는 존경을 받지 않음이 없느니라."고 지적하신다. 이 말씀은 자기 고향 아나돗 사람들에게 배척받은 예레미야의 경우를 반영하는 듯하다(렘 1:1; 11:21).[6] 여기서 '집'으로 번역된 단어(οἰκία)는 집만이 아니라 도시를 가리키기도 하므로(70인역 렘 22:5; 마 23:38; 레위의 유언 10:4) 여기서 '고향'과 동의어로 사용

---

6. 양용의, 2018: 297.

되었다고 볼 수 있다(DA, 1991: 459). 그러나 이 단어는 대개 집이나 가족을 가리킨다(BDAG, 695). 따라서 이 예수의 말씀은 나사렛 사람들처럼 예수의 가족도 예수를 메시아로 받아들이지 않았음을 암시한다.

58절 (많은 능력을 행하지 않으심) 고향 마을 사람들이 예수를 믿지 않자 예수께서는 그곳에서 많은 능력을 행하지 않으신다. 마태복음은 '행하지 아니하셨다'라고 하지만, 마가복음은 '행하실 수 없었다'라고 무능을 묘사하는 표현으로 예수의 인성을 강조한다. 그런데 마태복음은 예수께서 권능을 행하실 수 있었지만 의도적으로 행하지 않으셨다고 표현한다. 또한 마가복음 6:6의 '믿지 않음에 놀라셨다'는 표현도 마태복음에는 없어서 예수께서 미리 아시지 못하셨다는 암시도 없다. (미리 예측하셨다면 놀라시지 않으셨을 것이기 때문이다.) 마태복음은 좀 더 신학적으로 명확한 문장을 사용하지만, 마가복음은 (목격자의 진술을 그대로 전달하는 입장에서) 신학적 여과 없이 사건을 전달한다. 예수께서 놀라셨다는 마가복음의 진술이 예수를 주 그리스도로 믿는 그리스도인들에 의하여 나중에 창작되었을 리는 없다. 그러므로 그러한 진술은 역사적 진정성을 가진다.

사람들이 예수를 믿지 않았기에 권능을 행하지 않으셨다는 기록은 예수께서 마술을 행하듯이 기적을 행하지는 않으셨음을 보여준다. 그러나 예수께서 사람의 믿음에 의존하여 기적을 행하지는 않으셨음은 손 마른 병자 치유(마 12:9-13), 오병이어 기적(마 14:13-21), 물 위를 걸으신 기적(마 14:25) 등이 사람들의 믿음과 무관하게 발생한 것을 통해 드러난다(Maier, 500). 나사렛 사람들은 믿음의 반응이 없는 정도가 아니라, 예수를 받아들이지 않는 불신앙으로 반응하였기에 예수께서 그곳에서 치유를 행하지 않으심은 그들에 대한 일종의 심판이었다고 볼 수 있다(Maier, 501 참고).

양용의는 "본 단락과 더불어 예수께서 회당을 방문하시는 이야기가 마태복음에서는 더 이상 나타나지 않는"데, 이것은 예수와 유대인들의 회당 사이에 "뛰어넘을 수 없는 간격이 생겼음을 시사해 주는지도 모른다."고 지적한다(양용의, 2018: 297).

3. 해설

마태복음 13:55에서 개역개정판이 '형제'로 번역한 헬라어 단어 '아델포스'(ἀδελφός)는 대개의 경우 친형제를 가리킨다.[7] 마태복음 1:25는 요셉이 마리아의 출산 때까지 그녀를 알지 못했다고 하고, 누가복음 2:7은 예수를 마리아의 첫아들이라 하므로, 예수의 친형제들이 있었다고 볼 수 있다(DA, 1991: 458). 그런데, 제롬은 이들이 마리아의 자매의 아들들로서 사촌들이라고 주장하였는데 어거스틴(Augustinus)도 같은 입장이었다.[8] 에피파니우스(Epiphanius)는 이들이 요셉이 이전 결혼 때 낳은 자녀들이라고 376-377년경에 주장했다.[9] 마리아의 동정녀성 유지에 대한 개념과 증가하는 금욕주의가 제롬이나 에피파니우스의 견해의 형성에 영향을 미쳤을 것이다.[10] 그러나 헬비디우스(Helvidius)를 비롯하여 터툴리안(Tertullian), 보노수스(Bonosus), 요비니안(Jovinian)은 마태복음 13:55-56이 언급하는 형제, 누이들이 모두 마리아가 출산한 예수의 친형제자매라고 주장하였다.[11]

---

7.   DA, 1991: 458.
8.   Witherington, 193.
9.   이러한 입장은 베드로 복음, 히브리인들의 복음, 야고보의 원초복음(Proto-evangelium of James), 알렉산드리아의 클레멘트(Clement of Alexandria)의 글 등에서도 발견된다(Witherington, 193-94).
10. Witherington, 194.
11. Witherington, 193.

2. 세례자 요한의 죽음 (14:1-12)

헤롯은 예수의 소문을 듣고 예수를 다시 살아난 세례자 요한이라고 여겼다. 헤롯은 헤로디아의 딸의 춤에 반하여 무엇이든 주겠다고 맹세하였고, 딸이 세례자 요한의 목을 요청하면서 세례자 요한은 죽음을 맞이하게 된다.

1. 번역

14:1 저 때에 분봉왕 헤롯이 예수의 소문을 들었다. 2 그리고 그의 신하들에게 말했다.

"이자는 세례자 요한이다.

그가 죽은 자들로부터 일으켜진 거야.

그래서 권능이 그에게 작동하지."

3 헤롯은 요한을 체포하여 [그를] 결박하여 감옥에 넣었었다. 이것은 자신의 형제 필립의 아내 헤로디아 때문이었다. 4 요한이 그에게 말했다.

"당신이 그녀를 취하는 것은 허용되지 않소!"

5 그래서 그를 죽이고 싶었으나 무리를 무서워하였다. 왜냐하면 그들은 그를 선지자로 여기고 있었기 때문이다. 6 헤롯의 생일이 되었을 때, 헤로디아의 딸이 (연회장) 한가운데서 춤을 추어 헤롯을 즐겁게 하였다. 7 그래서 그녀가 요구하는 것은 무엇이든지 그녀에게 주겠노라고 맹세하며 선언하였다. 8 그녀는 그의 어머니가 시키는 대로 말했다.

"나에게 주세요. 여기 쟁반 위에 세례자 요한의 머리를요!"

9 왕은 슬펐다. 그러나 그 맹세와 함께 기대어 누운 자들 때문에 주라고 명령하였다. 10 그는 사람을 보내어 감옥에서 요한의 목을 베었다. 11 그의 목은 쟁반 위에 담아 운반되어 그 소녀에게 주어졌다. 그러자 그녀는 그의 어

머니에게 가져갔다. 12 그의 제자들이 나아와서 그 시체를 요청했다. 그들
은 그를 묻어주고 예수께 가서 보고하였다.

2. 주해

1절 (분봉왕 헤롯이 예수의 소문을 들음) 마태복음은 헤롯 안티파스(Herod
Antipas)를 분봉왕이라고 언급한다. 요세푸스(Josephus)의 기록뿐 아니라
코스(Cos)와 델로스(Delos)에서 나온 비문도 헤롯 안티파스가 분봉왕
(τετραάρχης)이었다고 한다.[12] 그는 BC 4년부터 AD 39년까지 갈릴리와
페레아 지역을 다스린 분봉왕이었다.[13] 마태복음 저자는 헤롯이 분봉왕임
을 알면서도 9절에서는 그를 '왕'(βασιλεύς)이라 부른다.[14] 따라서 그를 왕
이라고 부른 것은 착오가 아니라 지역 관습을 따른 것으로 보인다.[15] 이렇
게 부른 것은 아람어로 왕을 가리키는 '말카'(מלכא)가 헬라어로 왕을 뜻
하는 '바실레우스'(βασιλεύς)보다 더 넓은 의미 영역을 가지는 것과도 관
계된다고 볼 수 있다(DA, 1991: 466).

2절 (헤롯이 예수를 요한의 부활체로 간주함) 헤롯은 예수를 죽었다가 부활
한 세례자 요한이라고 간주했다. 이러한 견해는 예수와 세례자 요한의
유사성(예. 회개의 필요성에 관한 선포)에 관한 관찰을 반영할 가능성이
있다(Collins, 304). 이것은 세례자 요한의 부활을 가리킨다기보다는, 마
치 엘리야의 영이 엘리사에게 임한 것처럼(왕하 2:1-15) 세례자 요한의 영

---

12. DA, 1991: 467; Collins, 303.
13. Maier, 502.
14. DA, 1991: 467.
15. Lane, 211; Bock, 208.

이 예수께 전해졌다는 생각을 담았을 것이다.[16] 헤롯이 예수를 세례자 요한과 연관시킨 것은 그가 예수도 박해할 수 있음을 암시한다.

3절 (요한을 투옥했던 헤롯) 분봉왕 헤롯 안티파스는 대 헤롯과 그의 사마리아인 부인(Malthace) 사이에서 BC 20년에 태어났다.[17] 그는 BC 4년에서 AD 39년까지 갈릴리와 페레아(Perea)의 분봉왕이었다.[18] 그는 본래 나바테아(Nabatea) 왕국의 왕 아레타스(Aretas) 4세의 딸과 결혼하였으나, 그녀를 버리고 헤로디아(Herodias)와 결혼하였다.[19]

4절 (요한을 투옥한 이유) 헤롯이 요한을 투옥한 이유는 요한이 자신의 결혼을 문제 삼았기 때문이었다. 헤롯 안티파스는 이복형 아리스토불루스(Aristobulus)의 딸이자 그의 이복형제(Mariamme II의 아들)인 헤롯 보에투스(Herod Boethus = Philip)의 아내 헤로디아와 결혼하였다.[20] 이것은 "형제의 아내를 취하지 못하도록 한 율법을 어긴 행동"이다(레 18:16; 20:21).[21] 후에 헤로디아의 딸 살로메(Salome)와 결혼하는 필립(이두래와 드라고닛 지방의 분봉왕)은(*Ant.* 18.136) 헤로디아의 전남편 필립(헤롯 보에투스)과 다른 인물이다(양용의, 2018: 620).

5절 (헤롯이 요한을 죽이지 못한 이유) 헤롯은 세례자 요한을 죽이고자 했으나 그를 선지자로 믿는 무리를 두려워하였다. 그가 세례자 요한을 죽이지 못한 것은 그의 정치적 계산 때문이었다.

6절 (헤로디아의 딸의 춤) 헤롯의 생일 잔치 때 헤로디아의 딸의 춤은 헤롯을 기쁘게 하였다(ἤρεσεν). 헤롯은 소녀의 춤에 유혹을 느끼고 어떤 요

---

16. Stein, 270.
17. Witherington, 213.
18. Lane, 211.
19. Guelich, 331.
20. DA, 1991: 470; 양용의, 2018: 301.
21. 양용의, 2018: 301.

청이든지 들어주겠다고 음흉한 제안을 하며, 약속을 지키겠다 맹세하였다가 예기치 못한 요청을 받고서 세례자 요한을 죽이게 되었다(자세한 설명은 아래 해설 참고).

7절 (헤롯의 맹세) 헤롯은 헤로디아의 딸에게 무엇이든지 요구하는 것을 주겠다고 맹세하였다. 이것이 하나님의 이름을 사용한 맹세(oath)였다면 무효이지만, 하나님의 이름을 사용하지 않는 서원(vow)이었다면 구약 성경을 어기는 경우에도 효력이 있었다(*m. Nedarim* 2:2). 헤롯의 맹세는 후자였다고 볼 수 있다. 헤롯은 헤로디아의 딸의 춤을 보고 성적인 기쁨을 느끼고(6절, ἤρεσεν), 그녀가 자기를 원할지도 모른다고 생각하고 원하는 것을 주겠다고 약속했을 것이다. 헤롯은 맹세를 지켜야 한다는 핑계로 자신의 욕구를 채우고자 했을 것이다. 그는 아마도 헤로디아의 딸이 왕비 자리를 요청하기를 바랐을 것이다(신현우, 2021: 348).

헤롯은 아마도 하나님의 이름을 사용한 맹세를 하지 않았기에, 헤로디아의 딸이 요한의 머리를 요청하였을 때에 선지자를 죽이는 것은 율법에 위반된다고 지적하면서 자신의 서원에 효력이 없다고 선언하지 못했을 수도 있다. 그러나 유대 전통에 의하면 목숨이 맹세보다 우선한다.[22] 따라서 그가 맹세(서원)를 지키며 세례자 요한을 죽인 것은 세례자 요한의 목숨보다 자기의 명예를 더 생각한 행위이다(Keener, 2009: 401).

8절 (헤로디아의 딸의 요청) 헤로디아의 딸은 세례자 요한의 머리를 요청한다. 8절을 시작하는 헬라어 접속사 '데'(δέ)는 여기서 대조의 뜻이 없이 단지 화제를 전환하는 기능을 한다.[23]

9-12절 (세례자 요한의 죽음) 세례자 요한은 목이 잘려 죽는 참수형을 당하였다. 참수형은 심한 죄를 지은 죄인에게 가하는 죽음이었으므로(*m.*

22.　Keener, 2009: 401.

23.　DA, 1991: 473.

Sanhedrin 7:3 참고), 요한이 죄인으로 간주되어 죽임을 당하는 것은 예수의 경우와 유사하다(DA, 1991: 474).

3. 해설

헤로디아의 딸의 춤은 헤롯을 기쁘게 하였다(14:6). 개역개정판이 마태복음 14:6에서 '기쁘게 하다'로 번역한 단어는 '아레스꼬'(ἀρέσκω)이다. 구약 성경 70인역에서 이 단어는 성적 관심을 불러일으키거나 만족시킨다는 뜻으로 종종 사용된다(창 19:8; 사 14:1a; 14:3a; 14:7a; 에 2:4, 9; 욥 31:10).[24] 헤롯은 아마도 헤로디아의 딸의 춤을 보고 성적 욕망에 빠졌을 것이다.[25] 헤로디아의 딸이 11절에서 '소녀'(κοράσιον)라고 불린 것도 이러한 추측을 지원한다. 이 단어는 에스더서(2:2, 9)에서 에스더처럼 결혼 적령기에 달한 성숙한 소녀를 가리키기 때문이다.[26] 또한 그녀가 얼마 후 (이두래와 드라고닛 지방의 분봉왕 헤롯) 필립과 결혼하게 된 것도 (*Ant.* 18.136) 그녀가 어린 아이가 아니라 이미 결혼 적령기의 아가씨였다는 증거이다. 헤로디아의 딸(살로메)은 필립이 사망하기 전에 그와 결혼했어야 하므로, 그가 죽은 해인 AD 34년 이전에 시집갔을 것이다.[27] 따라서 그녀는 결혼했을 때 최소한 13세 이상이었을 것이므로 늦어도 AD 20년경에는 태어났을 것이다.[28] 그녀는 세례자 요한을 죽이는 사건 때에 아마도 12-14세였을 수 있으며, AD 15년에서 19년 사이에 태어났다고 추측

---

24. Marcus, 2000: 396.
25. Hurtado, 98.
26. Lane, 221.
27. *Ant.* 18.5.4 §§136-37(박윤만, 435 참고).
28. Collins, 308.

할 수도 있다.[29] 그러므로 그녀가 헤롯 앞에서 춘 춤은 어린 아이의 재롱 춤이 아니라 성숙한 아가씨의 자극적인 춤이었을 수 있다. 헤롯은 이 춤을 보고 그 소녀가 왕비의 자리를 요청하기를 기대하고, 무엇이든지 요청하는 것을 주겠다고 맹세하였을 것이다.

3. 오병이어 표증 (14:13-21)

예수께서는 오병이어로 오천 명이 넘는 무리를 먹인 표증으로 신적인 메시아이심을 보여 주신다.

1. 번역

13 예수께서 듣고 그곳으로부터 배를 타고 떠나서 따로 한적한 곳으로 가셨다. 그러나 무리가 듣고 도시들로부터 도보로 그를 따라왔다. 14 그래서 배에서 나왔을 때 그는 많은 무리를 보셨다. 그는 그들을 불쌍히 여기셨다. 그래서 그들 중에 아픈 자들을 치유해주셨다. 15 저녁이 되었을 때 제자들이 그에게 나아와서 말했다.

"장소가 광야이고, 그 시간이 이미 지났습니다.

무리를 해산시키십시오.

그러면 그들이 마을들로 떠나가서 자신들을 위하여 먹을 것을 살 것입니다."

16 그러나 [예수께서는] 그들에게 말씀하셨다.

"그들이 떠날 필요가 없다.

너희가 그들에게 먹을 것을 주어라."

---

29. DA, 1991: 475 참고.

17 그런데 그들이 그에게 말했다.

"우리는 여기 빵 다섯 덩이와 물고기 두 마리밖에 없습니다."

18 그가 말씀하셨다.

"그것들을 여기 내게로 가져오너라."

19 그는 무리에게 풀 위에 기대어 눕게 하셨다. 빵 다섯 덩이와 물고기 두 마리를 잡고 하늘을 우러러보시며 감사하셨다. 그리고는 빵을 떼어 제자들에게 주셨다. 제자들은 무리에게 주었다. **20** 그래서 모두 먹고 배가 불렀다. 남은 조각들을 모았는데 열두 바구니에 가득했다. **21** 먹은 사람들이 여인들과 아이들을 제외하고도 장정 약 오천 명이었다.

2. 주해

13-14절 (광야로 가심) 예수께서 배를 타고 떠나서 광야로 가셨는데 큰 무리가 따라왔다. 이 광야에서 오병이어 기적이 발생한다. 누가복음 9:10은 이 기적이 발생한 장소를 벳새다와 연관시키고, 요한복음 6:23은 디베랴와 연관시킨다.[30] 교회 전통은 이 장소가 가버나움 곁의 탑가(Tabgha) 근처라고 한다.[31] 이 사건이 발생한 장소는 아마도 벳새다 서편(눅 9:10), 가버나움 북쪽 언덕으로 추측된다(Edwards, 190).

15절 (제자들의 제안) 날이 저물자 제자들은 무리를 해산시켜 먹을 것을 사 먹게 하자고 제안한다. 광야라는 공간은 출애굽을 연상시키는 장소이고, 저녁이라는 시점은 출애굽 전 밤에 모여 식사한 사건을 연상시킨다 (출 11:4; 12:1-27).[32] 이러한 시공간적 배경은 오병이어 기적을 출애굽과

30.　Bock, 211.

31.　Bock, 211.

32.　이민규, 2015: 823.

연관시켜 광야의 만나 사건의 재현으로 이해하게 한다. 유대인들은 메시아가 오면 하늘에서 만나가 다시 내릴 것이라고 기대하였다(바룩2서 29:8). 이러한 기대를 가진 유대인들에게 오병이어 기적은 예수께서 메시아이신 증거로 다가왔을 것이다.[33]

16절 (예수의 명령) 예수께서는 "너희가 그들에게 먹을 것을 주어라."고 명하신다. 이 명령은 열왕기하 4:42, 43의 엘리사의 명령을 연상시킨다 (DA, 1991: 488).

17-18절 (오병이어) 제자들이 가지고 있던 것은 빵 다섯 덩이와 물고기 두 마리뿐이었다. 이러한 상황은 밀가루 한 줌과 약간의 기름이 계속 늘어난 엘리야의 기적(왕상 17:12)과 약간의 기름, 떡, 채소가 늘어난 엘리사의 기적(왕하 4:2, 42-43)을 연상시킨다.[34] 약간의 빵과 물고기가 많아져서 많은 사람을 먹인 기적은 이러한 기적과 유사하면서도 더 놀라운 기적이었다. 따라서 이 기적은 예수께서 엘리야나 엘리사보다 더 위대한 분임을 알려 준다.

제자들이 가진 빵 다섯 덩이는 보리빵이었을 것이다. 요한복음은 평행본문에서 가난한 자들의 음식인 보리빵을 언급한다.[35] 빵 덩이는 두께가 2.5cm 지름이 20cm 정도 된다.[36] 다섯 개의 빵 덩이는 모세오경을 상징한다고 보기도 한다.[37] 그렇지만 음식으로서의 빵은 출애굽 후 광야에서 먹은 만나를 연상시킨다.[38] 이 사건은 출애굽 후의 광야 생활을 재현한

---

33. 양용의, 2018: 304.
34. DA, 1991: 488.
35. DA, 1991: 489.
36. Hooker, 166.
37. 잠 9:5; 신 8:3; Philo, *On the Change of Names* 259-60; *Gen. Rab.* 43.6; 54.1; 70.5(Boring, 183).
38. Marcus, 2000: 419.

것으로서 예수를 새 출애굽을 가져오시는 메시아로 이해하게 하는 증표였을 것이다.

19절 (오병이어 기적) 예수께서는 오병이어를 기도하시고 나누어 주신다. 유대교에는 식사 전후에 기도하는 전통이 있다.[39] 전통적인 유대인들의 감사 기도는 "복되도다! 땅에서 빵을 내신 주 우리 하나님, 우주의 왕이시여"라고 한다.[40] 예수께서도 식사 기도를 하시는데, 아래를 보는 대신 하늘을 보고 기도하신다.[41] 빵을 잡고, 감사 기도를 하고, 빵을 떼고, 제자들에게 주시는 것은 최후의 만찬 장면을 연상시킨다(Osborne, 106). 다만 물고기가 음식으로 등장하는 점은 최후의 만찬과 다르다(Osborne, 107).

20절 (열두 바구니) 무리는 먹고 배가 불렀다. '배가 불렀다'는 메시아 시대의 만족의 전조를 표현한다고 볼 수 있다(DA, 1991: 491). 식사 후 남은 것을 모으니 열두 바구니가 가득 찼다. 식사 후 바닥에 떨어진 것을 모으는 전통은 하나님께서 주신 것을 존중하는 의미를 가진다(Lane, 231). 오병이어는 만나를 연상시키지만, 부스러기가 보존될 수 있었다는 점이 그렇게 할 수 없었던 만나와 달랐다(출 16:4-5, 13-21)(Boring, 76).

남은 분량을 위해 언급한 '열두 바구니'는 단지 많이 남았다는 의미 이상을 전달한다. 마태복음 16:9-10에서 이 사건과 관련하여 열두 바구니가 다시 언급되는 것은 이 사건에서 12라는 수가 유의미함을 암시한다. 열둘은 아마도 이스라엘 열두 지파를 상징한다.[42] 그런데 이 표증은 광야에서 발생한 것이므로 출애굽을 연상시키고, 열두 바구니가 남은 것은 새 출애굽이 예수를 통해 발생하여 이스라엘 열두 지파가 회복될 것을 암시

39. *t. Berakoth* 4.1; *b. Berakoth* 35a(Lane, 230).
40. *m. Berakoth* 8:7(Hagner, 1995: 418).
41. Lane, 230.
42. Origen은 이러한 해석을 시도한다(DA, 1991: 492).

한다.

마가복음과는 달리 마태복음은 물고기가 남은 것을 언급하지 않는데 이것은 최후의 만찬(마 26:26-29)과 평행을 긴밀하게 표현하기 위한 것으로 보인다.[43] 이러한 평행을 통하여 오병이어 식사는 최후의 만찬의 모형으로 묘사된다.

21절 (먹은 사람의 수) 식사를 한 수는 '여자와 어린이 외에'에 약 5천 명이었다. '여자와 어린이 외에'는 마가복음에는 없는 부분이다. 마태복음은 이 표증에 참여한 사람이 매우 많음을 강조한다. 출애굽기 12:37; 민수기 11:21은 광야의 무리를 셀 때 여자와 아이들을 빼고 세는데, 이러한 방식이 적용되고 있다(DA, 1991: 493).

식사에 참여한 장정은 약 5천 명이었다. 근접한 가버나움이나 벳새다의 주민의 수는 약 2천-3천 명에 불과했을 것이므로 5천 명은 매우 큰 규모였다(Lane, 232). 엘리사는 20개의 빵으로 100명을 먹였는데(왕하 4:42-44), 예수께서는 다섯 개로 오천 명을 먹이신 더 위대한 분임이 암시된다(Guelich, 344).

3. 해설

오병이어로 오천여 명을 먹이고 남은 기적은 보리떡 20개와 채소로 백 명의 무리를 먹이고 남은 선지자 엘리사의 기적(왕하 4:42-44)을 연상시킨다(DA, 1991: 482). 이러한 연관을 통해 마태복음은 예수를 종말의 선지자로 그리며,[44] 선지자보다 위대한 인물임을 암시한다.

미드라쉬(*Sipre* on Numbers 11:22)는 광야의 이스라엘이 물고기를 먹

---

43. DA, 1991: 492.
44. DA, 1991: 482.

었다고 한다(DA, 1991: 482). 이것은 오병이어 식사를 출애굽을 배경으로
이해할 수 있게 한다. 그러나 만나의 경우는 남은 것을 거둘 수 없었지만
오병이어 식사의 경우 부스러기를 거둔 점과 광야 생활과 연관된 민수기
27:17을 연상시키는 마가복음 6:34의 내용이 마태복음에는 빠진 점, 50명
100명씩 무리지었다는 내용이 빠진 점 등은 이러한 연관이 마태복음 저
자의 독특한 의도라고 볼 수는 없게 한다(DA, 1991: 483). 마가복음(6:35-
44) 본문에서는 출애굽 주제가 더 명확하다. 그럼에도 불구하고 마태복음
에서도 오병이어 기적이 출애굽 후 광야의 만나 사건과 연관되는 것은 분
명하다.

마태복음에서는 오병이어 기사와 두 번째 광야 식사 기사(칠병 기적)
와의 평행이 더욱 긴밀하게 형성되고,[45] 최후의 만찬과의 평행도 긴밀해
진다(DA, 1991: 481). 또한 마태복음에서는 오병이어 기사가 헤롯의 잔치
기사 후에 위치하여 부도덕한 세상 나라의 모습에 대조된 하나님 나라의
충만한 모습을 강조하는 측면도 드러난다(Whitaker, 14).

4. 물 위로 걸으심 (14:22-33)

1. 번역

22 그리고 즉시 제자들을 강권하여 배를 타고 자신보다 먼저 건너편으로
가게 하셨다. 그는 그동안 무리를 해산시키셨다. 23 무리를 해산시키신 후
혼자 산으로 올라가 기도하셨다. 저녁이 되었을 때 혼자 그곳에 계셨다. 24
그런데 배는 이미 수 킬로미터 멀리 떨어져 있었는데 파도 때문에 방해받

---

45. DA, 1991: 483.

고 있었다. 왜냐하면 역풍이 불고 있었기 때문이었다. 25 그런데 밤 사경에 그가 그들에게 바다 위로 걸어서 오셨다. 26 그러나 제자들은 그가 바다 위에 걷는 것을 보고 공포에 질려서 말했다.

"유령이다!"

그리고 무서워서 소리 질렀다. 27 [예수께서] 즉시 그들에게 말씀하셨다.

"힘내라. 나다. 두려워하지 마라."

28 베드로가 반응하여 그에게 말했다.

"주여, 당신이시라면, 나에게 명하여
물 위를 걸어 당신에게 가게 하소서."

29 그러자 그가 말씀하셨다.

"오라!"

베드로가 배에서 내려 물 위를 걸었고 예수를 향하여 갔다. 30 그러나 그는 [강한] 바람을 보고 무서워하게 되었다. 그리고 물에 빠지기 시작하며 소리 쳤다.

"주여, 나를 구하소서!"

31 예수께서 즉시 팔을 펴서 그를 붙잡으셨다. 그리고 그에게 말씀하셨다.

"믿음이 작은 자여, 왜 주저하였느냐?"

32 그들이 배에 오르셨을 때, 바람이 멈추었다. 33 배 안에 있는 자들이 그에게 절하며 말했다.

"당신은 참으로 하나님의 아들이십니다."

2. 주해

22절 (무리를 해산시킴) 예수께서 제자들을 먼저 호수 건너편으로 보내신 후, 무리를 해산시키셨다. 예수께서 이 식사의 비밀을 알고 있는 제자들을 서둘러 먼저 보내신 이유는 그들이 이 비밀을 무리에게 알려서 무리의 (군사적) 메시아 기대를 자극할까 우려하셨기 때문일 것이다(Lane, 234).

23절 (산에서 기도하심) 예수께서는 무리를 해산시키신 후 산에서 기도하셨다. 기도는 신이 아니라 인간이 하는 것이므로 예수께서 기도하심은 예수의 인성을 반영한다(Boring, 189). 예수께서 오병이어 기적 후에 군사적 메시아의 길에 빠지는 유혹을 피하기 위하여 기도하셨을 것이다(Hurtado, 106). 예수께서 산에 올라가심은 마태복음 5:1-2; 17:1-8에서처럼 모세 모형론을 담고 있다.[46] 그리하여 예수를 새로운 모세로 묘사한다. 기도 후에 물 위를 걷는 기적이 발생한 것은 예수께서 하나님과 하나되심으로부터 이 신적인 기적이 나타났다고 보게 한다(DA, 1991: 502).

24-25절 (바다 위로 걸어 오신 예수) 배가 육지에서 많은 스따디온 떨어져 있었다. 일(1) '스따디온'은 약 185m이므로, 많은 스따디온 떨어진 거리는 갈릴리 바다(호수) 한가운데 배가 있음을 알려 준다(Maier, 525). 밤 사경쯤에 예수께서 바다 위를 걸어오신다. 밤을 4등분하는 것은 유대인의 방식인 3등분과 달리 로마의 방식이다.[47] 밤 4경은 새벽 3-6시에 해당하며, 히브리인들이 홍해를 건넌 시간과 일치한다(출 14:24). 그러므로 예수께서 새벽에 바다 위를 걸어오심은 홍해 도하 사건을 연상시킨다(DA, 1991: 504 참고).

예수께서 물 위를 걸으심은 중력의 법칙을 초월한 것이다. 유사하게 열왕기하 6:6에서도 엘리사는 물에서 도끼가 떠오르는 기적을 행할 때

---

46. DA, 1991: 502. 눅 9:28; 요 6:3, 15에서도 이러한 모세 모형론을 볼 수 있다(DA, 1991: 502).
47. Guelich, 349.

중력의 법칙을 극복한다.[48]

구약 성경은 물 위를 걷는 분이 오직 하나님뿐이라고 한다(욥 9:8).[49] 따라서 예수께서 물 위를 걸으심은 예수의 신성을 알려 준다. 제자들은 예수의 모습을 보고 유령으로 간주한다. 그러나 헬라, 로마, 유대 문헌들은 유령은 물 위를 걷지 못한다고 보며, 물 위를 걷는 것은 신적 존재라고 한다.[50] 그러므로 제자들의 판단은 그 시대의 기준으로 볼 때에도 틀린 것이었다. 그들은 눈에 보이는 확실한 것은 믿지 않으면서도 사람들이 불가능하다고 여기는 것(유령이 물 위를 걷는 것)을 믿었다(Combs, 358).

26절 (제자들이 무서워함) 제자들은 바다 위를 걸어오시는 예수의 모습을 보고 유령인 줄 알고 무서워한다. 제자들의 공포는 바다를 귀신의 처소로 보는 세계관과 관련된다(계 13:1 참고).[51]

27절 (예수의 말씀) 예수께서는 제자들이 목격한 것이 유령이 아님을 알려 주신다. 예수의 대답 '나다'(ἐγώ εἰμι)는 70인역 출애굽기 3:14; 이사야 43:10; 51:12에 나오는 하나님의 이름 '에고 에이미'(ἐγώ εἰμι)를 연상시킨다. 그러므로 이것은 예수의 신적 정체를 암시할 수 있다.

예수의 대답은 "나야!"라는 뜻이지만, '에고 에이미'는 모세에게 계시하신 하나님의 이름 '에흐예'(אהיה)의 번역으로 사용되므로 하나님을 연상시킨다(출 3:14). 그리하여 예수께서 신성을 가지신 분임을 암시한다 (자세한 설명은 아래 해설 참고).

28-31절 (물 위를 걷다가 빠진 베드로) 베드로는 물 위를 걸어 예수께로 가

---

48. DA, 1991: 500. 성경 밖의 문헌에서도 물 위를 걷는 이야기를 접할 수 있다. 강과 바다 위를 걷는 힘을 가진 귀신에 관한 고대 문헌(*P. Berol.* 1.120)이 있으며, 어떤 불교 문헌(Jataka 190)은 물 위를 걷는 불제자 이야기를 담고 있다(DA, 1991: 500).
49. Edwards, 198.
50. Combs, 345-58.
51. Hagner, 1995: 423.

다가 물에 빠진다. 이 부분은 마가복음에는 없는 부분이다. 베드로의 용기와 두려움을 '작은 믿음'(ὀλιγόπιστος)이라고 표현한다. 물 위를 걷는 용기는 믿음이 있음을 보여 주는데, 그것은 바람을 두려워하여 물에 빠지게 된 작은 믿음이었다.

구약 성경은 바다로부터 구원하시는 일은 오직 하나님께서 하실 수 있다고 한다(출 15:1-21; 시 107:23-32; 욘 1:1-16; 참고. 솔로몬의 지혜 14:2-4; 1QH 6:22-5; 납달리의 유언 6:1-10).[52] 따라서 예수께서 바다에 빠져 가는 베드로를 구하심은 예수의 신적 정체를 보여 주는 현상이다. 하나님의 현현에 이어 물로부터의 구원이 언급되는 패턴은 시편 144:5-8에서도 볼 수 있다(DA, 1991: 508-9).

32절 (바람이 그침) 예수께서 배에 오르신 후 바람이 그친다. 바다를 잔잔하게 하시는 분은 구약 성경(시 65:7; 89:9-10; 107:29; 욘 1:15)뿐만이 아니라 유대 문헌(집회서 43:23)에서도 하나님이시다.[53] 그러므로 유대인들에게 예수께서 바다를 잔잔하게 하신 기적은 예수의 신성의 증거로 제시될 수 있다.

33절 (예수를 하나님의 아들이라 고백함) 이 사건을 목격한 배에 있던 사람들은 예수께서 하나님의 아들이시라고 고백한다. '하나님의 아들'은 메시아 칭호이다(KECNT 1A의 4:3 주해 참고). 물 위를 걷는 것은 하나님과 관련된 것이었기에(욥 9:8) 이렇게 고백하는 것은 당연했다. 그런데 여기서 '하나님의 아들'이라는 표현이 '테우 휘오스'(θεοῦ υἱὸς)라는 어순으로 되어 있는 것은 로마 황제들(Augustus, Tiberius, Nero, Titus, Domitian)을 신성화하여 사용했던 칭호와 동일하다.[54] 그러므로 이것은 로마 황제

---

52. DA, 1991: 503.
53. DA, 1991: 510.
54. Mowery, 104.

들이 아니라 예수께서 참된 하나님의 아들이라는 암시를 전달한다 (Mowery, 110).

3. 해설

예수께서 '나다'라고 하신 말씀의 헬라어 본문의 표현은 '에고 에이미'(ἐγώ εἰμι)이다. 이것은 출애굽기 3:14에 나오는 하나님의 이름 '에흐예'(אהיה)의 번역으로도 사용되는 표현이다. '에흐예'는 "있다(be)/행하다(do)"를 뜻하는 히브리어 동사의 미완료형으로서 "항상 있는 자/계속 행하는 자"라는 뜻이다. 이 표현의 헬라어 번역에 해당하는 '에고 에이미'는 70인역 이사야 41:4; 43:10의 문맥에서 "항상 있는 자"를 뜻한다. 그러므로 예수께서 '나다'라고 하신 말씀은 항상 존재하시고 항상 역사하시는 하나님의 이름을 연상시킨다.

'에고 에이미'는 인간에 대해서도 사용되었기에(삿 5:3; 11:35, 37; 룻 4:4),[55] 이 표현 자체가 신성을 내포하지는 않는다. 그렇지만 물 위를 걸으신 예수께서 이 말씀을 하실 때에는 신적 정체성을 전달할 수 있다. 이 말씀에 이어지는 '두려워 말라'는 말씀은 신적 계시에 사용되는 용어인 것도(시 115:9 이하; 118:5-6; 사 41:4 이하; 43:1 이하; 44:2 이하; 51:9 이하) 이러한 판단을 지원한다. '두려워 말라'는 표현은 구약 성경에서 신현 현상(창 15:1)이나 천사를 통한 계시(삿 6:23; 단 10:12)와 관련된다.[56] 그러므로 '에고 에이미'가 사용된 맥락은 이 말씀이 예수의 신적 정체성을 암시한다고 보게 한다(Lane, 237).

---

55. Collins, 334.
56. Williamson, 130-31.

5. 게네사렛 사역 (14:34-36)

1. 번역

34 그들은 건너가 육지에 다다라 게네사렛으로 들어가셨다. **35** 그곳 사람들이 그를 알아보았다. 그들은 그 주변 전 지역에 사람들을 보내어 그에게 모든 병자들을 데려왔다. **36** 그들은 그의 옷 술만이라도 만지게 해 달라고 그에게 요청하고 또 요청하였다. 손을 댄 자들은 다 나았다.

2. 주해와 해설

34절 (게네사렛에 도착함) '게네사렛'은 가버나움 남서쪽으로 5km 정도 떨어진 해안에 위치한 비옥한 평야 지대이다.[57] 이곳은 티베리아(디베랴)의 북쪽에 위치하며 갈릴리 호수의 북서쪽에 위치한 숲이 우거지고 열매가 풍성한 지역인 듯하다.[58] 이 마을 이름을 따서 갈릴리 호수를 게네사렛 바다라고 불렀다(Maier, 531). 구약 성경에서는 이 마을을 '긴네렛'이라고 부른다(수 19:35).[59]

35-36절 (치유 사역) 예수의 옷자락에 손을 대는 자도 치유를 받았다. 개역개정판에서 '옷자락'이라고 번역된 단어(κράσπεδον, 옷 술)는 예수께서 율법을 존중하시는 분이었음을 암시한다. 이 단어는 옷에 다는 술을 가리키는데, 민수기 15:38-39을 보면 이스라엘 자손들이 갖추어야 할 복장(옷 술)으로서 (모든) 율법을 기억하고 준행하기 위한 것이었다. "이스

---

57. 강대훈, 하, 58.
58. DA, 1991: 511.
59. Maier, 531.

라엘 자손에게 명령하여 대대로 그들의 옷단 귀에 술을 만들고 청색 끈을 그 귀의 술에 더하라 이 술은 너희가 보고 여호와의 모든 계명을 기억하여 준행하고 너희를 방종하게 하는 자신의 마음과 귀의 욕심을 따라 음행하지 않게 하기 위함이라"(민 15:38-39). 예수께서는 율법을 준행하는 유대인의 복장을 하고 계셨다. 이러한 예수의 모습은 예수께서 (유대인들의 전통은 무시하셨지만) 하나님의 율법은 지키셨음을 암시한다(신현우, 2021: 361).

6. 장로들의 전통과 하나님의 계명 (15:1-20)

메시아 예수께서는 바리새인들이 소중히 여긴 장로들의 전통을 무시하셨다. 이 전통은 오히려 하나님의 말씀인 구약 성경을 허물어뜨리는 것이었기 때문이다. 그들은 이러한 예수의 태도를 싫어했는데 예수께서는 제자들에게 그들을 따르지 말도록 주의를 주신다.

1. 번역

15:1 그때 바리새인들과 서기관들이 예루살렘으로부터 예수께 나아와서 말했다.

2 "왜 그대의 제자들은 장로들의 전통을 어기는 거요?

식사할 때 [그들의] 손을 씻지 않으니 말이요."

3 그가 대답하여 그들에게 말씀하셨다.

"왜 그대들도 그대들의 전통을 위하여 하나님의 계명을 어기는 거요?

4 하나님은 말씀하시기를

'아버지와 어머니를 공경하라.'

그리고

'아버지나 어머니에게 악담하는 자는 반드시 사형에 처하도록 하라.'

라고 하셨으니 말이요.

5 그런데 그대들은 말하기를

'누구든지 아버지나 어머니에게

"나로부터 받아 당신이 유익하게 될 것은 헌물이요."라고 말하면

6 절대로 그의 아버지를 공경할 필요가 없다.'고 하오.

그리하여 그대들의 전통으로 하나님의 말씀을 허물어뜨렸소.

7 위선자들이여, 이사야가 그대들에 관하여 잘 예언하였소.

8 '이 백성으로 입술로는 나를 공경하지만,

그들의 마음은 나로부터 멀리 떨어져 있다.

9 나를 헛되이 섬기며

사람들의 계율들을 열심히 가르치는구나'."

10 그가 무리를 불러 모아 그들에게 말씀하셨다.

"듣고 깨달으십시오.

11 입으로 들어가는 것이 사람을 더럽히지 않으며,

오히려 입에서 나오는 것이 사람을 더럽힙니다."

12 그때 제자들이 나아와 그에게 말했다.

"바리새인들이 그 말씀을 듣고 화가 난 것을 아십니까?"

13 그가 대답하여 말씀하셨다.

"나의 아버지께서 심으시지 않은 식물은 모두 뿌리 뽑힐 것이다.

14 그들을 떠나라.

그들은 맹인으로서 [맹인들을] 인도하는 자이다.

맹인이 맹인을 인도하면 둘 다 구덩이에 빠질 것이다."

15 베드로가 반응하여 그에게 말했다.

"우리에게 [이] 비유를 해석해 주십시오."

16 그가 말씀하셨다.

"너희도 아직 깨닫지 못하느냐?

17 입으로 들어가는 것은 모두 배로 들어가서 변기로 나가지 않느냐?

18 그러나 입에서 나오는 것은 마음에서 나와서 사람을 더럽힌다.

19 왜냐하면 마음에서 악한 생각들,

즉 살인, 간음, 음행, 절도, 위증, 비방이 나오기 때문이다.

20 이것들이 사람을 더럽히는 것이며,

씻지 않은 손으로 먹는 것은 사람을 더럽히지 않는다."

2. 주해

1절 (바리새인들과 서기관들) 바리새인들과 서기관들이 예루살렘으로부터 방문하였다. 예루살렘과 갈릴리 사이에는 종교적으로 문화적으로 밀접한 연관성이 있었기에 바리새인들과 서기관들이 예루살렘으로부터 갈릴리를 방문할 수 있었을 것이다.[60] 그들이 유대 전통 준수에 관하여 문제 삼은 것을 볼 때 그들이 온 목적은 예수를 산헤드린(예루살렘 의회)에 고발하기 위한 증거를 수집하고자 함이었을 것이다.

2절 (장로들의 전통) 바리새인들과 서기관들이 예수의 제자들이 왜 장로들의 전통을 지키지 않느냐고 예수께 질문했다. '장로들의 전통'은 바리새인들의 구전을 가리키는 전문 용어이다.[61] '장로들'은 존경받는 과거의 율법교사들을 가리키거나,[62] 모세가 세운 칠십 장로(민 11:16-25)나 여호수아 24:31에 언급된 장로들을 가리키는 듯하다(Collins, 348). 마태복음

---

60. Collins, 344.
61. *Ant.* 13.10.6 §297; *m. Aboth* 1:1(Hagner, 1995: 430).
62. Hurtado, 110.

이 언급하는 '장로의 전통'은 바리새인들이 이들로부터 전해 내려온다고 주장한 전통일 것이다.

요세푸스(*Ant.* 13.297)에 의하면 바리새인들은 오직 기록되어 전해진 성경만을 존중한 사두개인들과 달리 이전 세대에 의해 말로 전해진 규례를 백성들에게 전하였다.[63] 쿰란 문헌(1QH 4:14-15)을 통해서 볼 때, 바리새인들의 전통은 에세네파에 의해서도 '부드러운 것들'이라 비판을 받은 듯하다(DA, 1991: 520).

유대인들의 전통은 "어떤 경우에는 지나치게 느슨하여 율법 자체를 파괴하는가 하면 어떤 경우에는 너무 세밀하게 하여 율법의 정신을 해치곤 하였다."[64] 바리새인도 예수처럼 율법의 문자보다 그 정신을 택하고자 했겠지만(*m. Shebiith* 10:3-4), 전통에 토대하는 경향을 보였다.[65] 바리새인들은 전통이 구약 율법을 바르게 지키도록 도와주며, 이 전통이 모세로부터 구전되어 온 것이라고 믿었다.[66] 서기관들은 일단 확립된 전통은 규범적이라고 간주했다.[67] 바리새인들은 이러한 전통(구전 율법)이 기록된 율법(구약)과 동등한 권위를 가진다고 여겼다(*Ant.* 13.297).[68] 랍비 문헌들에서도 장로들의 가르침이 하나님의 말씀과 동등하다는 주장이 발견된다(Collins, 350).

제자들이 장로들의 유전을 어긴 내용은 빵을 먹을 때에 손을 씻지 않은 것이었다. '빵을 먹다'는 창세기 31:54; 출애굽기 2:20; 탈무드(*b. Sanhedrin* 100b) 등에 담긴 용례를 통해서 볼 때, "식사하다"는 뜻을 전하

---

63. DA, 1991: 520.
64. 정훈택, 152.
65. Keener, 2009: 412.
66. *m. Aboth* 1(Marcus, 2000: 449).
67. France, 283.
68. Edwards, 208.

기 위한 표현이라 판단된다.[69] 바리새인들은 식사하기 전에 손을 씻는 전통을 따랐고 제자들이 이 전통을 어긴 것을 지적하였다(이 전통에 관해서는 아래 해설 참고).

3절 (하나님의 계명을 어기는 바리새인들) 바리새인들은 이러한 그들의 전통을 기준으로 예수의 제자들을 판단하였지만, 예수께서는 하나님의 계명으로 바리새인들의 전통을 비판하신다. 바리새인들은 자기들의 전통을 지키기 위하여 하나님의 계명을 어기고 있었다. 바리새인들의 전통은 기록된 율법에 어긋나므로,[70] 그들의 전통을 따르면 율법을 위반하게 된다. 하지만 그들의 전통을 따르지 않으면 율법을 위반하게 된다고 볼 수가 없다. 따라서 그들의 전통을 기준으로 하여 사람들을 정죄해서는 안 된다.

4절 (하나님의 계명 인용) 예수께서는 십계명에 포함된 부모를 공경하라는 계명을 인용하신다. '공경하라'에는 부모를 재정적으로 봉양하는 것이 포함된다(딤전 5:3 참고)(Hagner, 1995: 431).

5-6절 (바리새인들의 전통 인용) 예수께서는 바리새인들의 전통을 하나 언급하신다. 언급된 전통은 부모에게 드릴 어떤 재물이 하나님께 드려졌다고 서약하면 그 재물로 부모를 봉양하지 않아도 된다는 전통이다. 서약은 꼭 지켜야 했으며(신 23:21-23; 민 30:3-5), 서약의 내용이 구약의 계명과 충돌될 때에도 바리새인들은 서약을 우선시한 듯하다.[71] 그래서 바리새인들은 서약 준수와 부모 공경이 충돌하는 경우에 '부모를 공경할 것이 없다'고 가르쳤을 것이다. 하나님께 드린 것이라고 하며 손을 대지 못하게 하는 유대인들의 서약 방식이 존재했음은 고고학적 발굴로 입증되었다. 예루살렘 주변 유대인 무덤에서 발굴된 납골당 항아리 뚜껑에는 "이

---

69. DA, 1991: 521.

70. Harrington, 230.

71. *t. Nedarim* 1.6.4(Hagner, 1995: 431).

안에 들어있는 자로부터 사람이 이 항아리에서 발견하여 유익하게 할 수 있는 것은 하나님께 고르반이다."라고 적혀 있었다.[72] 이 항아리 속에 있던 부장품은 시체 부정을 탄 것이므로 성전에 바칠 수 없기에 이 선언은 단지 도굴 방지를 위한 저주 선언으로 볼 수 있다.[73] 미쉬나(*m. Nedarim* 6:6)도 하나님께 드렸다고 선언한 사람이 실제로는 성전에 바치지 않고 활용할 수 있었음을 암시한다.[74] 요세푸스의 글(*Ant.* 4.73)은 실제로 성전에 바친 경우에도 남자는 50세겔, 여자는 30세겔을 내고 서약을 취소한 후 바친 것을 찾아올 수 있었음을 알려 준다.[75] 하나님께 드린다는 서약을 통하여 부모 봉양을 피하는 경우에 관하여 다루는 미쉬나(*m. Nedarim* 9:1)는 유대인들이 그러한 서약을 남용하는 경우가 있었음을 시사한다(박윤만, 481).

7-9절 (선지서 인용) 고대의 권위를 인용하는 것은 논쟁 수사법의 일부였으므로, 자주 인용되는 성경인 이사야 인용은 이사야서를 받아들이는 바리새인들에게 더더구나 잘 기능할 수 있었을 것이다.[76] 바리새인들이 이사야 29:13 말씀대로 사람의 계명을 가르침으로써 하나님을 헛되이 섬기는 자들이었음이 지적된다. 바리새인들은 이사야서 구절을 통하여 자신들의 무슨 잘못을 하는지 깨달아야 했다. 사람의 전통을 만들어 가르치는 것이 하나님을 잘못 섬기는 일이 될 수 있음을 그들은 깨달아야 했다.

10-11절 (입에서 나오는 것이 사람을 더럽힌다) 예수께서는 입으로 들어가는 것이 아니라 나오는 것이 사람을 더럽힌다고 하신다. 입으로 들어가는 것

72. Fitzmyer, 93-96.
73. 신현우, 2021: 369.
74. France, 287.
75. Edwards, 210.
76. Keener, 2009: 412.

은 제자들이 식사 때 손 씻지 않음을 지적받은 문맥상 음식이라고 볼 수 있다. 입에서 나오는 것은 부모 공경을 피하게 하는 말을 가르친 바리새 인들의 전통을 언급한 문맥상 말이라고 볼 수 있다. 마태복음에서는 특히 말이 사람을 더럽게 함을 강조하는데, 고르반 전통이 그 대표적인 예로서 제시된다. 그런데 19-20절에는 말(악한 생각, 거짓 증언, 비방) 외에도 행 위들(살인, 간음, 음란, 도둑질)이 입에서 나오는 것의 목록에 포함된다.

입으로 들어가는 것이 아니라 입에서 나오는 것이 사람을 더럽게 한 다는 표현(not A but B)은 유대인들의 표현 방식을 사용한 것이다(출 16:8; 호 6:6; 막 9:37; 아리스테아스의 편지 234 참고).[77] 이것은 입으로 들어가는 것보다는 입에서 나오는 것이 사람을 더욱 더럽게 함을 뜻한다 (not only A but much more B). 이것은 참으로 사람을 부정하게 하는 것 은 음식이 아니라 부도덕한 언행임을 뜻하는 비유적 표현이다.[78] 마음의 정결이 제의적 정결보다 중요하다는 것은 구약 성경 역대기하 30:18-20 에도 담겨 있는 내용이다(DA, 1991: 530).

12-14절 (바리새인들에 대한 예수의 평가) 예수께서 바리새인들에 대하여 맹인을 인도하는 맹인이며 하나님께서 심지 않으신 나무로써 뽑혀 제거 될 자들이라고 평가하신다. (이 부분은 마가복음에는 없는 부분이다.) 구 약 성경과 유대 문헌에서 종종 하나님의 백성이 하나님께서 심으신 나무 로 비유되므로,[79] 그들이 뽑히게 된다는 것은 하나님의 백성으로서의 지 위를 상실할 것임을 암시한다.[80] 미쉬나(*m. Sanhedrin* 10:1)는 "모든 이스

---

77. Sanders & Davies, 314; Hooker, 179; Stettler, 468. n.8.
78. DA, 1991: 529.
79. 사 60:21; 61:3; 렘 32:41; 에녹1서 10:16; 84:6; 희년서 1:16; 7:34; 21:24; 1QS 8:5; 11:8; CD 1:7; 솔로몬의 시편 14:3.
80. 양용의, 2018: 317-18; 참고. **Harrington**, 230.

라엘이 내세에 몫을 가질 것이다."라고 하지만, 예수께서는 이러한 생각
을 부정하신다.[81]

예수께서는 예수의 말씀을 듣고 화가 난 바리새인들을 "그냥 두
라"(ἄφετε)라고 하신다. 여기서 '그냥 두라' 대신에 '떠나라'고 번역할 수
도 있다(BDAG, 156). 바리새인들은 맹인으로서 남을 인도하는 자들이며
하나님께 속한 자들이 아니며 심판받을 자들이므로 그들의 가르침을 받
지 말고 떠나야 한다. 그들을 떠나지 않고 따르면 함께 구덩이에 빠지게
된다. 이것은 바리새인들과 함께 회당에 속해 있었던 마태복음의 독자들
(유대 그리스도인들)의 상황에 적용될 수 있는 말씀이었을 것이다.

15-19절 (비유 해석) 입으로 들어가는 것이 아니라 나오는 것이 사람을
더럽힌다는 비유(11절)가 해석된다. 입으로 들어가는 것은 배로 들어가 뒤
로 나가는 것, 즉 음식이다(17절). 입에서 나오는 것은 사람의 마음에서 나
오는 것이다. '마음'으로 번역된 헬라어 '까르디아'(καρδία)에 해당하는
히브리어 '레브'(לֵב)는 생각, 계획, 용기, 의지뿐 아니라 도덕적 종교적 행
위의 근원을 가리키는 말이었다(Collins, 355). 사람의 마음에서 나오는
것들은 악한 생각들인데, 살인, 간음, 음행(πορνεῖαι), 도둑질, 거짓 증언,
비방(βλασφημίαι)으로 표출되어 나온다(19절).[82] 이 구절의 목록에 나오는
것은 '음행,' '비방'을 제외하고는 모두 십계명이 금지한 죄들이다. 제시된
악의 목록은 헬라 철학 특히 스토아 철학의 악 목록과 유사하다고 여겨지
는데, 쿰란 문헌(1QS 4)을 비롯하여 르우벤의 유언 3:3-6; 레위의 유언
17:11; 모세의 승천 7:3-10 등 헬라 철학의 영향을 받지 않은 듯한 문헌에
서도 유사한 목록이 나오는 점을 고려한다면 헬라 철학의 영향이라고 단

---

81. DA, 1991: 533.
82. 언급된 다른 죄들이 사람에 대한 것이므로 '비방'도 신성모독보다는 인간에 대한
     비방을 가리키는 듯하다(Collins, 361).

정할 수 없다(DA, 1991: 535).

20절 (맺음말) 예수께서는 가르침의 결론을 내린다. "씻지 않은 손으로
먹는 것은 사람을 더럽게 하지 못하느니라." 이 말씀은 15:2의 주제를 다
시 한번 언급하며 답함으로써 수미상관(*inclusio*)을 형성하고, 1-20절 본
문이 기본적으로 음식법에 관한 문제가 아니라 손을 씻고 식사하는 전통
에 관한 것임을 명확히 한다. 마태복음의 예수는 바리새 전통을 비판하지
만 구약 율법을 부정하지 않음을 분명히 한다.[83] 마가복음(7:19)은 "모든
음식이 깨끗하다."고 하는 의미가 입으로 들어가는 것이 사람을 더럽히지
않는다는 예수의 가르침에 내포되어 있음을 읽었다. 그러나 마태복음은
입으로 들어가는 것 중에서 "씻지 않은 손으로 먹는 것"에 초점을 맞춘다.
이러한 차이는 마태복음의 독자들이 음식법을 지키는 유대 기독교인들이
기 때문에 발생하였을 것이다.

3. 해설

구약 성경은 제사장들이 특별한 제의를 위해 손을 씻도록 명한다(출
30:17-21; 신 21:6).[84] 바리새인들은 이러한 규정을 자신들에게 적용하여
일반 식사 전에도 손을 씻는 규례를 발전시켰다.[85] 이것은 아마도 이방 지
역의 유대인들로부터 가져온 것일 수도 있다(*Sib. Or.* 3.591-94).[86] 제사장
이 아닌 유대인들이 식전에 손 씻는 전통은 최소한 샴마이(Shammai)와
힐렐(Hillel)에게로 거슬러 올라간다(*b. Shabbath* 14b). 이러한 전통은 하

83. Hagner, 1995: 437.
84. 양용의, 2018: 314.
85. 양용의, 2018: 314.
86. Keener, 2009: 409.

스몬 왕조 시대 이전에 발생했으며, 디아스포라 유대인들도 준수했다고 레게브(Eyal Regev)는 주장하였다.[87] 포와리에(J. C. Poirier)의 연구에 의하면 디아스포라 유대인들이 그렇게 한 것은 음식 섭취를 통한 부정을 피하여 기도나 토라 공부에 방해가 되지 않게 하고자 함이었다(Collins, 347).

미쉬나에 담긴 유대인들의 전통에 의하면 성별되지 않은 음식을 먹을 때나 제2의 십일조나 추수 헌물(heave-offering)에 해당하는 음식을 먹기 전에는 물을 흘려(rinse) 손을 씻도록 규정한다(*m. Hagigah* 2:5).[88] 그러나 성전에 봉헌된 거룩한 음식을 먹기 전에는 손을 물에 담그며(immerse) 씻어야 했다(*m. Hagigah* 2:5).[89] 샴마이 학파와 힐렐 학파는 안식일과 절기들에 손 씻는 규례를 지켰다(*m. Berakoth* 8:2, 4; *t. Berakoth* 5.26, 28). 이렇게 한 목적은 손에 묻은 것이 음식에 닿아 그것을 먹은 사람을 부정하게 하는 것을 막고자 함이었을 것이다(Marcus, 2000: 453).

바리새인들이, 제사장이 지킬 규례(레 22:6)를 일반 백성이 지키는 전통으로 삼은 것은 이스라엘 백성이 "제사장 나라"가 되리라고 한 출애굽기 19:6에 담긴 이상을 모든 유대인들이 제사장처럼 됨으로써 구현하기 위함이었다고 추측된다.[90] 미쉬나(*m. Hagigah* 2:5)가 가정을 작은 성전으로 간주하는 관점을 보여 주는 것을 볼 때,[91] 성전에서 성물을 먹을 때처럼 집에서 일반 음식을 먹는 전통에는 유대인들의 집들이 성전처럼 되도록 하려는 목적이 있었을 것이다(Marcus, 2000: 449).

---

87. Collins, 345.
88. Collins, 344.
89. Danby, trans., 213. n.16; Collins, 344-45.
90. DA, 1991: 521.
91. Bock, 221.

이러한 전통을 배경으로 본다면 바리새인들이 문제 삼은 것은 예수의 제자들이 식사하기 전에 물을 흘려 손을 씻지 않은 것이었다고 볼 수 있다. 손을 씻고 일반 식사를 하는 전통은 2세기경에 가서 유대인들에게 보편화되었으나, 1세기에는 아직 바리새인들의 전통에 불과했다.[92] 랍비들은 손 씻는 전통이 확립된 후에도, 이것을 기록된 율법과 같은 권위를 갖지 않는다고 보기도 했다.[93] 일례로 엘리아잘(Eleazar b. Enoch)은 손 씻는 전통의 정당성을 의심하였다(*m. Eduyoth* 5:6).[94] 그러나 엘리아잘이 죽은 후 법정은 그의 관 위에 돌을 올려놓았는데, 관을 돌로 치는 것은 출교당한 자에게 하는 것이므로 그가 출교당하였다고 볼 수 있다.[95] 유대인들의 전통을 무시하는 랍비는 간혹 존재했을지라도 주류를 형성할 수 없었다.

요한복음 2:6은 정결 관련 전통이 1세기에도 이미 널리 퍼져 있었음을 알려 준다.[96] 고고학적 증거도 1세기에 많은 유대인들이 제의적 정결을 유지하고자 했으며, 갈릴리에 사는 유대인들도 예루살렘에 사는 유대인들만큼 율법을 준수했음을 보여 준다.[97] 많은 유대인들이 따르는 전통을 따르지 않는 예수의 제자들에게 바리새인들은 그것을 따라야 함을 입증해야 하는 부담 없이 사회적 압력을 가할 수 있었다.

7. 이방 여인의 믿음 (15:21-28)

마태복음은 정결 규례에 관한 논쟁을 다루는 전 단락을 통해 이방 선

---

92. Luz, 420-21.
93. *b. Erubin* 21b; *b. Hullin* 106a(France, 280. n.7).
94. 박윤만, 476.
95. 신현우, 2021: 368.
96. DA, 1991: 522.
97. Collins, 345-46.

교의 당위성을 주장하는 본 단락을 준비한다.[98] 예수께서는 공생애 동안 유대인 사역에 초점을 맞추셨지만, 이방인들에게도 이미 부스러기에 관한 권리가 있음을 인정하시며 이방 여인의 딸을 치유해 주신다.

1. 번역

21 예수께서 거기서 나와서 두로와 시돈 지역으로 떠나가셨다. 22 그런데 보라! 그 지역으로부터 가나안 여인이 나아와서 소리 지르며 말했다.

"저를 불쌍히 여겨 주세요.

주여, 다윗의 자손이여, 저의 딸이 심하게 귀신 들렸어요."

23 그러나 그는 그녀에게 한마디도 대꾸하지 않으셨다. 그의 제자들이 다가와서 그에게 요청하고 또 요청하였다.

"그녀를 돌려보내십시오.

우리 뒤에서 계속 소리 지르고 있기 때문입니다."

24 그가 반응하여 말씀하셨다.

"나는 이스라엘 집의 잃어버린 양들에게만 보냄 받았소."

25 그러나 그녀는 와서 그에게 절하고 또 절하며 말했다.

"주님, 저를 도와주세요."

26 그가 반응하여 말씀하셨다.

"자녀들의 빵을 집어서 강아지들에게 던지는 것은 좋지 못하오."

27 그러나 그녀는 말했다.

"네, 주님!

강아지들도 그들의 주인들의 식탁에서 떨어지는 부스러기를 먹기 때문

---

98. 양용의, 2018: 319.

이지요."

28 그때 예수께서 반응하여 그녀에게 말씀하셨다.

"오 여인이여, 너의 믿음이 크구나.

네가 원하는 대로 너에게 이루어질지어다!"

그러자 저 시에 그녀의 딸이 나았다.

2. 주해

21-22절 (이방 여인이 딸의 치유를 요청함) 예수께서 이방 지역 두로와 시돈 지역으로 가셨다. 두로 사람들은 유대인들에게 적으로 간주되었다.[99] 그런데 두로 사람들은 부유하여, 그들이 사용하는 화폐(주화)가 갈릴리에서도 사용되었다(Boring, 209).

이 지역에서 가나안 여자가 예수께 왔다. 마가복음은 이 여인을 '수로보니게'(Syria Phoenice) 여인이라고 한다(7:26). 마태복음은 왜 시리아 여인이라는 표현을 피하였을까? 아마도 마태복음의 독자/청중들이 시리아 지역의 유대 기독교인이기 때문일 수 있다. 시리아 지역의 이방인들까지 염두에 두었다면 이방 여인을 굳이 시리아 여인이라고 표현하는 것을 더더구나 피하였을 것이다.

이 여인은 예수를 '다윗의 자손이여'라고 불렀다. (이 부분은 마가복음에는 없는 부분이다.) 마태복음은 이 여인이 예수의 정체를 알고 신앙을 고백하였다고 밝힌다. 이 여인은 이방인이지만 이미 메시아 기대를 가지고 있었고 예수가 메시아임을 믿었을 것이다. '다윗의 자손'은 메시아 칭호이기 때문이다(마 1:1 주해 참고). 이 이방 여인은 제자들보다 먼저

---

99. 요세푸스, *Against Apion* 1.70; *J.W.* 2.478(Bock, 227).

(16:16) 예수의 메시아 정체를 고백했다(Keener, 2009: 418).

23-24절 (예수의 반응) 예수께서는 이방 여인이 요청에 아무 대답을 하지 않으시다가, 마침내 한 말씀을 하신다. (이 부분은 마가복음에는 없는 부분이다.) 이스라엘 집에 먼저 보냄을 받았다고 하지 않고, 이스라엘의 잃어버린 양 외에는 다른 데로 보냄을 받지 않았다고 하심으로써 마치 이방인을 배제하는 듯한 말씀을 하신다. 그렇지만 예수의 공생애는 기본적으로 이스라엘을 위한 것이고 이방인을 위한 사역은 제자들이 감당하게 된다고 볼 수 있다. 따라서 이 말씀은 이방인을 원칙적으로 배제하는 말씀이 아니다. 겉보기에 이방 선교를 배제하는 듯한 이러한 말씀은 예수께서 실제로 하신 말씀이 아니었다면, 이방 선교를 강조하며 마치는 마태복음(28:18-20)에 기록될 이유가 없었을 것이다. 반면, 마가복음은 이방인들이 오해하지 않도록 이 말씀을 담지 않았을 것이다.

예수께서는 "이스라엘 집의 잃어버린 양들"에게만 보냄을 받았다고 말씀하신다. '이스라엘 집의'를 부분의 소유격으로 보면 "이스라엘 집의 일부로서의 잃어버린 양들"을 뜻하게 된다.[100] 그러나 동격적 소유격(또는 설명의 소유격)으로 보면 "이스라엘 집 즉 잃어버린 양"을 뜻할 수 있다. 마태복음은 이 표현으로 지도자 없는 유대 민족 전체를 가리켰다고 볼 수도 있다(DA, 1991: 551).

25-26절 (예수의 비유) 예수께서는 자녀의 빵을 빼앗아 개들에게 던지면 안 된다고 비유로 말씀하신다. 여기서 개역개정판이 '개'로 번역한 단어($\kappa\upsilon\nu\acute{\alpha}\rho\iota\upsilon$)는 애완용 개를 가리킨다고 볼 수도 있다.[101] 유대인들과는 달리 부유한 헬라인은 애완용 개를 길렀다(Keener, 2009: 416). 그렇지만,

---

100. DA, 1991: 551.

101. Keener, 2009: 416.

'개'는 헬라 문화 속에서도 모욕적인 말이었다.[102] 구약 성경에서 '개'는 무가치한 자들을 가리키는 용어로 사용된다(삼상 24:15[개역 24:14]; 삼하 16:9; 사 56:10).[103] 유대인들은 이방인들을 개로 언급했다.[104] 유대인들의 문헌에서 '개'는 종종 이방인을 가리키는 상징적 용어로 사용된다.[105] 미드라쉬(*Midr. Ps.* 4.11)는 이방인들을 종말론적 잔치에 참석하는 개들에 비유한다.[106] 유대인들 가운데는 노아 언약(창 9:1-17)을 지키는 의로운 이방인들에게 하나님의 종말의 복이 넘칠 것에 대한 기대도 있었다(Hagner, 1995: 442).

'아이들'(자녀들)은 신명기 14:1; 이사야 1:2; 미쉬나(*m. Aboth* 3:15)를 배경으로 유대인들을 가리킨다고 볼 수 있다.[107] 예수께서 이방 여인과 대화하시며, 이방인을 가리킬 수 있는 '개'를 유대인들을 가리킬 수 있는 '자녀들'과 대조하여 사용하신 문맥은 '개'가 이방인을 가리킴을 알 수 있게 한다.

예수께서 이방 여인의 요청을 거절하는 듯한 말씀을 하신 것은 마치 선생들이 그 제자들을 점검하곤 했던 것처럼 여인을 점검한 것으로 볼 수 있다(Keener, 2009: 417). 예수께서 믿음의 반응을 확인하시면서 치유를 하신 것은 이후에 행하신 치유가 마법이 아님을 보여 주는 측면도 있었을 것이다.

27절 (이방 여인의 대답) 이방 여인은 '네, 주님!'이라고 대답한다. 여기서

---

102. Keener, 2009: 416.

103. Edwards, 219.

104. France, 298.

105. *b. Hagigah* 13a; *Pirqe Rabbi Eliezer* 29; *Exod. Rab.* 9.2 on Exodus 7:9(Lane, 262).

106. Marcus, 2000: 464.

107. Marcus, 2000: 463; Edwards, 220.

'네'(ναί)는 "네 분명히 그것이 옳습니다."라는 뜻이거나,[108] 예수께서 방금
말씀하신 부정문을 반대하며 "자녀의 빵을 개들에게 줄 수 있다."를 뜻하
였을 수도 있다. 그렇지만 여인이 식탁에서 떨어지는 부스러기는 먹을 수
있다고 언급하며 예수의 말씀과 모순되지 않는 견해를 제시하는 후속 문
맥은 '네'(ναί)가 예수의 말씀에 동의하는 표현이라고 해석할 수 있게 한
다(DA, 1991: 555).

　여인은 개들도 상에서 떨어지는 부스러기를 먹을 수 있다고 대답한
다. '부스러기'는 오병이어 기적 후에 남은 열두 바구니의 부스러기와 연
결된다고 볼 수 있다(Thiering, 1). 여인의 대답은 유대인과 동시에 하나님
나라의 구원을 맛볼 수 있는 가능성을 언급한다. 이 가능성은 율법이 열
어준 가능성이다. 가난한 자나 이방인 나그네에게 남은 것을 취하게 하는
것은 율법이 명하는 것이었기 때문이다(레 19:9-10; 신 24:19; 참고. 룻 2
장).[109] 이미 유대인들이 배불리 먹고 열두 바구니가 남았으므로 이제 이방
인들이 부스러기를 먹을 차례이다(Marcus, 2000: 470).

　28절 (예수의 칭찬과 치유) 예수께서는 이 여인에게 "네 믿음이 크도다."
라고 칭찬하신다. (마가복음 본문에는 이 부분에서 '믿음'이라는 단어가
사용되지 않았다.) 여인의 믿음은 이방인들에게도 부스러기에 대한 권리
가 있다는 생각이다. 이것은 당시 유대인들이 감히 생각하지 못하는 것이
지만 구약 성경이 인정하는 권리이다. 이러한 구약 성경이 인정하는 권리
에 토대하여 시대를 뛰어넘어 생각하고 감히 이를 행동으로 옮겨 예수께
간구한 행위는 이 여인의 믿음에서 나온 결과이다. 예수께서는 이 믿음이
크다고 하신다. 이 큰 믿음은 베드로의 '작은 믿음'(14:31)과 대조된다. 이
방 여인(과 이방 백부장, 8:10)에게 큰 믿음이 있고 예수의 제자 베드로에

---

108. DA, 1991: 555.
109. Pokorný, 329.

게 작은 믿음이 있으며 유대인들에게는 믿음이 없다(13:58)는 예수의 관점은 유대 기독교인 독자들에게 충격으로 다가왔을 것이다. 이러한 관점의 말씀은 유대 교회의 이방인 선교의 정당성을 지원하는 역할을 하였을 것이다.

3. 해설

이 이야기는 이방인 사렙다(두로와 시돈 사이의 마을) 과부의 아들을 살린 엘리야의 이야기(왕상 17장)를 연상시키면서,[110] 엘리야 모형론으로 예수를 묘사하는 측면도 있다. 이러한 측면은 이방인 선교의 맹아가 이미 구약 선지자의 사역에서부터 존재하였음을 보게 한다. 이방인 사르밧 과부는 유대인(엘리야)이 먼저 먹도록 하라는 시험을 통과하였다(왕상 17:13).[111] 예수께서도 유대인이 먼저 먹도록 하라며 이방 여인을 시험하신다. 이 여인도 유대인이 먼저 먹는 것을 받아들이며 부스러기를 요청하면서 시험을 통과하였다(신현우, 2021: 379).

8. 갈릴리 호숫가에서 하신 치유 사역 (15:29-31)

1. 번역

29 예수께서 거기서 떠나 갈릴리 바닷가로 가셨다. 그리고 그 산에 올라가 거기 앉으셨다. 30 많은 무리가 그에게 나아왔다. 그들은 다리 저는 자들, 맹인들, 불구자들, 농아들과 다른 많은 병자들을 데려와서 그의 발 옆에 두

---

110. Lyons-Pardue, 248-49.
111. Derrett, 167.

었다. 그러자 그가 그들을 치유하셨다. 31 그래서 무리가 농아들이 말하며 불구자들이 온전해지고 저는 자들이 걷고 맹인들이 보게 된 것을 보며 놀랐다. 그들은 이스라엘의 하나님께 영광을 돌렸다.

2. 주해와 해설

29절 (산에 올라가심) 예수께서 갈릴릴 호숫가의 산에 올라가셨다. 마태복음에서 두 번째 떡 나눔 기적은 산을 배경으로 발생한다. 유대인들은 흩어진 이스라엘이 시온산에 모일 것을 기대하였고(렘 31:10-12; 겔 34:14), 시온산에서 치유가 발생하고(사 35:5-6; 렘 31:8; 미 4:6-7), 메시아 잔치가 벌어지리라고 기대하였다.[112] 산을 배경으로 언급한 데에는 이러한 시온산에 관련된 메시아 기대가 예수를 통하여 성취된다는 시온 모형론이 담겨 있는 듯하다.[113] 마태복음에서 산은 시내산 주제를 가지기도 하는데, 시온산과 시내산 주제는 이미 구약 성경에서 결합되기 시작한 것이다(시 68편; 사 2:2-3)(DA, 1991: 567).

30-31절 (장애인 치유 사역) 예수께서 장애인들을 치유하셨다. 여기서 개역개정판이 '말 못하는 사람'으로 번역한 단어(κωφός)는 귀먹은 자와 말 못하는 자 모두를 가리킬 수 있는 단어이다.[114] 다리 저는 사람, 장애인, 맹인, 말 못하는 사람 등을 고친 것은 메시아 표증이다(사 35:5-6; 마 11:5 참고). 무리가 목격하고 이스라엘의 하나님께 영광을 돌렸다. '하나님께 영광을 돌렸다'는 예수의 치유가 메시아 표증이며 하나님이 메시아 예수를

---

112. 사 25:6-10; 렘 31:12-14; 겔 34:26-27; 에스라5서 1:38-48; *Exod. Rab.* on 25:8; *Resiq. R.* 41:5(DA, 1991: 566).

113. DA, 1991: 566.

114. Harrington, 1995: 239.

통하여 일하고 계심을 인정하였음을 뜻한다고 볼 수 있다.

31절에서 사용된 표현인 '이스라엘의 하나님'은 구약 성경에 종종 등장하는 칭호이므로(출 5:1; 왕상 1:48; 대상 16:36; 시 41:13; 59:5; 68:35; 69:6; 72:18; 106:48; 사 29:23) 하나님을 이렇게 부른 사람들이 이방인들임을 암시하지는 않는다.[115] '이스라엘'은 하나님을 보는 자라는 뜻을 가진 것으로 이해될 수 있는 표현이었기에 무리가 놀라운 표증을 본 사건은 '이스라엘'이란 단어가 사용되기에 적합한 문맥이었다(DA, 1991: 569).

9. 칠병 표증 (15:32–39)

마태복음은 유대인들의 지역에서 발생한 오병이어 기적과 유사한 표증이 이방인의 지역에서 발생하는 것으로 묘사하는데, 이러한 이중 표증은 엘리야와 엘리사를 통하여 발생한 식사 제공 이중 기적에 평행된다.[116] 모세오경에는 광야에서 발생한 기적적인 식사를 두 번(출 16장, 민 11장) 기록하는데 이것도 예수께서 광야에서 두 번 기적적인 식사를 베푸심과 평행을 이룬다.[117]

칠병으로 사천 명이 넘는 무리를 먹인 표증도 이방인을 상징하는 일곱이란 숫자와 이방인이 사용하던 용기인 광주리를 통하여 이방인과 관련된 구원의 표증으로 기능한다(15:32–39).

1. 번역

32 그런데 예수께서는 그의 제자들을 부르시고 말씀하셨다.

---

115. DA, 1991: 569.
116. Keener, 2009: 418-19.
117. Marcus, 2000: 495 참고.

"내가 무리를 불쌍히 여긴다.

이미 삼 일 동안 나와 함께 머물러서 그들에게 먹을 것이 없기 때문이다.

그들을 굶주린 채로 해산시키고 싶지 않구나.

그랬다간 그들이 길에서 쓰러질 것이다."

33 제자들이 그에게 말했다.

"광야 어디서 우리에게 이렇게 많은 무리를 배불릴 만큼

그렇게 많은 빵을 구할 수 있겠습니까?"

34 그러나 예수께서 그들에게 말씀하셨다.

"너희에게 빵이 몇 덩이나 있느냐?"

그들이 말했다.

"일곱 덩이와 물고기 몇 마리입니다."

35 그가 무리에게 명하여 땅에 기대어 눕게 하셨다. 36 빵 일곱 덩이와 물고기들을 잡고 감사드린 후 제자들에게 계속 떼어 주셨다. 제자들은 무리에게 주었다. 37 그들이 모두 먹고 배불렀다. 남은 조각들을 모으니 일곱 광주리 가득하였다. 38 그런데 먹은 자들이 여인들과 아이들을 빼고 장정 사천 명이었다. 39 그는 무리를 해산시키신 후 배를 타고 마가단 지방으로 가셨다.

2. 주해와 해설

32절 (사흘 동안 함께 있던 무리) 무리는 사흘이나 예수와 함께 있었다. 예수께서 무리를 제3일에 먹이신 것은 하나님께서 제3일에 그의 백성을 도우신다는 호세아 6:2을 연상시킨다.[118] 무리가 이렇게 오래 남아있는 동안

---

118. Marcus, 2000: 492.

예수께서 그들을 가르치셨을 것이다(Lane, 273).

33절 (제자들의 질문) 제자들은 광야에서 어떻게 음식을 구하여 많은 사람에게 제공하겠느냐고 질문한다. '빵,' '광야'는 만나 사건을 연상시킨다.[119] 제자들은 오병이어 기적을 경험한 후임에도 불구하고, 무리에게 먹을 만큼의 빵을 광야에서 구할 수 없다고 부정적으로 대답한다. 그들이 이렇게 반응한 것은 이방인들에게 새로운 만나를 베푸는 것이 부당하다고 여겼기 때문이었을 것이다(Boring, 220).

34-36절 (칠병 기적) 예수께서는 제자들이 가지고 있던 빵 일곱 개와 물고기 몇 마리로 무리를 먹이신다. 예수께서는 식사 기도를 하시고 이 기적을 행하셨다. 개역개정판에서 '축사하다'로 번역된 단어(εὐχαριστέω, '에우카리스떼오')는 식사 기도를 가리킨다. 필로(Philo)의 경우에서 보듯이, 이 단어는 식사 기도를 가리킬 때 사용되었고, 찬양이나 축복을 뜻할 때에는 다른 단어인 '에울로게오'(εὐλογέω)가 사용되었기 때문이다.[120] 그런데, 마태복음 26:27에서 '에우카리스떼오'(εὐχαριστέω)는 최후의 만찬 때 예수께서 잔을 들고 감사하심을 묘사할 때에도 사용된다.[121] 따라서 이 단어는 최후의 만찬을 연상시킨다. 이 단어의 선택은 이방인들이 칠병 기적에 참여한 것처럼 성만찬에 참여하게 될 것을 암시한다(Witherington, 236).

37절 (일곱 광주리 남음) 무리가 배불리 먹고 남은 조각이 일곱 광주리에 가득하였다. 광주리는 이방인들이 사용하는 것이므로 이것을 가져온 사람들은 이방인이었을 것이다. 광주리(σπυρίς)는 바구니(κόφινος)보다 훨씬 더 크다. 광주리는 사람이 들어갈 수 있을 정도로 크므로(행 9:25) 일곱

---

119. Harrington, 1995: 241.
120. Collins, 379.
121. Collins, 379 참고.

광주리를 채운 것이 열두 바구니에 채운 것보다 더 많을 수 있다. 일곱은 16:9-10에서 의미를 부여하는 것으로 보아 유의미한 숫자로서 언급된 것이다. 일곱은 가나안 일곱 족속과 연관되어 이방인을 상징할 수 있는 수이다. 일곱은 이방 민족의 전체성을 상징하는 듯하다(신 7:1).[122] 일곱이 노아에게 주어진 일곱 계명을 상징한다고 볼 경우에도(창 9:1-7; 희년서 7:20),[123] 노아의 자손들인 이방인들과 관련될 수 있다.[124] 그렇다면 이 표증은 이방인들을 위한 새 만나 표증이다. 이 표증은 이방인들이 예수로 인해 주어지는 새 출애굽에 참여함을 암시한다.

38절 (사천 명) 식사를 한 사람들은 여자와 어린이 외에 사천 명이었다. '여자와 어린이 외에'란 표현은 마가복음에는 없다. 마태복음은 이것을 언급하여 수가 4,000명보다 훨씬 많음을 알린다. 4,000명은 세상의 사방을 암시하면서 이방인을 상징할 가능성이 있다.[125]

유대인들은 메시아에 의해 만나 기적이 다시 발생할 것을 기대하였으므로(바룩2서 29:8),[126] 예수께서 빵 일곱 개로 사천여 명을 먹이신 기적은 유대인들에게 알려졌을 때 예수께서 메시아이심을 인식하게 하였을 것이다.

39절 (마가단 지방으로 가심) 예수께서는 무리를 해산시키시고 마가단 지역으로 가셨다. 마가복음(8:10)은 달마누다 지경으로 가셨다고 한다. 마가단 지역이 어디인지 정확히 알 수는 없다.

---

122. Edwards, 231 참고.
123. Boring, 220.
124. 신현우, 2021: 391.
125. DA, 1991: 563 참고.
126. Marcus, 2000: 496.

10. 표증의 요청과 거절 (16:1-4)

1. 번역

16:1 바리새인들과 사두개인들이 다가와서 시험하려고 했다. 그래서 하늘로부터 표증을 그들에게 보여 달라고 그에게 요청했다. **2** 그러나 그는 반응하여 그들에게 말씀하셨다.

"[저녁이 되면 그대들은 말하오.

'날씨가 좋겠군. 하늘이 붉으니 말이야.'

3 또 새벽에는 '오늘은 날씨가 나쁘겠군.

하늘이 붉고 어두우니 말이야.'라고 하오.

그대들은 하늘의 모습은 분별할 줄 알면서

시대의 표증들은 분별할 수 없소?]

4 악하고 지조 없는 세대가 표증을 요청하지만,

요나의 표증 밖에는 그(세대)에게 주어지지 않을 것이오."

그리고 그들을 남겨두고 떠나가셨다.

2. 주해

1절 (표증을 요구한 바리새인들과 사두개인들) '바리새인들과 사두개인들'이 하늘로부터 오는 표증을 요구한다. 마가복음(8:11)은 이들 중에서 바리새인들만을 언급한다. 사두개인들이 함께 와서 표증을 요구한 것은 예수를 함정에 빠뜨리려는 계획에 의한 것이라고 볼 수 있다(아래 참고). '하늘로부터'라는 표현은 마카비2서 15:8에 등장하는데 마카비2서 11:8에 묘사하는 흰 옷을 입은 기병(천사)이 나타나 전쟁을 도운 것을 가리킨다. 이것은

마카비와 유대인들이 적군에게 포위당했을 때, 천사를 보내어 이스라엘을 구해 달라고 하나님께 울며 한 기도(마카비2서 11:6)의 응답이었다. 따라서 하늘로부터 오는 표증은 전력의 열세에 불구하고 하나님의 도우심으로 하늘로부터 오는 군대를 통하여 전쟁에서 승리하는 것을 가리킨다.[127] 그러므로 그들이 구한 표증은 전쟁의 승리였다고 볼 수 있다. 군사적 승리를 보여 주지 않으면 바리새인들은 메시아가 아니라고 주장하고자 했을 것이고, 군사적 승리를 보여 주면 사두개인들이 예수를 로마 당국에 고발하고자 했을 것이다.

그들이 예수께 표증을 요구한 목적은 예수를 시험하기 위함이었다. 개역개정판에 여기서 '시험하다'로 번역한 단어는 '뻬이라조'(πειράζω)이다. 이 단어는 객관적으로 시험함이 아니라 약점을 잡기 위해 시험함을 뜻한다.[128] 그들이 시험하고자 했다는 것은 그들의 요구에 나쁜 의도가 있음을 암시한다.[129] 그들은 검증하여 통과되면 받아들이려고 예수를 시험하지 않았다. 그들은 지나가고자 하면 덫에 걸려 넘어지게 하려고 예수를 시험하였다.

2-3절 (예수의 책망) 예수께서는 그들이 날씨의 징조는 분별하면서 시대의 징조를 분별하지 못한다고 지적하신다. 개역개정판이 '시대의 표적'이라고 번역한 표현(τὰ σημεῖα τῶν καιρῶν)은 옛 시대가 종말을 고하고 이제 새 시대(하나님 나라)가 가까웠다는 징조들을 가리킨다고 보인다. 예수께서 보이신 기적들은 모두 그러한 표증들이었는데 바리새인들과 사두개인들은 분별하지 못하고 그들이 원하는 방식의 표증을 구한다.

4절 (요나의 표증) 예수께서는 요나의 표증만 보여 주시겠다고 하신다.

---

127. Gibson, 1990: 44.
128. Edwards, 235.
129. Harrington, 243.

마가복음은 '표적을 주지 아니하리라'고 하는데(8:12) 마태복음은 요나의 표증 외에는 표증을 보이지 않을 것이라고 표현한다. 마가복음은 군사적 메시아 표증을 주지 아니하겠다는 말씀만 소개하지만, 마태복음은 군사적 메시아 표증 대신에 보여 주실 표증을 언급한다. 요나의 표증은 예수께서 사흘 동안 무덤에 계시다가 부활하는 표증이라고 추측된다. 마태복음 12:40에서 요나의 표증은 땅 속에 있다가 나온 표증(즉 부활)임을 알 수 있다(DA, 1991: 579).

그러나 이러한 표증을 보여 주어도 믿지 않을 자들이 있다.[130] 보는 것이 믿는 것이라고 하지만, 실제로는 믿기 전까지는 보지 않게 된다.[131] 사람의 인지는 객관적으로 이루어지지 않고 선입견에 의하여 통제되기 때문이다.[132] 기적은 믿음을 만들어내지 못하고, 역으로 믿음이 기적을 일으킨다(DA, 1991: 584). 예수의 기적은 의심하는 자를 설득하기 위한 것이 아니었기에 믿음이 없는 자들에게는 기적을 행하지 않으셨다고 볼 수 있다(참고. 마 13:56)(DA, 1991: 584).

3. 해설

이스라엘 백성은 광야에서 만나를 경험한 후에(출 16장), 맛사와 므리바에서 하나님을 시험한다(출 17:1-7). 이와 유사하게 마태복음에서도 칠병 기적 후에 바리새인들과 사두개인들이 예수를 시험한다.[133] 이스라엘

---

130. DA, 1991: 583.
131. DA, 1991: 583.
132. DA, 1991: 583 참고.
133. Marcus, 2000: 504 참고.

백성이 모세의 권위를 제거하기 위해 표증을 요구한 것처럼,[134] 바리새인들과 사두개인들도 예수의 권위를 제거하기 위해 표증을 요구하였을 것이다.

유대인들의 전통 속에서는 앞 단락의 칠병 기적과 이 단락이 언급하는 요나의 표증이 연관성을 가진다고 볼 수 있다.[135] 열왕기상 17장에는 칠병 기적과 유사한 엘리야의 기적에 이어 과부의 아들을 살리는 기적이 소개되는데 유대 전통 속에서 이 아들은 요나라고 하기 때문이다.[136] 따라서 요나의 표증은 예수께서 죽고 부활하시는 기적을 가리킨다고 볼 수 있다.

11. 바리새인과 사두개인들의 누룩 (16:5-12)

1. 번역

5 제자들이 건너편으로 갈 때 빵 가져가기를 무시했다. 6 예수께서 그들에게 말씀하셨다.

　"바리새인들과 사두개인들의 누룩을 조심하고 주의하라."

7 그들은 서로 의논하고 또 의논하였다.

　"왜 우리가 빵을 가져오지 않았지?"

8 그러나 예수께서 아시고 말씀하셨다.

　"왜 너희가 빵을 가져오지 않았기 때문에 서로 의논하느냐?

　믿음이 작은 자들아!

　9 아직도 깨닫지 못하느냐?

---

134. Marcus, 2000: 504.
135. DA, 1991: 578.
136. DA, 1991: 578.

빵 다섯 덩이를 오천 명에게 나눠주고

몇 바구니를 얻었는지 기억하지 못하느냐?

10 빵 일곱 덩이를 사천 명에게 나눠주고 몇 광주리를 얻었느냐?

11 내가 너희에게 빵에 관하여 말한 것이 아님을 어찌하여 깨닫지 못하

느냐?

그렇지만 너희는 바리새인들과 사두개인들의 누룩을 조심하라."

12 그제야 그들은 그가 빵의 누룩이 아니라 바리새인들과 사두개인들의 가

르침을 조심하라고 말씀하셨음을 깨달았다.

2. 주해

5절 (제자들이 빵을 가져가지 않음) 제자들이 빵을 가져가기를 무시했다.
개역개정판에서 '잊었더니'라고 번역된 표현(ἐπελάθοντο)에 사용된 단어
(ἐπιλανθάνομαι)는 70인역에서 주로 "의도적으로 무시하다"는 의미로 사
용되었다.[137] 이 단어는 마태복음에서도 유사한 의미로 사용되었을 수 있
다. 제자들은 이방인들에게 새로운 만나를 베풀어 주는 사건이 다시 발생
하는 것을 막고자 빵을 가져가는 것을 고의적으로 무시했을 것이다
(Gibson, 1986: 36). 그들은 새 출애굽에 이방인들이 포함되는 것이 싫었
을 것이다(Gibson, 1986: 38 참고).

6절 (바리새인들과 사두개인들의 누룩) 예수께서는 제자들에게 바리새인
들과 사두개인들의 누룩을 주의하라고 하신다. 마가복음은 '바리새인들
의 누룩과 헤롯의 누룩'이라고 한다. 마태복음은 바리새인과 사두개인을
반복하여 언급함으로써 이 부분을 16:1과 구조적으로 연결한다. 즉 바리

---

137. Gibson, 1986: 35.

새인과 사두개인들의 누룩은 그들이 군사적 메시아 표증을 요구한 것과 관련된다. 그렇다면 그들의 누룩은 군사적 메시아와 관련된 것이다.

7-8절 (제자들의 오해와 예수의 책망) 누룩에 관한 예수의 말씀을 듣고 제자들은 예수께서 빵이 없음을 지적하신다고 판단하였으나, 예수께서는 그들에게 믿음이 작다고 책망하신다. (이 책망은 마가복음에는 없는 내용이다.) 마태복음에서 믿음이 작은 자들은 예수를 따르면서도 예수의 능력을 신뢰하지 못하는 자들을 가리킨다(6:30; 8:26; 14:31; 17:20).[138] 여기서 작은 믿음은 표면적으로는 빵이 없어도 이를 창조할 수 있는 예수를 믿는 믿음에 도달하지 못한 제자들의 믿음을 가리키는 듯하지만, 심층적으로는 제자들이 예수께서 이방인을 새 출애굽에 포함시키는 메시아이심을 알지 못하고 민족주의적인 메시아 사상에 빠져 있는 모습을 가리키는 듯하다.

9-10절 (열두 바구니와 일곱 광주리) 예수께서는 오병이어 기적 후에 남은 것이 열두 바구니였음과 칠병 기적 후에 남은 것이 일곱 광주리였음을 기억하게 하신다. 열두 바구니, 일곱 광주리는 각각 이스라엘 열두 지파, 이방인(신 7:1, 가나안 일곱 족속)을 상징하므로, 열두 바구니, 일곱 광주리의 빵 조각이 남은 표증은 새 이스라엘에 이방인이 포함됨을 암시한다. 예수를 통해 오는 새 출애굽은 이방인을 포함하며, 예수께서는 유대인과 이방인 모두의 메시아이심이 암시된다.

11-12절 (누룩은 빵이 아니라 교훈을 가리킴) 예수께서는 언급하신 누룩은 빵이 아니라 가르침을 비유하신 것이었다. 1세기에 아람어로 누룩은 '하미라'(חמירא)이고 가르침은 '아미라'(אמירא)로서 발음이 유사하였다.[139] 따라서 누룩은 가르침을 뜻하는 비유적 표현으로 사용될 수 있었다. 이러

---

138. 양용의, 2018: 330.
139. Lane, 281.

한 배경 속에서 누룩이 교훈을 가리킨다는 해석을 이해할 수 있다. '교훈'
은 구체적으로는 바리새인들과 사두개인들의 군사적 메시아 관련 가르침
을 가리키는 듯하다.[140] 이러한 메시아 사상과 달리 예수께서는 로마에 대
항한 정치적 혁명을 일으키고자 하지 않았음은 분명하다.[141] 무엇보다 다
른 것은 예수께서 유대인만이 아니라 이방인을 새 출애굽의 수혜자에 포
함시키고자 하셨다는 점이다.

3. 해설

예수께서는 군사적 메시아 대신 이사야서가 기대하는 고난받는 종인
동시에 메시아로 자신의 정체성을 이해한 듯하다. 신약 성경의 기독론에
서는 이사야 61:1-4와 이사야 42:1-4; 52:7이 연결되어 성령 받고 기름 부
음 받은 자(메시아)는 동시에 여호와의 종이며, 하나님 나라(통치)의 선포
자이다.[142] 이러한 연결의 단초는 "당신은 당신의 종에게 성령을 부으셨습
니다."라고 하는 쿰란 문헌(1QH 17:26) 구절에도 암시되어 있는 듯하
다.[143] 예수의 축귀 사역은 귀신들에게 포로 되고 묶인 것을 푸는 사역으로
서 이사야 61:1의 성취로 간주될 수 있었기에 축귀 사역은 메시아 표증으
로 볼 수 있었을 것이다(DA, 1991: 601).

---

140. Hagner, 1995: 460도 이러한 입장이다.
141. DA, 1991: 596.
142. DA, 1991: 598.
143. DA, 1991: 598.

12. 베드로의 메시아 사상 (16:13-20)

1. 번역

13 예수께서 필립의 가이사리아 지방으로 가셨을 때, 그의 제자들에게 질문하고 또 질문하셨다.

　"사람들이 그 인자를 누구라고 말하느냐?"

14 그들이 말했다.

　"어떤 사람들은 세례자 요한, 다른 사람들은 엘리야,

　또 다른 사람들은 예레미야나 선지자들 중에 하나라고 합니다."

15 그가 그들에게 말씀하셨다.

　"너희는 나를 누구라고 말하느냐?"

16 시몬 베드로가 대답하여 말했다.

　"당신은 그리스도 살아계신 하나님의 아들입니다."

17 예수께서 그에게 반응하여 말씀하셨다.

　"복되도다! 요나의 아들 시몬아!

　살과 피가 아니라 하늘에 계신 너의 아버지께서 너에게 계시하셨기 때문이다.

18 나도 너에게 말한다.

　너는 베드로이다. 이 반석 위에 내가 나의 교회를 세울 것이다.

　저승의 문들이 그것을 이기지 못할 것이다.

19 내가 너에게 하늘들의 나라의[144] 열쇠들을 줄 것이다.

---

144. 마태복음에서 하늘을 히브리어('샤마임')에서처럼 복수형으로 표현한 것을 직역하였다. '하늘들'은 대기권, 우주만이 아니라, 하나님이 계신 초월적 하늘을 포함하여 가리키므로, '하늘들의 나라'는 하나님의 나라를 가리킬 수 있는 표현이다.

네가 무엇이든지 땅에서 묶으면 하늘들에서도 묶일 것이다.

네가 무엇이든지 땅에서 풀면 하늘들에서도 풀릴 것이다."

20 그때 아무에게도 그가 그리스도라고 말하지 말라고 제자들에게 명하셨다.

2. 주해

13절 (예수의 질문) 예수께서 필립의 가이사리아(Caesarea, 카이사르의 도시) 지방에 가신다. '필립의 가이사리아'라는 배경은 이 이야기를 위하여 꼭 필요한 부분이 아니므로, 이 이야기의 역사적 사실성의 증거 중 하나라고 볼 수 있다(DA, 1991: 612). 필립의 가이사리아(가이사랴)는 카이사르(Caesar, 가이사, 로마 황제)를 주(主)로 시인하고자 헌정된 곳인데, 제자들은 이곳에서 예수를 메시아로 고백하게 되었다(Lane, 289). 이곳에는 헤롯이 로마 황제를 위해 지은 신전도 있었는데,[145] 이 신전에서 아우구스투스(Augustus) 황제는 신으로 숭배되었다.[146]

예수께서는 사람들의 인자를 누구라 하느냐고 질문하신다. '인자'는 15절에서 '나'와 동일시되므로 예수께서 자기 자신을 가리키기 위해 사용하신 표현이다(Hagner, 1995: 467-68).

14절 (제자들의 대답) 제자들은 사람들이 예수를 세례자 요한, 엘리야, 예레미야, 또는 선지자들 중에 하나라고 한다고 대답한다. 예레미야가 종말에 등장한다는 기대는 유대인들의 문헌(마카비2서 15:13-16; 에스드라2서 2:18)에 담겨 있다.[147] 마태복음은 종종 예수를 예레미야의 모습으로 그린

---

145. Collins, 400.

146. *J.W.* 1.404-6; *Ant.* 15.363-64(Marcus, 2009: 603).

147. Hagner, 1995: 467.

다. 마태복음 2:17; 16:14; 27:9에서는 예레미야의 이름을 언급하고, 7:15-23; 11:28-30; 23:37-39에서는 예레미야서를 연상시키는 화용(化用, allusion)이 나타난다(Harrington, 247). 예수와 예레미야는 심판을 예언하고 성전에 대하여 부정적인 선언을 한 공통점을 가진다(DA, 1991: 619).

15-16절 (베드로의 신앙고백) 제자들은 예수를 누구라고 보는지 묻는 예수의 질문에 베드로가 제자들을 대표하여 예수는 그리스도이시며 살아계신 하나님의 아들이라고 고백한다. '메시아'는 하나님에 의해 선택되어 기름 부음 받고 직위를 받는 자를 가리키는 일반용어인데,[148] 쿰란 문헌 1QSa(1Q28a) 2:12에서 비로소 '그 메시아'(המשיח)라는 용어는 특정 인물을 가리키게 되었다(Edwards, 249-50). 이 용어는 예수 시대에는 이스라엘을 구원하고 세상에 공의를 세우고자 하나님께서 보내실 인물을 가리키게 되었다(Hurtado, 141). 그런데 유대인들이 기대한 메시아는 군사적 수단으로 정치적 구원을 가져오는 메시아였다.[149]

'하나님의 아들'은 메시아 칭호이다(3:17 주해 참고). 그런데 마태복음에서 이 칭호는 마태복음 11:27에서 표현되어 있는 하나님과 예수의 독특한 관계도 동시에 표현한다고 볼 수 있다.[150] 누가복음 22:70에서는 '하나님의 아들'이 그 앞(67절)의 '그리스도'와 구별되게 사용되고, 69절이 알려 주듯이 하나님의 권능의 우편에 앉는 존재를 가리키는 말이며, 71절이 암시하듯이 자신이 하나님의 우편에 앉는 그러한 하나님의 아들이라는 주장은 지나치게 자신을 높이는 말씀으로 여겨질 수 있었다. 이러한 용례는 '하나님의 아들'이 '그리스도'를 한정함으로써 어떤 종류의 그리스도

---

148. Hurtado, 141.
149. 솔로몬의 시편 17:23-30(Edwards, 250-51).
150. DA, 1991: 620.

인지 알려 주는 용어로 사용될 수 있음을 보여 준다. 마태복음 16:16에서 도 그렇게 사용되었을 수 있다.

'살아계신 하나님'은 (실재하지 않는) 이방신과 대조된 실재하시는 하 나님을 가리킨다(신 5:26; 시 42:2; 84:2).[151] 하나님은 생명을 주시는 유일 한 분이라는 점에서도 '살아계신' 분이다.[152] 그런데, '살아계신 하나님의 아들'이라는 표현은 70인역 호세아 2:1에서 이스라엘 백성들을 가리키는 '살아계신 하나님의 아들들'(υἱοὶ θεοῦ ζῶντος)이라는 표현을 연상시킨다 (Goodwin, 273-75). 마태복음(2:15; 9:13; 12:7)에서 호세아서(6:6; 11:1)가 인용됨은 이 구절에서도 이 표현이 호세아서를 연상시키고자 의도적으로 사용되었을 가능성이 높다고 볼 수 있게 한다.[153] 특히 마태복음 2:15에서 호세아 11:1의 이스라엘 백성을 가리키는 표현인 '나의 아들'을 예수께 적 용하므로, 마태복음 16:16에서도 그렇게 볼 수 있을 것이다(Goodwin, 274). 사도 바울이 로마서 9:26에서 '살아계신 하나님의 아들'을 언급하며 호세아 2:1(70인역)을 언급한 것과 희년서 1:25; 마카비3서 6:28 등이 이 구절을 연상시키는 '살아계신 하나님의 아들들'이란 표현을 사용한 것은 당시 유대인들이 이 호세아 구절에 익숙했다고 보게 하여 이러한 해석의 정당성을 더욱 높인다.[154] 호세아 2:1(70인역)을 배경으로 하여 마태복음 16:16에서 '살아계신 하나님의 아들'은 예수께서 (회복된) 이스라엘이심 을 독자들에게 암시할 수 있다(Goodwin, 278).

17절 (예수의 칭찬) 이 구절은 마가복음에는 없는 부분이다. 마태복음은 예수에 관한 베드로의 진술이 옳다는 것을 명확히 한다.

---

151. Hagner, 1995: 468-69.
152. DA, 1991: 621.
153. Goodwin, 273.
154. Goodwin, 274.

예수께서는 베드로를 '바요나 시몬'이라고 부르신다. 마태복음에서
'바요나'(요나의 아들)라는 이름이 언급된 것은 이방인에게 복음을 전하
기를 처음에는 거부한 점에서 베드로와 요나가 유사하기 때문이라고 볼
수 있다.[155] 요한복음 1:42은 베드로를 '요한의 아들'이라 한다. 이것은 '요
한'과 '요나'를 호환하여 사용하는 70인역 사본들을 통하여 설명될 수 있
는 현상이다.[156]

예수께서는 베드로가 예수의 정체를 알게 된 것은 혈육으로 인한 것
이 아니라고 하신다. '혈육'은 인간을 가리키는 표현이다.[157] 이러한 의미
로 이 표현을 사용한 것은 랍비 문헌들만이 아니라 갈라디아서 1:16에서
도 발견된다(DA, 1991: 623).

18절 (예수의 교회) 예수께서는 시몬에게 베드로라는 이름을 주신다. 베
드로(또는 아람어 '케파,' כיפא)는 그 이전이나 당대에 거의 사용되지 않
은 이름이므로 이러한 특이한 이름을 주신 데에는 특별한 의도가 있었을
것이다(양용의, 2018: 335-36). 예수께서는 이 반석 위에(ἐπὶ ταύτῃ τῇ
πέτρα) 예수의 교회를 세우겠다고 하신다. '반석'(πέτρα, '뻬뜨라')은 유사
어인 '베드로'(Πέτρος, '뻬뜨로스')와 연결되어 본문의 구조를 응집시킨
다. 뒤에 나오는 '뻬뜨라'(반석)는 여성형이므로 남성형으로 된 베드로(돌
멩이)를 가리키지 않을 수도 있지만, 아람어로는 모두 '케파'일 것이므로
차이가 없다고 볼 수도 있다.[158] 또한 아람어 '케파'는 바위만이 아니라 반
석을 가리키기도 하므로, '뻬뜨라' 뒤에 있는 아람어도 '케파'일 수 있다

---

155. Hagner, 1995: 469. O. Cullmann은 '바-요나'는 아카드어에서 온 단어로서 역도,
테러리스트라는 뜻을 가질 수도 있음을 지적하였다(*b. Gittin* 56a; *b. Berakoth* 10a)
(DA, 1991: 622).
156. DA, 1991: 622.
157. Keener, 2009: 426.
158. 양용의, 2018: 626.

(Finley, 146-47).

랍비 문헌에서 스승이 제자에게 학생의 특징을 반영하는 별명을 붙이는 경우를 보게 되지만, '베드로'의 경우는 신학적 이유 때문에 붙여진 별명일 수 있다(DA, 1991: 626). '반석'은 이사야 51:1-2에서 아브라함을 가리키는 용어이므로 시몬을 '반석'을 연상시키는 베드로라고 이름 붙인 것은 그가 새 아브라함으로서 새 믿음의 조상으로 역할하게 될 것을 암시한다.[159] 그러나 헬라어 베드로('뻬뜨로스')는 반석보다는 주로 돌멩이나 바위를 가리키는 단어이므로(Lampe, 241), 베드로는 이사야 51:1-2에서 반석에서 떼어져 나온 바위로 상징된 이스라엘을 가리킨다고 볼 수도 있다. 따라서 이 별명은 새 이스라엘의 대표라는 뜻으로 붙여졌다고 볼 수도 있다.

예수께서는 "이 반석 위에 내 교회를" 세울 것이라고 하신다. 교회의 기초석이 되는 반석('뻬뜨라')이 베드로('뻬뜨로스') 자신을 가리킨다는 해석이 있다. 그러나 이 해석은 베드로가 곧이어 23절에서 "사탄," 예수를 "넘어지게 하는 자"라고 부정적으로 평가되는 문맥에 부합하지 않는다.

에베소서 2:20이나 요한계시록 21:14은 베드로뿐 아니라 열두 사도 전부가 교회의 기초임을 말한다. 마태복음도 베드로를 통해 열두 사도 전체를 가리켰을 것이다. 베드로는 열두 사도의 대표로서 예수께 대답했으므로(마 16:15-16), 예수께서는 열두 사도의 대표로서의 베드로에게 말씀하셨다고 볼 수 있다. 또는 베드로가 사도들 가운데서 먼저 교회의 기초가 되었음을 말한다고 볼 수 있다.[160] 쿰란 문헌(1QH 6:26-27; 7:8-9)에도 악의 파괴 행위로부터 안전한 종말의 새 공동체를 반석 위에 세우는 내용이 나온다(DA, 1991: 611). 이러한 기대를 성취하는 일에 예수께서는 베드

---

159. DA, 1991: 624, 651.
160. 강대훈, 하, 105.

로와 사도들을 반석처럼 사용하실 것이다.

예수께서는 자신의 교회가 세워질 것을 말씀하신다. '교회'라는 단어
(ἐκκλησία)는 70인역에서 히브리어 '카할'(קהל)을 번역하는 데 주로 사
용된 것이므로 이 히브리어 단어처럼 이스라엘을 가리킬 수 있다(양용의,
2018: 337). 쿰란 공동체는 자기들의 모임을 '하나님의 카할(קהל)'이라
불렀다(1QM 4:10).[161] 그러므로 '내 교회를 세운다'는 말씀은 예수께 속한
하나님의 새 백성으로서의 새 이스라엘을 세우신다는 뜻이다.[162] 구약 성
경에서는 '이스라엘을 세운다'는 표현이 자주 발견되는데(룻 4:11; 렘
1:10; 31:4; 33:7; 시 28:5 등), '교회를 세운다'는 표현은 이러한 표현을 따
른 것이다.[163] 따라서 여기서 '교회'는 예수께서 세우시는 새 이스라엘을
가리킨다. 예수께서 자신의 교회를 언급하시는 말씀은 유대인들의 메시
아 기대가 메시아 공동체 형성을 포함함을 고려할 때(Merkle, 2010a:
288), 예수를 메시아로 고백하는 문맥에 잘 부합한다.[164]

예수께서는 예수의 교회를 음부의 권세가 이기지 못할 것이라고 하신
다. '하늘의 문'이 하나님께서 사법권을 행사하시는 재판의 장소를 가리
키는 유대 배경 문헌들의 용례를 고려하면,[165] '음부의 문들'(πύλαι ἅδου)
은 사탄이 권세를 행하는 장소로 볼 수 있다. '음부의 문들'은 구약 성경의
'스올의 문들'(사 38:10)에 해당하는 표현이며,[166] '문들'은 종종 "세력"을

---

161. Harrington, 248.
162. 양용의, 2018: 338.
163. 양용의, 2018: 338.
164. 이 구절과 마 18:17에서 등장하는 '엒끌레시아'(ἐκκλησία)가 역사적 예수에게서 기
원한다고 볼 수 있음을 Merkle(2010a: 81-91)은 잘 논증하였다.
165. 강대훈, 2014: 211.
166. 1세기에는 '음부'('하데스')가 죽은 자들이 가는 지하 세계(저승)라는 의미가 아니라
불경건한 자들이 죽어서 가는 세계(지옥)라는 의미로 사용되었다(DA, 1991: 633).

뜻한다.[167] 성문이 재판 장소로 사용된 배경(신 21:19-20; 25:7; 왕상 22:10; 룻 4장)도 문이 통치권을 의미하는 비유적 언어로 사용될 수 있게 한다. 또한 '스올의 문들'(שערי שאול)은 히브리어 구약 성경에서 '사망의 문'(שערי־מות)과 동일한 뜻으로 쓰였다(욥 38:17; 시 107:18; 참고. 1QH 6:24-26). 그러므로 '음부의 문'은 음부의 세력, 사망의 세력을 뜻하며, 문 맥상 사탄의 세력을 가리킨다(Hagner, 1995: 471). 브라운(C. Brown)은 예수께 대하여는 예루살렘과 성전의 문들이 음부의 문으로 작용하였다고 지적한다.[168]

19절 (천국 열쇠) 예수께서는 천국 열쇠를 베드로에게 주시겠다고 하신 다. (이 구절은 마가복음에는 없는 부분이다.) 이 말씀은 베드로의 권위를 매우 높인다. 베드로에게 천국 열쇠들을 주신다는 말씀은 무슨 뜻인가? 집안의 재정과 물품을 관리하는 자가 열쇠를 관리하므로 천국 열쇠들이 주어진다는 것은 새 하나님의 백성인 교회를 관리하는 역할을 한다는 뜻 일 것이다. 열쇠가 권세를 뜻함은 신약 성경과 유대 문헌(계 1:18; 에녹2서 40:9-11; *b. Sanhedrin* 113a 등)에서 확인할 수 있다.[169] 그러므로 베드로가 (사도들의 대표로서) 천국 열쇠를 받고 매고 풀 수 있게 된다는 것은 (그 가 대표하는 사도들이) 교회를 관리하는 권세를 받음을 뜻한다고 볼 수 있다(자세한 설명은 아래 해설 참고).

20절 (메시아 비밀) 예수께서는 자신이 메시아이심을 비밀에 부치도록 하신다. 이러한 메시아 비밀은 당시 메시아 사상이 군사적·정치적 기대로 인해 왜곡되어 있었기 때문에 필요하였을 것이다. 쿰란 문헌(CD 19:10-

---

167. 양용의, 2018: 338.
168. Hagner, 1995: 472에서 재인용.
169. DA, 1991: 635.

11)은 무력으로 악한 자들을 정벌하는 메시아를 기대한다.[170] 예수께서는 자신이 이렇게 군사적 메시아로 오해되기를 원하지 않으셨을 것이다.[171] 그런데 브레데(W. Wrede)는 메시아 표증이 예수를 통하여 행해진 적이 없었다고 보고 그러한 표증의 발생을 제자들이 선포할 때 예수께서 표증들을 비밀에 부쳤기 때문에 사람들에게 알려지지 않았다고 변증하고자 메시아 비밀을 도입했다고 주장했다.[172] 그러나 마가복음 1:44-45; 마태복음 9:30-31 등은 이러한 비밀이 준수되지 않고 소문이 퍼졌다고 한다. 따라서 브레데의 가설은 본문에 대한 설명력이 없기에 실패한 가설이다.

3. 해설

천국 열쇠를 받은 베드로는 땅에서 매면 하늘에서도 매이고 땅에서 풀면 하늘에서도 풀리게 되는 권세를 가지게 된다. 마태복음 18:18은 다른 제자들에게도 매고 푸는 권세를 주시므로 베드로는 제자들의 대표로서 그런 권세를 받은 것임을 알 수 있다.[173] '매다,' '풀다'는 바리새인들이 가진 정치적 권세를 가리킬 때도 사용된 단어이므로(*J. W.* 1.11 이하), 이것은 사도들이 가지게 될 교회에서의 치리, 권징의 권세를 가리킨다고 볼 수도 있다.[174] 한편, 키너(C. S. Keener)는 매고 푸는 것은 교회 안으로 받아들이거나 받아들이지 않는 역할을 가리킨다고 보면서, 베드로의 신앙고백과 같은 신앙을 고백하는 자를 받아들여야 한다고 해석한다(Keener, 2009:

---

170. 박윤만, 576.
171. Bock, 242.
172. France, 331.
173. 양용의, 2018: 337.
174. 강대훈, 하, 109.

430).

그런데 '묶다,' '풀다'는 그리스-로마 주술 자료에서 저주하기와 저주
를 없애는 것을 각각 가리킨다(Kim, 385-87). 이 용어들은 유대 문헌에서
축귀와 관련하여서도 사용된다(레위의 유언 18:12; 솔로몬의 유언 1:14).[175]
또한 열쇠를 가진 자는 묶고 푸는 역할을 하는 자로서 통치권을 가진 자
를 가리키므로, 천국의 열쇠는 천국과 관련된 교회를 다스리는 권세를 가
리킨다.[176] 이러한 용례와 사탄의 권세를 언급하는 마태복음의 문맥은 베
드로에게 준 묶고 푸는 열쇠가 사탄을 묶어 제압하고, 사탄의 저주를 풀
고 교회를 다스리는 권세를 가리키는 것으로 해석할 수도 있다(참고.
Kim, 388, 394). 마태복음 18:18은 매고 푸는 것을 권징의 맥락에서 언급
하므로, 마태복음 16:19에서도 매고 푸는 것은 교회에서 하는 결정과 관
련된 것으로 볼 수 있다.

사도들이 매고 푸는 권세를 받아 교회를 다스림은 마태복음 28:20의
말씀대로 예수의 가르침을 지키도록 가르치고 이를 따르지 않는 자를 권
징함을 통해서 이루어진다. 그러므로 매고 푸는 것은 (구약 성경과) 예수
의 가르침을 적용함을 가리킨다고 볼 수 있다. 이러한 해석은 '매다,' '풀
다'의 용례를 통하여 지지된다. 랍비 문헌(*Sipre* on Deuteronomy 32:25; *b.
Shabbath* 31ab)에서 '매다,' '풀다'는 율법의 적용을 뜻한다.[177] '매다'와 '풀
다'는 각각 "불허하다," "허용하다"라는 뜻으로 랍비 문헌에 사용되므로,
교회에서 허용되는 것과 허용되지 않는 것을 결정하는 것을 뜻한다고 볼
수 있다.[178] '풀다,' '묶다'를 죄를 용서하거나 하지 않는 뜻으로 보는 것은

---

175. DA, 1991: 635.
176. 참고. Kim, 393-94.
177. DA, 1991: 635.
178. 양용의, 2018: 339.

욥기 42:9-10(70인역), 탈굼(*Tg. Neof.* Genesis 4:7)의 용례를 통하여 지지된다.[179] 그렇다면 천국의 열쇠는 토라를 해석하고 가르치고 적용하는 권위라고 볼 수 있다.[180] 이러한 해석은 이 본문이 바리새인들과 사두개인들의 가르침을 조심하라는 말씀을 담은 마태복음 16:5-12에 바로 이어지는 구조를 통해서도 지원받는다.[181] 서기관들에게 있던 권위가 열두 제자들(사도들)에게 넘어가게 된 것이다.[182] 바리새 서기관들이 잘못된 가르침으로 닫은 천국의 문을(마 23:13) 베드로(를 비롯한 사도들)가 열게 될 것이다(DA, 1991: 639).

　사도들이 율법을 적용하는 권세를 받았다고 할지라도, 그들은 예수의 가르침이 보여 준 방식에 따라 율법을 적용해야 할 것이다. 예수의 가르침은 율법을 문자에 따라 잘못 적용하여 무거운 짐을 지우는 방식이 아니라 율법의 의도를 바르게 적용하는 방식을 취하였는데, 이러한 방식을 따라야 바른 율법 적용이라 할 수 있다. 또한 율법과 예수의 가르침을 적용하고 권징하는 권세는, 베드로 개인이 아니라 교회에 주어진 것이라고 볼 수 있다.[183] 마태복음 18:18은 매고 푸는 일을 교회의 결정 맥락에서 말하기 때문이다.

---

179. DA, 1991: 636.
180. Hagner, 1995: 473.
181. DA, 1991: 639.
182. Hagner, 1995: 474.
183. Yang, 18; 강대훈, 2014: 214.

13. 예수의 죽음과 부활 예언과 베드로의 메시아 사상 (16:21-23)

1. 번역

21 그때부터 예수께서 그의 제자들에게 그가 예루살렘에 가서 장로들과 대제사장들과 서기관들에게 심히 고난받고 죽임 당하고 제삼 일에 일으켜져야 함을 드러내기 시작하셨다. **22** 베드로가 그를 붙잡고 그에게 꾸짖기 시작했다.

"당신에게 자비를 기원합니다!

주여, 이것이 당신에게 절대로 발생하지 않을 것입니다."

23 그가 돌아서서 베드로에게 말씀하셨다.

"내 뒤로 가라, 사탄아!

너는 나의 걸림돌이다.

네가 하나님의 일들 대신 사람들의 일들을 생각하기 때문이다."

2. 주해

21절 (예수의 죽음과 부활 예언) 예수께서는 자신이 죽임 당한 후 부활하실 것을 예언하신다. 이러한 수난과 부활 예언은 구약 성경 구절들(시 22편; 34:19, 22; 89:38, 45; 118:10-25; 사 52-53장; 단 7장; 호 6:2; 슥 13:7-9 등)을 기억하게 한다.[184] 70인역 시편 33:20(히브리어 성경 시 34:20)이 언급하는 의인들의 고난과 하나님의 보호하심도 예수의 수난 및 부활 예언의 배경이 될 수 있다(DA, 1991: 656-57). 예수 당시 유대인들도 경건한

---

184. DA, 1991: 656.

자들의 부활을 기대하였다.[185]

예수께서는 자신이 대제사장들과 서기관들에게 고난을 받을 것이라고 하신다. 대제사장들과 서기관들은 산헤드린(예루살렘 의회)을 구성하는 자들이다(France, 335). 이러한 유대인 권력자들에게 메시아이신 예수께서 고난을 당하고 죽임을 당한다는 것은 제자들이 받아들이기 힘들었을 것이다(대제사장에 관한 자세한 설명은 아래 해설 참고).

이 구절에서 예수의 죽음과 부활 예언에 헬라어 '데이'(δεῖ, ~해야 한다)가 사용된다. 주어가 없이 사용하는 '데이'는 하나님의 행하심을 표현한다.[186] 70인역 다니엘 2:28, 29은 미래(it will)로 번역될 내용을 '데이'로 번역한다.[187] 이러한 용례는 '데이'로 표현된 예수의 죽음과 부활이 하나님의 예정 가운데 있으며 반드시 이루어질 것임을 암시한다.

22절 (베드로가 예수를 꾸짖음) 베드로는 예수의 예언에 반대하며 예수를 꾸짖었다. 개역개정판에서 '항변하다'로 번역한 단어(ἐπιτιμάω)는 직역하면 "꾸짖다"로 번역할 수 있다. 제자가 스승을 꾸짖는 것은 흔히 발생하는 일이 아니었다.[188] '꾸짖다'(ἐπιτιμάω)는 귀신을 축출하는 과정을 묘사할 때 주로 사용된 용어이다.[189] 그러므로 제자인 베드로가 스승인 예수를 꾸짖은 것은 매우 무례한 행동이었다. 당시 유대교에는 메시아가 고난받는다는 개념이 없었기에,[190] 베드로는 예수의 생각이 틀렸다고 확신하고 그렇게 행동했을 것이다.

23절 (예수의 반응) 예수께서는 베드로를 '사탄'이라고 부르신다. 히브

185. 에녹1서 22-27장; 92-105장; 희년서 23:11-31; 마카비4서 7:3(강대훈, 하, 115).
186. Marcus, 2009: 605.
187. Bennett, 125.
188. Keener, 2009: 433.
189. Edwards, 255.
190. Hurtado, 136.

리어 '사탄'은 대적자를 뜻한다.[191] 유대인들의 문헌은 사탄이 아브라함을 유혹하여 이삭을 바치는 것을 거부하도록 하다가 실패하는 이야기를 담고 있다.[192] 베드로는 예수가 고난받는 길을 가는 것을 거부하도록 유혹하며 사탄이 하는 역할을 하고 있기에 예수께서 그를 사탄이라고 부르셨을 것이다(Collins, 407). 또는 축귀하실 때처럼 베드로를 지배하고 있는 사탄에게 그렇게 부르셨을 것이다(Marcus, 2009: 607). 사탄은 광야에서 예수를 이미 시험한 적이 있는 존재이다. 베드로가 하는 역할은 그때 사탄이 했던 역할과 유사하다.

마가복음에는 예수께서 베드로를 꾸짖었다고 하는데 마태복음에서는 이 동사가 생략된다. 대신 "너는 나를 넘어지게 하는 자로다."(σκάνδαλον εἶ ἐμοῦ)가 더해져 있다. 이것은 "너는 나의 방해물이다."라는 뜻으로 볼 수 있다. 베드로('뻬뜨로스,' 돌)는 교회의 기초석과 관련되었지만, 이번에는 걸려 넘어지게 하는 돌이라고 평가된다.[193] 베드로는 군사적 메시아 사상에 빠져 있는데 이것이야말로 예수의 길에 걸림돌이었다. 사탄이 그러한 메시아 사상으로 예수를 유혹하였는데 이제 베드로가 그러한 메시아 사상으로 예수를 막아선다. 예수께서 보시기에는 그러한 메시아 사상은 사탄적인 메시아 사상이었을 것이다. 왜냐하면 사탄이 그러한 메시아 사상으로 예수를 유혹했기 때문이다. 그러나 하나님께서 예수께 주신 메시아의 사명은 고난받는 메시아의 길이었다. 그래서 사탄에게 시험받으실 때에 예수께서 "사탄아 물러가라."(4:10)고 하신 것처럼 "사탄아 내 뒤로 물러가라."고 말씀하셨다고 볼 수 있다.

베드로의 잘못은 '하나님의 것들'이 아닌 '사람의 것들'(τὰ τῶν

---

191. Collins, 407.

192. *Gen. Rab.* 56.4(Marcus, 2009: 607).

193. Keener, 2009: 434.

ἀνθρώπων)에 관하여 생각하는 데 있었다. '하나님의 것들,' '사람의 것들'에 사용된 목적격은 관련의 목적격(accusative of general reference)인 듯하다(Boring, 242). 베드로는 사람의 것들(군사, 정치)과 관련하여 생각하지 말고, 하나님의 방식(죽음과 부활)을 따라 생각하여야 했다.[194] 당시 유대인들은 승리하는 메시아의 길을 기대했지만, 베드로는 하나님의 계획에 따라 죽고 부활하시는 메시아를 받아들여야 한다.

3. 해설

'대제사장'(ἀρχιερεύς)은 전직 대제사장과 현직 대제사장 및 그 가족 등 고위급 제사장(chief priest)을 가리키는 단어이다.[195] 그러므로 현직 대제사장 카이아파스(Caiaphas)만이 아니라, 전직 대제사장 안나스(Annas), 후계자 요나단(Jonathan), 요나단의 형제 테오필루스(Theophilus) 등을 포함할 수 있다.[196] 샌더스(E. P. Sanders)는 이 단어가 최고 제사장(high priest)을 선출하는 4-5개의 가문의 남자들을 가리킨다고 추측하였고, 쿡(M. J. Cook)은 이 단어가 단지 더 중요한 제사장들을 가리킨다고 보았다.[197]

유대인들은 메시아가 대제사장과 좋은 관계를 맺을 것이라고 기대하였으므로,[198] 메시아 예수가 대제사장에 의해 고난을 받고 죽임을 당한다는 예수의 말씀은 제자들에게 충격적이었을 것이다(신현우, 2021: 422).

---

194. Boring, 242 참고.
195. Edwards, 254.
196. 행 4:6; *J.W.* 18.26, 95, 124(Edwards, 254).
197. Collins, 405.
198. Marcus, 2009: 614.

14. 제자도 (16:24-28)

1. 번역

24 그때 예수께서 그의 제자들에게 말씀하셨다.

"누가 나의 뒤에 오기 원한다면,

자기 자신을 부정하고 자기의 십자가를 지고 나를 따르도록 하라.

25 누구든지 자기의 목숨을 구하기 원하는 자는 그것을 잃을 것이며,

누구든지 나 때문에 자기 목숨을 잃는 자는

그것을 얻을 것이기 때문이다.

어떤 사람이 온 세상을 얻고 자기의 목숨을 잃으면

무슨 유익이 있겠는가?

사람이 자기 목숨을 무엇과 바꿀 수 있겠는가?

27 그 인자가 그의 아버지의 영광 속에서 그의 천사들과 함께 곧 올 것

이고, 그때 각자에게 그의 행함을 따라 갚아줄 것이기 때문이다.

28 진실로 너희에게 말한다.

여기 서 있는 사람들 중에 몇몇은

그 인자가 그의 나라를 가지고 오는 것을 볼 때까지는

절대로 죽음을 맛보지 않을 것이다."

2. 주해

24절 (제자의 조건) 예수께서는 제자들이 고난을 각오해야 함을 분명히
하신다. "누구든지 나를 따라오려거든 자기를 부인하고 자기 십자가를 지
고 나를 따를 것이니라." 이 말씀은 교차평행구조(chiasm)로 되어 있다.

서로 평행된 '자기를 부인함'과 '자기 십자가를 짐'은 동일한 의미를 가진 다른 표현으로 볼 수 있다.[199] 십자가는 사형수가 지고 가는 형틀이므로, 자기 십자가를 짐은 목숨의 포기와 사회적 비난을 내포한다. 유대인들의 문헌은 제물이 될 이삭이 나무를 지고 간 것을 "마치 자기 십자가를 자기 어깨에 지고 가는 자처럼"이라고 표현했다(*Gen. Rab.* 56.3).[200] 이러한 배경으로 보면 자기 십자가를 짐은 하나님께서 명하신 고난의 길을 감을 뜻한다.

25절 (구원의 약속) 자기를 부인하고 예수를 따르는 자는 목숨을 구할 것이다. 버리는 '목숨'을 가리키는 단어로 '프쉬케'(ψυχή)가 사용되었는데, 얻게 되는 것은 목숨 정도가 아니라 영생일 것이다.

26절 (온 세상과 목숨) 예수께서는 온 천하보다 소중한 것이 목숨임을 지적하신다. 그리하여 영생은 천하보다 더더구나 소중함을 암시하신다 (Lane, 309). 예수를 따르는 자는 목숨도 버릴 각오로 예수를 따라야 하므로, 그들은 온 천하보다 예수를 더 소중히 여겨야 한다.

27절 (인자의 심판) 예수께서는 재림하셔서 심판하실 때를 언급하신다. "인자가 아버지의 영광으로 그 천사들과 함께 오리니 그때에"에서 '그의 아버지'라는 표현은 인자가 하나님의 아들임을 알려 준다.[201] 여기서 개역 개정판이 '천사'로 번역한 '앙겔로스'(ἄγγελος)는 '전령'을 뜻할 수 있는 단어이므로 사람을 가리킬 수도 있다. 예수께서 성도들과 함께 오실 것이라고 하는 데살로니가전서 4:14은 이러한 해석의 가능성을 고려하게 한다.[202] 따라서 이 구절은 예수께서 전령 역할을 하신 자들(천사 및 성도)과

---

199. Gundry, 435 참고.
200. Marcus, 2009: 617.
201. Hooker, 210 참고.
202. Marcus, 2009: 620.

함께 오신다는 말씀일 수도 있다.

개역개정판에서 '오리니'로 번역된 헬라어 표현(μέλλει … ἔρχεσθαι)에서 '멜레이'(μέλλει)는 근접 미래를 가리킨다.[203] 이 단어가 반드시 근접 미래만을 뜻하지는 않지만(마 3:7; 11:14; 12:32), 마태복음에서 이 단어는 종종 근접 미래를 가리킨다(2:13; 17:12, 22; 24:6).[204]

이어지는 문맥의 '행한 대로 갚으리라'는 표현을 고려하면 인자가 오시는 '그때'는 심판 때를 가리킨다. 이 심판 때는 28절에 의하면 열두 제자들 중에 어떤 사람들이 인자가 "죽기 전에" 임하는 것을 볼 것이므로 재림 때를 가리킬 수는 없다. '그때'는 최후 심판을 미리 보여 주는 모형이라 할 수 있는 성전 파괴를 가리킨다고 보인다. 성전 파괴는 유대인들에게도 제자들에게도 종말론적 심판으로 여겨졌을 것이다.

예수께서는 각 사람이 행한 대로 갚으실 것이다. 마가복음(8:38)은 예수를 부끄러워하지 말도록 경고하는데, 마태복음은 행한 대로 갚는다고 하여 행함을 강조한다. 하나님께서 행한 대로 갚으신다는 생각은 구약 성경(시 62:12[히브리어 성경은 62:13, 70인역은 61:13]; 잠 24:12)과 바울서신(롬 2:6; 고전 3:13, 15; 고후 5:10), 요한계시록(2:23; 22:12)에도 나타난다.[205]

28절 (죽기 전에 예언의 성취를 볼 자) 예수께서는 자신이 왕권을 가지고 오심을 죽기 전에 볼 자들이 있다고 예언하신다. 이러한 예수의 오심은 예수의 재림과 심판을 미리 보여 주는 작은 종말로서의 성전 파괴와, 재림할 때의 모습을 미리 보여 주는 예수의 변모와 부활을 가리킨다고 보인다(자세한 설명은 아래 해설 참고).

---

203. Hagner, 1995: 485.

204. DA, 1991: 675.

205. Harrington, 249 참고.

예수께서는 "여기 서 있는 사람 중에 죽기 전에" 인자의 오심을 볼 자가 있다고 하신다. '서 있는 자'라는 표현을 "박해를 견디는 자"라는 뜻으로 해석하고, '죽음을 맛보지 않는다'는 표현을 영적인 의미로 해석하기도 한다(DA, 1991: 681). 그러나 이렇게 읽는 것은 본문의 문자와 문맥을 넘어선 해석일 뿐 아니라, 박해를 견디는 자들이 영적인 구원을 받기 이전에 인자의 오심을 보게 된다는 매우 어색한 의미를 가지게 된다.

개역개정판이 '죽다'라고 번역한 부분은 직역하면 '죽음을 맛보다'이다. '죽음을 맛보지 않는다'는 표현이 요한복음 8:52에서 영적인 죽음을 겪지 않는다는 뜻으로 사용된 것을 볼 수 있다.[206] 그러나 이 해석을 마태복음 16:28에 적용하여 예수께서 왕권을 가지고 오심을 본 자들이 그 후에는 영적으로 죽게 된다고 해석할 필요는 없다. '~까지(ἕως) ~않는다'는 70인역(대상 28:20; 시 112:8; 사 42:4; 창 28:15)에서 확인되듯이, 그 시점 이후에는 그렇게 한다는 뜻을 가지지 않을 수 있기 때문이다(Dallas, 88). 또한 이 해석은 제자들이 예수께서 왕권을 가지고 오시기 전에 영적으로 죽게 되고, 그 이후에도 영적으로 죽게 된다는 뜻을 가지게 되므로, 결국 예수의 제자들이 모두 영적으로 죽게 된다는 의미를 형성하는 문제점을 가진다. 예수께서는 이러한 의미로 말씀하시지 않았을 것이다.

여기서의 죽음은 영적 죽음이 아니라 육체적 죽음을 가리킨다고 볼 수 있다. 제자들 중에는 자신의 생애 기간 중에 예수께서 왕권을 가지고 오심을 볼 자들이 있다. 이렇게 몇 명으로 제한되는 수에 들어가는 제자는 다음 절(마 17:1)에 나오는 세 제자라고 볼 때 문맥에 부합한다.

---

206. Dallas, 86-87은 이러한 해석을 제안한다.

3. 해설

대부분의 교부들은 마태복음 16:28에서 '인자가 그 왕권을 가지고 오
는 것'이 이어지는 본문에서 소개하는 예수의 변모를 가리킨다고 보았
다.[207] 그 인자가 오신다는 표현은 다니엘 7:13을 연상시키므로 그 인자가
하나님께 나아가서 왕권을 받음을 가리킬 수 있다.[208] 마가복음에서는 이
표현 대신 '하나님의 나라가 권능으로 임하는 것'이라고 한다. 마가복음
에서는 이것이 예수의 변형을 가리킨다고 해석할 수 있는데, 마태복음은
같은 내용을 좀 더 구체적으로 표현한 것이며, 예수의 변형이 미리 보여
주는 부활, 승천, 성전 파괴 등의 일련의 사건들을 가리킨다고 볼 수 있
다.[209] 칼빈은 여기서 인자의 오심이 특히 부활을 가리킨다고 보았다.[210] 심
판을 언급하는 27절을 고려할 때 이러한 사건들 중에서도 특히 성전 파괴
에 초점이 맞추어지고 있다고도 볼 수 있다. 베트슈타인(J. J. Wettstein)은
여기서 언급된 인자의 오심이 성전 파괴를 가리킨다고 보았다.[211] 이렇게
해석하는 경우에도, 제자들 중에 성전 파괴 때까지 살아남은 자들(예. 사
도 요한)이 있으므로 이 예언은 성취되었다고 볼 수 있다.

성전 파괴는 재림 때의 심판을 미리 보여 주는 종말의 모형이라 할 수
있기에 예수의 오심이라고 부를 수 있다. 그런데 재림하실 예수의 모습을
미리 보여 주는 것은 예수의 부활과 예수의 변모이기도 하다. 따라서 예
수의 예언에 곧이어 발생하는 예수의 변모(17:1-8)도 인자의 오심에 해당

207. DA, 1991: 677.
208. France, 343.
209. 양용의, 2018: 346.
210. DA, 1991: 678.
211. DA, 1991: 678.

한다고 볼 수 있다. 이 사건은 육 일 후에 발생하였고 세 제자가 목격하므로, 죽기 전에 볼 자들이 있을 것이라는 예언이 이 사건을 통하여 성취되었다고 할 수 있다.

마태복음 13:41은 인자의 나라를 언급하며 20:21은 예수의 나라를 언급한다. 이것은 문맥상 예수께서 왕이 되셔서 통치하시는 지상의 메시아 제국을 가리킨다고 보인다. '인자가 왕권을 가지고 오심'은 이 메시아의 나라의 시작을 내포하는 표현이라고 볼 수 있다.

15. 예수의 변모 (17:1-8)

예수께서는 왕권을 가지고 오시는 영광스러운 모습을 높은 산에서 미리 보여 주신다(17:1-5). 이때 구름 속에서 들린 음성은 예수께서 메시아이면서 고난당하시게 됨을 예고한다(17:5).

예수께서 예언하신 일이 6일 후에 발생한다. 예수께서 말씀하신 인자가 왕권을 가지고 오심은 재림이나 부활만이 아니라, 이것을 미리 보여 주는 변모 사건에서 세 명의 제자에게 보였다. '보다'가 8절에서 사용되고 (εἶδον), '본 것'(ὅραμα)이 9절에서 사용된 것은 이 사건을 '보다'(ἴδωσιν) 동사를 사용한 16:28과 연관시킬 수 있게 한다.

1. 번역

17:1 육 일 후에 예수께서 베드로와 야고보와 그의 형제 요한을 데리고 따로 높은 산으로 올라가셨다. **2** 그리고 그들 앞에서 변화되셨다. 그의 얼굴이 해처럼 빛나고 그의 옷들이 빛처럼 희게 되었다. **3** 그런데 보라! 그들에게 모세와 엘리야가 그와 함께 이야기 나누는 것이 보였다. **4** 베드로가 반응하여 예수께 말했다.

"주여, 우리가 여기 있는 것이 좋습니다.

당신이 원하시면 제가 여기에 초막 세 개를

당신을 위해서 하나

모세를 위해서 하나

엘리야를 위해서 하나씩 만들겠습니다."

5 그가 아직 말하고 있을 때, 보라, 빛나는 구름이 그들을 덮었다. 그런데 보라, 구름 속에서 소리가 났다.

"이는 나의 사랑하는 아들이다.

내가 그를 기뻐한다.

너희는 그의 말을 들으라."

6 제자들이 듣고 그들의 얼굴을 땅에 대고 엎드려 심히 두려워하였다. 7 예수께서 다가가서 그들에게 손을 대시고 말씀하셨다.

"일어나라. 두려워하지 마라."

8 그들이 그들의 눈을 드니 오직 예수 자신 외에는 아무도 안 보였다.

2. 주해

1절 (높은 산에 올라가심) 예수께서 세 제자와 함께 높은 산에 오르신다. 마태복음 저자는 모세 모형론을 염두에 두고 이 단락을 기록한 듯하다.[212] 예수께서 셋을 데리고 산에 올라가신 것(이들은 겟세마네 동산에도 동행함, 26:37)은 모세가 아론, 나답, 아비후를 데리고 시내산에 오른 것(출 24:1)을 연상시킨다.[213] 예수의 변모를 목격한 증인이 세 명인 것은 이 사건의 역사적 사실성을 입증하기 위한 증거 제시의 측면도 가진다(신현우,

---

212. 양용의, 2018: 347-48.
213. 양용의, 2018: 348.

2021: 434).

예수의 얼굴이 해처럼 빛나는 것도(2절) 모세를 연상시킨다(출 34:29-35).[214] 구름 속에서 음성이 들림(출 24:16), 두려워하는 반응을 보임(출 34:30)도 그러하며,[215] 6일(출 24:16)에 관한 언급, 영광스러운 광경을 봄 (출 24:10), 산이 구름을 덮음도 그러하다(출 24:15). 이러한 유사성은 이 단락이 묘사하는 사건을 새로운 시내산 신현(theophany)으로 볼 수 있게 한다(Lane, 317). 이러한 모형론을 통해 예수는 새 모세로 소개된다(DA, 1991: 685).

예수께서 오르신 높은 산은 다볼산은 아니다. 왜냐하면 다볼산은 1세 기에 그 정상 부분에 성읍이나 요새가 있었기 때문이다.[216] 필립의 가이사 리아 가까이에 있는 헤르몬산(Mt. Hermon)일 가능성이 더 높다.[217] 이 산 이 필립의 가이사리아와 가버나움 사이에 있는 메론산(Mt. Meron)일 가 능성도 있다(Hagner, 1995: 492).

2절 (예수의 변모) 예수께서 세 제자들 앞에서 변모되셨다. '변모되셨 다'(μετεμορφώθη)는 '하나님에 의하여'가 생략된 신적 수동태인 듯하다 (Pesch, 172).

예수의 얼굴은 해같이 빛나게 되었다. 이 부분은 마가복음에는 없는 내용이므로, 마태복음의 독특한 강조점이 담겨 있다. 이 부분은 출애굽기 34:29-35을 연상시킨다.[218] 필로(*Vit. Mos.* 1.70; *LAB* 12.1), 미드라쉬(*Sipre Numbers* 140) 등은 모세의 얼굴이 해처럼 빛났다고 하므로, 이 부분은 모

---

214. 양용의, 2018: 348.
215. Evans, 1990: 150 참고.
216. Hendriksen, 중, 480.
217. 양용의, 2018: 348.
218. DA, 1991: 685.

세 모형론을 가진다(DA, 1991: 696). 에녹1서 38:4; 에스라4서 7:97; 레위의 유언 18:40은 메시아가 땅에서 해처럼 빛날 것이라고 하므로,[219] 예수의 이러한 변모는 예수께서 메시아이심을 알려 주는 표증에 해당한다.

바룩2서 51:1-3과 에스라4서 7:97은 성도들의 얼굴이 빛날 것이라 하는데, 예수의 얼굴이 해같이 빛나게 되는 변모는 이러한 기대와 관련하여, 신자들이 어떻게 변화할지 보여 주는 역할도 한다(DA, 1991: 696).

예수의 옷은 '빛과 같이' 희어졌다. 마가복음(9:3)은 "그 옷이 광채가 나며 세상에서 빨래하는 자가 그렇게 희게 할 수 없을 만큼 매우 희어졌더라."라고 한다. 마태복음은 좀 더 간단하게 묘사한다. 하나님의 옷을 눈처럼 희다고 묘사한 다니엘 7:9("그 옷은 희기가 눈 같고")을 배경으로 볼 때 예수의 옷이 희게 됨은 예수께서 신적 존재임을 암시한다(마 28:3 참고).[220] 구약과 유대교 전통 속에서 옷이 빛나는 현상도 신적인 또는 천상적 존재(및 부활한 의인들)에게 해당하는 현상이다(DA, 1991: 697).

옷의 빛남은 아담 모형론도 담을 수 있다(Marcus, 2009: 636). 아람어로 번역한 구약 성경인 탈굼 창세기 3:21은 아담이 입은 영광의 옷을 언급하기 때문이다.[221] 유대인들은 메시아가 종말에 아담의 옷을 회복할 것이라고 기대했으므로,[222] 이러한 예수의 옷의 빛남은 예수를 메시아로서 새 아담에 해당하는 인물로 간주하게 한다.

3절 (모세와 엘리야의 등장) '모세와 엘리야'가 등장하여 예수와 대화를 나눈다. 마가복음(9:4)은 언급 순서가 다르게 "엘리야와 모세"라고 기록한다. 마태복음이 모세를 앞에 위치시킨 것은 모세 모형론을 염두에 두었

---

219. DA, 1991: 696.
220. 양용의, 2018: 348 참고.
221. Marcus, 2009: 636.
222. Marcus, 2009: 636.

기 때문인 듯하다.[223] 모세는 메시아(모세와 같은 선지자, 신 18:15)의 모형
으로 간주된 인물이다.[224] 모세와 엘리야는 구약 인물 중 시내산에서 하나
님과 대화를 한 유일한 인물들이다(DA, 1991: 687). 제2성전기 유대 문헌
에서 이들은 죽음을 맛보지 않고 하늘로 갔다고 여겨진 자들이다.[225] 이들
은 사람들에게 배척당하고 하나님께 인정받은 공통점도 가진다(DA,
1991: 698).

모세와 엘리야는 메시아 시대에 돌아올 것으로 기대된 인물들이다(신
18:15-18; 말 4:5-6; 참고. 계 11:3-13). 유대인들의 문헌(*Deut. Rab.* 3.17)은
엘리야와 모세가 종말에 함께 등장하리라 기대한다.[226] 따라서 이들의 출
현은 메시아 시대가 도래하였음을 알려 준다.

엘리야가 돌아옴에 대한 기대는 쿰란 문헌(4Q558 4-5)에서도 발견된
다.[227] 엘리야는 죽지 않고 승천하였으므로 엘리야가 등장하여 예수와 대
화함은 예수께서도 예언하신 대로(마 16:21) 죽음을 이기실 것을 암시한
다(Marcus, 2009: 637). 이 사건 후에 예수께서 부활을 언급하심도(17:9)
이러한 연관성을 긴밀하게 한다(Marcus, 2009: 637).

4절 (베드로의 제안) 베드로는 예수, 모세, 엘리야를 위해 초막 셋을 짓겠
다고 제안한다. 이러한 제안을 할 때 '만일 주께서 원하시면'이라고 조건
을 붙인다. 베드로는 메시아 사상과 관련하여 예수께 꾸중을 듣고 나서
조심한다. 이 부분은 마가복음에는 없다. 마태복음은 베드로를 좀 더 배려
하여 묘사한다.

---

223. 양용의, 2018: 349.
224. Hooker, 216.
225. 강대훈, 하, 128.
226. Marcus, 2009: 633; 양용의, 2018: 348-49.
227. "I will send Eliyah"("나는 엘리야를 보낼 것이다")(Collins, 423에서 재인용).

마태복음은 베드로의 제안을 "내가 여기서 초막 셋을 지을까요?"라고 기록한다. 마가복음은 "우리가 초막 셋을 지을까요?"라고 기록한다. 마태복음에서는 베드로가 좀 더 두드러진다.[228] 유대인들은 초막절에 초막을 만들고 칠 일간 거하였는데 이것은 출애굽을 기념하는 행동이었다(레 23:41-44)(Evans, 2001: 37). 베드로는 출애굽을 연상시키는 초막을 세움을 통해 그가 원하는 군사적 메시아를 통한 정치적 해방의 기대를 표출한 듯하다.

유대인들은 하나님께서 그분의 백성들과 함께 거하시는 새 시대를 기대하였다.[229] 이러한 기대는 초막 이미지로 표현될 수 있었다. 스가랴 14:16-20에서처럼 초막은 종말론적 의미를 담아 사용되기도 한다(Osborne, 154). 하나님 또는 메시아는 종말에 그의 백성 가운데 장막을 칠 것이라는 기대를 담은 구약 성경 구절(겔 37:27; 43:7, 9; 슥 2:10-11; 8:3, 8; 14:6-9)을 통해서 보면,[230] 예수를 위하여 초막을 짓고자 한 베드로의 제안은 예수를 메시아로 인식하였음을 보여 준다. 해그너(D. A. Hagner)는 초막이 구약의 성막처럼 하늘과 땅의 교제 장소로서 의도되었다고 하지만,[231] 군사적 메시아 사상에 사로잡혀 있는 베드로에게 초막은 (군사적) 출애굽을 연상시켰을 것이다. 그러나 이때가 초막절은 아니었을 것이다. 초막절에 예수와 제자들이 여행 중이었을 리 없기 때문이다

---

228. 마가복음은 "우리가 초막 셋을 지읍시다."로 번역될 수도 있다. 베드로는 초막 셋을 짓자고 제안하고 이어서 자기가 초막을 지어도 될지 질문했을 수 있다. 마가복음과 마태복음의 차이는 편집상의 변경으로 단순하게 설명되기도 하지만, 목격자들의 기억이 생생하게 남아 있고, 신뢰할 만한 구전이 살아 있는 시대에는 방대한 자료의 호수로부터 취사선택한 결과일 가능성을 배제할 수 없다.

229. 토비트 13:11(Bock, 250).

230. DA, 1991: 700.

231. Hagner, 1995: 493.

(Hagner, 1995: 493).

5절 (구름 속에서 난 음성) '빛난 구름' 속에서 소리가 났다. 마가복음은 그저 '구름'이라고 한다. 구름은 하나님의 임재[232] 또는 하나님의 나타나심과 관련되어 묘사되는 현상이다.[233] 마카비2서 2:8은 "구름 가운데 주의 영광이 보일 것이다."라고 하는데,[234] 이러한 연관을 잘 보여 준다. 빛난 구름은 보통 구름이 아니라 하나님의 임재의 구름임을 분명히 하고자 사용된 표현인 듯하다.[235] 유대인들은 종말에 이러한 구름이 다시 돌아오리라 기대하였는데(사 4:5; 마카비2서 2:8), 이러한 기대가 성취되었다(DA, 1991: 701).

구름이 제자들을 덮었다. 이때 '덮다'로 번역된 단어(ἐπισκιάζω)는 구름이 성막을 채움을 묘사한 출애굽기 40:35에 쓰인 단어이다(Edwards, 267). 열왕기상 8:10-11도 구름이 성전을 채움을 유사한 단어로 묘사한다. 이처럼 구름은 하나님의 계시 장소인 성막이나 성전과 연관되므로(출 16:10; 19:9; 24:15-18; 34:5; 40:34-38), 구름 속에서 난 음성의 주인공은 하나님이라고 보게 된다(Hurtado, 146).

구름 속에서 음성이 들린 것은 하나님께서 구름 속에서 모세를 부르셨다고 하는 출애굽기 24:16을 연상시키므로[236] 이 음성이 하나님의 음성임을 짐작하게 한다. 이 음성은 예수를 하나님의 '사랑하는 아들,' '기뻐하는 자'로 소개하며 '그의 말을 들으라'고 하여 예수께서 메시아이시며, 여호와의 종이시며, 모세와 같은 선지자이심을 암시한다(자세한 설명은 아

---

232. 출 24:15-18; 40:34-38; 솔로몬의 송시[*Odes of Solomon*] 35:1(양용의, 2018: 349; Hagner, 1995: 494).
233. 출 16:10; 20:21; 24:15-16; 34:5; 레 16:2; 왕상 8:10-12; 겔 10:4(Carroll, 219).
234. Harrington, 254.
235. 양용의, 2018: 349.
236. DA, 1991: 686.

래 해설 참고).

6절 (제자들이 두려워함) 제자들은 듣고 엎드려 심히 두려워하였다. (엎
드렸다는 내용은 마가복음에는 없다.) 이러한 반응은 구약 성경과 유대교
에서 초인간적 계시에 대한 일반적 반응으로 묘사된다.[237] 이러한 모습은
호렙산에서 하나님의 음성에 반응한 이스라엘의 모습과 유사하며(신
18:15-18), 천상적 존재를 만났을 때 보이는 인간의 전형적인 반응이었다
(수 5:13-15; 겔 1:28; 단 8:17; 10:9, 15; 계 1:17).[238]

7-8절 (예수의 말씀) 예수께서는 제자들에게 두려워하지 말라고 하신다.
이 부분도 마가복음에 없는 내용이다. 놀라운 계시 후에 일어나 두려워
말도록 명하는 것은 많은 유대 문헌에 등장한다.[239] 제자들이 다시 보니 모
세와 엘리야가 사라지고 없었다. 예수 외에는 아무도 보이지 않았음은 모
세, 엘리야보다 예수께서 우월하심을 암시한다.

3. 해설

구름 속에서 들린 이 음성은 예수를 하나님의 '사랑하는 아들'이라고
한다. 이것은 시편 2:2, 7('기름 부음 받은 자,' '내 아들')과 예레미야
31:20('나의 사랑하는 아들')을 배경으로 하나님의 백성의 대표이신 메시
아를 가리킨다.

구름 속에서 들린 음성 중에서 '내 기뻐하는 자니'는 마가복음에는 없
다. 마태복음은 예수께서 이사야서가 언급하는 하나님의 종의 사명을 가
진 메시아이심을 강조하려고 세례 때 하늘에서 들린 음성에 담긴 이러한

237. Keener, 2009: 439.
238. 강대훈, 하, 131.
239. Keener, 2009: 439.

표현을 빼놓지 않고 반복한다고 볼 수 있다. '내 기뻐하는 자'는 이사야 42:1을 연상시키므로, 이 표현은 예수를 이사야 42:4이 언급하는 그의 법을 민족들에게 제공하는 여호와의 종으로 소개하는 기능을 한다(DA, 1991: 686).

구름 속에서 들린 음성은 "너희는 그의 말을 들으라."고 한다. 여기서 '너희'는 제자들이 이 음성의 청중임을 알려 주며, 신명기 18:15이 약속하는 모세와 같은 선지자로서의 예수의 정체를 암시한다. 예수의 수세 때에 예수께 들렸던 음성에 담긴 계시를 이제는 제자들도 받는다. (물론 예수의 수세 때에도 '이는 내 사랑하는 아들'이라고 하므로 함께 있던 세례자 요한에게도 이 음성이 들렸을 수 있다.) 모세는 탁월한 여호와의 종이었으므로(출 14:31; 민 12:7-8), 예수를 새 모세로 소개하는 모세 모형론과 예수를 여호와의 종으로 소개하는 것은 서로 잘 조화된다.[240]

16. 엘리야에 관한 문답 (17:9-13)

예수께서 자신이 고난받게 된다고 말씀하시자, 제자들은 서기관들의 엘리야 사상과 메시아의 고난이 서로 부합하지 않는다고 지적한다. 예수께서는 엘리야가 먼저 와서 모든 것을 회복하는 사상에 이의를 제기한다(11절 "엘리야가 참으로 와서 모든 것을 회복한다고?"). 예수께서는 엘리야가 이미 왔는데 그도 고난을 받았다는 것으로 이러한 사상에 답을 한다(12절). 따라서 엘리야 이후에 오는 메시아도 그렇게 고난받게 된다고 하신다. 고난받는 엘리야는 고난받는 메시아 사상에 부합된다.

---

240. DA, 1991: 702 참고.

1. 번역

9 그들이 그 산에서 내려올 때 예수께서 그들에게 명하셨다.

"그 인자가 죽은 자들로부터 일으켜질 때까지

아무에게도 본 것을 말하지 마라."

10 제자들이 그에게 질문하였다.

"그렇다면 왜 서기관들은 엘리야가 먼저 와야 한다고 말합니까?"

11 그가 대답하여 말씀하셨다.

"정말 엘리야가 와서 모든 것을 회복할 것이라고?

12 나는 너희에게 말한다.

엘리야는 이미 왔다.

그러나 사람들이 그를 알아보지 못하고

그들이 원하는 대로 그에게 행했다.

그처럼 그 인자도 머지않아 그들에 의하여 고난받을 것이다."

13 그때 그가 세례자 요한에 관하여 그들에게 말씀하셨음을 제자들이 깨달았다.

2. 주해

9절 (비밀 유지 명령) 예수께서 산에서 내려오신다. 예수께서 산에서 내려오심은 모세가 시내산에서 내려옴과 평행을 이룬다.[241] '그들이 산에서 내려올 때에'와 흡사한 표현이 70인역 출애굽기 34:29에 나온다.[242] 모세오경에는 모세가 산에서 내려옴을 표현하고자, '내려가다'(καταβαίνω) 동

---

241. DA, 1991: 712.
242. Marcus, 2009: 642.

사 + '산에서'(ἐκ τοῦ ὄρους)를 종종 사용한다.[243] 그러므로 예수께서 산에서 내려온다는 표현은 모세-예수 모형론을 담게 된다. 이러한 모형론은 예수를 새로운 모세로 이해하게 한다.

예수께서는 세 제자에게 그들이 '본 것'을 예수의 부활 때까지 아무에게도 말하지 말라고 분부하신다. '본 것'(ὅραμα, '호라마')은 70인역 다니엘서에서 38회 사용되었는데, 그중에 21회가 묵시적 환상을 가리킨다(강대훈, 하, 133).

세 제자가 본 것을 아무에게도 말하지 않는 비밀 준수의 기간은 예수의 부활 때까지이다. 그들이 목격한 것은 예수께서 메시아라는 증거이므로, 군사적·정치적 메시아 기대에 빠진 유대인들에게는 당분간 알려지지 않도록 했을 것이다. 예수께서 고난당하여 죽으시고 부활하신 후에야 예수를 그러한 오해 없이 바르게 파악할 수 있었을 것이다.[244]

10절 (서기관들의 엘리야 사상) 제자들은 왜 서기관(율법학자)들이 엘리야가 메시아보다 먼저 온다고 가르치느냐고 질문한다. 당시 율법학자들은 메시아가 오기 전에 엘리야가 와서 모든 것을 회복한다고 가르친 듯하다(자세한 설명은 아래 해설 참고).

제자들은 예수께서 메시아이시므로, 엘리야가 이미 왔어야 한다고 생각하고 엘리야가 왜 아직 오지 않았는지 의문을 가지고 질문하였을 수 있다. 제자들의 질문은 엘리야가 이스라엘 지파들을 회복하므로 그 후에 오는 메시아는 죽임을 당할 필요가 없다는 주장을 담았을 수도 있다(Lane, 324).

11절 (서기관들의 사상에 반대하신 예수) 예수께서는 서기관들의 엘리야 사상에 의문을 표하시며 반대하신다. 예수의 말씀은 수사의문문이다. "엘리

---

243. 출 19:14; 32:1; 34:29; 민 20:28; 신 9:15; 10:5(Marcus, 2009: 642).
244. Williamson, 160.

야가 정말 먼저 와서 모든 것을 회복한다고?" 이 문장은 곧이어 엘리야인 세례자 요한과 인자의 고난을 언급하는 문맥에 부합하게 의문문으로 읽어야 한다.[245] 이 문장에 사용된 헬라어 '멘'(μέν)은 질문자의 부정적 의견과 듣는 자의 긍정적 의견을 전제하면서 사용되므로(Aristophanes, *The Birds* 1214; Euripides, *Ion* 520), 이러한 해석이 정당하다.[246]

개역개정판에서 '회복하리라'로 번역한 단어(ἀποκαταστήσει, 회복시킬 것이다)는 70인역 말라기 3:23의 표현과 일치한다(DA, 1991: 714). 랍비 문헌에 의하면 엘리야가 와서 토라를 해설할 것이며, 메킬타(*Mek.* on Exodus 16:33)는 엘리야가 만나의 병, 샘물의 병, 기름의 병을 회복할 것이라고 하는데, 마태복음이 기록될 시대에도 이미 엘리야가 죽은 자들을 부활시킬 것이라는 기대가 있었다(시빌의 신탁 2:187-8).[247] 유대인들에게는 엘리야가 종말에 와서 죽임 당하게 될 것이라는 기대도 있었던 듯하다.[248]

그런데 예수께서는 엘리야가 모든 것을 회복한다는 유대인들의 기대의 정당성에 의문을 제기하신다. 그들의 생각이 잘못되었음은 12절에서부터 논박된다.

12절 (이미 온 엘리야) 엘리야는 이미 왔으며 고난을 당하였다. 이미 온 엘리야가 모든 것을 회복하기는커녕 오히려 고난당하였음은 서기관들의 가르침이 틀렸다는 증거이다.

이미 온 엘리야에게 사람들은 자기들이 원하는 대로 행했다. 이처럼 예수께서도 '그들'에게 고난당하실 것이다. 엘리야를 박해하고 예수도 박

---

245. Marcus, 2009: 644-45 참고.

246. Marcus, 2009: 644-45.

247. DA, 1991: 715.

248. 에스라4서 7:29(DA, 1991: 716).

해할 '그들'은 유대인들의 정치 및 종교 지도자들이었다(DA, 1991: 716).

13절 (세례자 요한이 엘리야임) 예수의 말씀을 듣고 제자들은 세례자 요한이 곧 종말에 오리라 기대된 엘리야였음을 알게 되었다. 이 부분은 마가복음에는 없는 부분이다. 마태복음은 세례자 요한이 바로 그 엘리야임을 명확히 설명한다.

3. 해설

당시 유대인들의 엘리야 기대는 유대 문헌 미쉬나(*m. Eduyoth* 8:7; *m. Baba Metzia* 3:5)에 담긴 랍비들의 엘리야 기대를 통해서도 추측해 볼 수 있다.[249] 이 문헌들은 1세기에도 엘리야가 온다고 유대인들이 기대하였다고 추측할 수 있게 한다. 랍비 문헌(특히 미쉬나, 토세프타)은 신약 성경 이후에 출판되었지만, 편집된 시기(AD 200년 및 직후)가 1세기로부터 멀리 떨어져 있지 않고, 구전으로 전해 내려온 BC 50-AD 220년경의 랍비들의 가르침을 담았기에 1세기 유대인들의 전통을 상당 부분 반영할 수 있다. 그러므로 이 문헌들은 1세기 유대교에 대한 확정적인 증거로 사용할 수 없을지라도, 다른 증거를 지원하는 보조 증거로 사용될 수 있다. 또한 신약 본문의 의미를 설명할 수 있게 하는 역사적 배경을 추측하기 위한 기초 자료로도 활용 가능할 것이다.

엘리야가 메시아 전에 온다는 견해를 담은 유대 문헌은 신약 성경 이후의 문헌들이어서(*b. Erubin* 43ab; *Tg. Ps.-J.* on Deuteronomy 30:4) 증거력이 없지만, 마가복음 9:11은 그러한 유대인들의 견해가 1세기에 이미 있었음을 증언한다.[250] 이러한 견해는 엘리야가 종말 이전에 등장한다는

---

249. Hagner, 1995: 498.
250. Marcus, 2009: 644.

말라기 본문과 종말에 메시아가 올 것이라는 유대인들의 기대가 합하여
진 결과 발생하였을 것이다(Marcus, 2009: 644). 집회서 48:4, 10은 엘리
야가 (종말에) 야곱의 지파들을 회복할 것을 말하는데, 서기관들의 견해
는 이러한 전승에 토대하였을 것이다.

17. 귀신 들린 아이를 고치심 (17:14-20)

1. 번역

14 그가 무리에게 오셨을 때 한 사람이 그에게 나아와 그에게 무릎을 꿇고
15 말했다.

"주여, 저의 아들을 불쌍히 여겨 주십시오.

그가 간질병에 걸려 심히 고통당합니다.

종종 불에도 넘어지고 종종 물에도 넘어집니다.

16 제가 그를 당신의 제자들에게 데려왔는데

그들은 그를 치유하지 못했습니다."

17 예수께서 반응하여 말씀하셨다.

"오, 믿음이 없고 부패한 세대여,

언제까지 내가 너희와 함께 있겠는가?

언제까지 내가 너희를 참겠는가?

그를 여기 나에게 데려오라."

18 그리고 예수께서 그를 꾸짖으셨다. 그러자 귀신이 그로부터 나갔고 그
아이가 그 시로부터 치유되었다. 19 그때 제자들이 예수께 따로 다가와서
말했다.

"무엇 때문에 우리는 그것을 쫓아낼 수 없었습니까?"

20 그가 그들에게 말씀하셨다.

"너희의 작은 믿음 때문이다.

진실로 내가 너희에게 말한다.

만일 너희가 겨자씨 만한 믿음을 가지고 있으면,

이 산에게 '여기서 저리로 옮겨 가라.'고 말하면 옮겨질 것이며,

너희에게 불가능한 것이 없을 것이다."

2. 주해와 해설

14-16절 (축귀를 요청함) 한 사람이 와서 귀신 들린 자신의 아들을 치유해 달라고 요청한다. 치유를 간구한 동기로는 아이에 대한 사랑과 함께 귀신 들린 아이를 가진 아버지의 창피함도 작용했을 것이다(Keener, 2009: 440).

유대인들은 종종 간질병의 원인을 귀신들에게 돌렸다.[251] 이 아이의 경우는 실제로 귀신이 간질을 일으킨 경우였다.

17-18절 (치유) 예수께서는 축귀를 하지 못한 자들을 '믿음이 없고 패역한 세대'라고 부르시고 귀신을 꾸짖어 쫓아내신다. 예수께서는 예수의 사역에 반응하지 않는 자들을 '악하고 음란한 세대'라고 지적하셨는데(12:39), 이제 그의 제자들에게 그와 유사한 판단을 내리신다.[252] 믿음이 없다는 것은 작은 믿음(20절)에 관한 과장적 표현인 듯하다.

'믿음이 없고 패역한 세대'와 유사한 표현이 신명기 32:5(모세의 노래의 일부)에도 나타난다. "그들이 여호와를 향하여 악을 행하니 하나님의 자녀가 아니요 흠이 있고 삐뚤어진 세대로다." 예수께서는 '패역한 세대'

---

251. *b. Gittin* 70a(Marcus, 2009: 652).

252. 양용의, 2018: 354.

라는 표현을 축귀에 실패한 제자들에게 적용하신다. 예수께서 산에서 내려와 목격한 축귀에 실패한 제자들의 모습이 모세가 산에서 내려와 목격한 우상 숭배에 빠진 세대의 모습과 유사하게 간주된다(신현우, 2016: 178).

19-20절 (제자들이 축귀에 실패한 이유) 제자들은 자신들이 축귀에 실패한 이유가 무엇인지 질문한다. 예수께서는 그들의 믿음이 작은 까닭이라고 대답하신다. 마가복음은 기도를 하지 않아서 귀신을 쫓아내지 못했다고 하는데, 마태복음은 믿음이 겨자씨보다도 작아서 그리하였다고 지적한다. 700분의 1g도 안 되는(Scott, 28) 겨자씨 만한 믿음만 있어도 산을 옮기는데, 귀신을 쫓아내지 못한 것은 그만한 믿음도 없다는 것을 시사한다. 지극히 작은 겨자씨 만한 믿음도 없다는 것은 믿음이 없는 것과 방불한 상태를 가리킨다고 보인다. 그러나 이렇게 다른 표현을 쓴 것은 마태복음 13:58이 언급하는 '믿지 않음'과는 구별되기 때문일 것이다.

그런데 겨자씨와 같은 믿음은 겨자씨의 작은 특징만이 아니라 겨자씨의 매우 강렬한 맛과 관련된 표현일 수 있다.[253] 그렇다면 '겨자씨 같은 믿음'은 강한 믿음을 가리키는 표현일 수 있다(Scott, 33). 겉보기에는 보잘 것없지만 실제로는 매우 강한 믿음을 가리키기에 겨자씨는 적절한 비유가 될 수 있다(Scott, 47).

예수께서는 아주 작은 믿음이 있어도 산을 옮길 것이며 못할 것이 없을 것이라고 말씀하신다. 산을 옮기는 능력은 하나님께 속한 것이다(사 40:4; 49:11).[254] 산을 옮긴다는 표현은 유대인들이 자주 사용한 과장법적

---

253. Scott, 28.
254. Harrington, 258.

표현이다.[255] 이것은 거의 불가능한 것을 함을 뜻한다.[256] '못할 것이 없으리라'는 10:1에 언급된 치유, 축귀 등의 표증들을 염두에 둔 것으로 볼 수 있다.

마가복음 평행본문에서는 기도를 해야 축귀를 할 수 있다고 한다(막 9:29). 이것은 하나님께 의지해야 축귀를 할 수 있다는 말씀이다. 믿음은 하나님에 대한 믿음이며, 하나님을 의지하는 것이므로, 작은 믿음이라도 있으면 축귀를 할 수 있다는 말씀은 전능하신 하나님을 의지하고 간구하는 자에게 축귀가 가능하다는 말씀이라고 볼 수 있다. 하나님을 의지하지 않고 인간이 사탄의 세력을 이길 수는 없다.

18. 죽음과 부활 예언 (17:22-23)

1. 번역

22 그들이 갈릴리에 모였을 때 예수께서 그들에게 말씀하셨다.
  "그 인자가 머지않아 사람들의 손에 넘겨질 것이다.
  23 그들이 그를 죽일 것이지만, 제삼 일에 일으켜질 것이다."
그러자 그들이 심히 슬퍼하였다.

2. 주해와 해설

22절 (사람들의 손에 넘겨질 인자) 예수께서는 자신이 사람들의 손에 넘겨질 것이라고 예언하신다. 사람들의 손에 넘겨진다는 표현에서 손은 힘을

---

255. *b. Sanhedrin* 4a; *b. Sotah* 9b; *b. Baba Bathra* 3b(Hagner, 1995: 505).
256. Keener, 2009: 442.

뜻한다. '손'은 종종 힘을 가리키는 단어로 사용된다(예. 수 2:24).[257] '넘겨
지다'($\pi\alpha\rho\alpha\delta\acute{\iota}\delta\omega\mu\iota$)는 이사야 53:6, 12(70인역)에서 여호와의 종이 죽음에
넘겨진다고 묘사하는 데 사용되었다.[258] 이사야 53:6(70인역)은 주께서 그
의 종을 사람들의 죄를 위하여 넘긴다고 한다. 이사야 53:12(70인역)은 그
종이 많은 사람들의 죄 때문에 죽음에 넘겨진다고 한다. 70인역 예레미야
33:24(개역개정은 26:24)에는 '죽임을 당하도록 사람들의 손에 넘겨지다'
라는 표현이 나온다.[259] '사람들의 손에 넘겨지다'는 예레미야 38:16(70인
역은 45:16)에서 죽임 당함을 뜻한다.[260] 이러한 배경 속에서 자신이 사람
들의 손에 넘겨진다고 하신 예수의 말씀은 권력자들에게 죽음을 당하시
게 됨을 뜻한다.

　"인자가 사람들의 **손들에 넘겨진다**($\pi\alpha\rho\alpha\delta\acute{\iota}\delta\sigma\sigma\theta\alpha\iota$)."는 말씀은 다니엘
서 7:24-25을 배경으로 한다. 다니엘 7:24(70인역)에 의하면 지극히 높으
신 분의 성도들이 세상 왕의 손에 넘겨질 것이다. 다니엘 7:25(70인역)은
"모두 그의 **손들에 넘겨질 것이다**."라고 한다. 그렇다면 이 성도들을 대표
하는 인자도 이 말씀에 따라 세상 권력자들에게 넘겨질 것이다. 이러한
구절을 배경으로 하여,[261] 인자가 사람들의 손에 넘겨진다는 예수의 말씀
은 자신의 죽음이 성도들의 대표로서 당하는 죽음임을 알려 준다. 따라서
모든 성도들은 그들의 대표이신 예수 안에서 함께 죽임 당하는 것이다.
또한 모든 성도들은 예수 안에서 예수와 함께 부활한다.

　23절 (부활 예언) 예수께서는 자신이 죽임 당하고 제삼 일에 부활할 것

---

257. Marcus, 2009: 667.

258. Marcus, 2009: 667.

259. Lane, 337.

260. Marcus, 2009: 667.

261. DA, 1991: 734.

을 예언하신다. 제삼 일에 살아나신다는 말씀은 "여호와께서 이틀 후에 우리를 살리시며 셋째 날에 우리를 일으키시리니 우리가 그의 앞에서 살리라."라는 호세아 6:2을 배경으로 한다(Evans, 2001: 57 참고).

제자들은 예수의 말씀을 듣고 매우 근심하였다. 이 부분에서 마가복음은 "제자들은 이 말씀을 깨닫지 못하고 묻기도 두려워하더라."라고 한다. 마태복음은 제자들의 마음 상태를 좀 더 직접적으로 묘사한다.

19. 성전세를 내심 (17:24-27)

예수께서는 본래 내지 않아도 되는 성전세를 내시며 사람들을 실족시키지 않고자 하시는 모습을 보이신다. 이를 통하여 지식보다 사랑을 중요시하는 원리를 보여 주신다.

1. 번역

24 그들이 가버나움으로 갔을 때 두 드라크마 걷는 자들이 베드로에게 다가와서 말했다.

"그대들의 선생님은 두 드라크마를 안 내시오?"

25 그가 말했다.

"내시오."

그가 집으로 갔을 때 예수께서 그에게 먼저 말씀하셨다.

"너는 어떻게 생각하느냐? 시몬아!

땅의 왕들이 국세나 인두세를 누구에게서 걷는가?

그들의 아들들로부터인가 다른 이들로부터인가?"

26 그가 말했다.

"다른 이들로부터입니다."

예수께서 그에게 말씀하셨다.

"그러니까 참으로 아들들에게는 면세다.

27 그렇지만 그들이 실족하지 않도록

바다에 가서 낚시를 던져서 먼저 올라오는 물고기를 잡아라.

그것의 입을 열면 스따떼르를[262] 발견할 것이다.

그것을 집어내어 나와 너를 위하여 그들에게 주라."

2. 주해

24절 (성전세) 두 드라크마 받는 자가 예수께서 이 세금을 내지 않느냐
고 질문한다. "두 드라크마를 안 내시오?"는 부정어 '우'(οὐ)를 사용하므
로 긍정의 답변을 기대한 질문이다.[263] 드라크마는 그리스 화폐 단위이며
데나리온과 같은 가치를 가진다.[264] 두 드라크마(δίδραχμα, '디드라크마')
는 성전세를 가리키는 단어이다(*J. W.* 18.312).[265] 유대인 성인 남자(노예 제
외)는 매년 반 세겔(두 드라크마[266])의 성전세를 내는데(*m. Shekalim* 1:1 이
하 참고; *Ant.* 18.313; *J. W.* 7.218), 팔레스타인에 거주하지 않는 유대인들
도 자발적으로 이 세금을 내었던 듯하다.[267] 이 세금은 거주지나 성전에서
걷었고, 디아스포라 유대인들은 걷어서 성전으로 보냈다(Harb, 258). 예
루살렘 성전에서 징수자들을 파견하여 갈릴리 등 유대 지역이 아닌 곳에
도 성전세를 걷을 수 있도록 로마법이 보장했다(Maier, 614).

---

262. 스따떼르(στατήρ)는 네 드라크마 가치의 그리스 주화이다(DA, 1991: 747).
263. 김학철, 2006: 608.
264. 강대훈, 하, 144.
265. Harb, 255-56.
266. Keener, 2009: 443.
267. 양용의, 2018: 357; 강대훈, 하, 144.

이 세금은 강제적인 것은 아니었지만,[268] 요세푸스의 기록(*Ant.* 18.312)에 의하면 대부분의 유대인들이 이 세금을 내었다.[269] 그런데 AD 70년 이후 로마는 이 세금을 주피터 카피톨리누스 신전을 지원하기 위해 로마 정부에 내도록 모든 유대인에게 부과했다.[270] 이 세금은 '유대인의 세'(*fiscus Iudaicus*)라고 불렸으며, 또한 '두 드라크마'(디드라크마)라고 불렀다.[271] 마태복음 저자는 독자들이 아는 이 용어를 성전 파괴 이전 예수 시대의 성전세를 가리키는 데 사용한 듯하다. 이 본문을 읽는 마태복음의 최초 유대 그리스도인 독자들은 자신들이 로마 제국에 납부하는 세금을 연상하게 되었을 것이다.[272] 초기 교부들이 '디드라크마'를 로마에 내는 세금으로 이해한 것은 이러한 추측을 지원한다(김학철, 2006: 606).

성전세는 유월절 한 달 전경부터 아달월 15-25일 사이에 징수했다는 배경 문헌의 정보(*m. Shekalim* 1:1; 3:1-2)는 이 사건의 발생 시점을 짐작하게 한다.[273] 이 사건은 유월절 전 한 달 이내에 발생하였을 것이다.

25절 (예수의 질문) 베드로는 예수께서 성전세를 "내신다."고 대답한다. 베드로가 그렇게 대답한 것은 예수께서 평소에 성전세를 계속 내셨음을 알려 준다(양용의, 2018: 358).

예수께서는 베드로에게 세상 왕들이 누구에게 국세와 인두세를 받는지 질문하신다. 개역개정판이 '관세와 국세'로 번역한 부분은 '국세와 인두세'로 번역될 수 있다. '국세와 인두세'는 모든 종류의 직접, 간접세들을

---

268. Keener, 2009: 443.

269. Harb, 258; Haskell, 176.

270. Keener, 2009: 444; DA, 1991: 743.

271. 김학철, 2006: 604.

272. 김학철, 2006: 605.

273. 양용의, 2018: 358; Haskell, 176; Maier, 614.

가리키는 일반적 표현인 듯하다.[274] '국세'(τέλος)는 도로나 다리를 이용하거나 어떤 지역에 통행하여 들어갈 때 내는 간접 세금이고, '인두세'(κῆνσος)는 인구 조사에 기반하여 내는 세금으로서 그 지역의 통치자의 통치권에 순복하는 의미를 가진다(E. J. Carter, 418).

예수께서는 왕들이 세금을 타인에게 받는지 '그들의 아들들'에게 받는지 질문한다. '그들의 아들들'은 면세의 대상이 되는 왕의 가족을 가리킨다고 보인다.[275] 정복자들은 정복된 사람들에게 세금을 부과했고 자국민에게는 부과하지 않았다.[276] 제사장들은 성전세를 면제받았다.[277]

26절 (성전세에 관한 가르침) 성전세 납부에 관해서는 유대인들 가운데 얼마나 자주 내어야 하는지, 강제로 징수할 수 있는지에 관한 논쟁이 있었다(자세한 설명은 아래 해설 참고). 그런데 예수께서는 하나님의 아들들(백성들)은 성전세를 낼 의무가 없음을 논하신다(26절). 이러한 논증에는 예수께서 자신과 베드로(27절)를 하나님의 아들/백성으로 간주하시는 전제가 깔려 있다.

27절 (성전세를 내신 예수) 예수께서는 성전세를 낼 의무가 없음을 명확히 하신 후에, 다른 사람들이[278] 실족하지 않도록 하기 위해 성전세를 내신다. 개역개정판에서 '실족하다'로 번역된 단어(σκανδαλίζω)는 마태복음에서 능동태로 사용될 때 "걸려 넘어지게 하다"는 뜻으로 사용되고, 수동

274. Harrington, 261.

275. DA, 1991: 744.

276. Keener, 2009: 445.

277. *m. Shekalim* 1:3-4(Keener, 2009: 445; Harb, 258).

278. 세금을 걷는 자들이 세금 내지 않는 자들에 의하여 실족하게 되기보다는 예수를 따르는 자들이 예수의 모범에 의하여 실족할 수 있기에 실족하지 않도록 배려해 주어야 할 대상인 '그들'은 예수의 제자들을 가리킬 수 있다(E. J. Carter, 426). 그러나 '그들'은 또한 성전을 사랑하는 유대인 일반을 포함할 수 있다.

태일 때 "불쾌하게 여기다"는 뜻을 가질 수 있으며, 70인역에서 이 단어의 명사형(σκάνδαλον)은 덫이나 걸림돌을 가리킨다.[279] 그러므로 여기서 능동태와 목적어를 사용한 표현(σκανδαλίσωμεν αὐτούς)은 "그들을 걸려 넘어지게 하다"로 번역할 수 있다.[280] 성전세를 안 내면 예수께서 성전세와 성전 제사 자체를 거부하는 것으로 오해할 수 있다.[281] 이러한 배려는 권리를 주장하기보다 실족하지 않게 하는 것을 더 중시하는 사랑의 윤리를 보여 준다.

예수께서는 베드로에게 물고기를 낚아 그 입에 담긴 한 세겔로 성전세를 내라고 하신다. 이 사건이 실제로 발생하였는지 본문은 기록하지 않는다. 이 사건이 발생하였다면, 성전세를 내지 않아도 되지만, 다른 사람들이 실족하지 않게 하기 위해 매년 성전세를 낼 수 있다는 예수의 가르침이 참됨을 보이는 증거로서의 의미를 가진다.[282] 만일 이 말씀이 문자적으로 물고기를 잡아서 그 입에 담긴 세겔로 성전세를 내라는 뜻이 아니었다면, 지금 낼 돈이 없다는 뜻의 말씀이었다고 볼 수 있다(DA, 1991: 747).

예수께서 베드로와 함께 디드라크마를 내시는 모습은 마태복음의 독자였던 성전 파괴 이후의 유대 기독교인들이 볼 때에는, 성전세가 없어지고 대신 로마 제국에 디드라크마를 내게 된 상황에서 이 세금을 내는 것이 허용된다고 이해하며 적용하게 하였을 것이다.[283] 이 세금을 내면 우상 숭배를 하지 않아도 되었기에, 이 세금은 우상 숭배를 피하기 위해 감수해야 하는 비용으로 여겨질 수 있었을 것이다.

---

279. E. J. Carter, 424-25.
280. E. J. Carter, 425 참고.
281. DA, 1991: 746 참고.
282. Hagner, 1995: 512.
283. 김학철, 2006: 609 참고.

3. 해설

출애굽기 30:11-16은 성전세의 근거 구절이다. 그렇지만 이 출애굽기 구절이 말하는 성전세는 제2성전기의 성전세와 달리 매년 내는 것도 아니었고, 매일 드리는 제사를 위한 것도 아니었다.[284] 그런데, 바리새인들은 매년 성전세를 내어야 한다고 주장하였고, 에세네파(4QOrdinances)는 평생 한 번만 내면 된다고 주장하였다.[285] 랍비 문헌에는 누가 얼마나 자주 성전세를 내야 하는지에 관한 논쟁이 있었음을 소개하는 구절이 있다 (*m. Shekalim* 1:4; *Mek.* on Exodus 19:1; *b. Menahoth* 65b).[286] 사두개인들은 이 세금을 강제로 징수하는 것을 반대하였다.[287]

---

284. Haskell, 175.
285. Hagner, 1995: 511.
286. DA, 1991: 743.
287. Harb, 258-59; Haskell, 176.

제2장
마태복음 18장
믿음의 공동체 속에서의 삶의 원리

마태복음 18장은 믿음의 공동체 속에서 함께 살아가는 원리를 다루고 있다. 교회에서 연약한 작은 자들에게 어떻게 대해야 하는가, 죄짓는 자에게 어떻게 해야 하는가, 회개하는 형제에게 얼마나 용서해야 하는가를 다룬다.

1. 번역과 주해

1. 천국에서 큰 자 (18:1-4)

18:1 저 시에 제자들이 예수께 다가와서 말했다.

"그러니까 하늘들의 나라에서 누가 더 큽니까?"

2 그가 한 어린이를 부르시어 그들 한가운데 세우시고 3 말씀하셨다.

"진실로 너희에게 말한다.

너희가 돌이켜 어린이들처럼 되지 않으면

절대로 하늘들의 나라에 들어가지 못할 것이다.

4 그러므로 이 어린이처럼 자기 자신을 낮추는 자가
하늘들의 나라에서 더 큰 자이다.

1-4절은 '천국'이라는 용어로 수미상관을 형성하므로 하나의 단락을
이룬다(Harrington, 264). 예수께서는 천국에서 누가 큰가 하는 질문에(1
절) 어린 아이처럼 자신을 낮추는 사람이 크다고 대답하신다(4절). 어린
아이를 본받을 모본으로 제시하신 점은 특이하다. 유대인들의 문헌에서
는 어린이를 본받아야 할 모범으로 제시한 곳을 찾을 수 없다(DA, 1991:
759).

어린 아이(12세 미만)는 유대 사회에서 사회적 지위가 없는 자들이다.[1]
본문에서도 '어린 아이'는 순진무구함과 관련되지 않고 '자신을 낮춤'과
연결된다(4절). 그러므로 어린 아이가 종종 상징하는 순진무구함과 연관
시켜 본문에 없는 메시지를 끌어내면 안 된다.

어린 아이들(자신을 낮추는 자, 4절)과 같이 되어야만 천국에 들어간
다(3절). 즉 자신을 높이는 자는 천국에서 배제된다. 천국에서 큰 자는 어
린 아이처럼 자신을 낮추는 자이다(4절). 그런데 천국에는 모두 어린 아
이와 같이 자신을 낮추는 자들만 있으므로 모두 큰 자들이다.

예수께서는 '돌이켜' 어린 아이처럼 되어야 천국에 들어간다고 하신
다(3절). '돌이켜'는 회개를 뜻한다(렘 34:15).[2] '돌이키다'에 해당하는 아
람어 단어 '투브'(תוב)는 다른 동사와 함께 쓰여서 "다시"라는 의미를 가
진다.[3] 이러한 셈어적 표현을 고려하면 '돌이켜 어린이처럼 되다'는 표현
은 "다시 어린이처럼 되다"는 뜻을 가진다고 해석할 수 있다(DA, 1991:

---

1. Harrington, 264.
2. Hagner, 1995: 517; Keener, 2009: 448.
3. DA, 1991: 758.

758).

어린 아이처럼 됨은 (모든 죄의 근원인) 자만심을 모두 버림을 가리킨다고 크리소스톰은 해석하였다.[4] 어린이처럼 되어 영적 생활을 새롭게 시작하는 것은 용기 있는 겸손을 필요로 한다.[5] 이것은 정당한 해석이다. 본문 4절은 어린 아이의 특징을 자신을 낮춤으로 제시하므로, 다시 어린 아이처럼 됨의 핵심은 자신을 낮추는 데 있다.

'천국에 들어가다'는 영생에 들어감과 동일한 의미를 가진다(8-9절; 19:17; 참고. 25:21, 23).[6] 이 표현은 공관복음서에서 현재형으로 사용될 경우에도 미래적 의미를 내포한다(DA, 1991: 758). 마태복음 19:25은 천국에 들어감을 구원받는다는 뜻으로 해석한다.

2. 소자들에 대한 태도 (18:5-14)

5 누구든지 이러한 어린이 하나를 나의 이름으로 환영하면
나를 환영하는 것이다.
6 누구든지 나를 믿는 이 작은 자들 중에 하나를 넘어지게 하면,
그는 자기의 목에 나귀 맷돌을 걸고 바다 깊은 곳에 빠지는 것이 낫다.
7 세상이여, 넘어지게 함으로 인하여 화가 있도다!
넘어짐이 발생할 수밖에 없지만,
그를 통하여 넘어짐이 발생하는 그 사람에게는 화가 있기 때문이다.
8 너의 팔이나 너의 발이 너를 넘어지게 하면
그것을 잘라서 너로부터 던져 버려라.

---

4.   DA, 1991: 757.
5.   DA, 1991: 758.
6.   Hagner, 1995: 517.

불구자나 다리 저는 자로서 생명에 들어가는 것이

두 팔이나 두 발을 가지고 영원한 불에 던져지는 것보다 낫다.

9 너의 눈이 너를 넘어지게 하면

그것을 뽑아서 너로부터 던져 버려라.

한 눈을 가지고 생명에 들어가는 것이

두 눈을 가지고 불 지옥에 던져지는 것보다 낫다.

10 이 작은 자들 중에 하나라도 멸시하지 않도록 조심하라.

내가 너희에게 말한다.

하늘들에 있는 그들의 천사들이

항상 하늘들에 계신 나의 아버지의 얼굴을 뵙는다.

12 너희는 어떻게 생각하느냐?

어떤 사람에게 양 백 마리가 있는데

그들 중에서 한 마리가 길을 잃으면

아흔아홉 마리를 산에 버려두고 가서 길 잃은 양을 찾지 않겠느냐?

13 진실로 너희에게 말한다.

그가 그 양을 찾으면,

길 잃지 않은 아흔아홉 마리 양들보다 그 양 때문에 기뻐할 것이다.

14 이와 같이 이 작은 자들 중에 하나라도 잃는 것은

하늘들에 계신 너희의 아버지의 뜻이 아니다.

5절 (어린 아이와 예수) 예수의 이름으로 어린 아이를 영접하는 자는 예수를 영접한 자이다. 이 구절에서 '내 이름으로'는 "나 때문에," "내가 명령하였기 때문에"와 같은 뜻이다.[7] 그러므로 예수 이름으로 어린 아이를

---

7.   Harrington, 264.

영접함은 예수의 분부에 따라 어린 아이를 영접함을 뜻한다.

6-7절 (예수 믿는 작은 자를 실족시키는 자) 예수 믿는 작은 자를 실족시키
느니 차라리 죽는 것이 낫다. '작은 자'는 구약 성경(특히 슥 13:7)과 유대
문헌에서 연약한 하나님의 백성을 가리킬 수 있는 용어이다.[8] 5절에서 어
린 아이가 권력 없는 자를 상징하듯이 6절에서 작은 자도 그러하다고 볼
수 있다. 로마서 14:13과 고린도전서 8:13에서 사도 바울은 믿음이 약한
자를 실족시키지 않는 적용을 하는데, 이것은 마태복음 18장의 정신과 통
한다(DA, 1991: 763).

'실족하게 하다'(σκανδαλίζω)라는 표현은 5절에 나오는 '영접하다'의
반대말로 쓰여 "배척하다"의 뜻을 전달한다. 또한 10절에서는 작은 자를
업신여기지 말라고 하는데, 이것은 소자를 실족하게 하는 것이 무슨 뜻인
지 알려 준다. 예수 믿는 작은 자를 실족시킴은 그를 배척하고 업신여김
을 뜻한다.

예수 믿는 작은 자를 배척하고 업신여기는 것보다 차라리 연자 맷돌
을 목에 걸고 바다에 던져지는 것이 낫다. 연자 맷돌은 소나 나귀에 의해
돌려지는 것으로서 지름이 6피트(약 1.8m) 이상 되고 수 톤의 무게가 나
가기도 할 만큼 크다.[9] 작은 자를 실족시키는 자가 받는 심판은 끔찍하므
로 연자 맷돌을 매달고 수장되는 것이 차라리 더 자비로운 형벌일 것이라
는 뜻일 수 있다.[10] 예수 믿는 소자(초신자, 연약한 신자)를 실족하게 하면
안 된다.

힘없는 그리스도인을 배척하고 업신여기는 일은 세상에서 발생한다.
그러나 세상에서 발생할 수밖에 없는 악한 일에 대해서도 그 일을 행하는

---

8.   Marcus, 2009: 689.
9.   Osborne, 166.
10. Keener, 2009: 449.

사람에게 책임이 있다.

8-9절 (권징) 예수께서는 실족하게 하는 자를 어떻게 해야 하는지 비유를 통하여 알려 주신다. 실족시키는 자는 손, 발, 눈으로 비유되었고, 실족당하는 자는 몸으로 비유된 '너'로 지칭되었다. 예수께서는 실족시키는 지체를 제거하라고 하신다. 손이나 발, 눈을 제거하는 것은 과장법 또는 은유로 보인다. 신체 훼손은 율법과 유대교에서 금지된 것이기 때문이다 (신 14:1; 23:1; 왕상 18:28; 슥 13:6).[11] 신명기 25:11-12에 기록된 손 절단 형벌을 필로는 문자적으로 해석하지 않았으며, 랍비들은 '손에는 손'이라는 말씀을 대개는 비유적으로 해석하였다.[12] 물론 문자적으로 해석하지 않더라도 경고를 위한 비유적 과장법은 경고가 없다고 해석되어서는 안 된다 (신현우, 2021: 463).

손이나 발을 찍는 것은 소자를 실족하게 하는 사람을 교회 밖으로 출교시키는 것을 가리킨다고 볼 수 있다.[13] 7절은 소자를 실족시키는 사람을 언급하는데, 8-9절은 실족시키는 손, 발, 눈을 언급하므로, 손, 발, 눈은 사람을 가리키는 비유적 표현이라 할 수 있다. 또한 몸은 종종 공동체를 은유하므로, 몸에서 지체를 잘라내라는 것은 교회 공동체의 건강을 위하여 공동체를 파괴하는 지체를 권징하라는 명령으로 해석할 수 있다.[14] 개인을 권징하는 것과 공동체 전체가 파괴되는 것 사이의 선택은 고린도후서 13장에도 반영되어 있다(Koester, 153). 작은 자들을 실족시키지 않기 위하여 잘못된 지도자들이 축출되는 것이 낫다는 것은 로마서 9:3에도 암시되

---

11. Edwards, 293.
12. Marcus, 2009: 690.
13. Harrington, 265. 고전 5:1-5 참고.
14. Koester, 152-53.

어 있다.[15] 마태복음의 이 본문이 그리스도의 몸으로서의 교회에 관한 것이라고 보아 본문을 교회의 권징과 관련시키는 해석은 오리겐(Origen)으로부터 시작되었다(DA, 1991: 765).

교회가 권징을 하지 않고 지옥 불에 던져지는 것보다 권징을 행하고 영생에 들어가는 것이 더 낫다. 본문에서 영생에 들어가는 것은 지옥 불에 들어가는 것과 대조되어 쓰였기에 구원받음을 뜻한다. 지옥(γέεννα)은 본래 힌놈의 골짜기를 가리키지만, 신약 성경에서는 악한 자의 최후 심판의 장소를 가리킨다(Harrington, 265).

10절 (작은 자를 업신여기지 말아야 함) 예수께서는 "삼가 이 작은 자 중의 하나라도 업신여기지 말라."고 하신다. 이 말씀은 6절과 평행을 이루어 6절의 '소자를 실족하게 하다'는 표현이 "업신여기다"는 뜻을 가짐을 알려 준다. 또한 6절과 10절 중간에 나오는 비유적 말씀이 작은 자를 업신여기는 자를 어떻게 해야 하는지에 관한 말씀임을 알려 준다.

예수께서는 예수 믿는 작은 자들의 "천사들이 하늘에서 하늘에 계신 내 아버지의 얼굴을 항상 뵈옵느니라."고 하신다. 이 말씀은 신자들에게는 그들 각각을 위한 천사들이 있다는 뜻인가? 유대인들의 문헌에는 그러한 개개인을 위한 천사가 있다는 생각이 많이 담겨 있다(DA, 1991: 770). 예를 들어, 토비트 12:15에서 라파엘(Raphael)은 토비트를 보호하는 수호천사이다.[16] 그런데 개인의 수호천사이면서 하나님 앞에선 면전 천사인 존재는 당시 유대교에서 나타나지 않는 독특한 개념이다.[17] 우리는 마태복음 18:10 본문을 반드시 일대일 대응하는 수호천사가 있다는 의미로 해석할 필연성은 없다. '그들의 천사들'은 '그들의 영혼들'과 동의적 표현

---

15. Henderson, 62.
16. 강대훈, 하, 162.
17. 박성호, 94.

일 수도 있다.[18] 또한 이것은 하나님의 면전 앞에 있는 특별한 천사들마저
도 소자들을 위한다는 의미일 수 있다.[19] 이것은 하나님과 소자들 사이에
소자들을 위해 중개하는 천사들이 있다는 뜻으로만 볼 것이 아니라, 하나
님께서 소자들에 공감하신다는 뜻으로 볼 수도 있다.[20] 천사들이 하나님
앞에 서 있는 장면은 구약과 유대 묵시 문헌에 나오는 천상 회의의 모습
이다.[21] 유대인들은 천사들이 억울한 사람의 신원과 압제자의 처벌을 하나
님께 간구한다고 생각했다.[22] 마태복음 18:10에는 천사들마저 소자들을
위하므로, 그리스도인들은 더더구나 소자들을 위해야 한다는 논증이 담
겨 있는 듯하다(Hagner, 1995: 527).

12-14절 (길 잃은 양 비유) 백 마리의 양들 중에 한 마리가 길을 잃으면 양
주인은 찾아나선다. 이 비유는 작은 자 하나의 중요성을 묘사하고 하나님
의 뜻은 작은 자 하나라도 잃지 않는 것임을 밝힌다.

이 비유는 종말에 양들을 산에 모으심에 관한 구약 성경의 예언들과
관련이 있다(사 40:11; 렘 31:10; 겔 34:11-16).[23] 이 비유와 유사하게 메킬
타(*Mek.* on Exodus 19:21)에는 이스라엘의 개인 한 명이 넘어지는 것이
하나님께는 마치 이스라엘 모두가 넘어지는 것과 같다는 내용이 담겨 있
다(DA, 1991: 775).

'하늘에 계신 너희 아버지의 뜻'(직역하면 '하늘에 계신 너희 아버지
앞에 있는 뜻')은 하나님을 직접 가리키는 것을 피하기 위해 사용한 일종

---

18. DA, 1991: 771. 행 12:15에서 '베드로의 천사'는 베드로의 영혼을 가리킨다고 볼 수
    있다(DA, 1991: 772).
19. Hagner, 1995: 526-27.
20. DA, 1991: 770-71.
21. 욥 1:6; 2:1; 단 7:10; 에녹1서 14장; 아브라함의 유언 7:11; 8:1; 9:7(강대훈, 하, 162).
22. 에녹1서 9:1-3, 4-9(강대훈, 상, 162).
23. DA, 1991: 774.

의 탈굼적 표현(targumism)이다(*Tg. Isa.* 53:6, 10 참고).[24]

3. 죄를 범한 형제에 대한 처리 (18:15-20)

이제 소자가 아니라 죄를 범한 형제(하나님의 백성)에 관한 가르침을 주신다. 소자를 잃어버려서도 안 되며(6절), 소자를 업신여김으로써 믿음의 공동체 밖으로 잃어버리는 죄를 범한 형제를 그냥 내버려 두어서도 안된다.[25] 그러한 형제에게는 우선 개인적으로 권고해야 한다. '권고하라'에 해당하는 헬라어(ἔλεγξον)는 70인역 레위기 19:17에서도 사용되었는데 형제를 공동체로 회복함을 목적으로 하는 권면 행위를 가리킨다.[26] 듣지 않으면 한두 사람과 함께 증거를 대며 권고하고, 그들의 말도 듣지 않으면 교회에 보고한다. 교회의 말도 듣지 않으면 출교한다. 더 이상 그를 하나님의 백성으로 간주하지 말고 세리나 이방인으로 간주해야 한다. 세리와 이방인은 유대인들이 교제하지 않고 거리를 둔 부류이므로 그들처럼 간주하라는 것은 교제권 밖에 두라는 뜻이다.[27] 이러한 과정의 목적은 범죄한 형제를 돌이키게 하는 것이며, 그를 출교시키는 것도 그가 회개하도록 하기 위한 것이다(양용의, 2018: 371).

> **15** 만일 너의 형제가 [너에게] 죄를 범하면,
> 가서 오직 그와 너 사이에서 그를 책망하라.
> 만일 그가 네 말을 들으면 너는 너의 형제를 얻은 것이다.
> **16** 만일 그가 듣지 않으면

---

24. Harrington, 265.
25. 양용의, 2018: 368-69 참고.
26. Hagner, 1995: 531.
27. 양용의, 2018: 371.

너와 함께 한두 사람을 동반하여

두세 증인의 입으로 모든 것을 확증하라.

17 만일 그가 그들의 말을 듣지 않으면 교회에 말하라.

교회의 말도 듣지 않으면 너는 그를 이방인이나 세리처럼 여겨라.

18 진실로 너희에게 말한다.

너희가 땅에서 무엇이든지 묶으면 하늘에서 묶여질 것이다.

또한 너희가 무엇이든지 땅에서 풀면 하늘에서 풀릴 것이다.

19 다시 [진실로] 너희에게 말한다.

요청한 어떤 건에 관해서든지 땅에서 너희 중에 두 사람이 일치하면,

하늘들에 계신 나의 아버지께서 그들에게 이루어주실 것이다.

20 왜냐하면 나의 이름으로 두세 사람이 모인 곳에

내가 그들 가운데 있기 때문이다."

15절 (개인적 권고) 형제가 죄를 범하는 경우 우선 개인적으로 권면해야 한다. '형제'는 교회 공동체 일원을 가리킨다.[28] 키너는 '죄를 범하거든'은 다른 성도들에게 걸림돌이 되면서 회개하지 않는 (그래서 용서할 수 없는) 죄를 가리킨다고 본다(Keener, 2009: 453). 이것은 소자들을 실족시키지 말도록 가르치는 문맥에 적합한 해석이다. 바로 벌을 가하지 않고 먼저 (개인적으로) 경고(책망)하는 것은 유대교 전통에서도 중요한 절차이다(Keener, 2009: 453). '책망하다'(ἐλέγχω)는 개선하기 위해 훈육함을 가리키는 단어로서(집회서 18:13; 잠 9:7 등) 죄를 지적하고 회개하도록 하는 것을 가리킨다(눅 3:19; 고전 14:24).[29]

16절 (두세 증인의 확증) 개인적 권고를 듣지 않는 경우에 두세 증인이 함

---

28. Keener, 2009: 452.
29. 강대훈, 하, 170.

께 가서 확증한다. 증인이 필요한 것으로 보아 이것은 범죄 행위에 대한 절차이다(Harrington, 269). 쿰란 문헌에도 절차를 제시하는 본문이 발견된다.[30] 쿰란 문헌(CD 9:2-8, 16-22; 1QS 5:24-6:1)은 마태복음처럼 두세 증인 앞에서 책망하는 과정이 장로(CD)나 공동체(1QS) 앞으로 가기 전에 필요하다고 한다.[31] 이러한 과정에서 이루어지는 확증은 15절이 언급한 책망의 말을 증인으로서 입증하는 과정이다.[32] 이 과정은 회개하게 하는 노력과 함께 출교를 위한 준비가 된다(Maier, 638).

17절 (출교) 증인들의 말도 듣지 않으면 교회에 보고하고 교회의 말을 듣지 않으면 그를 이방인이나 세리처럼 여겨야 한다. 이방인과 세리처럼 여기는 것은 출교하라는 뜻인 듯하다(Harrington, 269). 이러한 권징 명령에 불순종하는 것은 복음의 빛을 비추는 방편인 교회를 결정적으로 망가뜨려 빛과 소금의 역할을 하지 못하게 막는 일이다(Hendriksen, 하, 43 참고).

18절 (매고 풂) 제자 공동체가 땅에서 매면 하늘에서도 매이고 땅에서 풀면 하늘에서도 풀린다. 이 말씀은 믿음의 공동체에서 결정한 것의 효력을 알려 주시는 말씀이다. 매고 푼다는 표현은 문맥상 출교하거나 용서하는 결정을 가리킨다.[33] 출교는 단지 공동체에서 배제된 것에 그치지 않고 구원으로부터 배제됨의 의미를 가진다(Keener, 2009: 455). 그러므로 출교는 아주 큰 징계에 해당한다. 그러나 교권이 부패하여 부당한 출교가 발생할 경우에는 염려할 필요가 없다. 부당하게 유대교 회당으로부터 출교당한 자를 예수께서 환영하신 것처럼(요 9:34-35), 하나님의 최후 심판

---

30. DA, 1991: 784.
31. Roitto, 104.
32. 강대훈, 하, 172.
33. Harrington, 269.

은 공정하여 모든 잘못된 판단을 바로 잡을 것이기 때문이다.

19-20절 (두세 사람) 두세 사람이 구하는 것을 하나님께서 이루신다고 하시고, 그들이 예수 이름으로 모인 곳에 예수께서도 계신다고 하신다. 19 절의 '두 사람'과 20절의 '두세 사람'은 16절의 '두세 증인'과 연결된다. 그래서 '두세 사람'은 16절의 '증인'과 관련이 있다. 그들의 기도는 출교된 자의 회복을 위한 기도와 관련이 있다.[34] 유대교 전통 속에서도 회개할 경우에는 출교가 취소될 수 있었다(Keener, 2009: 455).

믿음의 공동체에는 아무리 규모가 작아도 하나님께서 부여하시는 권위가 있다. 단지 두세 사람이 합심하여 구하여도 하나님께서 들으시고 이루심을 약속하신다. 여기서 '구함'은 문맥상 믿음의 공동체가 매고 푸는 (즉 출교하거나 다시 받아들이는) 권위를 행사함과 관련된다. 이것은 예배 맥락이 아니다(Harrington, 269).

두 사람이 토라를 공부하러 모이면 하나님의 영광이 그들에게 임한다고 보는 유대인들의 전통(*m. Aboth* 3:2; 3:6)을 고려할 때, 두세 사람이 예수 이름으로 모인 곳에 예수께서 함께 하신다는 말씀은 예수의 신성을 주장하는 말씀이기도 하다(Hagner, 1995: 533).

4. 용서의 당위성 (18:21-35)

권징에 관한 본문에 이어 용서에 관한 본문이 이어진다. 권징 과정은 회개하는 자를 다시 받아들이는 용서 과정을 이미 포함하므로 이 두 본문은 서로 모순되지 않는다.

21 그때 베드로가 다가와서 그에게 말했다.

---

34. Keener, 2009: 455.

"주여, 나의 형제가 나에게 죄를 지으면

몇 번이나 그를 용서해야 합니까?

일곱 번까지요?"

22 예수께서 그에게 말씀하셨다.

"나는 너에게 일곱 번이 아니라 칠십칠 번까지 하라고 말한다.

23 이 때문에 하늘들의 나라는

자신의 종들과 결산하고자 한 어떤 왕과 같다.

24 그가 결산하기 시작했을 때

일만 달란트 빚진 자 한 명이 그에게 불려왔다.

25 그런데 그가 갚을 수 없어서

주인이 그에게 명하여 부인과 자식들과 가진 모든 것을 팔도록 명했다.

26 그러므로 그 종이 엎드려 그에게 무릎을 꿇고 말했다.

'저에게 참아주십시오.

제가 당신에게 모두 갚겠습니다.'

27 저 종의 주인이 불쌍하게 여겨서

그를 풀어주고 빚도 탕감하여 주었다.

28 저 종이 나가서 그의 동료 종들 중에 하나를 찾았다.

그는 그에게 백 데나리온 빚진 자였다.

그는 그를 붙잡고 목을 조르며 말했다.

'네가 빚진 것을 모두 갚으라.'

29 그래서 그의 동료 종은 엎드려 간청하며 말했다.

'나에게 참아주시오. 내가 당신에게 갚겠소.'

30 그러나 그는 그렇게 하기를 원하지 않고

가서 그를 감옥에 집어넣어 빚을 갚기까지 있도록 했다.

31 그리하여 그의 동료 종들이 발생한 일들을 보고 심히 비통하여

가서 그들 자신의 주인에게 발생한 일들을 모두 보고했다.

32 그때 그의 주인이 그를 불러서 그에게 말했다.

'악한 종아, 네가 나에게 간청하기에

그 모든 빚을 내가 너에게 탕감하지 않았느냐?

33 내가 너에게 자비를 베푼 것처럼

너도 너의 동료 종에게 자비를 베풀었어야 하지 않느냐?'

34 그의 주인이 분노하여

그를 간수들에게 넘겨서 모든 빚을 갚기까지 있게 했다.

35 너희들 각자가 그의 형제를

너희의 마음으로부터 용서하지 않으면,

나의 하늘 아버지께서도 너희에게 이처럼 행하실 것이다."

21절 (몇 번이나 용서해야 하는가) 베드로는 형제가 개인적인 죄를 지으면 몇 번이나 용서해야 하는지 질문한다. 베드로의 질문은 "형제가 내게 죄를 범하면"이라는 전제를 가지므로, 형제(하나님의 백성)가 지은 개인적인 죄에 관하여 그 죄로 인해 피해를 입은 자가 용서하는 경우에 대한 것이다. 랍비들은 세 번까지만 용서할 것을 가르친다.[35] 이와 비교할 때 베드로의 제안(일곱 번)은 매우 후하게 용서하는 기준을 제시한 것이다.

22절 (77번 용서하라) '헤브도메꼰따끼스 헾따'(ἑβδομηκοντάκις ἑπτά)는 70인역 창세기 4:24에서처럼 77배를 뜻한다.[36] 따라서 70번씩 7번이라는 번역은 틀렸다(BDF, §248). 창세기 4:24은 라멕을 해친 자는 77배의 벌을 받도록 규정하는데 마태복음 본문은 이러한 기준을 역으로 용서에

---

35. *b. Yoma* 86b-87a(양용의, 2018: 374).

36. BDF, §248.

적용한다.[37] 죄를 지은 형제에 관하여 언급하는 앞 단락을 고려할 때 죄의 성격이 공적인 것이면 용서는 형제가 권면을 받아들일 경우에 적용된다고 볼 수도 있다. 돌이키지 않고 교회의 말도 듣지 않는 형제는 용서할 수 없다. 그러나 21절은 개인적 죄를 언급하고, 용서의 조건을 언급하지 않으므로 개인적인 죄의 경우 굳이 용서를 조건적으로 할 필요가 없다. 77번 용서하라는 말씀은 계속 용서하라는 뜻이라고 볼 수 있다.

23절 (천국 비유) 개인적인 죄를 용서해야 함을 알려 주는 비유가 제시된다. 이 비유에서 왕과 종이 등장한다. 여기서 '종'은 세금 걷는 신하를 가리킬 것이다(Keener, 2009: 458).

24-27절 (만 달란트 빚진 자) 만 달란트 빚진 자가 왕에게 왔다. '빚'은 에녹1서 6:3의 경우처럼 죄를 상징한다고 볼 수 있다.[38] 한 달란트는 육천 데나리온 내지 일만 데나리온이므로[39] 한 데나리온을 10만원으로 잡을 경우, 만 달란트는 6-10조원이다. BC 4년에 갈릴리와 페레아에서 거둔 세금이 200달란트이고(*Ant.* 17 §318),[40] 유대, 이두매, 사마리아 전역에서 거둔 세금이 600달란트임(*Ant.* 17.11.4 §§317-20)을[41] 고려할 때, 일만 달란트는 엄청난 금액이다. 이것은 도저히 갚을 수 없는 빚의 규모를 상징한다. 또한 '만'은 셀 수 없을 만큼 많음을 나타내기 위한 수로 볼 수 있다(Hagner, 1995: 538).

만 달란트를 빚진 자는 가족을 노예로 팔아도 빚을 다 갚을 수는 없다. 한 사람을 종으로 팔아도 1/20에서 1/50달란트 정도밖에 되지 않았을 것

37.　양용의, 2018: 374.
38.　DA, 1991: 798.
39.　Harrington, 270.
40.　Keener, 2009: 458.
41.　Hagner, 1995: 538.

이다.[42] 빚을 갚지 못할 때 노예가 되는 것은 그리스-로마 세계에서 일상적인 일이었다.[43] 그런데 왕은 이 엄청난 빚을 아무 조건 없이 탕감한다. 이것은 온 가족이 노예가 되는 것으로부터 구해 준 것이기도 하였다.

28-34절 (빚을 탕감받은 자의 행동) 일만 달란트 빚을 탕감받은 자는 자신에게 100데나리온 빚진 '동료'를 만나서 빚 독촉을 하고, 그를 감옥에 가둔다. 100데나리온은 1데나리온을 10만 원으로 잡으면 천만 원에 해당하는 금액이다. 이것은 10조 원 정도에 해당하는 만 달란트에 비하면 지극히 작은 금액이다. 여기서 '동료'는 세금 걷는 다른 신하일 것이므로 그를 감옥에 가두는 것은 그의 일을 방해하는 것으로서 왕에게 손해를 끼치는 행위이다(Keener, 2009: 460). 이 종은 자신이 당하기 원하지 않는 일을 남에게 하였으므로 황금률(마 7:12)의 가르침과 반대로 행하였다.[44]

왕은 큰 빚을 탕감받고 동료의 작은 빚은 탕감하지 않은 종을 부르고 질책한 후 빚 탕감을 취소하고 옥졸들에게 넘긴다. 개역개정판에서 '옥졸'로 번역한 단어(βασανιστής)는 고문하는 자를 가리킬 수 있는 단어이다. 유대인들의 세계에서는 고문을 행하지 않았지만, 대 헤롯 왕은 고문을 도입하기도 하였다(J.W. 1.548).[45]

35절 (형제를 용서해야 함) 비유의 내용이 해석된다. 우리가 형제를 용서하지 않으면 '하늘 아버지'께서 우리를 용서하지 않는다. 왕은 '하늘 아버지'(하나님)를 비유하고, 동료 종은 동료 하나님의 백성을 비유함을 알 수 있게 하는 해석이다. 이 비유에서 하나님은 만 달란트의 빚을 탕감해 주시는 분으로 비유되었고, 형제에게 개인적 잘못을 용서하지 않는 자는 왕

---

42. Keener, 2009: 459.
43. DA, 1991: 799.
44. 강대훈, 하, 180.
45. DA, 1991: 802.

에게 만 달란트의 빚을 탕감받은 후 동료 종에게 백 데나리온의 빚을 탕감하지 않는 자로 비유되었다.

나에게 죄를 짓는 사람은 나에게 천만 원 빚을 진 사람과 같다. 그런데 나는 하나님께 10조 원 빚을 탕감받은 자와 같다. 만일 내가 나에게 죄지은 자를 용서하지 않으면 하나님의 용서를 받은 자로서의 자격이 없다. 우리는 형제를 진심으로 용서해야 한다.

2. 해설

그리스도인들은 자신을 낮추어야 한다. 그렇게 하지 않는 자는 구원받은 하나님의 백성이라 할 수 없다(18:3). 그리스도인들은 사회적 신분이 없거나 아무 권력이 없는 작은 자들을 영접해야 한다(18:5). 특히 예수 믿는 자들 중에 작은 자들을 배척하여 실족시키는 것은 교회 전체를 멸망시키는 큰 죄임을 명심하고, 그렇게 실족시키는 자를 권징하여야 한다(18:6-14). 이처럼 하나님과 교회에 죄를 짓는 자에게는 우선 개인적으로 권하고, 안 들으면 두세 증인과 함께 권하고, 그래도 안 들으면 교회가 권하고, 교회의 말도 듣지 않으면 출교시켜야 한다(18:15-17). 그러나 출교된 자의 경우에도 회개한 것이 분명하다면 두세 사람의 청원을 통하여 다시 교회로 회복시킬 수 있다(18:18-20).

그리스도인 상호 간에 발생하는 사소한 개인적인 잘못의 경우에는 무한히 용서해야 한다. 우리가 하나님께 지은 무한히 큰 죄를 하나님께서 용서하셨기에, 우리는 남들이 우리에게 지은 사소한 죄를 용서해야 한다(18:21-35).

제3장
마태복음 19-22장
유대 지도자들과의 갈등

마태복음 19-22장은 예수의 사역들을 소개하는데, 예루살렘 입성 직전의 맹인 치유와 성전에서의 치유 사역이 일부 담겨 있기는 하지만 주로 논쟁과 교훈을 담고 있다. 이 논쟁과 교훈의 상당 부분이 유대인 지도자들과의 갈등과 관련된다.

1. 이혼에 관하여 (19:1-12)

예수의 가르침은 바리새인들의 가르침과 달리 구약 성경에 담긴 의도를 바르고 철저하게 적용한다. 바리새인들은 이혼증서를 써 주면 이혼할 수 있다고 하는 수준의 가르침을 적용했지만, 예수께서는 음행의 사유 외에는 여인을 이혼시키지 않도록 하는 기준을 제시하셨다.

1. 번역

19:1 예수께서 이 말씀들을 마치시고, 갈릴리를 떠나 요단강을 건너 유대 지방으로 들어가셨다. 2 그러자 많은 무리가 그를 따랐고, 그가 그들을 그

곳에서 치유하셨다. 3 바리새인들이 그를 시험하기 위해 그에게 다가와서 말했다.

"사람이 어떤 사유로든지 그의 아내와 이혼하는 것이 허용되는 거요?"

4 그가 대답하셨다.

"그대들은 읽지 못하였소?

창조주께서 처음부터 남성과 여성으로 그들을 만드셨소.

5 그리고 그분이 말씀하셨소.

'이 때문에 사람이 아버지와 어머니를 떠나

그의 아내와 연합될 것이다.

그래서 그 둘이 한 육체가 될 것이다.'

6 그래서 그들은 더 이상 둘이 아니라 한 육체라오.

그러므로 하나님께서 결합시키신 것을 사람이 나누지 못하게 하시오."

7 그들이 그에게 말했다.

"그렇다면 모세는 왜 이혼증서를 주고 [그녀와] 이혼하라고 명했소?"

8 그가 그들에게 말씀하셨다.

"모세는 그대들의 단단한 마음 때문에

그대들의 아내들과 이혼하는 것을 그대들에게 허용하였소.

그러나 처음부터는 그렇지 않았소.

9 나는 그대들에게 말하오.

누구든지 음행의 사유 없이 자기의 아내와 이혼하고

다른 여자와 결혼하면 간음하는 것이오."

10 [그의] 제자들이 그에게 말했다.

"아내에 대한 그 사람의 죄목이 이러하다면,

결혼해서 좋을 게 없습니다."

11 그런데 그가 그들에게 말씀하셨다.

"모두 다 [이] 말을 받아들이지는 않는다.

오직 주어진 자들에게는 가능하다.

12 왜냐하면 어머니의 뱃속에서부터 고자로 태어난 자들이 있고,

사람들에 의하여 거세된 고자들이 있으며,

하늘들의 나라를 위하여 자기 자신을 거세한 고자들이 있기 때문이다.

받아들일 수 있는 자는 받아들이도록 하라."

2. 주해

1-2절 (유대 지역으로 가심) 예수께서 '요단강 건너 유대 지경'(τὰ ὅρια τῆς Ἰουδαίας πέραν τοῦ Ἰορδάνου)으로 가셨다. 유대 지역을 요단강 건너 편으로 보는 것은 마가복음 10:1과 동일한 듯하다. 이러한 표현의 발생은 마태복음이 기록된 곳이 요단강 동쪽 편(아마도 시리아 다마스쿠스)이었기 때문이라고 볼 수 있다(Keener, 2009: 462). 또는 '유대'가 넓은 의미로서 유대인들의 땅 일반을 가리킨다고 볼 수도 있다.[1] 해그너는 요단강 동편에 유대인들이 많이 사는 지역이 유대 지역의 일부로 간주되었다고 주장한다(Strabo, *Geography* 16.2.21; Tacitus, *Histories* 5.6 참고).[2] 그러나 이 지역(Perea)은 마가복음이나 마태복음의 시대까지도 아직 유대의 일부가 아니었다.[3]

3절 (이혼에 관한 질문) 바리새인들이 예수를 '시험하여' 이혼에 관하여 질문했다. 이혼에 관한 질문이 예수를 곤란하게 하는 시험이 될 수 있는

---

1. Keener, 2009: 462.
2. Hagner, 1995: 543.
3. Greeven & Güting, 484.

이유는 분봉왕 헤롯이 이혼하였기 때문이었다.[4] 또한 당시 유대인 사회 속에서는 남편이 아내를 마음껏 버릴 수 있었기 때문이다. 필로도 요세푸스도 어떤 랍비도 이혼을 금하지 않았다(Evans, 2001: 81). 집회서 7:26은 이혼하지 말 것을 권하지만, 집회서도 이혼을 완전히 금하지는 않는다. 집회서 25:26은 불순종하는 아내를 이혼시키라고 권한다. 구약 성경도 이혼을 금지하지는 않았다. 신명기 24:1-4은 이혼이 가능하였던 현실을 전제하고 이혼을 함부로 하지 못하도록 한 법이다. 이혼에 대해 부정적인 본문으로 간주되기도 하는 말라기 2:16마저도 이혼을 금지하지는 않는다. 이 구절은 단지 "그가 내어 보내기를 싫어한다면"이라고 가정할 뿐이다 (כי־שנא שלח)(Meier, 76). 쿰란 문헌은 이혼에 대해 부정적인 태도를 취하지만 완전히 금지하지는 않았다고 보인다.[5] 쿰란 문헌(11QTemple 57:17-29와 CD 4:19-5:2)은 일부다처제를 금지하며 재혼도 아내와 사별할 경우에만 허용한다.[6] 쿰란 문헌 11QTemple 57:16-19는 이스라엘 왕이 이혼하는 것을 금지하지만,[7] 쿰란 문헌 CD 13:15-18은 이혼이 쿰란 공동체에서도 발생하고 있음을 언급한다.[8] 이처럼 유대 전통을 따르면 남편은 아내를 이혼시킬 수 있었고 헤롯도 그렇게 하였기에, 이혼을 반대하는 대답을 하는 것은 문화적으로 정치적으로 환영받기 어려운 것이었다.

바리새인들은 '어떤 사유로든지' 아내를 이혼시킬 수 있는지 질문했다. 유대인들 사이에 논쟁이 되는 것은 이혼의 가능성이 아니라 이혼의 사유였다. 당시 유대 전통에 따르면 남편은 사실상 어떤 사유로든지 아내

---

4. Evans, 2001: 81 참고.
5. Meier, 75.
6. Herron, 275.
7. Marcus, 2009: 700.
8. Collins, 462.

를 이혼시킬 수 있었는데(자세한 설명은 아래 해설 참고), 바리새인들은 이러한 전통에 예수께서 동의하시는지 질문한 듯하다.

바리새인들의 질문이 아내를 이혼시키는 것만 언급하고, 아내가 남편을 이혼시키는 것에 대해 다루지 않는 것은 당시 문화를 반영한다. 유대인들의 전통 속에서는 아내가 남편을 이혼시킬 수 없었다(*Ant.* 15.259).[9] 아내는 이혼을 원할 경우, 남편에게나 법정에 요청하여 허락을 받아야 했고, 남편이 병, 직업, 성불능 등으로 부부관계의 의무를 다하지 않거나(*m. Ketuboth* 5:6), 강요된 결혼을 하였을 경우, 아내가 미성년일 경우 등 사유가 있어야 했다.[10] 미쉬나(*m. Arakhin* 5:6)는 아내는 남편의 허락이 있어야만 이혼할 수 있었음을 암시한다.[11] 물론 예외적인 경우가 없지는 않았을 것이다. 예수 당시에도 남편에게 이혼증서를 써 주고 이혼시키는 귀족 여인이 있었다(*Ant.* 15.259). 2세기 후반에는 서기관이 이혼증서를 대신 작성해 주는 방식으로 아내가 남편을 이혼시킬 수 있었던 듯하다(Collins, 464).

4-6절 (창조 원리) 예수께서는 하나님께서 '본래'(ἀπ᾽ ἀρχῆς) 남녀를 창조하시고 한 몸이 되게 하신 원리를 제시하신다. '본래'라는 표현은 창조 기사를 연상시킨다.[12] 동시대 유대인들은 창조 기사가 하나님의 이상적 목적을 표현한다고 보았으므로, 그들이 예수의 논증을 논박하기 어려웠을 것이다(Keener, 2009: 464). 쿰란 문헌(CD 4:19-21)은 예수 시대 이전에 하나님께서 남녀를 창조하셨다고 하신 창세기 1:27이 일부일처제를 주장하기 위해 사용되었음을 알려 준다(DA, 1997: 10).

---

9. France, 390.
10. Safrai, 791; Edwards, 304.
11. 신현우, 2021: 479.
12. Keener, 2009: 463.

예수께서는 남녀 '그 둘'이 한 몸이 될 것이라고 하신 창세기 2:24을 인용하신다. '그 둘'은 70인역, 벌게이트, 사마리아 오경, 사마리아 탈굼, 페쉬타와 몇 가지 유대인 탈굼들의 창세기 2:24 본문에서 발견되므로 이 구절의 원본문이라고 볼 수 있다(DA, 1997: 11). '그 둘' 대신 '그들'이라고 기록한 히브리어 성경의 표현은 랍비들이 고친 표현인 듯하다.[13] '한 몸이 된다'는 표현은 결혼을 통하여 혈육 관계와 유사한 관계가 형성됨을 뜻하는 듯하다(DA, 1997: 13).

예수께서는 "하나님께서 합하신 것을 사람이 나누지 못하게 하라."고 명하시며 이혼을 금지하신다. '나누다'(χωρίζω)는 헬라어 파피루스들에서 "이혼하다"는 뜻으로 사용되었고,[14] 고린도전서 7:10에서 별거를 통한 사실상의 이혼을 가리킨다(신현우, 2021: 481). 요세푸스는 이혼증서 없이 아내가 남편을 떠나는 것을 유사한 단어(διαχωρίζω)로 표현한다.[15] 그러므로 '나누지 못하게 하라'는 예수의 가르침은 이혼증서를 써주는 법적 이혼만이 아니라 이혼증서 없이 버리는 결별도 금하신 것으로 볼 수 있다(신현우, 2021: 481).

7-8절 (모세가 이혼을 허용한 이유) 이혼증서는 이혼을 시키며 재혼을 허락하는 증서이다. 미쉬나(m. Gittin 9:3)에 의하면 이혼증서에는 "그대는 어느 남자에게든지 자유롭게 결혼할 수 있다."라는 기록이 있어야 한다.[16] 바리새인들은 모세가 왜 이혼증서를 써 주고 이혼시키는 것을 '명령했느냐'고 질문한다. 바리새인들은 이혼을 허용한 모세의 가르침을 이혼 명령

---

13.   DA, 1997: 11.
14.   Hooker, 236.
15.   신현우, 2021: 481.
16.   France, 393.

으로 곡해한다.[17] 모세 율법은 '이혼증서'를 써 주고 이혼시키라고 명한 바 없다. 예수께서는 모세가 단지 이혼을 '허락'하였음을 지적하신다.[18] 신명기 24:1-4은 이혼을 명하는 구절이 아니라 그저 그러한 일이 발생하는 것을 전제한다. 이 구절은 남편이 이혼증서를 주어서 아내가 재혼할 수 있도록 배려하는 경우를 전제하고, 아내가 일단 재혼하면 그녀를 다시 데려오지 못하게 하여 이혼을 함부로 하지 못하도록 한다. 이 구절에서 이혼은 명령된 바가 없다. 예수께서는 구약 성경에서 허용된 것과 명령된 것을 구별하신다.[19] 구약 성경은 이혼을 허용하였지만 부정적으로 보는 구절을 가지고 있다(신 24:4; 말 2:16; 레 21:7; 겔 44:22).[20] 예수의 이혼 금지는 이러한 구약 성경의 방향을 철저화하고, 신명기 24:1-4에 담긴 여인 보호 목적을 성취한다. 이러한 예수의 가르침은 율법을 폐지하지 않고 완성한다(Hooker, 235 참고).

예수께서는 모세 율법은 이혼을 허용하지만, 본래는 그렇지 않다고 하신다. '본래 그렇지 않다'는 말씀은 부부가 한 몸이 되게 하셨다는 창세기 구절에 담긴 하나님의 뜻이 이혼이 아님을 전제한다. 바울도 시간적 순서로 우선성을 논증하며 아브라함 언약이 율법보다 우선한다고 주장한다(갈 3:15-20)(DA, 1997: 15).

9절 (재혼을 위한 이혼 금지) 예수께서는 배우자의 음행을 사유로 하지 않고 이혼하고 재혼을 하면 간음에 해당한다고 하신다. 정당한 사유로 이혼한 경우가 아니면 이혼이 성립하지 않으므로, 이 상태에서 이루어진 재혼은 간음이 된다. 음행의 경우에는 이미 결혼 서약을 파기한 것이므로 이

---

17. Keener, 2009: 465.
18. 양용의, 2018: 382.
19. Evans, 2001: 84 참고.
20. DA, 1997: 15.

혼이 가능하다. 상대방이 음행하였을 때에는 이혼이 허용된다면, 음행보다 더 심한 사유는 더더구나 이혼 사유가 될 수 있을 것이다. 물론 부부 관계 자체를 깨는 음행보다 더 심한 사유는 많지 않을 것이다.

'음행한 이유가 아니면'(μὴ ἐπὶ πορνείᾳ)은 유사한 내용을 담은 마태복음 5:32의 '음행의 사유 외에'(παρεκτὸς λόγου πορνείας)와 평행되게 사용되었으므로, 이혼 금지의 예외를 가리킨다고 볼 수 있다. 음행이 이혼의 사유가 된다면, 이혼한 후 재혼을 할 수 있다고 볼 수 있다. 간음한 자를 사형시키지 않게 된 시대에는 간음한 자를 이혼시키는 것을 허용해야 했을 것이다.[21] 또한 그렇게 이혼한 경우에 무고한 쪽에게는 재혼이 허용되어야 부당하지 않을 것이다.

배우자가 음행한 경우에는 이혼할 수 있다는 가르침은 유대 그리스도인들의 도덕감에도 부합했을 것이다(Hagner, 1995: 549). 유대 문헌은 신실하지 않은 아내를 이혼시키도록 한다.[22] 마가복음은 음행을 예외로 명시하지 않았지만, 음행이 발생한 경우 이혼할 수 있는 것을 당연한 것으로 전제했을 것이다.[23] 그렇다면 마태복음은 이렇게 당연히 전제된 것을 밝혀 적었을 뿐이며, 마가복음이 담은 이혼 금지 명령을 약화시킨 것이 아니다(Loader, 74).

예수께서는 정당한 사유 없이 이혼하고 다른 여인과 결혼하면 간음이라고 하신다. 여기서 '다른 여인'은 미혼녀를 포함할 수 있으므로, 간음의 범위를 유부녀와 관계에 국한시킨 구약 성경보다 간음의 범위를 넓혔다

---

21.   Loader, 68.

22.   1QapGen 20:15; *m. Sotah* 5:1; *m. Yebamoth* 2:8(Hagner, 1995: 549). 1세기 유대인들에게 간음한 여인과 이혼하는 것은 피할 수 없는 일이었다(*m. Sotah* 5:1; *m. Nedarim* 11:12)(DA, 1997: 17).

23.   Keener, 2009: 467.

고 볼 수 있다.[24] 본문은 일부일처제의 상황을 전제하는 듯하다. 1세기 유대인들에게는 일부일처제가 널리 퍼져 있었고, 일부다처제는 매우 예외적인 것이었다(DA, 1997: 18).

10절 (제자들의 반응) 이혼에 관한 예수의 가르침은 너무도 엄하기에 그런 결혼이라면 하지 않는 것이 낫다고 (남자의 입장에서) 제자들이 말한다. 최소한 갈릴리에서는 부모가 결혼을 주선했으며, 당사자들은 결혼 상대를 미리 알 수 없었다.[25] 이러한 상황에서 이혼할 가능성을 배제하고 결혼하는 것보다는 차라리 결혼하지 않는 것이 낫다고 할 수 있었을 것이다(Keener, 2009: 471).

개역개정판이 '만일 사람이 아내에게 이같이 할진대'라고 번역한 부분(εἰ οὕτως ἐστὶν ἡ αἰτία τοῦ ἀνθρώπου μετὰ τῆς γυναικός)은 '아내에 대한 그 사람의 죄목이 이러하다면'으로 번역할 수 있다. 마태복음 27:37; 70인역 창세기 4:13 등의 '아이띠아'(αἰτία)의 용례를 참고하고, 3절에서도 이 단어가 사용된 것을 고려할 때, 이 단어는 "죄목"이라고 번역할 수 있다.[26] 따라서 10절에서 제자들은 9절에 담긴 예수의 가르침에 따라 남자가 부당하게 아내를 이혼시키고 재혼하게 될 때 간음죄를 범했다고 판단하게 된다면, 차라리 애초부터 결혼하지 않는 것이 더 낫다는 뜻으로 제자들이 말하였다고 볼 수 있다(Van Tine, 406 참고).

11-12절 (독신에 관하여) 예수께서는 '이 말'을 아무나 받지 못하고 타고나야 받을 수 있다고 하신다. '이 말'은 문맥상 예수의 결혼과 이혼에 관한 가르침을 가리킬 가능성이 있다.[27] 예수의 가르침을 따르면 부당한 사유

---

24. DA, 1997: 16.
25. Keener, 2009: 471.
26. Van Tine, 406, 409 참고.
27. 양용의, 2018: 384.

로 이혼을 하면 이혼하더라도 재혼을 하지 말고 독신으로 지내야 한다. '천국을 위해 스스로 된 고자'는[28] 이혼을 하게 된 후에 재혼을 하지 않고 살며 정결을 유지하는 사람을 가리킬 수도 있다. 그러나 '이 말'은 10절의 제자들의 말(결혼하지 않는 것이 낫다는 말)과 관련하여 '천국을 위하여 스스로 고자 되는 것' 즉 애초부터 결혼하지 않고 독신으로 지내는 것을 가리킨다고 볼 수도 있다. '천국을 위하여 스스로 고자됨'은 이방 신전에서 사역하기 위하여 스스로 고자가 된 키벨레(Cybele) 제사장들의 경우를 연상시키는 표현을 통하여 하나님 나라 사역을 위해 독신을 택한 자를 묘사한 것으로 볼 수 있다.[29] '내시'는 사도행전 8:27이 언급하는 에티오피아 관원 내시의 경우처럼, 궁정 관리로서의 측면을 암시하는 말일 수도 있다.[30] 이러한 배경을 고려할 때, 성불구자의 측면을 강조하는 마태복음 19:12은 결혼의 불필요성을 언급하는 근접 문맥(10-11절) 속에서 하나님 나라를 위하여 궁정 관리처럼 봉사하기 위해 독신을 택하는 경우를 고자(내시)에 비유한다고 볼 수 있다. 이러한 선택은 아무나 할 수 있는 것이 아니라 타고나야 할 수 있다. 그렇지 않은 경우에는 결혼하는 것이 낫다.

3. 해설

샴마이 학파는 아내가 율법을 잘 지키지 않으면 이혼 사유에 해당한다고 보았으나, 힐렐 학파는 아내가 남편을 불쾌하게 해도 이혼 사유가 된다고 보았다(Lane, 353). 힐렐 학파는 아내가 빵을 굽다가 태우는 것도

---

28. 참고. 신 23:1에 따라 유대인들은 고자들을 언약 속으로 받아들이지 않았다 (Keener, 2009: 471).
29. Harvey, 10.
30. Llewelyn 외, 233.

이혼 사유에 해당한다고 보았다.[31] 필로의 견해도 힐렐 학파와 일치했다 (Philo, *Spec.* 3.30).[32] 당시 유대인들은 힐렐 학파의 견해를 선호했다 (Safrai, 790). 이러한 주류 입장은 어떤 문제든지 있으면 이혼 사유가 될 수 있다고 본 것이다.[33] 아무 트집이든지 잡아 아내를 이혼시킬 수 있다는 생각은 미쉬나에도 반영되어 있다. 미쉬나(*m. Ketuboth* 7:6)에 의하면 아내가 다른 남자와 대화하거나, 부모를 면전에서 저주하거나, 길거리를 배회해도 이혼시킬 수 있다고 보았다.[34] 랍비 아키바(Akiva)는 남편이 아내보다 더 아름다운 여인을 발견하여도 아내를 이혼시킬 수 있다고 보았다.[35] 요세푸스의 글도 아내를 이혼시키기 쉬웠음을 알려 준다. "나는 이 시기에 내 아내와 이혼하였다. 내가 그녀의 행동을 좋아하지 않았기 때문이다"(*Life* 426).[36] 그에 의하면 당시 유대인 남편들은 어떤 사유로든지 아내를 이혼시킬 수 있었다(*Ant.* 4.253). 이처럼 어떤 이유로든지 아내를 이혼시킬 수 있는 분위기는 예수 당시에도 동일하였을 것이다. 따라서 이혼을 반대하거나 이혼의 사유를 엄격하게 제한하는 것은 질문자들이 원하는 답변이 아니었을 것이다.

---

31. *m. Gittin* 9:10; *Sipre Deuteronomy* 269.1.1(Keener, 2000: 6).
32. Safrai, 790.
33. 강대훈, 하, 195.
34. 신현우, 2021: 475.
35. Evans, 2001: 83-84.
36. 양용의, 2010: 229에서 재인용.

2. 어린이에 관하여 (19:13-15)

1. 번역

13 그때 안수받고 기도를 받도록 하고자 사람들이 어린 아이들을 데려왔
다. 그런데 제자들이 그들을 꾸짖었다. 14 그러나 예수께서는 말씀하셨다.
　"어린이들이 나에게 오는 것을 허락하고 금하지 말라.
　왜냐하면 하늘들의 나라가 이러한 자들의 것이기 때문이다."
15 그리고 그들에게 안수하신 후 거기서 떠나셨다.

2. 주해와 해설

13절 (예수께 어린 아이들을 데려온 사람들) 사람들이 어린 아이들을 예수
께 안수와 기도를 받기 위해 데려왔다. 안수는 축복하는 의미를 가질 수
있다(창 48:14; 신 34:9; 행 8:17 등).[37] 속죄일 저녁에 기도를 받도록 아이
들을 장로들에게 데려오는 관습이 유대인들에게 있었다.[38] 그러므로 예수
께 아이들을 데려온 사건은 속죄일에 발생했을 수 있다(France, 396).
　'어린 아이'(παιδίον)는 유아로부터 12세까지의 아동을 가리킨다.[39] 어
린 아이들을 데려온 사람들을 꾸짖은 제자들의 모습은 예수께 도움을 요
청한 맹인을 꾸짖은 사람들의 모습과 유사한데 예수의 사역을 방해한다
고 생각하고 그렇게 한 듯하다.[40]

37.　Hagner, 1995: 552; DA, 1997: 33.
38.　Evans, 1990: 272.
39.　Donahue & Harrington, 299.
40.　강대훈, 하, 204.

본문에서 언급된 어린 아이는 아기들인 듯하다.[41] 본문은 아이들을 '데 려왔다'고 할 때 '쁘로스페로'(προσφέρω) 동사를 사용하는데, 70인역에 서 이 단어는 대부분의 경우 "인도하다"가 아니라 "데려오다"는 뜻으로 사용되기 때문이다.[42] 아기가 아닌 아이는 인도되어 스스로 걸어서 올 수 있었을 것이다.[43] 제자들은 유아들을 데려온 어른들을 꾸짖었을 것이다 (Marcus, 2009: 714).

14-15절 (천국과 어린 아이) 예수께서는 어린 아이들이 예수께 오는 것을 금하지 말라고 하신다. 그리고 그 이유를 "천국이 이런 사람의 것"이기 때 문이라고 하신다. 이 말씀은 18:3의 "어린 아이들과 같이 되지 아니하면 결단코 천국에 들어가지 못하리라."는 말씀과 짝을 이룬다. 이러한 평행 문장을 통해 '천국은 ~의 것이다'라는 표현은 '~가 천국에 들어간다'와 같 은 뜻의 표현임을 알 수 있다. 마가복음에서도 이 두 가지 표현이 10:14- 15에서 평행을 이루며 등장하여 두 가지 표현이 같은 뜻임이 분명하다. 또 한 이 표현들은 '구원받다'와 같은 의미의 표현임을 '하나님의 나라에 들 어가다'와 '구원받다'를 동의어로 사용하는 마태복음 19:24-25에서 알 수 있다.

구원을 받는 '이런 사람'은 사회적 지위가 없는 어린 아이와 같은 자, 즉 권력이 없는 자를 가리킨다.[44] 그러한 자, 즉 자신의 권력을 주장하지 않고 하나님의 통치에 순복하는 자가 구원을 받는다.

41. Marcus, 2009: 714.
42. Marcus, 2009: 714.
43. Stein, 453.
44. Donahue & Harrington, 301.

3. 재물과 구원(19:16-30)

예수께서는 영생의 길을 질문한 토지 부자에게 십계명과 이웃 사랑의 계명을 제시하시고, 그의 소유(토지)를 팔아 가난한 자들에게 주라는 기준을 제시하신다.

1. 번역

16 그런데 보라! 한 사람이 나아와서 그에게 말했다.

"선생님, 무슨 선한 일을 하여야 제가 영생을 얻을 수 있습니까?"

17 그가 그에게 말씀하셨다.

"왜 나에게 선한 것에 관하여 질문하오?

한 분만 선한 분이오.

그대가 생명에 들어가기를 원하면 계명들을 지키시오."

18 그가 그에게 말했다.

"어떤 계명들입니까?"

예수께서 말씀하셨다.

"살인하지 말라, 간음하지 말라, 도둑질하지 말라, 위증하지 말라,

19 부모를 공경하라,

너의 이웃을 너 자신처럼 사랑하라는 계명들이오."

20 그 청년이 그에게 말했다.

"이 모든 것들을 제가 지켰습니다.

저에게 아직 무엇이 부족합니까?"

21 예수께서 그에게 말씀하셨다.

"그대가 온전하기를 원한다면

가서 그대의 소유를 팔아 극빈자들에게 주시오.

그렇게 하면 그대는 하늘들에서 보물을 가지게 될 것이오.

그리고 와서 나를 따르시오."

22 그러나 그 청년은 그 말을 듣고 슬퍼하며 떠났다. 왜냐하면 그가 토지를 많이 가지고 있었기 때문이었다.

23 예수께서 그의 제자들에게 말씀하셨다.

"진실로 너희에게 말한다.

부자는 하늘들의 나라에 들어가기 어렵다.

24 내가 다시 너희에게 말한다.

낙타가 바늘귀를 통과하는 것이

부자가 하나님의 나라에 들어가는 것보다 더 쉽다."

25 그러나 제자들은 듣고 심히 놀라서 말했다.

"그렇다면 누가 구원받을 수 있겠습니까?"

26 예수께서 응시하시고 그들에게 말씀하셨다.

"사람들에게 이것은 불가능하다.

그렇지만 하나님께는 모든 것이 가능하다."

27 그때 베드로가 반응하여 그에게 말했다.

"보십시오! 우리가 모든 것을 버려두고 당신을 따랐습니다.

그러므로 우리에게 무엇이 있겠습니까?"

28 예수께서 그들에게 말씀하셨다.

"진실로 너희에게 말한다.

나를 따른 너희는 그 인자가 그의 영광의 왕좌에 앉는 새 시대에

또한 열두 왕좌에 앉아 이스라엘 열두 부족을 심판할 것이다.

29 또 나의 이름 때문에

집들이나 형제들이나 자매들이나 아버지들이나 어머니들이나

자식들이나 밭들을 포기한 자들은 누구든지

백배를 받을 것이며 영생을 얻을 것이다.

30 그렇지만 으뜸인 자들이 꼴찌가 되고

꼴찌들이 으뜸이 되는 경우가 많을 것이다.

2. 주해

16-22절은 다음처럼 교차대구 구조를 가진다(DA, 1997: 38).

16   부자가 옴

17a   '당신이 원한다면'

17b   '계명들을 지키시오'

18-19   계명들

20   '나는 이 모든 것을 지켰습니다'

21   '당신이 원한다면'

22   부자가 감

16절 (영생을 얻으려면) 어떤 사람이 예수께 '영생'을 얻으려면 무슨 '선한 일'을 해야 하는지 질문하였다. 마카비4서 15:3에서 '영생'(αἰωνίαν ζωὴν)은 순교자들과 관련되므로, 죽은 후에도 받을 수 있는 것을 가리킨다. 에녹1서 40:9에서는 '영생을 상속받다'는 표현은 구원받음을 뜻한다.[45] 영생은 마태복음 25:46에 종말론적인 심판과 관련하여 사용된다. 마태복음에서 '영생을 얻다'와 '생명에 들어가다'는 표현도 동일한 의미를 가진다(17절; 7:14; 18:8-9).[46] 23-25절에서는 '하나님 나라(천국)에 들어가

45. Bock, 272-73.
46. Hagner, 1995: 557.

다'와 '구원받다'는 표현이 동일한 뜻을 가짐을 알 수 있다. 18:9에서는 '영생'이 '지옥'과 대조되어 사용되었다. 따라서 '영생을 얻다'는 표현은 종말론적 구원을 받음을 뜻한다고 볼 수 있다.

17절 (계명을 지키라) 예수께서는 16절에서 언급된 '선한 일'이 선하신 하나님께서 명하신 계명임을 밝히신다. 영생을 얻으려면 계명을 지켜야 한다. 이러한 가르침은 레위기 18:5의 내용과 일치한다. 유대 문헌에도 계명 지킴과 구원이 서로 연관된다.[47] 그러므로 영생을 얻으려면 계명을 지키라는 예수의 가르침은 유대인이 거부할 수 있는 내용이 아니었다.

18-19절 (계명 인용) 질문자는 어느 계명을 지켜야 하는지 묻고, 예수께서는 십계명 중에서 인간에 대한 윤리 관련 조항들을 나열한다. 1세기 유대교에서 '계명'은 모세 율법의 조항들을 포함하여 가리킨다.[48] 그런데 바리새인들에게는 '계명'이 구전 율법을 포함하여 가리키며, 쿰란 문헌에서는 '계명'이 의의 교사에 의해 해석된 대로의 율법을 가리킨다(Collins, 477). 신약 성경에서 '계명'이나 '율법'은 문맥에 따라 유대교 전통의 방식으로 해석되고 적용되어 지켜지는 율법을 가리킬 수도 있고, 예수의 해석과 적용에 따라 지켜지는 율법을 가리킬 수 있다. 후자의 경우에는 지시 대상을 명확하게 하고자 '그리스도의 율법'(갈 6:2), '자유의 율법'(약 2:12)이라고 표현하기도 한다.

예수께서는 십계명 조항 외에 "네 이웃을 네 자신과 같이 사랑하라."(레 19:18)는 율법 조항을 추가하신다. 이 부분은 마가복음에는 없는 내용이다. 마태복음에는 마가복음에 있는 "속여 빼앗지 말라."가 없지만, 대신 이웃 사랑의 계명이 포함된다.

20절 (청년의 대답) 질문한 청년은 언급된 계명들을 모두 지켰다고 한

---

47. 바룩1서 3:9; 솔로몬의 시편 14:2(강대훈, 하, 208).
48. Collins, 477.

다. 바울이 빌립보서 3:6에서 율법을 흠 없이 지켰다고 함을 미루어 보아
"이 모든 것을 내가 지키었사온대"라는 주장은 당시에 율법을 잘 지킨 유
대인들이 충분히 주장할 수 있는 것이었다고 볼 수 있다.

히포크라테스(Hippokrates)에 의하면 '청년'(νεανίσκος)은 21-28세이
기 때문에, 청년이라고 언급된 질문자는 21-28세 정도의 나이라고 볼 수
있으나, 정확하게 그렇다고 볼 필요는 없다.[49]

21절 (소유를 팔아서 주라) 예수께서는 아직 계명 준수에 있어서 자신이
부족한 것을 알려고 질문하는 청년에게 대답하신다. 마태복음은 마가복
음과는 달리 질문자에게 부족한 것이 있다고 예수께서 지적하시는 것이
아니라 질문자가 자신의 부족한 것을 알려달라고 질문한 것으로 소개한
다(20절). 더구나 예수께서는 대답하시면서 '온전하고자 하려면'이라는
조건을 다신다. 마태복음에서는 소유의 포기를 통한 빈자 구제를 자신의
부족함을 채워 온전해지려고 하는 사람에게 요구함으로써 연관시키므로
마가복음보다 좀 더 부드럽게 소유의 포기를 명령한다.

예수께서는 소유를 팔아 구제할 때 "하늘에서 보화가 네게 있으리라."
고 약속하신다. 이 약속은 청년이 영생을 얻는 길을 질문한 문맥상 영생
을 얻음을 가리킨다. 마태복음은 계명 지킴을 영생의 조건으로 제시하므
로(17절), "네 소유를 팔아 가난한 자들에게 주라."는 명령은 계명을 적용
하여 명하신 것으로 볼 수 있다. 그렇다면 그 계명은 구약의 토지법(레 25
장)이라고 볼 수 있다. 이 법을 기준으로 하여 보면, 토지를 많이 가진 자
는 토지 영구 매매 금지 규정(레 25:23)이나 임대한 토지의 경우 희년이
되면 돌려주는 규정(레 25:14-16, 28)을 어긴 자이다. 따라서 이 법을 어긴
사람이 회개하려면 불법으로 취득하거나 빼앗은 토지를 돌려주어야 한

---

49. DA, 1997: 45.

다. 시간이 오래 지나 원주인을 알 수 없는 경우에는 대신 가난한 자들에게 돌려줄 수 있을 것이다.

22절 (근심하면서 떠난 토지 부자) 그 청년는 토지 부자였고, 예수의 요청에 근심하면서 떠나갔다. 개역개정판에서 '재물'로 번역한 단어(κτῆμα, '끄떼마')는 소유, 땅/부동산 등을 가리킨다.[50] 사도행전 5:1에서도 이 단어는 문맥상 땅을 가리킨다. 70인역에서도 이 단어는 토지를 가리킨다. 잠언 23:10은 "지계표를 옮기지 말고 고아의 토지(κτῆμα, '끄떼마')에 들어가지 말라."고 하는데, 여기서 '끄떼마'(κτῆμα)는 히브리어 '사데'(שָׂדֶה, 땅)의 번역어이다. 잠언 31:16에서 '끄떼마'는 '케렘'(כֶּרֶם, 포도원)의 번역어이다. 마태복음 문맥도 율법을 지킴과 관련되어 소유를 팔라는 명령을 들은 사람에게 끄떼마가 많다고 하므로, '끄떼마'는 많이 가지면 율법 위반인 재산 즉 토지를 가리킨다. 또한 이것은 팔아야만 하는 것이므로 돈일 수 없고 특별히 토지를 가리킬 가능성이 높다.

베드로, 아리마대 요셉 등이 모든 소유를 버리지 않고 예수의 제자가 된 것을 볼 때(마 4:18-22; 27:57) 예수의 명령은 불법적으로 소유한 토지를 포기함으로써 구약 토지법을 지키라는 요구로 볼 수 있고, 기업으로 가질 수 있는 몫까지 버리라는 것은 아니라고 볼 수 있다.

23-24절 (부자가 구원받기 어려움) 예수께서는 부자가 천국에 들어가기가 낙타가 바늘귀로 들어가기보다 어렵다고 하신다. 랍비 문헌(b. Berakoth 55b; b. Baba Metzia 38b; b. Erubin 53a)은 불가능의 이미지로서 코끼리가 바늘귀로 나간다는 비유를 쓴다.[51] 낙타가 바늘귀를 통과하는 이미지는 다른 고대 문헌에 등장하지 않는다.[52] 그러나 동일한 이미지를

---

50. Edwards, 300.
51. France, 404.
52. Hagner, 1995: 561.

위해 이스라엘 땅에서 가장 큰 동물인 낙타는 자연스러운 선택이다.[53] 이 표현은 부자가 하나님 나라에 들어감이 불가능함을 뜻한다기보다는 심히 어려움을 표현하기 위한 과장법으로 이해할 수 있다(Hagner, 1995: 561).

바늘귀가 예루살렘 성문 중에 하나로서 낙타가 무릎을 꿇어야 통과할 수 있는 문이었다고 보는 해석이 있으나, 그러한 성문이 9세기 이전에 예루살렘에 있었다는 증거는 없다.[54]

25절 (제자들이 놀람) 예수의 말씀에 제자들은 "몹시 놀라 그렇다면 누가 구원을 얻을 수 있으리이까?"라고 한다. 예수께서 '하나님의 나라에 들어가다'라는 표현을 사용하셨는데 제자들은 '구원을 얻다'는 표현을 사용한 것은 이 두 용어가 같은 뜻임을 알려 준다. 당시 유대인들은 부를 하나님의 축복의 결과라고 보았다(신 28:1-14; *b. Nedarim* 38a; 욥의 유언 44:5 참고).[55] 이러한 세계관으로 볼 때 부자가 천국에 들어가기 심히 어렵다는 가르침은 매우 놀라운 것이다. 제자들은 부자가 구원받을 수 없다면 가난한 자는 더더구나 구원받기 어렵다고 판단했을 것이다. 그래서 누가 구원받을 수 있겠는가 질문했을 것이다.

26절 (사람의 무능과 하나님의 전능) 예수께서는 사람은 할 수 없지만 하나님은 다 하실 수 있다고 하신다. 이 구절은 구원의 가능성을 말하는 구절이므로 23-24절을 무효화시킨다고 볼 수 없으며, 부자를 안심시키는 말로 볼 수도 없다.[56] 하나님은 다 하실 수 있다는 말씀은 창세기 18:14에 나오는 내용이다.[57] 마태복음 문맥에서도 이 표현은 하나님의 은혜보다

---

53. France, 405.
54. Edwards, 314.
55. 양용의, 2018: 387; Hagner, 1995: 561.
56. DA, 1997: 53.
57. 강대훈, 하, 217.

능력에 초점을 맞춘 말씀이다. 하나님은 부자에게 소유를 포기할 능력도 주신다.[58] 실제로 오순절에 강림하신 성령은 집과 토지를 팔아 가난한 자들을 구제할 수 있는 능력을 주셨다(행 4:34-37).

27절 (베드로의 발언) 베드로는 "우리가 모든 것을 버리고 주를 따랐다."고 하면서 "우리가 무엇을 얻으리이까?"라고 질문한다. 모든 것을 버렸다는 베드로의 말은 과장법적 표현이다. 마태복음 4:20은 베드로가 버린 것이 그물이라고 하며, 8:14은 그의 집을 언급하기 때문이다. 따라서 베드로는 그의 집을 버리지 않고 소유하고 있었음을 알 수 있다. 그러나 베드로는 예수를 따르기 위해 집을 떠났으며, 생업을 중단해야 했다. 그는 분명 많은 것을 버렸다. '우리가 무엇을 얻으리이까?'는 마가복음에는 없는 부분이다. 마태복음은 이 표현을 기록하여 28절과 연결되도록 한다.

28절 (사도들에게 주신 약속) 예수께서는 사도들에게 약속하신다. 그들은 "세상이 새롭게 되어 인자가 자기 영광의 보좌에 앉을 때에" 이스라엘 열두 지파를 심판할 것이다. 이때는 언제인가? 부활 때, 성전 파괴 때, 아니면 재림 때인가? 이스라엘 열두 지파를 다스리는 것은 굳이 재림 때와 연관될 필요가 없다. 또한 인자의 영광의 때는 십자가-부활, 또는 성전 파괴와 관련될 수 있다(마 16:28 참고). '세상이 새롭게 되어'는 '빨링게네시아 때에'(ἐν τῇ παλιγγενεσίᾳ)의 번역이다. '빨링게네시아'(παλιγγενεσία)는 요세푸스(*Ant.* 11.3.9 §66)가 유대 민족이 포로기 후에 회복되는 것을 가리키기 위해 사용한다.[59] 마태복음에서 이 단어는 유대인들과 이방인들이 새 출애굽을 통하여 참된 이스라엘로 회복되는 시대를 가리키며, 이 새 시대는 십자가-부활로 시작되고 성전 파괴로 확립된다고 볼 수 있다.

"이스라엘 열두 지파를 심판하리라."에서 '심판하다'는 통치 행위의

---

58. Hurtado, 165.

59. Hagner, 1995: 565.

하나이므로 이 표현은 이스라엘 열두 지파를 다스린다는 뜻이다. 여기서 '이스라엘'은 유대인들만을 가리키기보다는 예수로 인해 창조되는 새 하나님의 백성들로서의 참 이스라엘을 가리킨다. 마태복음 19:28은 성도들이 다스릴 것이라고 하는 다니엘 7:9-27과 유사하다.[60] 유다의 유언 25:1-2와 베냐민의 유언 10:7은 열두 족장들이 회복된 이스라엘을 다스린다고 한다.[61] 이러한 배경을 통해 볼 때 마태복음 본문은 열두 제자가 (새) 이스라엘의 지도자들이 될 것임을 말씀한다고 볼 수 있다(DA, 1997: 56).

29절 (영생을 얻을 자들) 예수 이름을 위하여 집이나 가족이나 토지를 버린 자는 여러 배를 받고 영생을 상속할 것이다. 예수의 이름 때문에 집, 토지, 가족을 버린다는 것은 예수를 믿음으로 인하여 가족에게서 버림받고 상속권도 박탈당하는 상황에서 발생할 수 있다. 또는 예수의 명령에 따라 소유를 팔아 가난한 자들에게 줄 때에도 발생한다. 버리는 목록에 자녀들(τέκνα)은 있어도 어린 아이나 아내가 없음은 독립할 수 없는 어린이를 버리거나 아내를 이혼시키는 일은 신앙을 명분으로라도 하지 말아야 함을 암시한다.[62] 물론 신앙 때문에 비신자로부터 이혼을 당하는 것은 잘못이 아니다(고전 7:15). 그러나 신앙을 이유로 하여 비신자인 배우자를 이혼하여 버리는 것은 잘못이다(고전 7:12-13).

마태복음은 버린 것의 '여러 배'를 받는다고 한다. 마가복음은 100배를 받는다고 하는데, 마태복음의 저자는 이러한 표현을 과장법이라고 여겨 '여러 배'라고 기록했을 것이다. 2-3세기 교회는 교회를 통해 여러 배를 받는 이러한 이상을 어느 정도 구현했다.[63] 초기 그리스도인들이 서로

60. DA, 1997: 56.
61. DA, 1997: 56.
62. 신현우, 2021: 509.
63. Keener, 2009: 478.

형제, 자매라 불렸고,[64] 바울이 오네시모를 자신의 자식(τέκνον)이라고 하고, 루포의 어머니를 자신의 어머니라고 부른 것은(롬 16:13) 교회가 새로운 가족이 되었음을 보여 준다. 이러한 새 가족은 경제적으로도 서로 도왔기에 버린 것의 여러 배를 누릴 수 있었을 것이다.

30절 (선후 역전) 예수께서는 먼저 된 자가 나중 되고 나중 된 자가 먼저 될 경우가 많을 것이라고 하신다. 마태복음 20:27에서 먼저 된 자(πρῶτος)는 가장 큰 권력을 가진 자를 가리킨다(마 20:27). 이 구절에서는 부자가 소유 처분을 요구받은 문맥상 부자들을 가리킨다. 부자들보다는 가난한 자들이 먼저 복음을 받아들이고 영생을 얻는 경우가 많을 것이다.

3. 해설

예수께 영생의 길을 질문한 부자 청년에게는 토지가 많았다. 구약 율법의 토지법을 지키면 토지를 영구 매매할 수 없고(레 25:23) 단지 희년 때까지 임대만 할 수 있기에(레 25:28) 토지를 많이 가질 수 없었다. 그러므로 이 청년은 율법을 잘 지킨다고 하였으나 실제로는 토지법을 어기고 있었던 사람이었다. 이 청년이 계명을 잘 지키려면 토지법의 정신에 따라 많은 토지를 처분하여 토지를 잃어버린 가난한 자들에게 돌려주어야 한다. 이것은 단순한 구제가 아니라 정의의 실현이다. 이것은 소유 포기가 아니라 불법 재산의 처분이다. 이러한 과정에서 평균치 토지 소유마저 팔 필요는 없다. 그렇게 하는 것은 불법 재산의 포기가 아니라 기업으로 유지해야 할 토지를 영구 매매하는 것이므로 그 역시 토지법 위반이 되기 때문이다.

---

64. Donahue & Harrington, 308.

4. 포도원 품꾼 비유 (20:1-16)

19:30의 '먼저 된 자로서 나중 되고 나중 된 자로서 먼저 될 자가 많으니라.'와 20:16의 '나중 된 자로서 먼저 되고 먼저 된 자로서 나중 되리라.'는 표현은 수미상관을 형성하며 20:1-16을 한 단락임을 보여 준다.[65] 20:16에서 '이와 같이'는 "이 비유에서와 같이"라는 뜻이므로 이 비유는 나중 된 자가 먼저 되고 먼저 된 자가 나중 됨에 관한 비유이다. 많은 경우에 나중 된 자가 먼저 된다. 부자들보다 가난한 자들이 복음을 먼저 받아들이게 되며, 포기할 것이 없는 그들도 많은 것을 포기한 부자와 동일한 구원을 받게 된다.

1. 번역

20:1 왜냐하면 하늘들의 나라는

자기 포도원에 일꾼들을 고용하려고

아침 일찍 나간 가장과 같기 때문이다.

2 그는 일꾼들과 하루에 한 데나리온으로 합의하고

그들을 자기의 포도원에 보냈다.

3 그는 또 제삼 시에 나가서

다른 자들이 시장에 하릴없이 서 있는 것을 보았다.

4 그가 저들에게 말했다.

'그대들도 포도원으로 가시오.

내가 무엇이든지 정당한 것을 그대들에게 주겠소.'

5 그러자 그들이 떠나갔다.

---

65. Harrington, 279.

[그런데] 그가 다시 제육 시경과 제구 시경에 나가서 동일하게 하였다.

6 그가 제십일 시경에 다른 사람들이 서 있는 것을 발견하고

그들에게 말했다.

'왜 여기 온종일 하릴없이 서 있소?'

7 그들이 그에게 말했다.

'아무도 우리를 고용하지 않았기 때문이오.'

그가 그들에게 말했다.

'그대들도 포도원으로 가시오.'

8 저녁이 되었을 때, 포도원 주인이 그의 청지기에게 말했다.

'일꾼들을 부르시오.

그리고 그들에게 마지막에 온 자들부터 시작하여 처음에 온 자들까지

임금을 지급하시오.'

9 제십일 시경에 온 자들이 한 데나리온씩 받았다.

10 그래서 처음 온 자들은 더 받으리라고 생각했다.

그러나 그들도 한 데나리온씩 받았다.

11 그들은 받고 나서 가장에게 불평하고 또 불평하며 12 말했다.

'마지막에 온 이자들은 단 한 시간 일했소.

그런데 당신은 그들을 종일 수고와 무더위를 감내한

우리와 똑같이 취급하였소.'

13 그가 반응하여 그들 중에 한 명에게 말했다.

'친구여, 나는 그대에게 잘못한 게 없소.

그대는 나와 한 데나리온에 합의하지 않았소?

14 그대의 것을 가지고 가시오.

나는 이 마지막 사람에게 그대에게처럼 주기를 원하오.

15 [아니면] 나의 것으로 내가 원하는 것을 행하는 것이

나에게 허용되지 않소?

아니면 내가 선하기 때문에 그대의 눈이 악하오?'

16 이처럼 꼴찌들이 으뜸이 되고,

으뜸인 자들이 꼴찌가 되는 경우가 많을 것이다."

2. 주해

1-3절 (포도원 품꾼 고용 비유) 이 비유는 천국을 포도원에 품꾼을 고용하는 주인에 비유한다. '포도원,' '일꾼'은 하나님께서 이스라엘을 "내 포도원"이라고 부르는 이사야 5:4; 예레미야 12:10을 기억나게 하며, 이 비유가 하나님과 이스라엘에 관한 비유임을 암시한다(DA, 1997: 71).

4-5절 (주인의 약속) 포도원 주인은 품꾼에게 '상당하게' 주겠다고 약속한다. 개역개정판이 '상당하게'로 번역한 부분은(ὃ ἐὰν ᾖ δίκαιον) '정당하게'로 번역할 수 있다. 일한 시간만큼 줄 것이라는 암시가 담겨 있다(Hagner, 1995: 570).

6-7절 (늦은 오후에 고용된 품꾼) 제11시(오후 5시)에도 인력 시장에서 기다리는 사람들이 있었다. 왜 종일 하릴없이 서 있느냐고 질문하자 그들은 "우리를 품꾼으로 쓰는 이가 없기 때문입니다."라고 대답한다. 이들은 일하기에 부적합해 보이는 허약한 사람들이었음이 암시되어 있다. 농장 주인들은 건장한 사람들부터 데려갔을 것이고, 끝까지 고용되지 못한 사람들은 허약한 사람들이었을 것이다.

8절 (임금 지불) 포도원 주인은 저녁에 청지기에게 나중에 고용된 자들부터 시작해서 임금을 지급하도록 했다. 저녁에 임금을 지불하는 것은 레위기 19:13에 따라 노동자의 임금을 다음 날 아침까지 체불하지 않는 원리를 적용한 것이다(DA, 1997: 73).

9-12절 (먼저 고용된 자들의 불평) 모두 한 데나리온씩 받게 되자 먼저 고용되었던 자들이 불평했다. '불평하다'(γογγύζω)는 70인역 출애굽기 15:24; 16:2; 민수기 14:36에서처럼 강력한 항의를 내포할 수 있다.[66] 그들은 종일 일한 자신들과 나중에 와서 한 시간만 일한 자들이 동일하게 보상받는 것에 대해 문제를 제기한다.

13절 (주인의 대답) 이러한 불평에 대해 주인은 "친구여, 나는 그대에게 잘못한 게 없소."라고 말한다. 마태복음에서 '친구여'(ἑταῖρε)는 부정적인 의미로 사용된다(마 22:12; 26:50).[67] '나는 그대에게 잘못한 게 없소'(οὐκ ἀδικῶ σε)에서 '잘못하다'로 번역된 동사(ἀδικέω)는 70인역에서 히브리어 '아샤크'(עשׁק)에 해당하는 단어로서 "사기치다"는 뜻을 가진다고 볼 수 있다.[68] 따라서 주인의 대답은 "나는 그대에게 사기치지 않았다."라는 뜻이다. 주인은 아침 일찍 고용된 품꾼들과도 한 데나리온을 주기로 약속했기에 그들을 속인 바가 없다.

14-15절 (주인의 의도) 주인은 "네 것이나 가지고 가라."고 한다. 먼저 온 사람이 한 데나리온을 빼앗기지는 않는다. (그러므로 이 본문을 구원론에 적용하면, 그도 구원을 받는다고 볼 수 있다. 다만 그가 차등적인 상급을 기대할 수는 없다.) 주인은 "나는 이 마지막 사람에게 그대에게 준 만큼 주기를 원하오."라고 말한다. 평등한 분배의 경우는 사무엘상 30:20-25에서 다윗이 전쟁터에 나가 싸운 병사와 지쳐서 전쟁터에 나가지 못한 병사에게 동일하게 보상한 것에서도 발견된다(DA, 1997: 71).

주인은 "내가 선하므로 네가 악하게 보느냐?"라고 지적한다. 유대인들은 품삯을 기대할 만하지 않은 사람들에게까지 주는 것을 경건한 행위

---

66. Loba-Mkole, 126.
67. 강대훈, 하, 232.
68. DA, 1997: 75.

라 여겼다.[69] 주인의 선함은 인력 시장에서 하루 종일 기다리다가 빈손으로 집에 돌아가 굶주린 가족들을 만나야 하는 늙고 힘없고 병든 자들에게 긍휼을 베푼 행위로 표현되었다. 젊고, 힘 있고, 건강한 사람들이 그런 사람들보다 더 많이 일하였지만 약속된 임금보다 더 받지 못하는 것을 불평해서는 안 된다. 그렇다고 그들에게 덜 주어야 한다고 주장하며 불평해서도 안 된다. 한 데나리온은 한 가족이 하루를 살기 위한 비용 정도이므로 저 늙고 약하고 병든 자들과 그 가족을 위해서 그들이 한 시간만 일하였어도 주는 것은 매우 자비로우면서도 정의로운 행위이다.

개역개정판이 '네가 악하게 보느냐'라고도 번역한 본문(ὁ ὀφθαλμός σου πονηρός ἐστιν)은 직역하면 '너의 눈이 악하냐?'로 번역할 수 있는데, 이것은 "네가 시기하느냐?" 또는 "네가 탐심을 품느냐?"라는 뜻이다. '악한 눈'은 마태복음 6:23; 마가복음 7:22; 집회서 14:8-10에서 시기심을 가리킨다.[70] '악한 눈'은 "너그럽지 못함"을 가리키기도 한다.[71] 신명기 15:9에서 악한 눈은 형제의 가난함을 보고도 돕지 않는 마음을 가리킨다.[72] 잠언 28:22("악한 눈이 있는 자는 재물을 얻기에만 급하고")을 배경으로 하면 '악한 눈'은 재물에 대한 탐심과 관련된다. 먼저 고용된 자는 나중에 온 자에게 한 데나리온을 주는 주인의 선행을 보고 약속한 임금 이상을 받고 싶은 탐심이 생겼고, 이 탐심이 충족되지 않자 선량한 주인을 비난하게 되고 말았다.

16절 (선후 역전) 예수께서는 나중 된 자가 먼저 된다고 하신다. '나중 된 자'는 비유 속에 나오는 힘이 없는 자를 가리킨다. 천국의 원리는 이렇게

---

69. Keener, 2009: 483.
70. Hagner, 1995: 572.
71. DA, 1997: 75.
72. 강대훈, 하, 233.

힘없고 쓸모없는 자들이 긍휼히 여김을 받는 것이다. 세상의 질서와 다른 하나님의 사랑과 공의의 질서가 작용한다.

부자들은 자기들이 세상에서 축복을 받은 것은 하나님의 법을 잘 지켰기 때문이라고 여기고 가난한 자들이 구원을 받으면 그들(부자들)은 추가적인 상까지 받을 것이라고 생각할 것이다. 그러나 그들의 기대처럼 되지는 않을 것이다. 그들이 인력 시장의 허약한 노동자들의 생계를 걱정하는 하나님의 자비를 알았다면 율법을 어기며 토지를 넓히고 가옥을 더하며 가난한 자들의 터전을 없애지 않았을 것이다. 가난한 자들이 포기할 토지나 가옥이 없이도 은혜로 구원을 받을 때, 부자들은 (율법이 허용하는 정도 이상으로 지나치게 많이 소유한) 토지나 가옥을 포기한 공로를 인정받아 더 많은 것을 얻으리라고 기대해서는 안 된다. 세상에서 권력과 부를 가진 자들(먼저 된 자)이 이 때문에 교회에서도 더 대우받으리라는 기대를 해서도 안 된다. 교회는 하나님께서 만드신 새로운 사회로서 세상의 서열이 작용하지 않는 곳이다.

키너는 이 비유가 많은 것을 포기한 제자들과 포기한 것이 거의 없는 자들 사이의 대조를 묘사한다고 본다.[73] 그러나 대조된 것은 앞에 나온 부자 청년 기사에서처럼 포기할 것이 많은 토지 부자와 포기할 것이 거의 없었던 제자들이었다.

예수의 부활은 나중 된 자가 먼저 된 경우이다. 세상에서 가장 낮은 자리인 십자가에 못 박힌 죄수의 자리에 내려가신 예수께서는 부활하시고 가장 높은 자리에 앉으셨다.[74]

---

73. Keener, 2009: 481.
74. DA, 1997: 82.

3. 해설

포도원 품꾼 비유의 앞뒤에는 먼저 된 자가 나중 되고 나중 된 자가 먼저 된다는 말씀이 수미상관(*inclusio*)을 형성하며 놓여 있다. 따라서 이 비유의 주제는 먼저 된 자가 나중 된다는 것이다. 19:30은 부자가 구원받기 힘들다는 내용과 연관되므로, 이 비유는 결국 부자가 하나님 나라에서 (또한 교회에서) 더 좋은 대우를 받기를 기대하지 말아야 한다는 메시지를 담게 된다.

'먼저 된 자'(πρῶτος)는 마태복음 20:27에서 보듯이 노예의 반대말이며, 높은 권력의 자리에 앉은 자를 가리킨다. 물론 '먼저 된 자'는 유대인, 그중에서도 바리새인을 가리킬 수 있다. 이 비유에서는 먼저 된 자들은 인력 시장에서 일찍 고용되는 건장한 자로 비유되었다. 하나님께서는 한 시간 일한 병약한 자들에게 한 데나리온의 은혜를 베푸는 포도원 주인처럼 나중 된 자(가난한 자, 권력 없는 자, 율법에 무지한 백성, 이방인)에게 동일한 구원의 은혜를 베푸신다.

5. 죽음과 부활에 관한 예언 (20:17-19)

1. 번역

17 예수께서 예루살렘으로 올라가실 때 [제자] 열둘만 따로 동반하시고 길에서 그들에게 말씀하셨다.

18 "보라, 우리가 예루살렘으로 올라가고 있다.

그 인자는 대제사장들과 서기관들에게 넘겨질 것이다.

그들은 그를 사형에 해당한다고 판결할 것이다.

19 그리고 그들은 그를 이방인들에게 넘겨주어

조롱하고 채찍질하고 십자가에 못 박게 할 것이다.

그러나 제삼 일에 그는 다시 일으켜질 것이다."

2. 주해와 해설

예수께서는 자신이 유대인 지도자들에게 사형 판결을 받고 이방인들에게 넘겨져서 조롱, 채찍질, 십자가 처형을 당하지만 제삼 일에 부활할 것을 예언하신다. '대제사장들과 서기관들'은 예수가 사형에 해당한다고 판결할 것이다. '대제사장들과 서기관들'은 예루살렘 의회(산헤드린)의 구성원이므로, 예수의 예언은 예수께서 유대인들의 최고 의회에 의하여 공적으로 정죄될 것을 알리신 것이다. 유대인들의 최고 의회가 메시아이신 예수를 받아들이지 않고 오히려 사형에 해당한다고 판결할 것이라는 말씀은 예수의 제자들이 받아들이기 힘든 예언이었을 것이다.

예수께서는 자신이 이방인에게 넘겨져서 어떻게 처형당할지 예언하신다. 이방인들은 예수를 조롱하고 채찍으로 치고 십자가에 못 박을 것이다. '조롱'은 이사야 50:6; 53:3, '채찍'은 이사야 50:6; 53:5, 십자가에 못 박음(죽음)은 이사야 53:8-9, 12을 반영한다.[75] '십자가'에 못 박히는 것은 신명기 21:23에 따라서 하나님의 저주로 여겨졌을 것이다.[76] 예수께서 이사야 53장을 자신에게 적용하신 것은 이사야 53장을 성취하는 것이 자신의 사명임을 아셨음을 암시한다. 예수의 제자들은 메시아이신 예수께서 하나님의 저주에 해당하는 십자가 처형을 당해야 한다는 말씀을 받아들이기 어려웠을 것이다. 메시아는 하나님의 축복받은 자이지 결코 저주받

---

75. 양용의, 2018: 399.
76. **Hagner**, 1995: 576.

은 자가 아니기 때문이다. 그러나 예수의 예언은 십자가 처형으로 끝나지 않고 부활을 포함하였다. 하나님께서만 행하실 수 있는 부활의 기적은 십자가 처형이 내포하는 저주를 무효화시키고, 예수께서 하나님께서 인정하신 메시아이심을 입증할 것이다.

6. 섬김 (20:20-28)

제자들은 권력을 추구하여 높은 자리를 요구하였지만, 예수께서는 목숨을 대속물로 내어 주시는 자신을 본받아 섬기는 길을 가도록 인도하신다.

1. 번역

20 그때 세베대의 아들들의 어머니가 그녀의 아들들과 함께 그에게 다가와서 절하며 그에게 무언가 요청하고자 했다. 21 그가 그녀에게 말했다.

"무엇을 원하오?"

그녀가 그에게 말했다.

"당신의 나라에서 나의 이 아들들이

하나는 당신의 오른편에 하나는 당신의 왼편에 앉도록 말씀하소서."

22 예수께서 반응하여 말씀하셨다.

"너희가 무엇을 구하고 있는지 너희는 알지 못하는구나.

내가 조만간 마실 잔을 너희가 마실 수 있느냐?"

그들이 말했다.

"할 수 있습니다."

23 그가 그들에게 말씀하셨다.

"너희는 나의 잔을 마실 것이다.

그러나 나의 오른편과 왼편에 앉는 [이] 것은

내가 주는 것이 아니라,

나의 아버지에 의하여 준비된 자들에게 주어질 것이다."

24 열 명이 듣고 두 형제에 대하여 분개하였다. 25 그러나 예수께서는 그들을 부르시고 말씀하셨다.

"이방인들의 통치자들은 그들에게 압제하고

권력자들은 그들에게 권세를 부리지 않느냐?

26 그러나 너희 중에서는 그렇지 않을 것이다.

누구든지 너희 중에 크게 되기를 원하는 자는 너희의 종이 될 것이다.

27 또한 너희 중에 누구든지 으뜸이기를 원하는 자는

너희의 노예가 될 것이다.

28 이것은 마치 그 인자가 섬김받으러 오지 않고 섬기러 왔고

자신의 목숨을 많은 사람을 풀어주기 위한 몸값으로 주려고 온 것과 같다."

2. 주해

20절 (야고보와 요한의 어머니) 세베대의 아들들의 어머니가 등장하여 자식들에게 높은 자리를 주실 것을 예수께 요청한다. 이 여인은 살로메(마 27:56; 막 15:40)로서 예수의 어머니의 자매일 것이다(요 19:25 참고).[77] 마가복음에는 이 어머니가 등장하지 않는다. 마태복음은 야고보와 요한이 권력에 탐욕을 가지고 요청한 것으로 그리지 않고, 그들의 어머니가 사랑이 과하여 자식들을 위해 간구한 것으로 묘사한다. 유대 전통 속에서의

---

77.   Hagner, 1995: 580.

나이 든 여인의 지위를 고려해 볼 때,[78] 이것은 마태복음이 야고보와 요한을 고려하여 이렇게 기술했다기보다는 실제로 발생한 사건에 따라 그렇게 기술했다고 볼 수 있다.

이 여인은 솔로몬에게 왕위를 달라고 다윗에게 요구한 밧세바와 유사한 모습을 보인다(왕상 1:15-21).[79] 이 여인은 딸의 치유를 요구한 이방인 여인과 대조되는 측면도 가진다(마 15:21-28)(DA, 1997: 87).

21절 (높은 자리를 요청함) 이 여인은 자신의 아들들이 예수의 나라에서 예수의 좌우편을 차지하도록 요청한다. 에녹1서 45:3은 메시아가 영광의 보좌에 앉으실 것을 기대한다.[80] 이 여인은 예수께서 메시아라고 믿고 이렇게 기대하였을 것이다. 이 여인이 '당신의 나라'를 언급하고 아들들을 위해 좌우편 자리를 요구한 것을 볼 때 그렇게 추측할 수 있다.

오른쪽이나 왼쪽은 영예로운 자리들이다.[81] 왕의 우편은 왕 다음가는 권력자의 자리였고(왕상 2:19; 70인역 시 44:10; 109:11[개역 110:1]; 집회서 12:12), 좌편은 그다음 권력자의 자리였다(*Ant.* 6.11.9 §235).[82] 따라서 야고보와 요한은 메시아 왕국의 최고의 권좌들을 요구한 것이다(Hooker, 246). 그들은 아마도 예수께서 다윗의 왕위 계승권을 주장하기 위해 예루살렘으로 가신다고 생각했을 것이다(Hooker, 246). 그런데 예수께서 십자가에서 왕위에 오르셨으므로 그 우편, 좌편은 강도들이 차지하게 된 셈이다(Keener, 2009: 486). 이러한 연관성은 오른편(ἐκ δεξιῶν), 왼편(ἐξ εὐωνύμων)을 가리키는 용어들이 십자가 처형 장면에서도 통일되어 등장

---

78. 유대 전통 속에서 나이 든 여인은 젊은 여인이 누릴 수 없는 특별한 지위를 누렸다 (Keener, 2009: 485).
79. DA, 1997: 87.
80. Collins, 495.
81. 왕상 2:19; 시 110:1; 에스드라1서 4:29; *J. W.* 6.11.9 참고(France, 415; Lane, 379).
82. 박윤만, 706.

하는 마태복음에서 두드러진다(DA, 1997: 88).

　　22절 (예수의 잔) 예수께서는 자신이 마시는 잔을 마실 수 있느냐고 요한과 야고보에게 질문하신다. '잔'은 구약과 유대 문헌에서 종종 하나님의 심판을 가리킨다.[83] 그런데 예레미야 49:12에서는 '잔'이 무죄한 자가 받는 고난을 가리키고, 유대 문헌에서 '잔'은 순교를 가리키기도 한다.[84] 탈굼에서는 '죽음의 잔'이라는 표현이 발견되어 잔이 죽음을 은유할 수 있음을 알려 준다.[85] 마태복음에서 '잔'은 26:39에서 보듯이 예수의 고난과 죽음을 상징한다(참고. 사 51:17; 렘 25:17 이하; 겔 23:31 이하; 시 11:6; 75:8).[86]

　　야고보와 요한이 곧바로 "할 수 있나이다."라고 답한 것은 그들이 순교의 각오를 한 것이 아니라 영광을 위해 약간의 고난을 당할 수 있다고 생각하였음을 암시한다.[87] 그들은 고난을 당할 각오가 되어 있지만, 높은 자리를 차지하기 위해 필요한 고난을 받을 각오가 되어 있었을 뿐이며, 아직 그들의 생각을 바꾸어 낮은 자리를 택할 생각은 없었을 것이다.

　　야고보와 요한이 구한 예수의 좌우편은 그들의 의도와는 달리 결과적으로 예수와 함께 고난당하는 십자가의 좌우편이기에 예수께서는 그들이 무엇을 구하는지 모른다고 말씀하셨을 것이다.

　　23절 (예수의 잔을 마시게 될 야고보와 요한) 야고보는 이 예언대로 순교의 잔을 마신다(행 12:2). 요한도 여러 번 감옥에 가고(행 4:3 이하; 5:18 이

83.　시 75:8-9; 애 4:21; 1QpHab 11:14-15; 솔로몬의 시편 8:14; 바룩2서 13:8(Boring, 301).
84.　Marcus, 2009: 747.
85.　*Tg. Neof.* Genesis 40:23; *Tg. Neof.* Deuteronomy 32:1(양용의, 2010: 245).
86.　양용의, 2018: 401; Hagner, 1995: 581.
87.　Hagner, 1995: 581.

하), 밧모 섬으로 귀양도 가는(계 1:9) 등 고난을 당하였다.[88] 요한이 순교하였다는 전승도 있기는 하지만, 이레니우스 전승은 요한이 자연사하였다고 한다.[89] 23절 본문은 이러한 초기 교회 전승과 다르므로, 본문은 나중에 조작된 것이 아니고 예수의 실제 예언이라고 볼 수 있다(DA, 1997: 91).

24-27절 (권력욕을 버려야 함) 예수께서는 높은 자리를 탐내는 자는 낮은 자가 될 것이라고 말씀하신다. 개역개정판이 "되고," "되어야 하리라"로 번역한 단어(ἔσται)는 직역하면 '될 것이다'이다. 이 단어는 미래형으로 사용되었기에, 섬기는 자, 노예가 되는 것은 권좌를 탐하는 자가 받을 벌을 묘사한다고 볼 수 있다. 이것은 마태복음 19:30; 20:16이 언급하는 먼저 된 자가 나중 되는 경우에 해당한다. 제자들 중에서 높아지고자 욕심을 부리면 그들을 섬기는 자(διάκονος)가 될 것이고, 최고 권력자가 되고자 하는 자는 그들의 노예(δοῦλος)가 될 것이다. '섬기는 자'는 자유인도 그렇게 역할할 수 있는 상태이지만, '노예'는 자원하지 않는 종살이를 하는 최하의 사회적 신분이다.[90] 따라서 예수의 말씀은 권력욕을 더 부릴수록 더 비참해질 것이라는 경고이다. 섬기는 자, 노예가 되는 것은 권력욕을 부리는 자에게 그러한 욕심부림에 비례하는 벌로 제시된다.

개역개정판에서 '되고,' '되어야 하리라'로 번역된 단어인 '에스따이'(ἔσται)는 명령을 표현하는 미래형일 수도 있다. 따라서 문맥에 따라서 이 표현은 "~여야 한다"를 뜻할 수도 있다. 그러나 문맥을 살펴보면 이 표현은 명령을 표현하지 않고 미래의 상태를 표현한다. 23절은 예수께서 권력욕에 사로잡힌 야고보와 요한에게 예수께서 마실 잔을 마실 것이라고

---

88. Maier, 690.
89. DA, 1997: 91.
90. Bock, 282; Marcus, 2009: 748.

(πίεσθε) 미래형으로 말씀하신다. 그러므로 26-27절에서도 권력욕을 부리는 자가 맞이하게 될 미래적 상태를 말씀하셨다고 볼 수 있다(Gundry, 580 참고).

28절 (예수의 모범) 예수께서는 하늘과 땅의 모든 권세를 가지시고도 자신을 낮추어 종이 되신 모범을 보이셨다.[91] 키너는 여기에 담긴 논증이 다음과 같은 '더더구나' 논법이라고 본다. 그들의 주이신 예수께서 자신을 낮추신다면 제자들은 더더구나 겸손히 자신을 낮추어야 한다(빌 2:1-11).[92] 그렇게 하지 않고 높아지고자 하는 자는 낮추어지는 벌을 받을 것이다.

예수께서는 "목숨을 많은 사람의 대속물로 주려" 오셨다고 말씀하신다. '목숨을 주다'는 표현은 순교를 가리키기도 한다(마카비1서 2:50; 6:44).[93] 그러므로 이 표현은 죽음을 가리킨다고 볼 수 있다. '목숨'을 가리키기 위하여 '영혼'(ψυχή, נפש)이라는 표현을 사용하고, 택한 자들의 공동체를 가리키기 위해 '많은'(πολλοί, רבים)을 사용한 것은 셈어적 표현이다.[94] '자기 목숨을 주려'는 이사야 53:12의 '그가 자기 목숨을 버려 사망에 이르게 하며'와 유사하다(France, 420). 그러므로 예수께서는 자신의 목숨을 주신다는 표현으로 자신이 이사야 53장에 나오는 여호와의 종의 사명을 감당하기 위해 오셨음을 암시하셨다고 볼 수 있다. 이 구절에서 '대속물'(몸값)이라는 단어가 사용된 것은 예수의 죽음이 대속을 위한 것임을 알려 준다(자세한 설명은 아래 해설 참고).

예수께서는 자신의 죽음을 많은 사람을 위한 대속의 죽음이라고 소개하신다. '많은 사람'은 참 하나님의 백성으로서 예수의 제자 공동체를 가

---

91. DA, 1997: 94.
92. Keener, 2009: 487.
93. Donahue & Harrington, 313.
94. Hagner, 1995: 583.

리킨다고 보인다(Hooker, 249). 쿰란 문헌(1QS 6:1, 7-25; CD 13:7; 14:7)
이 참 이스라엘로 간주된 자신들의 공동체를 가리키기 위해 '그 많은 자
들'이라는 표현을 사용하고,[95] 랍비 문헌에서도 이러한 표현은 택함 받은
백성 전체를 가리킨다(Marcus, 2009: 750). 이러한 용례와 함께, 교회를
가리키는 '너희'라는 표현이 26-27절에서 사용되는 문맥도 '많은 사람'이
하나님의 백성을 가리킨다고 보는 해석을 지원한다(Marcus, 2009: 750
참고).

3. 해설

개역개정판에서 '대속물'로 번역된 단어는 직역하면 '몸값'이다. 이 단
어(λύτρον)는 일반 헬라어에서 노예를 풀어주거나 전쟁 포로를 풀어주는
비용을 가리킨다.[96] 70인역에서도 레위기 19:20에서의 이 단어('뤼뜨론')
는 노예 해방과 관련하여 사용되었고, 이사야 45:13에서는 전쟁 포로의
석방과 관련된다(Collins, 501). 이 단어의 동사형(λυτρόω)은 70인역에서
출애굽에 대해서도 사용되었다(France, 420). 이러한 배경에서 볼 때 예
수께서 많은 사람의 몸값을 준다고 하심은 그들을 해방시키는 새 출애굽
을 행하시기 위한 것이라고 볼 수 있다.

'뤼뜨론'은 형벌을 대신 치루는 것을 뜻하기도 한다. 헬라인들의 경우
에도 남을 위해 죽는 것을 영웅적인 것으로 보았고 속죄적 희생의 개념
역시 가졌다.[97] 민수기 35:11-13에서 '뤼뜨론'은 죗값을 치르는 수단이다.[98]

---

95. Hooker, 249.
96. DA, 1997: 95.
97. Keener, 2009: 488.
98. Collins, 502.

쿰란 문헌(11QtgJob 38:2)은 다른 사람으로 인해 죄를 사함 받는 개념을 담고 있다.[99] 마카비4서 17:21은 순교자들의 죽음을 그렇게 보고 "민족의 죄를 위한 희생"이라고 한다.[100] 이러한 배경으로 볼 때, 많은 사람을 대신하여(ἀντί, '안띠') '뤼뜨론'으로 목숨을 주심은 죄의 형벌을 대신 받아 사형을 당함을 뜻한다.

마태복음 20:28의 '뤼뜨론'은 대신 형벌을 받아 죄의 값을 치루는 대속의 개념으로 사용되었다고 볼 수 있다. 이사야 53:4이 마태복음 8:17의 배경이 되고, 이사야 53:12이 마태복음 26:27-28의 배경을 형성하며, 이사야 53:7이 마태복음 27:12의 배경이 되고, 마태복음 27:57이 이사야 53:9을 연상시키듯이 마태복음 20:28도 이사야 53:10-12("많은 사람의 죄를 담당하며")을 배경으로 한다고 볼 수 있다(DA, 1997: 95-96). 그렇다면 마태복음은 예수의 죽음을 대속의 죽음으로 소개한다고 볼 수 있다.

7. 맹인 치유 (20:29-34)

20:29-34은 9:27-30과 유사한 소경 치유 기사를 담고 있어서 수미상관(inclusio) 구조를 형성한다.[101] 이러한 구조는 예수의 사역을 소개하는 9:27-20:34을 하나의 묶음으로 소개하는 기능을 한다(DA, 1997: 109).

예수께서는 예루살렘에 들어가시기 전에 맹인 치유를 통하여 다시 한번 메시아이심을 입증하시는데, 성전에 들어가신 후에도 이러한 표증을 보이신다(20:29-34; 21:14).

---

99. DA, 1997: 98.
100. Hooker, 250.
101. DA, 1997: 109.

1. 번역

29 그들이 여리고에서 나올 때 많은 무리가 그를 따랐다. 30 그런데 보라!
맹인 두 명이 길가에 앉아서 예수께서 지나가신다는 말을 듣고 소리쳤다.

"우리를 불쌍히 여기소서! [주여] 다윗의 자손이여!"

31 그런데 무리가 그들을 꾸짖어 조용히 하도록 했다. 그러나 그들은 더 크
게 소리치며 말했다.

"우리를 불쌍히 여기소서! 주여, 다윗의 자손이여!"

32 예수께서 멈추어 서서 그들을 부르시고 말씀하셨다.

"내가 그대들에게 무엇을 하기를 원하오?"

33 그들이 그에게 말했다.

"주여, 우리의 눈을 뜨기 원합니다."

34 예수께서 불쌍히 여기시어 그들의 눈을 만지셨다. 그러자 즉시 그들이
볼 수 있게 되어 그를 따랐다.

2. 주해

29절 (여리고에서 떠나심) 예수께서 여리고에서 떠나셨다. 여리고는 예루
살렘에서는 북동쪽으로 29km 정도 요단강에서는 서쪽으로 8km 정도 떨
어져 있다.[102] 마태복음과 달리 누가복음(18:35)은 일행이 여리고에 접근
할 때 맹인 치유 사건이 발생했다고 한다. 이러한 차이는 두 개의 여리고
성의 존재(옛 여리고 성 외에 헤롯이 건설한 새 여리고 성)를 통하여 설명
될 수 있다(Osborne, 184).

---

102. Lane, 386.

30절 (맹인 두 사람의 간구) 맹인 두 사람이 소리치며 예수께 치유를 요청한다. 마가복음과는 달리 마태복음에서는 맹인이 두 사람으로 소개된다. 왜 이러한 현상이 발생하였을까? 마태복음이 두 사람이라 기록한 것은 맹인이 두 사람이었음을 알았기 때문일 것이다. 또한 구약 이사야 35:5에 맹인이 복수형 '이브림'(עורים)으로 등장하기 때문에 이 본문의 성취를 분명히 언급하고자 그렇게 했을 것이다. 유월절 명절 전에 사람들이 많이 지나가는 길가에 단 한 명이 아니라 여러 맹인들이 구걸을 위해 앉아 있는 것은 개연성이 있다.[103] 한편, 해링턴(D. J. Harrington)은 마가복음 8:22-26의 맹인 치유 기사가 마태복음에서 생략되었기에 이 본문에서 맹인 두 명이 언급된다고 추측한다(Harrington, 290).

마태복음 8:28-34에서 귀신 들린 자도 둘이며, 21:7에서 나귀도 두 마리이다. 마태복음은 이처럼 둘에 대해 관심을 보인다. 축귀와 맹인 치유 기사에서 치유 받은 자가 둘임을 언급 것은 이러한 표증을 체험한 증인이 충분함을 지적하기 위함이었을 것이다.[104]

맹인들은 예수를 '다윗의 자손'이라고 부른다. '다윗의 자손'은 군사적 메시아를 가리키며(1:1 주해 참조) 당시에 사용되던 메시아 칭호였다(22:42). 이것은 솔로몬의 시편 17:21에서 최초로 메시아를 가리키는 용어로서 등장하며,[105] 죄인들을 벌하는 군사적 영웅의 모습으로 메시아를 묘사한다.[106] 이 맹인들은 이사야 35:5에 근거하여 메시아가 맹인 치유의 능력을 가진다고 믿었던 듯하다(11:5 참고).

31절 (무리의 반응) 무리는 맹인들을 꾸짖으며 조용히 하도록 한다. 이러

---

103. DA, 1997: 107 참고.
104. 양용의, 2018: 404 참고.
105. Hooker, 252.
106. Edwards, 330.

한 반응은 맹인 됨이 죄의 결과라는 전제를 깔고 있다고 보인다(Evans, 1990: 278-79). 신명기 28:28은 소경 됨을 죄의 결과로 간주한다. 맹인이 되는 원인은 여러 가지일 수 있지만, 그들은 신명기 구절이 말하는 한 가지 원인(죄)을 보편화시켜 이 맹인들에게 적용하였을 것이다.[107] 무리는 예수께서 이러한 맹인들에게 관심을 갖지 않으리라 믿었겠지만, 예수께서는 그들에게 관심을 가지셨다(양용의, 2018: 405).

무리는 맹인들에게 조용히 하도록 했지만, 맹인들은 오히려 더 크게 소리친다. 그들은 예수께 도움을 요청하며, 그 과정에서 예수가 메시아(다윗의 자손)임을 선포한다.

32-33절 (예수의 질문) 예수께서는 맹인들을 불러 그들의 요청에 대해 묻는다. 그들은 눈뜨기를 구한다. 맹인들은 이사야 29:18; 35:5(종말에 맹인의 눈이 뜰 것을 예언함)이 예수를 통해 성취될 것이라는 믿음을 가졌기에 눈뜨기를 기대하였을 것이다. 이러한 모습은 그들이 예수를 메시아로 믿었음을 암시한다.

1세기 말의 유대인들의 문헌 에스라4서 6:25-26; 7:26-29; 13:49-50 등은 메시아가 기적을 행하리라 기대한다.[108] 에스겔의 묵시(조각 5)도 메시아적 존재가 치유를 행하리라 기대한다.[109] 눈을 뜨기를 기대한 맹인의 모습은 높은 자리를 원했던 제자들(야고보와 요한)의 모습과 대조된다(Collins, 511). 예수 당시의 유대인들도 이러한 기대를 가졌을 것이며 예수를 메시아로 믿은 사람은 예수께 치유를 요청했을 것이다.

34절 (예수의 치유) 예수께서는 맹인들을 불쌍히 여기시고 치유하신다. 마가복음(10:52)에서는 "네 믿음이 너를 구원하였느니라."라는 예수의 말

---

107. 신현우, 2016: 302.
108. Collins, 510.
109. 박윤만, 731.

씀이 소개되지만, 불쌍히 여기셨다는 표현은 없다. 마태복음은 맹인의 믿음보다는 예수의 긍휼을 강조한다.

예수께서는 맹인들의 눈(ὄμμα)을 만져서 치유하셨다. 마태복음 9:27-31에서 쓰인 단어 '옾탈모스'(ὀφθαλμός, 눈) 대신 시적 어휘인 '옴마'(ὄμμα, 눈)가 이 구절에서 사용된 이유는 제자들이 영적 눈을 떠야 함을 암시하기 위한 것으로 보인다.[110] 신약 성경에서 이 단어는 마가복음 8:23에서 한 번 더 등장하는데 역시 영적인 눈을 떠야 함을 암시한다(양용의, 2018: 638. n.83).

맹인들은 치유를 받고 예수를 '따랐다.' 율법(레 21:18; 22:22)은 맹인들이 예루살렘에 들어가는 것을 금지한다.[111] 그러나 눈을 뜨게 된 맹인들은 예수를 따라 예루살렘에 들어갈 수 있게 되었다. 키너는 여기서 맹인들이 예수를 '따름'이 마태복음의 다른 곳(8:19, 22; 19:21)에서처럼 제자로서 따르는 것을 가리키며 문맥상 십자가를 향하여 따라가는 것(20:17-28)이라 보았다.[112] 문맥으로 볼 때에는 맹인들이 예수를 따른 것은 부자가 따를지 말지 결정하지 못하고 돌아간 것(19:22)과 대조되어 나중 된 자가 먼저 된 것(19:30; 20:16)을 보여 주는 예라 할 수 있다.

3. 해설

예수께서는 더 이상 치유를 비밀에 부치도록 명하지도 않으시고, 자신의 메시아 정체성을 숨기고자 하지도 않으신다. '메시아 비밀'이 느슨

---

110. 양용의, 2018: 405; Hagner, 1995: 588.
111. Marcus, 2009: 759.
112. Keener, 2009: 489.

해진다.[113] 이미 맹인들이 공개적으로 군중에게 예수를 다윗의 자손(메시아)이라고 선포했기 때문이고, 예수께서도 나귀를 타고 예루살렘에 들어가심으로써 스스로 자신이 메시아이심을 선포하실 것이기 때문일 것이다.[114]

8. 예루살렘 입성 (21:1-11)

예루살렘에 도착하신 예수께서는 세 가지의 상징적인 행위를 하시고 (21:1-22), 세 가지 비유로 가르침을 주신 후(21:28-22:14), 세 가지 질문에 답하신다(22:15-40).

21:1-11은 이것을 도입하는 기능을 하는 20:29-34과 따르다, 군중, 보라, 둘, 앉다, 길, 주, 소리치다, 다윗의 자손, 즉시와 같은 동일한 단어들에 의해 연결된다(DA, 1997: 113).

예수께서는 나귀를 타고 예루살렘에 입성하심으로써 자신이 메시아이심을 공공연하게 선포하신다(21:1-11). 무리는 예수께서 메시아이심을 행동과 말로 선포하기 시작한다(21:8-9). 메시아 비밀은 완전히 사라지고 예수의 메시아 정체는 밝히 드러난다.

1. 번역

21:1 그들이 예루살렘에 가까이 와서 올리브산에 있는 벳바게로 들어갔다. 그때 예수께서 두 제자를 보내시며, 2 그들에게 말씀하셨다.

"너희 맞은편 마을로 가라.

그러면 즉시 매여 있는 나귀와 함께 있는 어린 나귀를 발견할 것이다.

---

113. Lane, 387.
114. 신현우, 2021: 529.

풀어서 나에게 끌고 오라.

3 만일 누가 너희에게 무언가 말하면,

'주께서 그것들을 필요로 하시오.'라고 말하라.

그러면 즉시 그것들을 보내줄 것이다."

4 그런데 이것이 발생한 것은 선지자를 통하여 하신 말씀이 성취되기 위함이었다.

5 "너희는 시온의 딸에게 말하라.

보라 너의 왕이 너에게 오신다.

겸허하시고 나귀를 타시는데

나귀의 새끼 망아지를 타신다."

6 제자들이 가서 예수께서 그들에게 분부하신 대로 행했다. 7 그들이 나귀와 어린 나귀를 끌고 와서 그것들 위에 겉옷들을 얹었다. 그리고 그가 그것들 위에 앉으셨다. 8 그런데 엄청나게 많은 무리가 자기들의 겉옷들을 길에 깔았고, 다른 사람들은 나무들로부터 가지들을 자르고 또 잘라서 계속 길에 폈다. 9 그의 앞에 가는 무리들과 따르는 자들이 계속 소리쳤다.

"호산나, 다윗의 자손에게!

복되도다, 주의 이름으로 오시는 이여!

호산나, 가장 높은 곳에!"

10 그가 예루살렘으로 들어가셨을 때 온 도시가 소동하며 말했다.

"이 사람이 누구냐?"

11 무리들이 말했다.

"이 사람은 선지자요, 갈릴리 나사렛 출신 예수요."

2. 주해

1절 (두 제자를 보내심) 예수께서는 올리브산(감람산) 벳바게에 도착하셨을 때 두 제자를 보내셨다. 마가복음은 벳바게와 베다니를 언급한다. 마태복음은 베다니를 나중에 17절에서 숙박을 위해 도착하는 장소로서 언급하므로 여기서 베다니를 미리 언급하는 것을 피한다. 벳바게는 예루살렘에서 약 0.8km 거리에 있는데, 탈무드(*b. Menahoth* 78b)에 의하면 벳바게의 외벽은 예루살렘의 가장자리에 접하여 있다.[115] 탈무드에서 '벳바게 벽 밖'은 '예루살렘 밖'을 의미하므로 벳바게가 예루살렘의 일부로 간주되었다고 볼 수도 있다.[116] 벳바게는 지금의 아부 디스(Abu Dis)라고 추측된다(Marcus, 2009: 771).

벳바게는 '올리브산'(감람산)에 있다. 올리브산은 예루살렘 동쪽에 있다.[117] 스가랴 14:4에 의하면 이 산은 최후 심판의 장소이며, 요세푸스(*Ant.* 20.169)와 랍비들은 이 산을 메시아의 오심과 관련시킨다.[118] 그러므로 마태복음이 이 산을 언급한 것은 예수께서 메시아이심을 암시하기 위함일 것이다(France, 430). 예수께서 환호 가운데 예루살렘 입성을 올리브산에서 시작하시는 것은 다윗이 애통하며 예루살렘에서 올리브산으로 간 것과 대조된다(양용의, 2018: 408).

올리브산은 해발 812m이므로, 성전이 있는 곳(해발 740m)보다 높아서 올리브산 정상에서는 예루살렘과 성전이 잘 보였을 것이다(Maier, 705).

---

115. Bock, 287.
116. DA, 1997: 115.
117. Donahue & Harrington, 321.
118. Edwards, 2002: 334.

2절 (나귀를 끌고 오라 하심) 예수께서는 두 제자를 마을에 보내어 매여 있는 나귀와 나귀 새끼를 끌고 오라고 하신다. 나귀 새끼를 언급한 것은 5절의 인용문과 일치시키기 위한 것이다. 5절은 스가랴 9:9을 "나귀에 그리고 망아지 즉 나귀의 새끼에"라고 인용하는데, 이것은 히브리어 본문에 가깝다.[119] 이 구약 본문이 두 마리의 나귀를 언급한다고 여기는 독자들을 염두에 둔다면,[120] 예수께서 예루살렘에 입성하실 때 두 마리의 나귀가 등장하는 것을 적시하여 구약 성경을 성취하시는 예수의 모습을 더 생생하게 묘사할 이유가 있었을 것이다. 이것은 이 사건을 강조하기 위한 마태복음의 표현법으로 볼 수도 있다고 키너는 제안한다(Keener, 2009: 492). 멩컨(M. J. J. Menken)은 나귀가 두 마리 등장하는 것이 다윗의 집을 위한 두 마리 나귀가 언급되는 사무엘하 16:1-4을 배경으로 한다고 제안하였다.[121]

70인역 출애굽기 4:19-20은 모세가 나귀들을 탔다고 하므로 마태복음은 모세 모형론을 염두에 두고 스가랴 9:9을 출애굽기 4:19-20을 배경으로 하여 해석하였다고 보는 해석도 있다(DA, 1997: 121). 그렇지만 마태복음 이전의 구전에 이미 두 마리가 언급되었을 가능성을 배제할 수 없다.[122] 이 사건을 목격한 많은 목격자들이 아직 살아 있는 가운데 전해진 구전과 이를 기록한 마태복음 기록의 역사적 사실성은 신뢰할 만한 이유가 있다.

5절처럼 나귀 새끼에 타려면 어미를 함께 데리고 오지 않을 수 없었을

---

119. Hagner, 1995: 594.
120. 성경에 평행법이 있다고 여기지 않았던 당시 랍비들처럼, 아마 마태복음 저자도 나귀에 관한 중복적 표현을 평행법으로 보지 않고 두 마리의 나귀들에 관한 표현으로 보았을 수 있다(Brewer, 87-98).
121. DA, 1997: 120.
122. Hagner, 1995: 594 참조.

것이다.[123] 랍비 문헌 미쉬나에는 새끼에게 일을 시킬 때 어미를 동반해야 함을 언급한다.[124] 어미에 관한 언급은 새끼 나귀가 아직 어미로부터 떼어 내어지지 않은 상태였음을 보여 준다.[125] 새끼 나귀를 소리치는 군중 가운 데서 조용히 있게 하려면 어미 나귀가 함께 있어야 했을 것이다(Keener, 2009: 491). 이것은 나귀 두 마리를 언급하는 기록이 가진 역사적 사실성 을 뒷받침하는 근거이다.

이 나귀들은 '매여 있는' 나귀들이다. '매여 있는'이라는 표현은 유대 인들이 70인역과 쿰란 문헌(4QPBless)에서 메시아적으로 해석한 창세기 49:11('나귀를 … 매며')을 연상시킨다(DA, 1997: 116). 창세기 49:10의 '실로가 오시기까지'도 신약 성경 이전에 기록된 유대 문헌에서 이미 메 시아적으로 해석되었다.[126] 그러므로 매여 있는 나귀의 언급은 창세기 49:10-11을 연상시키며 예수께서 메시아이심을 암시한다.

마태복음 21:2은 나귀가 암나귀임을 알린다. 이 구절의 '그녀와'(μετ' αὐτῆς)라는 표현은 새끼 나귀와 함께 있는 나귀가 암나귀임을 밝힌다. 이 것을 언급한 것은 히브리어 스가랴 9:9에 나오는 '암나귀들의'(אתנות)라 는 표현이 암나귀를 언급하는 것과 일치함을 암시하는 효과를 가진다 (Carlson, 2019a: 81-83).

3절 (누가 말할 경우) 남의 나귀들을 풀어서 가져간다면 누군가 말할 수 있다. 이 경우 "주께서 그것들을 필요로 하시오."라고 말하면 즉시 보낼 것이라고 예수께서 예언하신다. 나귀의 값은 적어도 약 두 달 품삯에서부 터 비쌀 경우 2년 품삯에 해당하였다고 추측된다(Keener, 2009: 490). 이

---

123. 양용의, 2018: 408-9.
124. *m. Baba Bathra* 5:3(Hagner, 1995: 594).
125. Keener, 2009: 491.
126. Lane, 395.

렇게 귀중한 나귀를 즉시 보낸 것은 특이한 일이다. 나귀 주인은 아마도 예수에 관하여 들었을 것이다(Keener, 2009: 490). 그가 예수께 나귀를 내어 줌은 그가 예수를 존경했음을 보여 준다(Keener, 2009: 490). 유대인 교사들도 그들을 존경하는 사람들에게서 짐승을 빌릴 수 있었기에,[127] 예수께서는 더더구나 그렇게 하실 수 있었을 것이다. 예수께서 나귀를 요구하신 것은 운반을 강제하는 의무(*angaria*) 원리에 기반하였을 수 있고, 예수께서는 이러한 원리 사용을 위한 지위를 가지신 분이심이 "주께서 그 것들을 필요로 하시오."라는 말에 담긴 '주'라는 표현에 암시되어 있다고 볼 수도 있다.[128]

4-5절 (스가랴 9:9 인용) 마태복음은 예수께서 나귀를 타시고 예루살렘에 입성하심이 스가랴 9:9의 성취라고 보신다. 스가랴 9:9에서 나귀를 타고 예루살렘에 오시는 분은 왕이다. 그러므로 예수께서 나귀를 타고 예루살렘으로 들어가신 것은 자신이 왕이심을 주장하신 행동이다. 스가랴 9:9은 당시 유대인들이 기대한 군사적 메시아보다는 온유하신 평화의 왕을 약속한다는 견해도 있다.[129] 그러나 여호와께서 두로를 정복하시고(슥 9:4), 블레셋 사람의 교만을 끊고(슥 9:6), 적군을 막으시는 문맥(슥 9:8)은 스가랴 9:9이 언급하는 왕이 군사적 승리를 가져오는 인물임을 암시한다. 스가랴 9:10에 나오는 평화의 모습은 그러한 승리를 통한 결과라고 볼 수 있다. 전쟁을 선택하지 않은 예수의 평화로운 모습은 스가랴 9:9 자체에 있지 않고 예수께서 군사적 메시아가 아닌 이사야 53장에 나오는 고난받는 종으로서의 길을 선택하신 결과이다.

---

127. Keener, 2009: 490.
128. Bock, 288.
129. 양용의, 2018: 409.

메시아가 나귀와 나귀 새끼를 탄다는 기대는 유대 문헌에 나타난다.[130] 왕이 나귀를 타는 것이 부적절하지 않았음은 솔로몬이 왕으로 기름 부음 받을 때 다윗의 노새를 타고 기혼으로 갔음에서 드러난다(왕상 1:33, 38).[131] 이러한 다윗의 자손 솔로몬의 경우를 통하여 나귀를 타고 예루살렘으로 입성함은 예수께서 유대인들이 기다린 다윗의 자손(즉 메시아)임을 선언하는 행동이 될 수 있었다.

6-7절 (나귀를 타신 예수) 예수께서는 나귀를 타셨다. 유대인들은 유월절 순례를 걸어서 하도록 되어있었다.[132] 그러므로 나귀를 타고 예루살렘으로 들어간 것은 특별한 의도 때문이었을 것이다(양용의, 2018: 408). 나귀를 타고 예루살렘에 들어가는 것은 겸손의 표현으로 볼 수 없으며, 오히려 왕적 권위의 주장이다(Hooker, 257). 스가랴 9:9에서 '겸손한'으로 번역 되는 히브리어 본문의 단어는 '아니'(עני)인데 이 단어는 "고난을 당한"이 라는 뜻을 가질 수 있다(Hooker, 257).

마태복음은 '그들 위에' 타셨다고 하는데, '그들'이 나귀들을 가리키는 지 옷들을 가리키는지 불명확하다.[133] 두 마리의 나귀에 동시에 탈 수 없으 므로 '그들'은 의복들을 가리킨다고 볼 수도 있다(Keener, 2009: 492). 의 복 여러 벌을 나귀에 안장처럼 얹고 그 위에 타셨을 것이다. 나귀들 위에 옷들을 얹음은 두 나귀들 모두에 타도록 준비하는 행동으로 볼 수 있지 만, 둘 중에 한 나귀에 타도 두 나귀에 타는 것처럼 간주할 수 있게 하는 행동으로 볼 수도 있다. 마태복음 저자는 아마도 이러한 방식으로 준비된 두 마리의 나귀 중 하나에 탄 것도 두 마리에 탄 것으로 간주하고 그들(즉

---

130. *Gen. Rab.* 98.9; *b. Sanhedrin* 98a-99a; *Koh. Rab.* 1.9(Hagner, 1995: 593).
131. DA, 1997: 116-17.
132. *m. Hagigah* 1:1(양용의, 2018: 408).
133. Harrington, 293.

나귀들) 위에 타셨다고 묘사하였을 수도 있다. 이렇게 한 것은 70인역 스가랴 9:9이 예언한 바와 같이 두 마리의 나귀에 탐이 예수를 통하여 성취됨을 지적하기 위함이었을 것이다. 한 팀으로 구성된 나귀들 가운데 하나에 탄 것은 두 나귀 모두에 탄 것과 같은 효과를 가진다.[134] 이렇게 단수로 표현할 수 있는 것을 복수로 표현하는 마태복음의 표현 방식은 헤롯 한 사람의 죽음을 "그들이 죽었다"(τεθνήκασιν)라고 복수형으로 표현한 마태복음 2:20에서도 관찰된다(Carlson, 2019b: 250).

8절 (겉옷과 나뭇가지를 길에 편 무리) 무리의 대다수는 겉옷을 길에 깔았다. 옷은 옷을 입은 사람을 상징하므로, 옷이 다른 사람 아래 놓이는 것은 복종을 의미한다.[135] 로마 문화 속에서 볼 때, 길에 옷을 까는 것은 그 위를 지나가는 사람을 존경하는 표시이다.[136] 예후를 왕으로 추대할 때 옷을 깔고 그 위에 예후를 앉혔는데(왕하 9:13), 이를 배경으로 보면 옷을 예수께서 탄 나귀가 지나가는 길에 까는 것은 예수를 왕으로 추대하는 행위이다.

다른 사람들은 나뭇가지를 길에 폈다. 요한복음 12:13은 이 나뭇가지가 구체적으로 종려나무 가지임을 밝히는데, 이것은 초막절과 관련된 것이다(레 23:40).[137] 그렇다면 출애굽 기대와 관련된다고 볼 수 있다. 나뭇가지의 언급과 교창(交唱)은 시몬(하스모니안 다섯 형제 중 막내)의 예루살렘 개선 입성을 연상시킨다(마카비1서 13:51).[138] 따라서 무리가 나뭇가지를 길에 편 것은 마카비 전쟁의 승리를 연상시키는 행위로서 그들의 군사적 메시아 기대를 반영한다(Keener, 2009: 494).

---

134. Carlson, 2019a: 83.
135. DA, 1997: 123.
136. 박윤만, 746.
137. Keener, 2009: 494.
138. Lane, 396.

9절 (호산나) 무리는 예수의 앞뒤에서 이동하며 찬양을 했다. 무리가 부른 찬양은 시편 118:25-26에서 온 것으로서 순례자들이 성전으로 가며 부른 마지막 찬양시였다.[139] 무리가 외친 호산나는 예수를 메시아로 간주하는 의미를 담았을 것이다(자세한 설명은 아래 해설 참고).

무리가 '다윗의 자손'이라는 칭호를 사용한 것도 그들의 메시아 기대를 표출한다. 이 표현이 메시아 칭호임은 쿰란 문헌(4Q252 col.5),[140] 솔로몬의 시편 17:32에서 확인된다.[141] 그런데 이 칭호는 솔로몬의 시편 17편에서 군사적인 메시아를 가리킨다.[142] 그런데 예수께서는 맹인들이 자신을 '다윗의 자손'이라 부른 것을 꾸짖지 않으신 것처럼(마 20:32), 무리의 이러한 반응을 제재하지 않으신다(Boring, 316). 나귀를 타고 예루살렘에 입성하시며 이미 자신의 메시아 정체를 드러내신 이상 오해받는 것을 감수하신 듯하다. 예수께서는 군사적 메시아로 오해를 받고 죽임을 당하는 것을 각오하셨기에 이렇게 하셨을 것이다.

무리가 '호산나'라고 외치며 환호하는 대상은 '가장 높은 곳에서'라고 표현되었다. 이것은 하나님의 이름을 에둘러 표현하는 방식 중에 하나이다(눅 2:14 참고)(France, 434). 이 표현은 '가장 높은 곳에 계신 하나님'의 축약적 표현으로 볼 수 있다. '가장 높은 곳에'로 번역된 헬라어 단어 (ὕψιστος)는 70인역, 구약 위경, 필로, 요세푸스, 신약 성경에서도 하늘이 아니라 하나님을 가리키고, 누가복음에서도 하늘이 아니라 하나님을 가리킨다(1:32, 76; 6:35; 8:28)(Lanier, 122-34).

10절 (예루살렘 주민의 반응) 예루살렘 주민들은 소동하였다. 이것은 동방

---

139. Williamson, 203.
140. 박윤만, 750.
141. 신현우, 2021: 544.
142. Donahue & Harrington, 323.

박사들이 예루살렘을 방문하여 유대인의 왕을 찾았을 때 헤롯과 온 예루살렘이 놀란 것과(2:3) 유사한 반응이다.[143] 온 성이 소동하며 반응한 것은 마가복음에는 없는 내용이다. 예수의 예루살렘 입성을 간단하게 묘사한 마가복음과 달리 마태복음은 예수께서 승리의 입성을 하심을 묘사한다.

11절 (예수를 따르는 무리의 대답) 예루살렘 거민들은 예수를 보고 이분이 누구냐고 질문하였다. 예수를 따르는 무리들은 "나사렛에서 온 선지자 예수"라고 대답한다. '선지자'라는 용어는 아마도 신명기 18:15, 18이 언급하는 모세와 같은 선지자를 연상시킨다(Harrington, 294 참고). 이 표현에도 예수를 모세 이미지로 소개하는 모세-예수 모형론이 내포되어 있다.

3. 해설

예수께서 나귀를 타고 예루살렘에 들어가실 때 무리가 외친 찬양에 나오는 '호산나'(הושיעה נא)는 문자적으로는 "제발 구해주소서"라는 뜻이며, 유대인들은 이 표현을 외세로부터의 구원을 호소하는 표현으로 사용할 수 있었다.[144] '호산나'는 시편 118:25의 경우 승리적 문맥에서 사용되었으므로 이 구절을 인용하면서 외치는 '호산나'는 승리를 뜻할 수 있다.[145] 그런데 '호산나'는 할렐루야처럼 환호의 외침처럼 사용되거나, 유명한 랍비나 순례자를 환영하는 인사말로 사용되기도 했다(Lane, 397). 시편 118:26은 절기에 예루살렘으로 오는 순례자들을 제사장들이 축복하는 내용을 담았다.[146] 그러므로 시편 118:25-26은 장막절, 유월절, 오순절 등에

---

143. 양용의, 2018: 410.
144. Hooker, 259.
145. Hagner, 1995: 596.
146. Lane, 397.

예루살렘에 도착한 순례자를 환영하는 노래로 사용되었을 것이다.[147] 시편 118편은 점차 찬양의 절기가 된 장막절에도 불렸기에 이 시편에 담긴 호산나는 1세기에 찬양의 의미를 담았을 것이라고 추측할 수 있다(DA, 1997: 125). 디다케 10:6도 '호산나'가 찬양을 뜻하는 용례를 보존하고 있다(DA, 1997: 125).

그런데 시편 118편은 유대 전통에서 오시는 왕에 관한 환호에 종종 적용되었다.[148] 무리가 예루살렘에 나귀를 타고 왕권을 주장하며 입성하는 예수를 보고 '호산나'를 외치며 시편 118편을 연상시키는 찬양을 하는 맥락은 이러한 용례와 가장 잘 부합한다. 무리는 예수를 왕으로 추대하며 옷과 나뭇가지를 길에 깔았기에 그들이 외친 '호산나'도 예수를 왕으로 추대하는 표현이었다고 볼 수 있다.

더구나 무리가 부른 찬양의 내용에 해당하는 시편 118:26은 신약 성경의 구절들(마 23:39//눅 13:35; 막 12:10; 행 4:11; 벧전 2:7)이 메시아 본문이라 전제하는 구절인데, 예수께서 자신의 왕권을 암시하실 때 무리가 이 시편 구절을 사용한 것은 이 구절이 당시 유대인들에 의해서도 메시아 기대를 담은 구절로 이미 간주되었다고 볼 수 있게 한다(Marucs, 2009: 774-75). 시편 미드라쉬(*Midr. Ps.*)가 시편 118:24에 나오는 '이 날'을 해석하기를 메시아가 이스라엘을 해방시키는 날이라 한 것도[149] 이어서 나오는 25-26절을 유대인들이 메시아 기대를 담은 본문으로 이해한 증거이다.[150] 따라서 이러한 메시아 기대를 담은 본문으로 찬양하며 호산나를 외친 무리들은 예수를 왕으로 간주하고 환호하였다고 볼 수 있다.

---

147. 강대훈, 하, 261.
148. Keener, 2009: 494.
149. 박윤만, 749.
150. 신현우, 2021: 543.

9. 성전 심판 (21:12-17)

예수께서는 환전을 하고 비둘기를 파는 곳이 되어버린 성전 뜰을 보시고, 예레미야서를 인용하시면서 성전을 심판하신다.

1. 번역

12 예수께서 성전으로 들어가셔서 성전에서 파는 자들과 사는 자들을 모두 밖으로 몰아내셨다. 그리고 환전상들의 탁자들과 비둘기 파는 자들의 의자들을 뒤엎었다. 13 그리고 그들에게 말씀하셨다.

"'나의 집은 기도의 집이라 불릴 것이다.'라고 기록되어 있소.

그러나 그대들은 그것을 역도들의 소굴로 만들고 있소."

14 맹인들과 저는 자들이 성전에서 그에게 다가왔는데, 그가 그들을 치유하셨다. 15 대제사장들과 서기관들이 그가 행하신 놀라운 일들을 보았다. 그들은 성전에서 소리치며 "호산나 다윗의 자손에게!"라고 말하는 어린이들을 보고 분노했다. 16 그들이 그에게 말했다.

"당신은 이들이 말하는 것을 듣고 있소?"

예수께서 그들에게 말씀하셨다.

"그렇소. 그대들은 도대체 읽지 못했소?

'당신은 아기들과 젖먹이들의 입으로 찬양을 회복하셨도다'."

17 그리고 그들을 떠나 도시 밖으로 나가 베다니로 들어가 거기서 숙박하셨다.

2. 주해

12절 (성전에서 매매하는 자들을 쫓아내신 예수) 예수께서는 성전에서 환전상의 상과 비둘기 파는 자들의 의자를 엎으셨다. 예수의 행동은 메시아에게 기대된 성전 정화로 이해되기도 한다. 솔로몬의 시편 17:3은 다윗의 자손이 예루살렘을 정화하리라 기대한다.[151] 말라기 3:1-4도 성전 정화 기대를 담고 있다.[152] 예수께서는 메시아가 성전을 회복하실 것이라는 구약의 예언들을(슥 14:21; 참고. 겔 40-48장; 슥 6:12-13; 말 3:1-4) 염두에 두신 듯하다(양용의, 2018: 413).

그런데 구약 성경과 유대 문헌에는 성전 심판에 대한 기대도 있다. 예레미야, 미가서 3장, 에스겔, 에녹1서 83-90장에서 제사장 집단의 타락에 대한 비판은 성전의 파괴 또는 새로운 성전에 대한 기대와 연관된다.[153] 마태복음 문맥에서는 예수의 행위가 성전을 심판하는 의미를 담고 있다고 볼 수 있다(24:2).[154] 이어지는 비유적 사건(무화과나무가 말라죽음)은 이를 더욱 분명히 한다.

마가복음에서는 예수께서 베다니에서 하루를 보내신 후에 다음 날 성전에 들어가셔서 성전을 심판하시지만, 마태복음은 (아마도 입성 당일에 베다니에서 숙박하신 기록은 생략하고) 성전에 들어가셔서 곧바로 심판하시는 것으로 축약하여 묘사한다.

예수께서는 돈 바꾸는 사람들의 상을 엎으셨다. '돈 바꾸는 사람들'은 출애굽기 30:13-14에 따라 반 세겔의 성전세를 내기 위해 두로 은전으로 환전하는 사람들을 가리킨다(양용의, 2018: 412). 성전세 내는 마지막 날은 니산월 1일이고, 유월절은 니산월 14일이므로 성전세를 위한 환전 테이블을 뒤엎은 예수의 사역은 유월절 약 2주 전에 행해졌다고 추측되기

---

151. Hagner, 1995: 600.
152. Keener, 2009: 499.
153. DA, 1997: 136.
154. 양용의, 2018: 414.

도 한다(Hurtado, 187). 그러나 성전에서 비둘기를 살 때 두로 은전을 사용하도록 하면서 이를 위해 환전을 하도록 했을 수도 있다. 그렇다면 성전 심판 사건이 유월절이 2주도 남지 않았을 때 발생하였을 수도 있다. 예수께서 환전하는 자들의 상을 엎으신 이유는 이들이 높은 환차익을 챙겼기 때문이거나 사용된 두로 은전에 새겨진 우상 때문이었을 것이다(자세한 설명은 아래 해설 참고).

예수께서 비둘기를 파는 자들의 상을 엎으신 것은 그들이 성전 안에 들어와 있는 것과 관련된다. '비둘기'는 여인, 나병환자 등을 위한 제물이다(레 12:6-8; 14:22; 15:14, 29).[155] 랍비 문헌(*j. Taanith* 4.8 등)은 올리브산에 시장이 열림을 언급한다(DA, 1997: 138). 비둘기 등 제물을 파는 장소는 본래 올리브산에 있는 네 개의 시장으로 제한되었는데(*j. Taanith* 4.8),[156] 예수께서 방문하시기 직전에 성전으로 옮겨왔을 것이다.[157] 제물들을 성전의 이방인의 뜰에서 판매한 것은 최근에 시작되었을 것이다.[158] AD 30년 이전에는 성전에서 제물을 팔았다는 증거가 없다(Lane, 403). 이러한 일을 허가한 자는 대제사장(카이아파스)이었을 것이다(Hurtado, 187).

성전에서 비둘기를 팔고, 성전에서 산 것만 제사용으로 합격시키면, 독점 판매가 되어 값을 인상시킬 수 있었을 것이다(강대훈, 하, 270). 실제로 미쉬나(*m. Kerithoth* 1:7)는 지나치게 높게 책정된 비둘기 값을 언급한다.[159] 스가랴 14:21이 이미 성전에서 '케나아니'(장사하는 자)를 언급하고,

---

155. Harrington, 294.

156. Lane, 403.

157. Keener, 2009: 497. 성전 밖의 상점은 연중 방문하는 사람들을 상대로 운영되었을 것이다(Keener, 2009: 496).

158. France, 444.

159. 강대훈, 하, 270.

미쉬나(*m. Shekalim* 1:3)가 성전에서 환전하는 자들을 언급한 것으로 보아 이런 일이 실제로 행해졌다고 볼 수 있다.[160] 아마도 예수의 성전 심판 사역의 해는 당시 대제사장들이 성전 뜰에서 장사를 하도록 허용한 첫 해였을 수도 있다(Evans, 1990: 292). 그렇다면 예수의 행위를 은근히 지지하는 사람들이 많았을 것이다(Evans, 1990: 292).

예수께서는 성전에서 매매하는 자들을 내쫓으셨다. 이러한 모습을 묘사하는 데 사용된 '내쫓다'(ἐκβάλλω)는 마태복음에서 축귀를 묘사할 때에도 사용된 단어이다(7:22; 8:16, 31; 9:33-34; 10:1, 8; 12:24, 26-28; 17:19).[161] 축귀 용어가 성전에서 매매하는 자들을 쫓아냄에 사용되어 그들이 성전을 더럽히는 더러운 귀신들처럼 간주된다(Marcus, 2009: 782 참고).

예수께서 문제 삼으신 것은 발생하는 부당한 이익보다는 부당한 장소에서 매매를 함이었을 것이다(France, 444). 이미 허가된 제물 시장이 올리브산에 있는 상황에서, 성전(이방인의 뜰)을 시장으로 사용한 것은 더더구나 부당한 것이었다(Lane, 404).

예수께서 성전에서 상인들을 쫓아내신 행위는 스가랴 14:21(성전에 케나아니[상인]가 없으리라는 예언)의 성취로 볼 수 있다.[162] 이 스가랴 구절에서 '케나아니'는 발음상 가나안 사람을 가리키는 듯하지만, 상인을 가리킬 수도 있는 히브리어이기 때문이다. 예수께서 성전에서 하신 행동은 말라기 3:1-4(주께서 성전을 정화하실 것이라는 약속)의 성취로도 볼 수 있다(Hooker, 265). 상인들이 점유한 장소는 성전의 이방인의 뜰이었을 것이다(Evans, 2001: 171 참고). 이방인들이 접근할 수 있었던 이 뜰의

---

160. DA, 1997: 138.
161. Marcus, 2009: 782 참고.
162. Evans, 2001: 173.

넓이는 450m x 300m로서[163] 약 135,000m^2(4만 9백 평)이다.[164] 이곳에는 약 10m 높이의 기둥들이 늘어선 주랑도 있었다.[165] 이곳에서 장사하는 상인들을 쫓아내신 예수의 행위는 이방인들을 성전에 모으실 날(슥 14:16 참고)을 준비하는 의미를 가질 수 있다(Lane, 406).

13절 (구약 인용) 예수께서는 이사야 56:7을 인용하시면서 성전이 기도하는 집이라고 하신다. 장사를 할 수 있게 한 장소가 이방인들의 뜰이었다면 기도를 방해받은 사람들은 이방인들이다. 성전은 본래 모든 민족을 위한 것이었는데(왕상 8:41-43; 요세푸스, *Against Apion* 2.193), 예수 시대에는 이방인을 위한 구역이 유대인만을 위한 구역과 분리되어 있었다(Keener, 2009: 500).

예수께서는 성전에서 매매하는 자들에게 "너희는 강도의 소굴을 만들었다."고 질책하신다. 개역개정판이 '강도'로 번역한 단어(λῃστής)는 '역도'로 번역할 수 있다. 이 단어는 도둑질을 하는 강도가 아니라 폭력으로 체제 전복을 하고자 하는 역도를 가리킨다(마 27:38 참고).[166] 요세푸스나 스트라보(Strabo)의 작품들에서도 이 단어는 정권에 대항하여 무장투쟁을 하는 자들을 가리킨다.[167] 당시에 역도들이 성전에 들어와 있지 않았고, 문제가 된 것은 매매 행위였으므로, 예수께서는 매매 행위를 허가한 대제사장들을 역도로 간주하셨다고 볼 수 있다(Dormandy, 2003b: 333). 대제사장들은 하나님의 주권에 대항하는 자라는 점에서 역도라고 볼 수 있으며, '역도들의 소굴'은 그들의 권력을 유지시켜 계속 하나님께 대항하

---

163. Boring, 2006: 320.
164. Edwards, 2002: 341 참고.
165. Osborne, 196.
166. France, 446 참고.
167. Lane, 407.

는 경제적·정치적 기반을 제공해 주는 곳을 의미할 수 있다(S. G. Brown, 84 참고). 그러므로 '역도들의 소굴'이라는 지적은 하나님 나라의 관점에서 당시 종교/정치 지도자들을 체제 전복자로 규정한 선지자적 경고이다. 예수께서는 그들이 하나님의 주권에 대항한 자들이라는 의미에서 역도(λῃστής)라고 부르셨을 것이다.

　로마 제국에 협조하여 권력을 유지하는 대제사장들이 가장 싫어하는 집단은 역도들이었을 것인데, 예수께서는 그들이 싫어하는 이름으로 그들을 부르셨다(Dormandy, 333). 로마 제국의 관점에서 그들은 선량한 협조자들이지만, 하나님 나라 관점에서 보면 그들은 사악한 역도들이다. 그들은 예수를 '유대인들의 왕'이라는 죄목으로 로마 법정에 기소한다(마 27:2, 11). 로마가 임명하지 않은 '유대인들의 왕'은 로마 제국의 관점에서 보면 역도들의 지도자라고 간주될 수밖에 없는 범죄자이다. 그들은 자신들을 하나님 나라 관점에서 역도라고 참되게 부른 예수를 로마 제국의 관점에서 역도라고 로마 법정에서 주장한다(27:13). 이것은 기소하는 대제사장들이 역도가 아니라는 것을 로마 당국에게 보여 주는 효과도 있었을 것이다.

　성전이 '역도들의 소굴'(σπήλαιον λῃστῶν)이 되었다는 선언은 '역도들의 소굴'(σπήλαιον λῃστῶν)을 언급하는 예레미야 7:11에 이어지며 성전의 파괴를 예언하는 7:14과 관련하여 볼 때 성전이 파괴될 것을 암시하는 선언이다. (이 예언은 AD 70년에 실현된다.) 또한 예레미야 7:8-11을 배경으로 보면 '강도의 굴혈'은 거짓말, 도둑질, 살인, 간음, 거짓 맹세, 바알 숭배를 하며 성전에 와서는 "우리가 구원을 얻었나이다."라고 말하는 것과 관련된다. 이것은 행악을 계속하면서도 구원의 확신을 가지고 그런 확신 속에서 계속 악을 범할 수 있게 하는 장소로 성전을 전락시키는 것이다.

유대교 사회 속에서는 단지 성전의 파괴를 예언하는 것만으로도 채찍에 맞고 죽음의 위협을 받게 되었다(Keener, 2009: 495). 그러므로 예수의 성전 파괴 예언은 대제사장들이 예수를 죽일 수 있는 근거를 제공한 것이다. 후에 아나니아스의 아들 예수(Jesus ben Ananias)는 예수와 유사하게 성전 파괴를 예언하였으나 죽임을 당하지는 않았다.[168] 그러나 그의 경우는 미쳤다고 간주되었고, 따르는 무리도 없었다.[169] 이와 달리 예수는 미친 것으로 보이지 않았고 따르는 제자의 집단이 있었기에,[170] 두려운 존재였을 것이고, 유대인 권력자들은 그래서 예수를 죽이고자 했을 것이다.

예수께서는 성전을 역도의 소굴로 만드는 주체를 '너희'라고 언급하신다. '너희'는 표면상으로는 성전에서 매매하는 자들이지만 궁극적으로 그들에게 장사를 허락한 백성의 지도자들 특히 15절이 언급하는 대제사장들과 서기관들이다.[171] 예수의 비판은 성전 자체나 백성 전체보다는 지도자들을 향하였을 것이다(Collins, 532).

14절 (치유 사역) 예수께서 성전에서 맹인들과 저는 자들을 고치셨다. 이 기사는 마가복음에는 없다. 맹인이나 저는 자가 유대인들의 전통을 어기고 성전에 들어왔는데[172] 예수께서 꾸짖지 않으시고 오히려 치유해 주셨다면 이러한 행위는 유대 지도자들이 화나게 하였을 것이다.[173] 당시에 맹인과 저는 자도 성전 이방인의 뜰까지는 들어가는 것이 허용되었을 수도 있었겠지만(참고. 레 21:18-19; 삼하 5:8; 1QSa 2:5-22; CD 15:15-17; *m.*

---

168. *J.W.* 6.300-305(Keener, 2009: 610-11).

169. Keener, 2009: 611.

170. Keener, 2009: 611.

171. Collins, 532 참고.

172. 미쉬나(*m. Hagigah* 1:1)는 맹인과 청각장애자가 성전에 들어가지 못한다고 한다 (DA, 1997: 140).

173. Razafiarivony, 108.

Hagigah 1:1) 예수께서는 그들을 치유하여 유대인의 뜰까지 갈 수 있게 하신다.[174] 레위기 21:22은 아론의 자손 중에 신체에 흠이 있는 자는 제사 사역은 못 해도 성물은 먹을 수 있도록 허용한다. 그런데 쿰란 문헌(1QSa 2:8-9)은 맹인과 저는 자는 메시아 잔치로부터 배제한다.[175] 그러므로 예수의 치유는 예수의 구원 사역의 성격을 잘 보여 준다. 거룩하지 못하게 여겨지는 사람들에게 장벽을 헐고 거룩한 하나님께 나아갈 수 있게 하신다.

15절 (대제사장들과 서기관들의 분노) 예수께서 성전에서 하신 일과 어린이들이 예수께 '호산나 다윗의 자손이여'라고 외치는 것을 보고 대제사장들과 서기관들은 분노하였다. (이 부분은 마가복음에는 없다.) 마태복음은 예수를 다윗의 자손으로 어린이들마저 인식하고 있었음을 분명히 한다. '다윗의 자손'은 메시아 칭호이므로 그들은 예수를 메시아로 고백한 것이다. 마태복음 22:45은 예수께서 단지 다윗의 자손에 불과하지 않고 다윗의 주임을 지적하므로, 예수를 다윗의 자손이라고 부르는 것은 완전한 메시아 이해는 아니지만, 예수를 메시아로 고백하는 것 자체는 틀린 것이 아니다.

16절 (어린이들을 변호하신 예수) 예수께서는 자신에게 '호산나 다윗의 자손이여!'라고 외치는 어린이들을 구약 성경을 인용하시며 변호하신다. 키너는 이 부분에서 하나님께서 어린이를 통하여 말씀하실 수 있다면 종교 지도자들을 통해서는 더더구나 그렇게 하실 수 있다는 '더더구나 논증'이 담겨 있다고 주장한다.[176] 그러나 문맥은 어린이의 말을 무시하지 말아야 한다는 데 초점이 있음을 알려 준다. 예수께서는 자신을 메시아로 고백한 베드로를 그의 불완전한 이해에도 불구하고 인정하신 것처럼 자신을 다

---

174. Hagner, 1995: 601.
175. DA, 1997: 140.
176. Keener, 2009: 503.

윗의 자손이라고 외친 어린이들도 그들이 완전한 이해에 도달한 것은 아니었겠지만 인정하신다.

예수께서는 이제 더 이상 자신이 메시아로 알려지는 것을 피하지 않는다. 이제 고난의 때가 다가왔기 때문일 것이다. 예수께서 인용하신 시편 구절(70인역 시편 8:3; 개역개정판은 8:2)에는 "너희 원수들을 위하여"라는 표현이 있으므로 이 구절의 인용은 예수께서 적대자들과 마주치는 상황에 적합하다(Hagner, 1995: 602).

예수께서 인용하신 시편은 어린 아기의 찬미를 온전하게 하셨다고 한다. 여기서 '찬미'는 70인역의 표현(히브리어 본문은 '강함'에 해당하는 히브리어)인데, 이것은 헬라어를 주로 사용하는 성전 귀족과의 대화 상황에 적합하다(Keener, 2009: 502).

17절 (베다니로 가서 숙박하심) 예수께서 숙박하신 곳은 베다니였다. 베다니는 올리브산의 동쪽 기슭에 있는데,[177] 예루살렘에서 동쪽으로 약 3.2km 거리에 있다.[178] 베다니는 올리브산 동편에 있는데, 구약 성경(느 11:32)에 나오는 아나니아(오늘날의 El-Azarieh)와 동일한 곳이다(DA, 1997: 143).

예수께서는 유월절 식사 후에는 베다니의 숙소로 가시지 않고 겟세마네로 이동하시지만, 유월절 밤 외에는 예루살렘 지경 내에서 숙박할 필요가 없었기에 베다니로 가신다.[179] 베다니는 "고난받는 자의 집"(בית עניה)이라는 뜻을 가지므로[180] 다가오는 예수의 고난을 암시하는 숙박 장소이다.

---

177. Marcus, 2009: 771.
178. Donahue & Harrington, 321.
179. France, 442 참고.
180. Collins, 516.

3. 해설

미쉬나(*m. Shekalim* 1:3; *m. Kerithoth* 1:7)에 의하면 환전 테이블은 유월절 3주 전인 아달월 25일부터 성전세를 내는 니산월 1일 전까지 5일 동안 성전(이방인의 뜰)에 설치될 수 있었다.[181] 이러한 환전은 이미 상당한 세월 동안 행해져 왔을 것이다(Evans, 1990: 292). 예수께서 이처럼 이미 허용되어온 성전에서의 환전 행위 자체를 문제 삼은 듯하지는 않으며, 높은 환차익을 챙긴 것을 비판했을 수 있다(Hurtado, 187). 그런데 키너는 환전으로 인한 수익은 별로 없었을 것이라고 본다(*m. Shekalim* 1:6-7) (Keener, 2009: 497). 그는 또한 제사장 귀족 집단이 장사에서 발생하는 직접적 이익을 챙겼다는 증거는 없다고 지적했다(Keener, 2009: 497). 그렇지만, 장소 사용을 허락하면서 대제사장은 간접적인 이익을 챙겼을 것이다. 이 경우 이것을 반대하는 예수의 행위는 대제사장을 자극할 수 있었을 것이다.

환전은 아마도 성전세를 내기 위한 것이었다. 그런데 쿰란 문헌은 반 세겔의 성전세(인구조사세)는 남자가 20세가 넘은 후 평생 단 한 번 드린다고 본다(4Q159).[182] 반면 1/3세겔의 성전세는 매년 낸다(느 10:32). 아마도 이러한 성전세는 예수 당시에 매년 드려지게 되었을 것이다(*m. Shekalim* 6:5).[183] 리처드슨(P. Richardson)은 예수께서 환전 테이블을 뒤엎으신 것은 성전세를 매년 내는 것을 비판하는 의미를 가진다고 본다(Richardson, 518). 그러나 느헤미야 10:32에 근거하여 매년 드리는 성전세가 가능하였고, 반 세겔 성전세의 경우에는 매년 의무적으로 내도록 강

---

181. DA, 1997: 138; Hurtado, 187; Lane, 405; Stein, 485.
182. 신현우, 2021: 552.
183. Richardson, 512-13.

요되지는 않았다.[184] 따라서 예수께서 매년 성전세를 내는 것만을 문제 삼으신 듯하지 않다.

예수께서 환전하는 자들의 상을 뒤엎으신 이유에는 부패한 성전 시스템과 함께 성전세 납부에 사용된 우상숭배적 두로 은전도 관련된다고 보인다(Richardson, 523). 순도 90%인 두로 은전은 반 세겔의 성전세(출 30:11-16)를 내는 데 사용되었는데(m. Bekhoroth 8:7), 이 은전에는 멜카르트(Melkart) 신, 독수리의 형상, '거룩하고 범할 수 없는 두로'라는 글자가 새겨져 있었다.[185] 이러한 은전은 성전세를 받는 화폐로 사용하기에는 부적절한 것이었다.

10. 무화과나무 심판 (21:18-22)

예수께서는 무화과나무가 말라버린 표증을 통해 열매 없는 성전이 맞이할 심판을 비유적으로 예시하신다.

1. 번역

18 아침 일찍 도시로 돌아가실 때 배가 고프셨다. **19** 길가에 있는 무화과나무 한 그루를 보시고 그것에게로 가셨다. 그러나 거기서 오로지 잎들 외에는 아무것도 발견하지 못하여 그것에게 말씀하셨다.

"앞으로 너로부터 영원히 열매가 생기지 않기를!"

그러자 그 무화과나무가 곧 시들었다. **20** 제자들이 보고 놀라서 말했다.

"어떻게 무화과나무가 곧 시들었습니까?"

21 예수께서 그들에게 대답하셨다.

---

184. Keener, 2009: 443.
185. Richardson, 512, 515; France, 443.

"진실로 너희에게 말한다.

너희가 만일 믿음을 가지고 의심하지 않으면

단지 그 무화과나무의 경우만 행할 것이 아니라,

이 산에게 말하기를 '들려서 바다에 던져져라.'고

말하여도 이루어질 것이다.

22 너희가 기도 중에 믿으며 구하는 것은 무엇이든지 다 받을 것이다."

2. 주해

19절 (열매 없는 무화과나무) 예수께서 잎만 무성하고 열매는 없는 무화과나무를 보셨다. 올리브산 동편에서는 3월 말이나 4월 초에 무화과나무에 잎이 나기 시작한다.[186] 그러므로 이 사건의 발생은 이 시기가 지난 후이다.

무화과 수확을 많이 하는 시기는 8월(약 35%), 9월(약 28%), 10월(약 19%)이지만, 잎이 (3월 말에) 나오기도 전에 3월 중순부터 시작하여 6월까지 (옛 가지에) 열매를 맺는다(연중 수확량의 약 10%).[187] 이러한 열매는 아주 맛있지는 않아도 먹을 만했다.[188] 그러므로 이미 잎이 무성한 무화과나무에게서 이러한 열매를 기대하는 것은 정당했다(Evans, 2001: 154).

예수께서는 열매 없는 무화과나무에게 영원히 "열매를 맺지 못하리라."고 하신다. 유월절 즈음에 푸른 열매마저도 없는 무화과나무는 열매 맺는 때가 되어도 아무 열매를 맺지 못할 것이다.[189] 마가복음(11:14)은 "사

---

186. Lane, 401.
187. Oakman, 257; Esler, 47.
188. Edwards, 339; Osborne, 195.
189. Keener, 2009: 504.

람이 네게서 열매를 따 먹지 못하리라."고 기록하는데 마태복음은 같은 내용을 다르게 표현했다고 볼 수 있다. 구약 성경 호세아 9:10, 16-17; 미가 7:1; 예레미야 8:13; 24:1-10 등에서 열매는 언약 백성에게 합당한 삶에 관한 비유로 사용된다.[190] 따라서 열매 없는 무화과는 성전에 합당하지 않은 매매 및 환전 행위의 발생을 가리킬 수 있다.

예수께서 말씀하시자 무화과나무가 곧 말랐다. 마가복음에는 무화과나무가 마르는 데 하루가 걸린 것으로 기록한다(11:20). 그런데 마태복음은 그러한 과정을 생략하고 간단하게 말씀의 성취를 강조하면서 기술한다. 마태복음 4:2-4에서는 예수께서 주리셨으나 기적을 행하지 않으시므로 무화과나무 저주는 예수의 굶주리심과 관련된 것이기보다는 (성전이 파괴될 것을 암시하는) 비유적 사건이다(Hagner, 1995: 605). 구약 성경에서 열매 없는 무화과나무는 (불순종하는) 이스라엘을 상징한다(렘 8:13; 미 7:1).[191] 따라서 이 사건은 무화과나무 자체에 대한 저주라기보다는 무화과나무가 상징하는 이스라엘(렘 8:13; 29:17; 호 9:10, 16; 욜 1:7; 미 7:1-6)과[192] 이스라엘의 핵심에 있는 성전에 자리 잡은 세력에 대한 심판을 예고한다고 볼 수 있다. 비유적 행동을 통해 메시지를 전달하는 예수의 모습은 선지자들의 상징적 행동과 유사하다(사 20:1-6; 렘 13:1-11; 19:1-13; 겔 4:1-15)(Lane, 400). 또한 구약 성경에서 무화과나무의 파괴는 이스라엘에 대한 하나님의 심판을 비유하였기에(호 2:12; 사 34:4; 렘 8:13; 24:1-10),[193] 이 사건은 이스라엘 및 성전이 심판을 받으리라는 메시지를 전달하는 비유적 사건이 될 수 있었다(Lane, 400).

---

190. 박윤만, 759.
191. Hagner, 1995: 606.
192. Lane, 400.
193. Lane, 400; 양용의, 2018: 416; DA, 1997: 151.

20-21절 (무화과나무 비유 해석) 무화과나무가 말라 죽은 사건은 비유적 사건이었다. 이 사건의 의미를 묻는 제자들에게 예수께서는 열매 없는 무화과나무가 성전을 상징함을 암시하신다. 역도의 소굴로 변한 성전도 열매 없는 무화과나무처럼 될 것임이 "이 산더러 들려 바다에 던져지라 하여도 될 것이다."라는 말씀을 통하여 암시된다(자세한 설명은 아래 해설 참고).

유대인들은 구약 성경(사 2:2; 미 4:1; 슥 4:7 등)에 의지하여 성전이 세계의 중심이 될 종말을 기대하였겠지만, 예수께서는 성전이 사라질 날이 올 것을 암시하신다(Marcus, 2009: 787). 구약 성경의 기대는 헤롯 성전이 아니라 종말론적인 성전이신 예수를 통해 실현된다.

22절 (기도 응답) 예수께서는 믿고 구하는 것은 다 받는다고 말씀하신다. 구하는 것을 다 받지는 못한다. 다만 믿고 구하는 것은 다 받는다. 그런데 믿음이란 무엇인가? 여기서는 문맥상 하나님의 뜻과 일치되는 상태를 가리키는 듯하다. 하나님의 뜻과 일치되게 구하는 것은 하나님께서 다 들어주신다. 기도가 다 성취된다는 말씀은 기도가 응답됨을 약속하는 강조점을 담고 있지만, 인간의 기도가 전능하다는 뜻으로 오해되어서는 안 될 것이다. 믿음의 기도는 하나님의 뜻이 이루어지기를 비는 기도이며, 하나님은 자신의 계획을 실현시키시는 전능하신 분이시므로, 믿음의 기도는 다 성취된다.

성전 파괴와 관련하여 기도의 효력이 언급되는 이유는 기도의 집인 성전(13절)이 사라져도 기도는 여전히 기능함을 보여 준다(양용의, 2018: 417). 이제 기도하는 모든 곳이 성전이 되는 시대가 온다. 기도할 때 회개하고 속죄를 구하면 받을 수 있으므로, 기도는 성전의 기능(속죄)을 대체할 수도 있다.

3. 해설

마태복음 21:21에서 '이 산'은 성전이 서 있는 산을 언급하는 이사야 2:2-3을 기억하는 사람에게는 성전산을 가리킬 수 있다.[194] 랍비 문헌에서는 성전산을 종종 '이 산'이라 부른다(*b. Pesahim* 87b; *b. Gittin* 56b).[195] 예수께서 '이 산'이라고 말씀하신 장소가 베다니에서 예루살렘으로 가는 길이었음도 '이 산'이 성전산을 가리킨다고 보게 한다(박윤만, 775). 물론 '이 산'이 올리브산을 가리킬 수도 있지만(슥 14:3-4), 유대인들이 올리브산을 부를 때는 주로 '올리브산'이라고 부르기에,[196] 이 가능성은 낮다.[197] 따라서 '이 산'은 성전산을 가리키며 이 산이 바다에 던져진다는 것은 성전이 심판당함을 뜻한다고 볼 수 있다(양용의, 2018: 417).

'산이 바다에 던져지다'는 불가능을 뜻하는 격언적 표현이다(France, 448). 랍비 문헌에서는 '산을 옮기다'는 표현을 불가능한 일이나 특별한 일을 행한다는 뜻으로 사용했다.[198] 열심당이 반로마 항쟁의 목표를 '로마를 바다에 빠뜨림'이라고 표현한 것을 배경으로 볼 때,[199] 성전산이 바다에 던져진다는 표현은 성전 파괴 또는 예루살렘의 멸망 예언이라고 볼 수 있다.

키너는 '이 산'이 무화과나무가 자라는 올리브산 동편 지역에서 바라보이는 올리브산을 가리킬 수도 있다고 본다.[200] 그러나 제자들이 질문한

---

194. France, 449 참고.
195. Marucs, 2009: 785.
196. Esler, 45.
197. 신현우, 2021: 557.
198. France, 448.
199. 박윤만, 776.
200. Keener, 2009: 505.

시점이 무화과나무가 마른 것을 보고 올리브산 위에 섰을 때라면 성전산을 가리킬 수 있다. 키너 자신도 산이 성전과 연관되는 것이 스가랴 4:6-9을 배경으로 볼 때 더 개연성이 있다고 본다(Keener, 2009: 505).

11. 예수의 성전 심판 권위와 세례자 요한 (21:23-27)

대제사장들과 백성의 장로들이 성전에서 환전상과 상인들을 몰아낸 행위를 무슨 권세로 했는지 예수께 질문한다. 예수께서는 그 권위가 사람이 아니라 하나님께로부터 온 권위임을 세례자 요한의 경우를 통해 암시하신다.

1. 번역

23 그가 성전으로 들어가신 후, 가르치고 계실 때에 대제사장들과 백성의 장로들이 다가와서 말했다.

"그대는 무슨 권세로 이것들을 행하시오?

누가 그대에게 이러한 권세를 주었소?"

24 예수께서 그들에게 대답하셨다.

"나도 그대들에게 한마디 묻겠소.

그대들이 나에게 대답하면

나도 그대들에게 내가 무슨 권세로 이것들을 행하는지 말하겠소.

25 요한의 세례가 어디서 왔소?

하늘로부터요, 아니면 사람들로부터요?"

그러자 그들이 자기들끼리 계속 의논하였다.

"만일 우리가 '하늘로부터'라고 말하면

그가 우리에게 '그렇다면 그대들은 왜 그를 믿지 않았소?'라고 말할 거요.

26 그렇지만 우리가 '사람들로부터'라고 말하자니, 무리가 두렵구려.

모두들 요한을 선지자라 여기고 있기 때문이니 말일세."

27 그래서 그들은 예수께 대답했다.

"우리는 모르오."

그도 그들에게 말씀하셨다.

"나도 그대들에게 내가 무슨 권세로 이것들을 행하는지 말하지 않겠소."

2. 주해와 해설

23절 (예수의 권위에 관한 질문) 대제사장들과 백성의 장로들이 예수께서 무슨 권위로 '이것들'을 하느냐고 물었다. '이것들'은 예수께서 성전에서 장사하는 것을 금지하신 행위를 가리킬 수 있다.[201] 나아가 이것들은 성전을 강도의 소굴이 되었다고 하신 심판 행위를 가리킨다.[202] 이것들은 또한 나귀를 타고 입성하며 자신이 메시아이심을 선포한 행위도 포함하여 가리킬 수 있다(Donahue & Harrington, 332). '이것들'은 대제사장들과 서기관들이 목격한 예수께서 성전에서 행하신 맹인 및 저는 자들에 대한 치유(14절)와 "호산나 다윗의 자손이여"라고 아이들이 외칠 때 금지하지 않으신 행위(15-16절)를 포함할 수 있다.[203] 이러한 행위들은 예수께서 다윗의 자손으로서 왕적 메시아이심을 주장하거나, 입증하거나, 전제하고 하는 행위들이다. 예수께서 성전에서 가르치실 때 대제사장들과 장로들이 와서 질문하는 문맥상 '이것들'은 예수의 가르침도 포함하여 가리킬 수 있다(Smillie, 460-61).

---

201. Lane, 413.
202. Hooker, 271 참고.
203. Smillie, 460.

예수께 무슨 권위로 행동하느냐는 질문은 예수의 권위를 의심하고 아무런 권위가 없는 자라고 낙인찍어 백성들이 추종하지 못하게 하려는 의도로 이루어졌을 것이다. 이러한 질문은 예수는 권력 체계 속에서 성전 행정을 방해할 아무런 권한이 없다는 주장을 내포한다. 예수께서는 하나님께서부터 오는 권세를 주장할 수밖에 없었다. 그러나 이것은 올무에 걸리지 않고 조심스럽게 설득력 있게 주장되어야 했다. 성전에서 행한 일의 권세가 하나님으로부터 왔다고 주장하면 유대 권력자들은 하나님께서 자신의 성전을 심판하실 리 없다고 하며, 예수의 주장을 논박할 것이다. 나아가 그들은 예수가 하나님을 모독했다고 고소할 것이다.[204] 그리하여 그들은 예수를 신성모독죄로 사형에 해당한다고 결의하고자 했을 것이다.

24-25a절 (예수의 역질문) 예수께서는 대답 대신 질문을 하신다. 역질문은 랍비들이 사용하는 기본적 방식이었다.[205] 예수께서는 랍비들이 즐겨 사용하는 되묻기 방식으로 논쟁하신다.[206] 개역개정판에서 '한 말을'로 번역한 부분에 해당하는 '로곤 헤나'(λόγον ἕνα)는 여기서 '하나의 말씀'으로 직역되므로 '말 한마디'로 번역할 수 있다. 그러나 이 표현이 한 가지 일(matter)을 가리킬 수도 있다(DA, 1997: 159-60).

예수께서는 세례자 요한의 세례가 어디서 왔느냐고 물으시며 하늘에서 온 것인지 사람으로부터 온 것인지 선택하도록 하였다. 마태복음에서 '하늘'은 하나님을 가리킨다.[207] 예수의 질문은 예수의 대답을 내포하며 자신의 권위의 출처를 암시한다. 예수의 메시아로서의 정체와 권위는 세례자 요한에게 세례받을 때 하늘에서 들린 음성에 토대하므로, 요한의 세례

---

204. Evans, 1990: 297.
205. Donahue & Harrington, 334.
206. 양용의, 2018: 420.
207. Harrington, 299.

가 언급되었을 것이다. 또한 세례자 요한이 예수를 인정하였기에(마 3:14) 세례자 요한을 받아들이면 예수를 받아들이게 되므로 세례자 요한이 언급되었을 수 있다.[208] 키너는 세례자 요한의 권위의 토대와 예수의 권위의 토대가 동일하므로 세례자 요한이 언급되었을 것이라고 지적한다 (Keener, 2009: 506).

예수께서 세례자 요한의 세례를 언급하신 것은 이것이 성전을 통한 죄 사함 체계를 반대하는 측면을 가졌기 때문일 수 있다.[209] 세례자 요한의 세례를 하나님으로부터 온 것이라고 인정한다면 성전을 역도의 소굴이라고 부르는 예수의 성전 심판도 인정되고, 반성전적으로 오해될 수 있는 예수의 성전 심판도 하나님으로부터 온 것이라고 인정할 수 있게 된다.

25b-26절 (딜레마에 빠진 대제사장들과 장로들) 만일 대제사장들과 장로들이 요한의 세례가 하나님으로부터 왔다고 말한다면 왜 그를 믿지 않았느냐는 논박을 당할 것이고(25절), 만일 사람으로부터 왔다고 말한다면 그를 선지자로 믿고 있는 청중들이 듣고 반대할 것이다(26절). 세례자 요한이 무리에게 인기가 많았음은 요세푸스(*Ant.* 18.118)에 의해서도 증언된다.[210]

27절 (토론의 결말) 백성 앞에서 예수의 권위 문제를 제기하여 예수를 창피하게 하고자 했던 권력자들은 백성 앞에서 '우리는 모른다'는 대답을 하면서 창피를 당하게 된다. 그들은 세례자 요한의 세례를 인정할 수도 없었고 부정할 수도 없었다. 세례자 요한의 세례를 인정하면 자기모순이 되어 자기들이 그의 세례를 받지 않은 것이 잘못임을 시인하게 되고, 그

---

208. DA, 1997: 160.
209. Hellerman, 226 참고.
210. DA, 1997: 161.

의 세례를 부정하면 토론을 지켜보는 무리들의 견해와 충돌하게 되기 때문이었다. 그들은 차라리 자기들의 무지를 시인하는 것이 낫다고 판단했을 것이다. 청중이 아는 것을 모른다고 대답하면서 그들은 무리 앞에서 망신을 당하게 되었다. 이 공개 토론의 승리자는 예수였다.

12. 두 아들 비유 (21:28-32)

1. 번역

28 "그대들은 어떻게 생각하시오?

어떤 사람에게 두 명의 자식이 있었소.

그가 첫째에게 다가가서 말했네.

'애야, 오늘은 가서 포도원에서 일해라.'

29 그가 대답했네.

'저는 싫습니다.'

그러나 후에 마음을 바꾸어서 갔소.

30 그가 다른 자식에게 다가가서 동일하게 말했소.

그가 대답했네.

'제가 (가겠습니다.) 주여!'

그러나 그는 가지 않았소.

31 둘 중에 누가 아버지의 원하시는 바를 행하였소?"

그들이 말했다.

"첫째요."

예수께서 그들에게 말씀하셨다.

"진실로 그대들에게 말하오.

세리들과 창녀들이 그대들보다 먼저 하나님의 나라에 들어갈 것이오.

32 왜냐하면 요한이 의의 도를 가지고 그대들에게 왔지만

그대들은 그를 믿지 않았소.

그러나 세리들과 창녀들은 그를 믿었소.

그대들은 보고도 나중에라도 그를 믿기 위하여 마음을 바꾸지 않았소.

2. 주해와 해설

28-30절 (두 아들 비유) 한 아들은 말로는 순종하겠다고 하고 행동하지 않았고, 다른 아들은 말로는 거절한 후 뉘우치고 순종했다. 아들이 아버지에게 불순종하는 것은 당시에 문화적으로 용인할 수 없는 것이었다.[211] 이 비유에서 불순종한 아들은 31절에서 '너희'로 지칭되는 대제사장들, 장로들을 가리키고, 첫째 아들은 31절에서 세리들과 창녀들이라고 해석된다. 대제사장들과 장로들은 율법을 받아들였지만 불순종하였고,[212] 세리들과 창녀들은 처음에는 불순종하였지만 나중에 회개하였다. 그들은 요한이 전하는 의의 도를 먼저 믿었다.

31-32절 (비유 해석) 예수께서는 뉘우치고 순종한 아들을 창녀들과 세리들이라고 한다. 그리스-로마 세계에서는 여인들과 잔치를 하는 사람들을 창녀들의 친구라고 부르곤 했다.[213] 창녀들은 율법 밖에 존재하였고, 로마 군대 주둔지와 연관되었다(DA, 1997: 169).

예수께서는 창녀들과 세리들이 먼저 하나님의 나라에 들어간다고 하신다. '먼저'는 대제사장들과 장로들이 나중에라도 하나님의 나라에 들어

---

211. 집회서 3:3-11(Hagner, 1995: 613).

212. Hagner, 1995: 613-14.

213. DA, 1997: 169.

감을 암시할 수도 있다. 그러나 이어지는 비유의 43절("하나님의 나라를 너희는 빼앗기고")을 염두에 두고 해석하면 하나님의 나라에 들어가지 못한다는 것을 이렇게 표현했다고 볼 수 있다.[214]

예수께서는 요한이 의의 도로 왔다고 한다. '의의 도'라는 표현은 세례자 요한의 가르침을 긍정적으로 평가한다. '의의 도'는 신적인 계시를 통한 도덕적 요구를 가리킨다고 볼 수 있다.[215] 마태복음 3:15에서는 '의'가 하나님의 뜻(원하심)을 가리키는데,[216] 21:32에서는 '의'가 하나님의 뜻을 행하는 구체적인 방법과 관련된다고 보인다.

대제사장들과 장로들은 먼저 된 자가 나중 되는 구체적인 예에 해당하고 세리들과 창녀들은 나중 된 자가 먼저 되는 구체적인 예에 해당한다 (DA, 1997: 172).

13. 포도원 농부 비유 (21:33-46)

공개 토론에서 대제사장들과 백성의 장로들에게 완승하신 후, 예수께서는 세례자 요한을 믿지 않는 대제사장들과 장로들을 질책하신 후에 (21:28-32), 그들에게 포도원 농부 비유를 통하여 자신의 권위가 하나님의 아들로서의 권위임을 분명히 하신다(21:33-46). 이 비유를 통하여 예수께서는 대제사장들과 장로들이 하나님의 나라를 찬탈하고자 하는 역도로서 자신을 죽일 것임도 예언하신다(21:38-39). 예수께서는 하나님께서 그들을 진멸하실 것임도 예언하신다(21:41).

---

214. 양용의, 2018: 422-23.
215. DA, 1997: 170.
216. DA, 1997: 171.

1. 번역

33 다른 비유를 들으시오.

어떤 가장이 포도원에 포도를 심고 그것에 담을 둘렀소.

그곳에 포도즙 틀을 파고 망대를 세우고 농부들에게 임대해 주고 떠났소.

34 추수 때가 가까이 왔을 때

그가 그의 종들을 농부들에게 보내어 그의 열매들을 얻고자 했다네.

35 농부들이 그의 종들을 붙잡아

일부는 때리고 일부는 죽이고 일부는 돌로 쳤소.

36 그가 다시 다른 종들을 첫 번째보다 더 많이 보냈다네.

그들은 그들에게 동일하게 행했소.

37 그 후에 그는 그들에게 자신의 아들을 보내면서 말했다네.

'그들이 나의 아들을 존경할 것이다.'

38 그러나 농부들은 그 아들을 보고 서로 말했소.

'이자는 상속자이다. 우리가 그를 죽이고 그의 유산을 차지하자.'

39 그리고는 그들이 그를 잡아 포도원 밖으로 끌고 나가 죽였소.

40 그렇다면 포도원 주인이 올 때, 저 농부들에게 어떻게 하겠소?"

41 그들이 그에게 말했다.

"악한 그 자들을 엄하게 진멸하고

결실의 계절에 열매들로 그에게 갚아 줄 다른 농부들에게

그 포도원을 임대해 줄 것이오."

42 예수께서 그들에게 말씀하셨다.

"그대들은 성경에서 전혀 읽지 못하였소?

'건축자들이 배척한 돌,

이것이 모퉁이의 머리가 되었구나.

이것은 주로부터 이루어진 것이며

우리들의 눈에 놀랍구나.'

43 이 때문에 그대들에게 말하오.

하나님의 나라를 그대들에게서 빼앗아

그 나라의 열매를 맺는 백성에게 줄 것이오.

[**44** 이 돌 위에 떨어지는 자는 박살 날 것이고,

돌이 누구든지 그 위에 떨어지면 그를 뭉개버릴 것이오.]"

45 대제사장들과 바리새인들이 그의 비유들을 듣고

자기들에 관하여 말씀하셨음을 알았다.

46 그들은 그를 체포하고자 했으나 무리들을 무서워하였다.

왜냐하면 그들이 그를 선지자로 여기고 있었기 때문이었다.

2. 주해

33절 (포도원을 농부들에게 임대하고 떠난 주인) 포도원 농부 비유는 이사야 5:1-7을 배경으로 한다.[217] 유대인들은 이 이사야 구절이 예루살렘 멸망으로 BC 586년에 성취되었다고 해석하였다.[218] 이사야 5:7을 배경으로 본다면, 포도원은 이스라엘이며 포도나무는 유대인들이다(Collins, 545). 포도원(또는 포도나무)은 구약 성경에서 이스라엘을 가리키는 비유적 언어로 사용된다.[219] 그러므로 이 비유에서 '포도원'은 아마도 이스라엘을 가리키고, 농부들은 유대 종교 지도자들을 가리킬 것이다(21:45)(Keener, 2009:

---

217. Evans, 1990: 298.

218. Evans, 1990: 298.

219. 시 80:8-18; 렘 2:21; 12:10; 겔 19:10-14; 호 10:1(France, 456).

510). 랍비들의 비유에서는 하나님이 밭의 주인에 비유된다.[220] 이사야 5:7 은 "만군의 주의 포도원은 이스라엘 집이다."라고 하므로 이 비유에서 포 도원 주인은 하나님을 가리킨다(DA, 1997: 179).

이 비유에서 포도원 주인은 포도원에 '울타리,' '포도즙 틀,' '망대'를 만든다. 이것은 이사야 5:2을 배경으로 한다.[221] 유대 문헌(4Q500; 에녹1 서 89:56, 66-67)은 이 이사야 본문에서 망대는 성전, 즙 짜는 틀은 성전 의 제단을 가리킨다고 해석한다.[222] 쿰란 문헌(4Q500)은 하나님의 포도원 을 성전산에 위치시키고, 탈굼 이사야 5:2도 성소와 제단을 언급하여 이 사야 5:2이 성전에 관한 것이라고 본다.[223] 이러한 관점에서 볼 때 이 비유 속의 '울타리'는 예루살렘 성벽을 비유한 것이다(Marcus, 2009: 802).

이사야 5장에서는 포도원 자체가 문제이다. 그러나 이 비유에서는 포 도원 농부들이 문제를 일으킨다. 따라서 이 비유는 이스라엘 백성이 아니 라 이스라엘의 권력자들에 관한 것이라고 볼 수 있다(Lane, 419).

34절 (종들을 보냄) 주인은 열매를 받기 위해 종들을 농부들에게 보낸 다. '열매'는 마태복음의 다른 곳들(예. 마 7장)에서처럼 선행을 가리킨다 고 볼 수 있다(DA, 1997: 180 참고).

35-36절 (농부들이 종들을 박해함) 주인이 종들을 농부들에게 보냈는데 농부들은 종들을 때리고, 죽이고, 돌로 친다. 종을 하나씩 보내는 대신 여 러 명의 종들을 보내는 점이 마가복음과 다르다. 마태복음에서는 종들을 두 차례 보내는데, 마가복음에서는 세 차례 보낸다. 구약 성경에서 종은 자주 선지자들을 가리킬 뿐 아니라 '나의 종들 나의 선지자들'이라는 표

220. Marcus, 2009: 802.
221. DA, 1997: 178.
222. Marcus, 2009: 802.
223. DA, 1997: 180.

현도 사용하므로(렘 7:25-26; 25:4; 암 3:7; 슥 1:6),[224] 포도원 농부 비유에
서도 좋은 선지자를 가리킨다고 볼 수 있다. 이 비유에서처럼 예레미야는
맞았으며(렘 20:2), 우리야는 죽임을 당하였고(렘 26:21-23), 스가랴는 돌
로 침을 당했으며(대하 24:21), 선지자들이 죽임을 당했다(느 9:26).[225]

돌로 쳐서 죽임을 당하는 것은 유대인들과 헬라인들의 세계에서 수치
스러운 죽음이었으며, 구약 성경에서는 신성모독, 우상숭배, 점술, 아이를
제물로 바치기, 간음, 안식일 위반에 대한 징벌이었다.[226]

37절 (포도원 주인이 아들을 보냄) 주인은 자신의 아들을 보낸다. 예수를
하나님의 아들로 제시하는 마태복음의 문맥에서 볼 때(마 3:17; 17:5), 이
아들은 예수를 가리킨다. 파송된 종들이 배척당하거나 죽임을 당한 후에
아들을 보내는 것은 비현실적이지만 청중을 놀라게 하여 소통 효과를 극
대화하는 기법으로 볼 수도 있다.[227] 이러한 비현실성은 이 부분에 비유의
강조점이 놓여 있다고 볼 수 있게 한다.

38절 (주인의 아들을 죽인 농부들의 의도) 농부들은 포도원을 차지하기 위
해 주인의 아들을 죽이자고 의논한다. 여기서 '서로 말했다'는 마태복음
21:25을 연상시키며, 악한 소작농들이 유대 권력자들을 가리킨다고 보게
한다(DA, 1997: 183).

포도원이 자신들의 것으로 만들려고 한 포도원 농부들의 모습은 오늘
날 하나님의 것을 자신의 사유물처럼 만들고자 하는 교권주의자들의 모
습에서 재현된다.[228] 학교이든, 총회이든, 교회이든 좀 더 발전시키려고 애

---

224. Marcus, 1992: 113. n.8. 참고.
225. Hagner, 1995: 620.
226. 출 19:13; 레 20:2-5; 24:14, 16, 23; 민 15:32-36; 신 13:6-10; 17:2-7; 21:21; 22:21, 24;
    대하 24:20-21 등(DA, 1997: 182).
227. 박윤만, 800.
228. Williamson, 216.

쓰기보다 자신의 영향력이나 지배력을 더 소중하게 여기면서 망가뜨리는 자들의 모습이 종종 목격된다.

유대법에 의하면 4년간 임대료를 내지 않고 토지를 점유하면 점유한 자의 소유권이 인정된다고 데렛(J. D. M. Derrett)은 주장한다.[229] 이 주장이 옳다면 포도원 농부들은 이 법에 따라 자신들이 조금만 더 버티면 포도원을 차지할 수 있다고 본 것이다. 그러나 이것은 그들이 주인의 아들을 굳이 죽인 이유를 설명하지 못한다. 또한 데렛의 주장의 법률적 근거는 확실하지 않다(France, 461). 포도원 농부들이 주인의 아들을 죽인 이유는 주인이 이미 죽었다고 가정하고, 이제 아들만 죽으면 포도원이 주인 없는 땅이 되어 자신들의 것이 된다고 여겼기 때문일 수 있다.[230] 그러나 유대 법정에서도 로마 법정에서도 농장주를 죽인 소작인들이 농장을 소유하게 된다고 판단하지는 않았을 것이다.[231] 그러므로 포도원 농부들이 포도원을 차지하고자 했다는 묘사는 비현실적인 면이 있고, 따라서 이 부분에는 비유에 강조점이 있다. 이 부분은 유대 권력자들이 이스라엘을 차지하고자 하는 의도를 가졌음을 강조하기 위해 비유 속에 포함되었을 것이다.

39절 (아들을 죽임) 농부들은 주인의 아들을 포도원 밖에 내쫓아 죽였다. (마가복음은 '죽여 포도원 밖에 던졌다'고 기록한다.) 마태복음이 이렇게 기록한 것은 예루살렘 성 밖에서 예수를 처형한 사건(요 19:17-20)에 맞게 표현한 것으로 볼 수 있다.

40절 (예수의 질문) 비유를 마치고 예수께서는 주인이 농부들에게 어떻게 하겠느냐고 질문하신다. '어떻게 하겠소?'는 "내가 내 포도원에 어떻게

---

229. France, 461.
230. Lane, 418-19.
231. Marcus, 2009: 804.

행할지를 너희에게 이르리라. 내가 그 울타리를 걷어 먹힘을 당하게 하며 그 담을 헐어 짓밟히게 할 것이요."라고 하는 이사야 5:5를 반영한다.[232] 그리하여 하나님의 심판이 임할 것을 암시한다.

41절 (청중의 대답) 청중은 포도원 주인이 농부를 진멸한다고 대답한다. 여기에는 더더구나 논증(*a minori ad maius*)이 담겨 있다. 포도원 주인이 자신에게 반역한 포도원 농부들을 진멸한다면, 이스라엘의 주이신 하나님께 반역한 이스라엘 지도자들은 더더구나 진멸될 것이다.[233] 이것은 AD 70년에 예루살렘이 멸망하면서 성취되었다.

마가복음은 "와서 그 농부들을 진멸하고 포도원은 다른 사람들에게 주리라."고 한다. 마태복음은 마가복음의 '다른 사람들'을 '제때에 열매를 바칠 만한 다른 농부들'이라고 자세히 표현한다. 마태복음의 관점에서 이들은 아마도 유대 그리스도 교회 지도자들을 가리킬 것이다.[234] 하나님의 백성의 지도자 교체는 에스겔 34장에서도 다루어진다.[235] 대제사장과 산헤드린 대신 예수의 열두 제자들이 포도원(이스라엘)을 관리하게 될 것이다.

42절 (시편 인용) 예수께서는 시편 118:22-23을 인용하신다. 이 시편 내용은 포도원 농부 비유를 통해 자세히 설명되었기에, 이 시편 인용은 이 비유를 통해 말씀하신 바의 성경적 근거를 언급하기 위함이었을 것이다.[236]

이 시편 구절에 나오는 '건축자'는 랍비 문헌에서는 배운 자를 가리킨

---

232. 강대훈, 하, 304.
233. Evans, 2001: 235 참고.
234. Harrington, 302.
235. Williamson, 213.
236. Collins, 548.

다(Str-B, 1:876). 사도행전 4:11에서도 "너희 건축자들"은 유대 권력자들
(대제사장, 서기관들, 장로, 관원)을 가리킨다. 따라서 예수 당시에도 '건
축자들'은 지도자들을 가리키는 용법으로 사용될 수 있었을 것이다. 아마
도 이들은 포도원 농부 비유에서 농부로 비유된 유대인들의 지도자들을
가리킬 것이다. 그렇다면 이 시편 구절에 나오는 돌은 비유에 나오는 포
도원 주인의 아들을 가리킬 것이다. 이 시편에서 건축자들이 돌을 배척한
다고 한 것처럼 이 비유에서는 농부들이 주인의 아들을 죽인다. 유대 전
통은 시편 118:22의 '돌'을 메시아라고 해석하므로, 이 시편의 인용은 포
도원 농부의 비유를 깨닫도록 도왔을 것이다(자세한 설명은 아래 해설 참
고).

43절 (비유 해석) 예수께서 비유의 내용을 설명하신다. 대제사장들과 장
로들은 하나님의 나라(포도원으로 비유됨)를 빼앗기고 하나님 나라의 열
매 맺는 백성이 그것을 받는다. 마태복음에서 '백성'(ἔθνος)은 늘 이방인
을 가리키는 단어로 사용되지는 않고, 이스라엘을 포함하여 민족들을 가
리킬 수 있다.[237] 이 단어는 또한 사람들의 집단을 가리킬 수 있다.[238] 이 구
절에서 열매 맺는 백성은 이방인만을 특정하여 가리킨다고 볼 수는 없
다.[239] 이 비유에서 포도원(이스라엘)이 아니라, 소작농들(유대 지도자들)
이 문제시되고 있기 때문이다.[240] '백성'(ἔθνος)이 이방 민족들을 가리킬
때 사용되는 복수형이 아니라 단수형으로 등장하는 것도 여러 민족들이
아니라 새로운 하나의 백성을 가리킨다고 볼 수 있게 한다.[241] 이 백성의

---

237. Turner, 57-58.
238. Harrington, 303; Turner, 58.
239. DA, 1997: 189.
240. DA, 1997: 189.
241. Story, 192-93.

핵심은 옛 지도자들과 대조되는 새로운 지도자들(예수의 열두 제자들)이라고 볼 수 있다(Turner, 60). 또한 회개한 세리 및 창녀와 같은 참된 이스라엘 백성을 가리킨다고 볼 수 있다(31절). 키너(Keener)는 이 '백성'이 새 출애굽 백성을 가리킨다고 본다(출 19:5-6).[242] 이 백성은 유대인과 이방인으로 구성된 교회이다(DA, 1997: 190).

하나님 나라를 받는 자격은 열매 맺음이므로, 열매를 맺지 못한다면 새 이스라엘로서의 자격이 없다.[243] 바울도 로마서 11:20-22에서 이를 잘 지적한다.

44절 (돌) 시편에 언급된 돌에 부딪히는 자는 깨어지거나 흩어진다. 이 부분은 마가복음에는 없는 내용이다. 예수를 대적하는 자는 망한다고 경고하는 말씀이다. '가루로 만들다'는 다니엘 2:44을 반영하고 돌은 이사야 8:14-15; 28:16을 반영한다(Keener, 2009: 516). 이사야 8:14-15에서 하나님은 사람들이 걸려 넘어지게 하는 돌에 비유되고, 다니엘 2:35, 45에서 돌은 세상 제국을 부서뜨리는데, 마태복음 21:44은 예수께서 이러한 돌에 해당하는 분이심을 암시한다(Fuhrmann, 72).

45-46절 (대제사장들과 바리새인들의 반응) 비유를 들은 대제사장들과 바리새인들이 이 비유가 자기들에 관한 것임을 알아들었다. 이처럼 비유는 청중에게 전달하려는 바를 효과적으로 자각시키는 방법이다(Hagner, 1995: 623-24). 이 구절에서 '바리새인들'은 갑작스레 언급된다. 예수께 질문한 자들은 대제사장들과 백성의 장로들이었다(마 21:23). '바리새인들'에 관한 언급은 백성의 장로들의 주된 구성원이 바리새인이었음을 보여 주거나 그들 중에서 예수를 죽이고자 한 자들이 특히 바리새파였음을 알려 준다.

---

242. Keener, 2009: 515.
243. 양용의, 2018: 427.

그들은 예수를 체포하고자 했으나 예수를 선지자로 여기는 무리를 무서워하여 실행하지 못했다. 무리가 예수를 선지자로 여겼음이 다시 한번 언급된다. 왜 메시아로 여겼다고 하지 않았을까? 메시아로 여긴 사람들은 대다수가 아니었지만, 예수를 메시아로 믿지 않은 사람들마저도 대부분 예수를 선지자로는 믿었기 때문일 것이다.

3. 해설

시편 118:22이 언급하는 돌(אֶבֶן, '에벤')은 하나님의 백성이나 (발음이 유사한) 아들(בֵּן, '벤')을 가리키는 언어로 유대인들의 문헌에서 사용되었다. 쿰란 문헌(4QpIsad 1:3; 1QS 8:8; 1QH 6:25-27)은 이사야 54:12를 해석하면서 참된 하나님의 백성이라고 자부하는 쿰란 공동체를 돌에 비유하였다(박윤만, 793-94). 요세푸스(*J.W.* 5.6.3 §272)도 돌을 아들을 가리키는 상징으로 사용했다.[244] 따라서 돌(אֶבֶן, '에벤')은 포도원 농부 비유에 나오는 '아들'(בֵּן, '벤')과 동일한 대상을 가리킬 수 있는 단어이다.

시편 118편에서 건축자들이 버린 돌은 열방에게 배척당한 이스라엘(또는 이스라엘의 왕)을 가리킨다고 보이는데, 카이로 게니자에서 발견된 유대 문헌도 이를 다윗 계통의 메시아로 해석한다.[245] 랍비 문헌도 시편 118:22의 '버림받은 돌'이 아브라함, 다윗, 또는 메시아를 가리킨다고 본다.[246] 탈굼은 이 돌을 이새의 아들 다윗으로 간주하며 메시아적으로 묘사

---

244. 박윤만, 793.
245. Marcus, 2009: 808.
246. Lane, 420.

하고,[247] '돌'을 '아들'로 번역하기까지 한다.[248] 이러한 배경은 이 시편 구절을 메시아적으로 이해할 수 있게 한다.

'에벤'(돌)과 '벤'(아들)은 발음이 비슷하여 대체 언어로 사용될 가능성이 있다. 마태복음 본문에서 인용된 시편 구절의 '이 돌'은 '에벤'(돌), '벤'(아들) 언어유희를 통하여,[249] 비유 속의 '아들'처럼 (메시아) 예수를 가리킨다. 이 돌은 마태복음 본문의 포도원 농부 비유에서는 메시아이시며 이스라엘의 대표이신 예수를 가리킨다(DA, 1997: 185).

인용된 시편 118:22은 이 돌이 모퉁이의 머리가 되었다고 한다. '모퉁이의 머리'는 아치의 꼭대기에 있는 돌(capstone)일 수 있다.[250] 유대인들의 문헌(솔로몬의 시편 22:7-9; 23:1-4)에는 성전 꼭대기에 '모퉁이 돌'을 올려 성전에 왕관을 씌우듯이 '모퉁이의 머리'에 두려 했다는 내용이 나온다.[251] 솔로몬의 시편 22-23장은 이 돌을 솔로몬 성전을 완성하는 돌로 간주하며, 시리아어 역본과 심마쿠스 역본은 이 돌을 건물의 머리에 있는 돌로 간주하고, 터툴리안 등의 교부들은 이 돌을 건물의 왕관에 해당하는 것이라고 보았다.[252] 처음에 버림받은 돌이 나중에 사용되는 문맥도 이 돌이 건축 초기에 놓이는 기초석이 아니라 건축물의 상부에 사용되는 돌임을 알려 준다(Marcus, 2009: 809). 버림받은 돌이 모퉁이의 머리가 되는 일은 예수의 십자가 수난과 부활로 성취된다.[253]

---

247. 강대훈, 하, 306.
248. Evans, 1990: 303.
249. 이러한 언어유희(wordplay)는 출 28:12, 21; 39:6, 7, 14; 수 4:6-7; 애 4:1-2; 슥 9:16; 사 54:11-13에도 나타난다(Snodgrass, 113-14).
250. Hagner, 1995: 622; BDAG 542 참고.
251. Marcus, 2009: 808-9.
252. DA, 1997: 185.
253. 신현우, 2021: 572.

14. 혼인 잔치 비유 (22:1-14)

예수께서는 유대인들의 도시 예루살렘이 불살라질 것임을 비유를 통해 알려 주신다. 하나님 나라 잔치에는 유대인들이 무시하던 백성들이 참여하게 될 것이다. 초청에 응하였어도 하나님을 무시하는 사람들은 역시 밖으로 쫓겨날 것이다.

누가복음 14:15-24에도 동일한 비유가 나오는데 마태복음에서 이 비유는 초점이 다르게 제시된다. 누가복음은 '더더구나 논증'을 사용하여 하나님께서 베푸시는 잔치를 거절한 사람들이 어떻게 될지 암시한다. 부유한 사람들을 초청한 악한 사람이 큰 잔치를 베풀 때에도 결국 가난한 사람들이 자리를 채우게 되었다면, 선하신 하나님께서 베푸시는 하나님 나라 큰 잔치에는 가난한 사람들이 더더구나 자리를 채우게 될 것임을 알려 준다. 그러나 마태복음은 '더더구나 논증'을 사용하지 않고 하나님의 초대를 거절한 사람이 당하는 결과를 구체적으로 묘사한다.

이 비유에서 결혼 잔치는 종말의 잔치를 가리키고, 종들을 죽임은 선지자들과 예수를 죽임을 가리킨다(DA, 1997: 197). 이 비유는 예루살렘 탈무드(*j. Sanhedrin* 6.23c)에 반영된 전통 속의 민속적 이야기를 소재로 하여 소통한 것으로 볼 수도 있다(DA, 1997: 203). 이 이야기 속에서 세리 바아르 마욘(Baar Ma'yon)이 죽었을 때 온 마을은 그의 장례식 때 경의를 표하였는데, 그 이유는 이 세리가 마을 지도자들을 아침 식사에 초대하였을 때 오지 않자 가난한 자들을 초대하여 식사하도록 하였기 때문이었다.[254] 청중이 이러한 내용의 이야기에 친숙하였다면, 그들은 예수의 비유를 쉽게 이해할 수 있었을 것이다.

---

254. DA, 1997: 203.

1. 번역

22:1 예수께서 반응하시어 다시 비유로 그들에게 말씀하셨다.

2 "하늘들의 나라는 자신의 아들을 위하여 결혼 잔치를 연 어떤 왕과 같다오.

3 그가 초청받은 자들을 결혼 잔치로 부르고자 자기의 종들을 보냈소.

그러나 그들은 오기를 원하지 않고 있었네.

4 그가 다시 다른 종들을 보내며 말했소.

'초청받은 이들에게 말하라.

"보십시오!

내가 만찬을 준비하였고, 소들과 살진 송아지들을 잡았습니다.

다 준비되었으니, 결혼 잔치에 참여하십시오".'

5 그러나 그들은 거절하고 떠나갔다네.

어떤 사람은 자기 자신의 농장으로

어떤 사람은 자기 자신의 사업장으로 갔소.

6 그런데 다른 사람들은 그의 종들을 체포하여 모욕하고 죽였다오.

7 왕은 분노하여 자신의 군대를 보내어

저 살인자들을 진멸하고 그들의 도시를 불태웠네.

8 그때 그가 자신의 종들에게 말했소.

'나의 결혼 잔치가 준비되었으나, 초청받은 자들이 자격이 없구나.

9 그러므로 너희는 길들의 경계들에 가서

누구든지 만나는 대로 결혼 잔치에 초청하라.'

10 그래서 저 종들이 나가서 길들에서 그들이 만나는 사람을 모두

악인이든지 선인이든지 막론하고 결혼 잔치에 모았소.

그리하여 결혼 잔치가 기대어 누운 자들로 가득하게 되었네.

11 왕이 들어와서 기대어 누운 자들을 보고

거기서 결혼 예복을 입지 않은 사람을 보았다오.

12 그가 그에게 말했소.

'친구여, 어찌 결혼식 예복을 입지 않고 이곳에 들어왔나?'

그러나 그는 아무 말도 하지 않았네.

13 그때 그 왕이 종들에게 말했소.

'그의 발들과 팔들을 묶은 후에 그를 바깥 어두운 곳으로 내던지라.

그곳에서 애곡하고 이를 갈 것이다.'

14 많은 사람들이 초대받지만, 선택받는 사람은 적다네."

2. 주해와 해설

1-3절 (혼인 잔치에 손님을 초정한 왕) 천국이 결혼 잔치를 열고 손님을 초대한 어떤 왕의 경우에 비유된다. 이 비유는 예수께서 21:23-46에서 자신의 권위가 하나님의 아들의 권위임을 암시하시고, 이 권위에 어떻게 반응해야 하는지 알려 준다.[255]

4절 (두 번째 초청) 왕이 베푼 잔치의 식사는 오찬이었다. '오찬'은 아침 일찍 늦어도 점심 때의 식사를 가리킨다(Keener, 2009: 521). 왕은 초청을 두 번 한다. 첫 번째 초청은 예약을 위한 것이고,[256] 두 번째 초대는 식사가 준비되어 잔치가 시작된다는 것을 알리는 것이었다(마 22:4).[257] 언제 준비가 끝날지 정하기 힘들기 때문에 두 번째 초대는 표준적인 과정이었다.[258]

---

255. Smillie, 465.
256. Stein, 393.
257. Keener, 2009: 519.
258. Keener, 2009: 519.

이러한 관습은 파피루스 자료들을 통해서도 확인된다(Keener, 2009: 519).

5절 (초청을 거절한 자들) 초청받은 사람들은 잔치에 가지 않았다. 초대를 거절하는 것은 초대한 사람에 대한 모욕이었다(Keener, 2009: 520).

6절 (왕의 종들을 죽인 자들) 어떤 자들은 초청을 전하러 온 종들을 잡아 모욕하고 죽였다. (이 부분은 누가복음에는 없는 내용이다.) 이 부분은 선지자들을 죽이고 예수도 죽인 유대인들을 연상시킨다.

7절 (군대를 보내 응징한 왕) 왕은 "군대를 보내어 그 살인한 자를 진멸하고" 도시를 불태웠다. 도시를 불태웠다는 묘사는 AD 70년에 로마군에 의해 예루살렘이 멸망한 것을 연상시킨다.[259] 이것은 예루살렘의 멸망을 염두에 둔 예언적인 비유로 볼 수 있다.[260] 예루살렘 멸망 후에 예수의 예언이 성취되었음을 지적하고자 이것을 밝혀 기록하였을 수 있다.

8-10절 (다른 사람들을 초청함) 왕은 처음 초청받은 자들이 합당하지 않다고 한다. 초대를 받은 사람들은 초대를 거절하였을 뿐 아니라 종들을 죽였으므로 잔치에 참여할 자격이 없다. 왕은 '네거리 길에' 가서 사람들을 초청하라고 한다. 개역개정판이 '네거리'로 번역한 단어는 '디엑소도스'(διέξοδος)이다. 이것은 길이 도시의 범위를 통과하여 교외로 나간 곳을 가리킬 수 있다.[261] 70인역에서 '디엑소도스'는 대개의 경우 어떤 영역의 경계(끝)를 가리키므로,[262] 이 구절에서 이 단어는 '길들의'의 수식을 받으며 길들의 끝 지점(즉 도시나 국가의 경계)을 가리키는 듯하다. 따라서

---

259. Keener, 2009: 518.
260. 양용의, 2018: 430.
261. Harrington, 306.
262. 김태섭, 903-7.

이것은 손님을 청하는 노력이 어떠했는지 보여 주며,[263] 이방인들이 초청됨을 암시한다.

종들은 "악한 자나 선한 자나 만나는 대로" 초청했다. (이 부분은 누가복음에는 없는 내용이다.) 초대를 받는 사람 중에 악한 자가 포함됨을 암시한다. 이것은 교회에 배교자가 포함된 것을 설명하기에 적합하므로 마태복음이 이러한 내용을 담았다고 볼 수도 있다. 그러나 여기서 초점은 이방인도 배제되지 않고 초청된다는 이방 선교 관점을 담고 있는 듯하다.

11절 (예복을 입지 않은 사람) 왕은 예복을 입지 않은 한 사람을 보았다. 키너는 예복이 아닌 옷은 일하다가 흙이 묻은 옷을 가리키며 이것은 잔치 주인을 모욕하는 것이라고 설명한다(Keener, 2009: 522).

예복의 결여는 앞에서 언급된 비유에서처럼 농부들에게 결여된 것이 열매임을 염두에 둔다면, 동일한 것을 가리킨다고 볼 수 있다. 마태복음 21:28-22:14에서 언급된 비유들은 하나님의 뜻을 행함을 강조하므로, 이어지는 본문에서도 같은 주제를 다룬다고 볼 수 있다.[264] 따라서 예복은 아마도 하나님의 뜻에 순종하는 삶을 가리킨다.[265] 요한계시록 19:8은 세마포 옷이 의로운 행위를 가리킨다고 하는데, 아마 마태복음도 이러한 상징 세계 속에서 예복이라는 말을 사용했을 것이다. 탈무드(*b. Shabbath* 153a)에서 합당한 옷을 입은 손님들과 악한 행위를 한 자들이 대조되는 것도 이러한 해석을 지지한다.[266]

그런데 이 예복이 부활한 몸 또는 부활 후에 입을 영광의 옷을 가리킨다고 보는 해석도 있는데 이것은 마태복음 13:43과 조화되는 장점이 있다

---

263. Harrington, 306.
264. 강대훈, 상, 214.
265. 양용의, 2018: 431.
266. 강대훈, 하, 323.

(DA, 1997: 204). 그러나 이러한 해석은 이 예복을 입지 않고도 잔치에 이미 와 있는 자를 쫓아내는 이야기에는 잘 들어맞지 않는다.

12-13절 (예복 입지 않은 자를 쫓아냄) 왕은 예복 입지 않은 자를 '친구여'(ἑταῖρε)라고 부른다. '친구여'는 질문자가 이미 대답을 알고 있을 때나 다른 사람에게 어려운 질문에 대답을 하게 할 때 사용하는 말이다(마 20:13; 26:50).[267] 왕의 질문은 왜 예복을 입지 않고 들어왔느냐 하는 것이었다. 이 질문은 예복을 입지 않고 들어오면 안 됨을 전제한다. 질문을 받은 자는 어떤 변명도 하지 못한다.

왕은 이 사람을 '바깥 어두운 데에' 내던지게 한다. 이것은 배교자나 주의 뜻대로 살지 않는 교인을 출교시키는 것을 가리킬 수도 있지만, 임금이 직접 쫓아내는 것을 볼 때 하나님의 심판을 뜻한다고 보는 것이 적합할 것이다. 예복이 없어 심판을 받는 것은 유대 문헌에서 타락한 천사의 운명에 해당하는 심판으로 볼 수 있다. 아브라함의 묵시 13:14에 의하면 타락한 아자젤(Azazel)은 천상의 옷을 잃어버린다.[268] 한편 손발을 묶는 것은 권력을 박탈하는 것으로 해석될 수 있다.[269] 유대 문헌(에녹1서 10:4-5)에서 천사 라파엘은 아자젤의 손발을 묶어 어둠 속에 던진다(DA, 1997: 206).

'어둠'은 유대인들의 문헌들에서 죄인들이 심판을 받는 장소인 스올(희년서 7:29), 하데스(솔로몬의 시편 14:9)와 연관되어 등장하거나 심판과 연관되어 사용되며(에녹1서 103:7; 108:14-15; 토비트 14:10), 아자젤(마귀)이 묶여 던져지는 장소와 관련되기도 한다(에녹1서 10:4-6).[270] 그러

---

267. Harrington, 306.
268. DA, 1997: 206.
269. DA, 1997: 205.
270. Tanner, 447-48.

므로 마태복음 22:13에서도 '어두운 곳'은 심판받은 자들이 가는 부정적인 장소를 가리킨다고 볼 수 있다.

'이를 갊'은 유대인들의 문헌(시빌의 신탁 2:203)에서 불 심판을 받는 모습으로 묘사되며, 악인이 게헨나에서 고통당하는 모습을 묘사할 때 사용된다(시빌의 신탁 2:305, 332; 8:86, 105, 125, 231).[271] 따라서 이 표현은 마태복음에서도 심판을 받는 모습을 묘사하기 위해 사용되었다고 볼 수 있다.

14절 (청함과 택함) 예수께서는 청함을 받은 자는 많지만 택함을 입은 자는 적다고 하신다. '많은'(πολλοί)은 마태복음이 셈어적으로 사용하였다면 예외가 있다는 암시를 갖지 않으며 모든 사람들을 가리킬 수도 있다.[272] 모든 사람 내지 매우 많은 사람들이 하나님 나라 잔치에 청함을 받는다. (물론 청함을 받지도 못하는 사람이 있을 가능성이 배제되지 않는다.) 그러나 이러한 청함에 응답하는 사람의 수는 청함을 받은 사람들의 수보다 적다. '적은'(ὀλίγοι)은 셈어적으로 쓰였다면 전부가 아니라는 뜻이지 매우 적은 수임을 뜻하지 않는다.[273] 마태복음은 보편구원론을 주장하지 않는다. 청함을 받지 못하는 사람이 있을 수 있고, 청함을 받은 사람들 중에서도 선택(구원)을 받지 못하는 사람이 분명히 있다.[274] 그처럼 구원받지 못하는 사람은 순종의 행함이 없는 사람들이다.

유대 문헌에는 "지극히 높으신 분께서 이 세상을 많은 사람을 위해 만드셨으나, 오는 세상은 약간을 위하여 만드셨다."고 하며 "많은 사람들이

271. Tanner, 449.
272. Hagner, 1995: 632.
273. Hagner, 1995: 632.
274. 마태복음(24:22, 24, 31)에서 '택함 받은 자'(ἐκλεκτός)는 참 하나님의 백성 또는 새 하나님의 백성을 가리킨다(Tanner, 453).

창조되었으나 적은 사람들이 구원받는다."고 하는 주장이 발견되는데(에스라4서 8:1, 3), "모든 이스라엘이 오는 세상에서 자리를 가진다."는 주장과(*m. Sanhedrin* 10:1), "거기에 [오는 세상에] 의로운 자들이 적다."(*b. Menahoth* 29b)는 주장도 담겨 있다.[275] 유대인들은 자신들이 구원받은 소수에 해당하는 의로운 자들이라고 생각했을 것이다. 그러나 예수의 비유는 이러한 선민의식에 도전한다.

15. 로마 황제에게 내는 세금에 관하여 (22:15-22)

유대인 지도자들은 예수께 함정을 판 질문을 던진다. 바리새인들은 헤롯파와 함께 로마 황제에게 내는 세금을 성경이 허용하는지 질문했다. 예수께서는 로마 황제를 신의 아들로 선언하는 글과 그러한 황제의 형상을 새긴 데나리온을 로마 황제의 것이라 부르며 로마 황제에게 돌려주라고 하시고, 동시에 하나님의 형상이 새겨진 사람은 하나님께 드려야 한다고 하심으로써 그들이 판 함정을 벗어나신다.

1. 번역

15 그때 바리새인들이 가서 그를 어떻게 말로 덫에 걸리게 할지 음모를 꾸몄다. 16 그들이 그에게 자기들의 제자들을 헤롯파 사람들과 함께 보내어 말했다.

"선생님, 우리는 당신이 선하시고 하나님의 도를 참되게 가르치시며
누구에 대해서도 괘념치 않으신다는 것을 압니다.
왜냐하면 당신은 사람들의 눈치를 보지 않으시기 때문입니다.

---

275. DA, 1997: 206.

17 그러므로 우리에게 말씀하십시오.

당신은 어떻게 생각하십니까?

로마 황제에게 세금을 내는 것과 내지 않는 것 중에 어느 것이 합당합니까?"

18 예수께서 그들의 악함을 아시고 말씀하셨다.

"왜 나를 시험하오? 위선자들이여!

19 나에게 세금용 주화를 보이시오."

그러자 그들이 그에게 데나리온을 가져왔다. **20** 그가 그들에게 말했다.

"이 형상과 글자가 누구의 것이오?"

21 그들이 그에게 말했다.

"로마 황제의 것이오."

그때 그가 그들에게 말했다.

"그러므로 로마 황제의 것들은 로마 황제에게 돌려주오.

그러나[276] 하나님의 것들은 하나님께 돌려드리오."

22 그들이 듣고 놀라 그를 남겨두고 떠났다.

2. 주해와 해설

15-16절 (함정을 판 질문) 바리새인들은 헤롯 당원들과 함께 와서 예수께 질문을 한다. 헤롯 당원들은 헤롯 왕가 특히 헤롯 안티파스를 지지하는 자들이었다.[277] 그들 중에는 에돔(이두매) 사람인 헤롯을 지지하는 에돔

---

276. 헬라어 '까이'(καί)는 유대인이 사용할 때, 히브리어 '베'(ו)처럼 역접을 뜻할 수 있다.
277. Donahue & Harrington, 343. 유세비우스는 에세네파가 대 헤롯의 환심을 샀다고 하므로(*Ant.* 115.371-79), 헤롯파가 에세네파일 수도 있다고 보는 의견도 있다(DA,

사람들이 상당수 포함되어 있었을 것이다(Maier, 762). 이들도 유월절을
맞이하여 예루살렘에 왔을 것이다.[278] 헤롯 왕가는 로마 제국을 힘입어 존
속할 수 있었기에 헤롯당은 카이사르(로마 황제)에게 세금을 내는 것에
찬성하였을 것이다(Donahue & Harrington, 344). 한편 바리새파는 로마
제국에 세금 내는 것을 반대하는 자들의 대표로 이 이야기 속에 등장하는
듯하다.[279] 바리새파는 아마도 로마에 세금 내는 것을 우상숭배로 생각했
을 것이다.[280]

로마 제국에 내는 세금에 찬성하는 자들과 반대하는 자들이 함께 온
것은 예수를 말로 덫에 걸리게 하고자 하는 그들의 음모와 관련된다고 보
인다. 그들은 예수께서 어느 쪽을 택하시든지 문제 삼고자 하였을 것이다.
누가복음 20:20이 밝히듯이 그들이 말로 책잡고자 한 목적은 예수를 로
마 총독에 고발하여 넘기려고 함이었을 것이다(Collins, 556).

바리새파와 헤롯파는 질문하기 전에 예수를 칭찬한다. 그들은 예수께
서 진리로 하나님의 도를 가르치신다고 한다. 이 부분은 예수의 호의를
구하기 위한 아첨으로 볼 수 있다.[281] '하나님의 도'라는 표현은 하나님께
서 요구하시는 행동[282] 또는 하나님으로부터 기원하는 가르침이라는 뜻으
로서 예수의 가르침을 긍정적으로 평가하는 표현으로 볼 수 있다. 물론
아부를 위해 이러한 표현을 사용하였음을 문맥을 통해 알 수 있다. 그들
의 아첨은 예수를 방심시킴으로써 말실수를 하도록 하여 덫에 걸리게 하
기 위함이었을 것이다(Owen-Ball, 7 참고).

    1997: 212).
278. Donahue & Harrington, 343.
279. Donahue & Harrington, 344.
280. Evans, 2001: 244 참고.
281. Keener, 2009: 524.
282. DA, 1997: 213.

그들은 예수께서 "사람의 얼굴을 보지 않는다."고 칭찬한다. 이것은 예수께서 다른 사람들의 (의견에 관해) 고려하거나 (그들의 비판을) 걱정하지 않는다는 뜻이다(DA, 1997: 213). '얼굴을 보다'는 표현은 셈어 표현 '얼굴을 받아들이다'("편파성을 보이다"는 뜻)와 유사한 표현이지만,[283] 문맥상 "눈치를 살피다"를 뜻하는 듯하다. 따라서 예수께서 사람의 얼굴을 보지 않는다는 말은 예수께서 로마 당국도 두려워하지 않음을 뜻하며, 예수께서 로마 제국에 세금 내는 것을 거부하는 대답을 하도록 격려하는 말이다(Marcus, 2009: 816 참고). 이 말은 진심 어린 존경의 말이 아니라 덫에 걸리도록 유도하는 말이다.

17절 (세금에 관한 질문) 질문은 카이사르(로마 황제)에게 내는 세금의 정당성에 관한 것이었다. '카이사르'(Caesar)는 본래 율리우스(Julius)의 성이었지만, 율리우스의 자손이 아닌 로마 황제 클라우디우스(Claudius)와 네로(Nero)도 이 이름을 로마 황제의 칭호처럼 사용하였다.[284] 이 칭호는 오늘날에도 독일어 카이저(Kaiser)와 러시아어 차르(Tsar) 등 황제를 뜻하는 말로서 남아 있다(Marcus, 2009: 817).

여기서 '세금'으로 번역된 헬라어 단어(κῆνσος, '껜소스')는 라틴어 *census*('켄수스,' 인구조사)에서 온 차용어인데, 헬라어로는 인두세를 뜻하고, 아람어와 히브리어 속에서는 벌금을 뜻하게 되었다(Marcus, 2009: 817). 이 세금은 AD 6년에 유대, 사마리아, 이두매가 로마 제국의 통치를 받으면서 부과된 1인당 한 데나리온의 인두세(poll tax)였다.[285] 이 세금은 식민지 백성이 제국에 내는 조공세에 해당하였다. 산헤드린을 비롯한 유대 지도자들이 이 세금 징수를 도왔지만(*J.W.* 2.403-5), 많은 유대인들이

---

283. Marcus, 2009: 816.
284. France, 468; Marcus, 2009: 817.
285. Edwards, 363; Hooker, 279.

종교적 이유로 이를 싫어하고 반대했다.[286] 당시에 로마 황제는 신으로 숭
배되기도 하였기에, 바리새파는 로마 황제에게 내는 이 세금을 이방신에
게 재물을 바치는 우상숭배로 간주했을 것이다(Evans, 2001: 244 참고).
이러한 세금 부과는 또한 내정 간섭으로도 여겨졌고, 결국 갈릴리의 유다
는 이 세금에 반대하여 반란(행 5:37)을 일으켰다.[287] 그와 이천여 명의 가
담자들은 십자가형에 처해졌다(*Ant.* 18.4).[288] 이 세금은 또한 예루살렘 파
괴로 끝나는 유대 전쟁의 원인이 된다.[289]

갈릴리는 로마 제국의 직접 통치를 받는 지역이 아니어서 이 세금을
내는 지역은 아니었지만, 이 세금 문제는 유대인들의 주요 토론 주제일
수밖에 없었다(Osborne, 213). 만일 예수께서 세금을 내라고 하시면 예수
께서는 민족주의자들의 적이 될 것이고, 만일 세금을 내지 말라고 하시면
예수께서는 로마 체제를 반대하는 정치범으로서 처형당할 수 있었을 것
이다(France, 468). 민족주의적 바리새파가 친로마적 헤롯당과 함께 와
있는 자리에서는 어느 쪽으로 답해도 덫에 걸릴 것이다.

그들은 로마 황제에게 내는 세금이 율법에 부합한 것인지 질문한다.
개역개정판에서 '옳으니이까'로 번역된 단어(ἔξεστιν)는 "신적인 법에 의
하여 허용된다"는 뜻을 가진다.[290] 따라서 이 질문은 로마 제국의 법에 따
라 정당한지가 아니라 구약 율법에 의하여 정당한지를 묻는 질문이다. 율
법(신 8:17-19)은 다른 신들을 위해 재물을 사용하는 것을 금한다(Owen-
Ball, 5). 당시 로마 황제 티베리우스 카이사르(Tiberius Caesar)는 스스로

---

286. DA, 1997: 214.
287. *J.W.* 2.118(Osborne, 213).
288. 강대훈, 하, 331.
289. Hooker, 279.
290. France, 468.

신성을 주장하지는 않았지만, 로마 제국의 동방지역에서는 황제 숭배가 행해지기도 했기에,[291] 로마 황제에게 세금을 내는 것은 이방신 숭배로 여겨질 수 있었다. 실제로 유대인들 중에는 이 세금이 로마의 주권을 하나님의 주권 대신 인정하는 것으로 간주하고 정죄하는 자들도 있었다 (Owen-Ball, 5). 유대인들 가운데는 하나님의 기업인 이스라엘 땅에서 유대인에게 외국인이 세금을 부과할 수 없다고 믿는 자들이 있었다.[292]

18절 (질문자들의 악함을 지적하신 예수) 예수께서는 질문자들의 '악함'을 아시고, 왜 "나를 시험하느냐?"라고 질문하신다. 이 질문이 부정적 의도를 가진 것임을 지적하신 것이다. 마가복음은 '외식함을 아시고'라고 하며 누가복음은 '간계를 아시고'라고 한다. 마태복음은 이어서 '외식하는 자들아'라고 덧붙임으로써 마가복음의 내용과 유사하다. 그런데 마태복음은 '악함'이라는 말을 통하여 바리새인들의 외식을 더 강하게 정죄한다.

19절 (세금 내는 돈을 가져오게 하심) 예수께서는 로마 황제에게 세금을 낼 때 사용하는 돈을 가져오게 하셨다. 로마에 세금을 낼 때는 데나리온과 같은 로마 주화를 사용했다.[293] 하루 임금에 해당하는 로마 은전 '데나리온'에는 로마 황제의 형상과 글씨가 새겨져 있었다.[294] 하나님의 형상을 만들지 말라는 계명(출 20:4-6; 신 5:8-11)을 지키는 유대인들은 로마 황제를 신의 아들이라고 부르며 그의 형상을 새긴 데나리온을 우상으로 간주했을 것이다. 에세네파는 심지어 이 은전을 만지기도 거부했다.[295] 랍비 나

---

291. Owen-Ball, 5.

292. Marcus, 2009: 818.

293. Hagner, 1995: 636.

294. Evans, 2001: 247.

295. Finney, 636.

홈과 같은 경건한 유대인들은 이러한 주화에 새겨진 형상을 보지도 않았다고 한다.[296] 그러므로 데나리온을 가지고 온 자는 스스로 계명을 어긴 자들이었다고 볼 수 있다. 당시 아마도 헤롯당이 데나리온을 가지고 왔을 것이다. 바리새파가 데나리온을 가지고 왔을 경우에도, 그들이 이미 우상 숭배와 관련된 계명을 어겼기에 그들은 이 세금의 정당성에 대하여 문제 삼을 자격이 없음을 드러냈다고 볼 수 있다. 따라서 그들은 설령 예수께서 이 세금을 내라고 대답하시더라도 예수를 비판할 자격이 없었다 (France, 466).

20절 (데나리온에 새겨진 형상과 글) 예수께서는 데나리온에 새겨진 형상과 글이 누구의 것이냐고 질문하신다. 이 주화에는 *pontifex maximus*('폰티펙스 막시무스', 대제사장)라는 글자가 새겨져 있었다.[297] *TI CAESAR DIVI AUG F AUGUSTUS*(*Tiberius Caesar Divi Augusti Filius Augustus*, 티베리우스 카이사르, 신성한 아우구스투스의 아들 아우구스투스)라는 글이 새겨져 있었다.[298] 이것은 로마 황제를 신의 아들이라고 선언하는 내용의 글이다. 따라서 이 은전을 소지하면 하나님의 계명 위배에 해당할 수 있었다(Donahue & Harrington, 345 참고).

데나리온에는 신의 아들이라고 선언된 카이사르의 형상이 새겨져 있었다. 따라서 이 형상은 우상에 해당한다. 에세네파는 이러한 데나리온을 가지고 다니거나 보거나 하지 않았다.[299] 예루살렘 주민은 카이사르의 형상을 예루살렘에 허용하기보다 차라리 죽기를 선호했음에도 불구하고,

---

296. Marcus, 2009: 818.

297. Bock, 306.

298. Keener, 2009: 525. 이 데나리온은 골(Gaul) 지방의 루그두눔(Lugdunum)에서 주조된 것이다(DA, 1997: 216).

299. DA, 1997: 216.

데나리온을 가져온 자들은 그러한 형상이 새겨진 은전을 성전 안에까지 가지고 들어왔다(Keener, 2009: 525-26).

21절 (카이사르의 것은 카이사르에게 하나님의 것은 하나님에게) 예수께서는 카이사르의 것은 카이사르에게 돌려주라고 하신다. 로마 황제의 형상이 새겨진 주화의 소유자는 로마 황제라고 여겨졌을 것이다.[300] 그러므로 '카이사르의 것'은 카이사르(황제)의 형상이 새겨진 데나리온을 가리킨다.

예수께서는 세금을 로마 황제에게 바치라고 말씀하시지 않으셨고, 데나리온을 그에게 '돌려주라'(ἀπόδοτε)고 하셨다. 로마 황제의 형상이 새겨진 우상숭배적 데나리온을 로마 황제에게 되돌려 주라는 말씀은 "로마에 세금을 내라."는 뜻의 말씀이 아니다. 이 말씀은 식민지 백성들이 제국에 무조건 복종하라는 뜻을 내포하지 않으며, 세속 권력에 무조건 복종하라는 의미도 내포하지 않는다.[301] 만일 예수의 답변이 그리스도인이 무조건 세속 권력에 순종하라는 의도를 가졌다면, '하나님의 것은 하나님께'라는 구절이 추가되지 않았을 것이다(Owen-Ball, 13).

예수께서는 하나님의 것은 하나님께 돌려드리라고 하신다. 교부 터툴리안은 사람이 하나님께 돌려드릴 수 있는 하나님의 것은 목숨이라고 보았다.[302] 교부 터툴리안(*Adv. Marc.* 4.38)으로부터 시작하여 많은 사람들이 '하나님의 것'은 하나님의 형상이 새겨진 존재인 사람을 가리킨다고 보았다.[303] 예수의 대답은 뒤에 강조가 놓이는 대조평행법이므로, 여기서 강조된 것은 하나님의 것을 하나님께 돌려드리라는 말씀이다. 뒷부분을 도입하는 '까이'(καί)는 히브리어 접속사 '베'(ו)처럼 문맥에 따라 역접("그러

300. Lane, 424.
301. 신현우, 2021: 579.
302. Collins, 57.
303. DA, 1997: 217.

나")의 의미를 가질 수 있다.[304] 세상 군주의 요구와 하나님의 명령이 일치하지 않고 서로 충돌하여 둘 다 만족시킬 수 없는 경우 따라야 하는 것은 하나님의 명령이다(Boring, 2006: 336).

카이사르의 형상이 담긴 데나리온은 카이사르에게 되돌려 주어야 한다. 그러나 우리는 하나님의 형상인 우리의 전 존재를 하나님께 돌려드려야 한다. 여기서, 예수께서는 우리의 전 존재를 다해 오직 하나님을 섬기라고 가르치신다. 마태복음 21:41과 관련하여 보면 이 가르침은 하나님께서 요구하시는 '열매'가 있는 삶을 사는 것을 가리킨다.[305] 예수의 말씀은 또한 로마 황제도 사람 중의 하나로서 하나님의 것이므로, 그도 하나님께 순복해야 함을 암시한다. 정치 권력의 영역은 독자적 영역이 아니라 하나님의 주권 아래 복속해야 하는 영역이다.[306] 예수의 말씀은 세속 권력의 정당성을 절대화하지도 않으시고 완전히 부정하지도 않으신다. 예수께서는 로마 제국을 전복시키는 무장 투쟁을 명하지도 않으셨고, 로마 제국에 내는 세금을 완전히 부정하지도 않으셨다. 정치 권력의 영역이 있을 수 있고 필요할 수 있고 정당성을 가질 수도 있다. 그러나 그것은 완전히 자율적인 독립된 영역일 수 없고, 하나님의 영역에 의하여 평가받고 제한을 받을 수밖에 없다.

어느 쪽으로 대답해도 덫에 걸리는 딜레마 질문에 대한 예수의 답변은 어느 쪽에서 보아도 트집을 잡을 수 없는 말씀이었다. 세금 반대자들이나 찬성자들이 그들이 로마 황제의 것이라고 동의하는 것을 로마 황제에게 내라는 말씀에 어떤 트집도 잡을 수 없었을 것이다.

카이사르의 것은 카이사르에게, 하나님의 것은 하나님께 돌려드리라

---

304. 신현우, 2021: 579.
305. DA, 1997: 216 참고.
306. Osborne, 214.

는 말씀은 도마복음에도 나온다(어록 100). 쾨스터(H. Koester)는 도마복음에 담긴 어록의 형태가 더 오래된 것이라는 주장의 근거로 도마복음에는 이야기(내러티브) 부분이 없다고 지적한다.[307] 그러나 마태복음의 경우처럼 더 구체적이고 자세한 것이 더 오래된 것일 수 있기에 쾨스터의 주장을 따를 필요는 없다(Collins, 556). 더구나 도마복음 어록 100은 은화인 데나리온을 언급하는 대신 이 세금과 무관한 금화를 언급하므로 역사적 사실성을 결여한다.

16. 부활에 관하여 (22:23-33)

　　부활을 부정하는 사두개인들과 토론하시며 예수께서는 사두개인들이 성경으로 받아들이는 오경 본문에 토대하여 부활을 증명하신다. 산 자의 경배의 대상으로서 산 자의 하나님이신 분이 죽은 아브라함, 이삭, 야곱의 하나님이라고 자신을 소개하셨으니, 하나님은 죽은 자들을 산 자로 간주하신 분이다. 전능하신 하나님께서 죽은 자를 산 자로 간주하신 것이 부활을 믿을 수 있는 근거가 된다.

1. 번역

　　23 저 날에 사두개인들이 그에게 나아왔다. 그들은 부활이 없다고 말하는 자들인데, 그에게 질문했다.

　　24 "선생님, 모세는 말하기를

　　'누구든지 자식 없이 죽으면 그의 형제가 그의 아내를 취하여

　　그의 형제를 위하여 후손을 일으킬 것이다.'라고 했습니다.

---

307. Collins, 556.

25 일곱 형제가 우리 가운데 있었습니다.

그런데 첫째가 죽었습니다.

그러나 후손이 없어서 그의 아내를 그의 형제에게 남겨주었습니다.

26 둘째와 셋째와 마침내 일곱째까지 그렇게 되었습니다.

27 모두의 마지막으로 그 여인도 죽었습니다.

28 그렇다면 부활 때에 그녀는 일곱 중에 누구의 아내가 되겠습니까?

모두 그녀를 취했기 때문입니다."

29 예수께서 그들에게 대답하셨다.

"그대들은 성경도 모르고 하나님의 능력도 모르기에 헤매고 있소.

30 부활 때에는 장가가지도 않고 시집가지도 않고

하늘에 있는 천사들과 같기 때문이오.

31 죽은 자들의 부활에 관해서

하나님께서 그대들에게 하신 말씀을 읽지 못하였소?

32 '나는 아브라함의 하나님, 이삭의 하나님, 야곱의 하나님이다.'

하나님은 죽은 자들의 하나님이 아니고 살아 있는 자들의 하나님이오."

33 이에 무리들이 듣고 그의 가르침에 놀랐다.

2. 주해

23절 (사두개인들이 질문함) 사두개인들이 예수께 와서 질문을 하였다. 사두개인들은 구약 성경의 다른 부분보다 모세오경을 더욱 신뢰하였고, 구두 전승의 권위를 부정함에 따라, 죽은 자의 영혼, 부활, 귀신이나 천사의 존재 등을 믿지 않았다(Stein, 501). 사두개인들은 신학적으로는 보수적이었지만 문화적으로는 헬레니즘을 받아들이는 개방성을 보였고, 정치

적으로는 로마 통치를 받아들이는 어용성을 보였다.[308] 그들은 주로 사회
경제적 지배층으로 구성되었다.[309] 그들은 본래 제사장 집단이었지만, 예
수 당시에는 제사장이 아닌 귀족들도 포함하였다.[310] 그들은 부자들의 지
지를 받았으나, 일반 백성에게는 별로 지지받지 못했다(*Ant.* 13.10.6).[311] 그
들은 하스몬 왕족의 정당성을 지지한 자들로서, 왕권과 제사장권의 분리
를 반대하였을 것이며, 다윗 왕조의 중흥을 원하는 자들과 대립했을 것이
다(Lane, 426). 하스몬 왕조의 몰락 후에는, 그들은 바리새파를 반대하는
소극적 역할을 했을 것이다(Lane, 427).

　　사두개인들은 부활이 없다고 주장하는 자들이었다(행 23:8). 그들은
모세오경에는 부활의 근거가 없다고 보고 그렇게 주장했을 것이다. 그러
나 모세오경 외의 구약 성경에서는 부활을 믿을 근거가 발견된다(사
26:19; 겔 37장; 단 12:2).[312] 마카비2서 7:11는 신체적 부활의 소망을 담고
있다.[313] 에스라4서 7:28-44은 부활이 400년간의 메시아 시대 후에 온다
고 보았는데, 이 부활은 지상적인 것과 대조되는 것으로 묘사된다
(Collins, 561). 바리새인들과 랍비 유대교는 부활을 믿었다.[314] 바리새인들
은 모세오경마저도 부활을 인정한다고 보았다(Evans, 1990: 304). 바리새
인들은 의인들은 몸의 부활을 경험하며, 악인들의 영혼은 영원한 형벌을
받는다고 믿었다.[315] 랍비들은 선지서(사 26:19)나 시가서(욥 19:26; 시

---

308. Edwards, 365 참고.
309. Marcus, 2009: 827.
310. Stein, 501.
311. Carroll, 405.
312. Edwards, 365.
313. Donahue & Harrington, 350.
314. *m. Sanhedrin* 10:1(Edwards, 366).
315. *J.W.* 2:163(강대훈, 하, 340).

16:9, 11)도 부활을 인정한다고 지적하였다(Evans, 1990: 304).

쿰란 문헌(4Q521; 4Q385-388, 391)도 부활에 대한 믿음을 담고 있으며, 열두 족장의 유언, 솔로몬의 시편, 바룩2서 등 위경에도 부활 사상이 담겨 있다.[316] 그러나 사두개인들은 육체적 부활이 없다는 입장을 취했다(행 23:8). 그들은 영혼은 육체와 함께 죽는다고 보았거나, 인간이 사후에 저승에서 희미하게 존재한다고는 믿은 듯하다.[317] 다니엘 12:2-3; 이사야 24-27장(특히 사 25:8; 26:13-21), 에스겔 37장, 시편 16:10-11; 49:14-16; 73:24-25; 호세아 6:2 등이 부활 사상을 담고 있지만,[318] 사두개인들은 모세오경을 제외한 책들은 덜 신뢰하였다.

24-28절 (사두개인들의 질문) 본문에서 사두개인들은 부활의 부당성을 율법의 영원한 타당성으로부터 논증하고자 한다. 신명기 25:5-10은 형사취수법을 제시한다. 이 법은 아들 없이 죽은 형제의 대를 그의 형제가 죽은 형제의 아내를 통하여 이어주는 법이다.[319] 이 법은 자손 없이 죽은 형제의 대를 이어주고 형제의 유산을 보존하기 위한 법이었다(Donahue & Harrington, 349). 그런데 이 법을 따르면 살아 있는 형제가 죽은 형제의 아내를 자신의 아내로 취하게 된다. 따라서 부활 후에 이 여인이 누구의 아내가 되느냐는 문제가 생긴다는 것이 사두개인들의 논증이다. 물론 그들의 논증은 일처다부제를 부정하는 관점을 전제한 것이었다. 그들의 논증은 부활하게 되면 한 여인이 여러 남편을 가지게 되는 문제를 없애기 위해서 부활이 없어야 한다는 것이다(신현우, 2021: 584). 신명기 25:5-

---

316. 강대훈, 하, 341.
317. *Ant.* 18.16; *J.W.* 2.165(DA, 1997: 223).
318. 강대훈, 하, 339.
319. 그런데 70인역, 요세푸스(*Ant.* 4.254), 랍비 문헌은 이 법이 죽은 형제에게 아들과 딸이 모두 없을 때 적용된다고 본다(Bock, 308).

10(형사취수법)이 기록하는 율법과 부활은 서로 모순되므로, 율법을 취하고 부활 사상을 버려야 한다는 것이 그들의 논지이다(Evans, 2001: 254 참고).

29-30절 (예수의 반론) 예수의 논증은 부활 후에는 결혼하지 않을 것이므로[320] 부활이 형사취수법과 모순되지 않는다는 것이다. 예수께서는 부활 후의 모습이 천사와 같다고 한다. 바룩2서 51:10("그들은 천사와 같을 것이며")도 부활 후에 천사와 같은 생활을 함에 관하여 말한다(Harrington, 312). 바룩2서 51:11-12은 부활 때 의인은 천사보다 빛나게 된다고 한다(Collins, 562). 이러한 사상은 유대 문헌(4QSb 4:25 등)에 광범위하게 나타난다.[321] 유대인들은 천사들에게 성별이 있다고 믿었다(에녹 1서 15:4).[322] 그렇지만 천사들이 영생한다는 사실은 생식을 위한 결혼이 불필요함을 내포한다고 볼 수 있다(France, 474). 탈무드(*b. Berakoth* 17a)는 부활 후에는 자녀 출산이 없으며 먹지도 마시지도 않는다고 한다.[323] 이러한 배경을 통해서 볼 때, 부활 후에 결혼하지 않는다는 예수의 지적은 사두개인들도 함부로 부정할 수 없었을 것이다. 그러나 사두개인들은 천사가 존재함을 믿지 않았기에(행 23:8), 천사를 언급하는 예수의 논증을 받아들이지 않았을 것이다.[324] 사두개인들의 논증을 격파하고 부활 사상을 방어하는 데서 더 나아가 그들이 부활을 믿도록 설득하려면 적극적인 부활 논증이 필요하였다.

31-33절 (예수의 부활 논증) 예수께서는 사두개인들이 신뢰하는 오경으

---

320. 30절에서 부활 후의 상태를 현재형으로 묘사하지만, 이것은 미래를 표현하는 미래적 현재형 용법으로 볼 수 있다(Marcus, 2009: 828).
321. DA, 1997: 227-28.
322. France, 474. n.50.
323. DA, 1997: 226-27; Bock, 310.
324. 신현우, 2016: 324.

로부터 부활을 논증하신다.[325] 출애굽기 3:6, 16에 의하면 하나님은 아브
라함의 하나님, 이삭의 하나님, 야곱의 하나님이시다. 그런데 하나님은 오
직 산 자의 하나님이시다(자세한 설명은 아래 해설 참고). 구약 성경에 의
하면, 죽은 자들은 하나님을 찬양할 수 없고, 그들의 죽음은 불결하므로
하나님과 무관하기 때문이다(Mays, 38). 따라서 '아브라함의 하나님, 이삭
의 하나님, 야곱의 하나님'이라는 표현은 죽은 아브라함, 이삭, 야곱을 산
자로 간주하는 표현이다.[326] 미드라쉬 탄후마(*Tanhuma* [Buber] 1.16)는
"나는 너의 아버지의 하나님이다."라는 말을 듣고 모세가 자기의 아버지
(암람)가 살아 있다고 이해하는 이야기를 소개한다.[327] 하나님께서 죽은
자를 산 자로 간주하셨다는 사실은 하나님께서 부활을 전제하심으로 볼
수 있다(Evans, 2001: 256). 전능하신 하나님께서 부활을 인정하셨다면
부활은 실제로 발생할 것이다.

탈무드(*b. Sanhedrin* 90b)는 민수기 18:28에 토대하여 유사한 논증을
제시하며, 이 성경 본문 속에서 팔레스타인 땅에 들어가지 않은 아론에게
거제물을 주라고 하는 이 표현은 그가 부활할 것임을 가르친다고 한다
(DA, 1997: 233).

3. 해설

하나님께서 산 자의 하나님이라는 사상은 이사야 38:18-19에도 반영

---

325. 사두개인들은 오경의 권위가 구약의 다른 책들의 권위보다 훨씬 더 큰 것이라고 보
     았다(Hooker, 282).
326. 마카비4서 7:19; 16:25에서도 아브라함, 이삭, 야곱이 죽었지만 하나님과 함께 살아
     있다고 한다(Hagner, 1995: 642).
327. Marcus, 2009: 830.

되어 있다.[328] 이 내용은 사두개인들도 받아들이는 공통 전제였을 것이다. 하나님은 경배의 대상인데, 죽은 자가 경배 행위를 할 수는 없으므로, 하나님은 산 자의 하나님일 수밖에 없다.

필로는 족장들이 살아 있다고 보며, 유대 문헌(*Pesiq. R.* 1.2)은 '살아계신 하나님'을 '산 자들의 하나님'이라고 읽는다.[329] '~의 하나님'은 "~를 보호하시며 구원하시는 분"이라는 뜻으로 사용된다(마카비3서 7:16; 유딧서 9:11).[330] 그러므로 아브라함의 하나님이라는 표현은 아브라함이 살아 있다는 표현으로 이해될 수 있다. 그가 살아 있어야 하나님께서 그를 보호하심이 유의미하기 때문이다.

17. 가장 큰 계명 (22:34-40)

1. 번역

34 그가 사두개인들을 잠잠하게 하셨다는 것을 바리새인들이 듣고 함께 모였다. **35** 그들 중에 [율법사] 하나가 그를 시험하고자 질문했다.

36 "선생님, 율법 중에서 어떤 계명이 큽니까?"

37 그가 그에게 말씀하셨다.

"'네 온 마음과 네 온 목숨과 네 온 정신을 다 하여서

주 너의 하나님을 사랑하라.'

38 이것이 크고 첫째인 계명이오.

39 둘째는 그것과 비슷하오.

---

328. Collins, 563.
329. Keener, 2009: 529.
330. 강대훈, 하, 347.

'너의 이웃을 너 자신처럼 사랑하라.'

40 이 두 계명에 율법과 선지서 전체가 걸려 있소."

2. 주해와 해설

34-35절 (한 율법사의 질문) 한 율법사가 예수를 '시험하여' 질문하였다. '시험하여'는 마가복음에는 없는 부분이다. 마태복음은 질문자의 의도를 해석해 주며 질문자를 부정적으로 그린다. 마가복음 12:34의 "네가 하나님의 나라에서 멀지 않도다."라고 칭찬하신 말씀도 마태복음에는 없다. 마태복음의 관점은 이 율법사에 대해 부정적이다. 이것은 비기독교 유대인들과의 갈등 상황 속에서 잘 강조되었을 것이다.

36절 (큰 계명) 율법사의 질문은 어느 계명이 큰 계명인가에 관한 것이었다. 후에 랍비들은 613개의 계명을 세웠는데, 그중 248개는 '~하라'는 긍정 명령, 365개는 '~하지 말라'는 부정 명령이었다.[331] 예수께 가장 큰 계명에 관하여 질문한 사람의 경우에서 보듯이, 이러한 계명들 중에 가장 중요한 계명이나 이러한 계명들의 근저에 놓인 근본 원리에 관한 관심이 유대인들에게 있었던 듯하다. BC 40-AD 10년에 활동한 랍비 힐렐은 율법을 "남이 네게 하기 원하지 않는 바를 남에게 행하지 말라."는 원리로 요약하였다.[332] 예수께서는 남이 나에게 원하는 것을 남에게 하라는 원리를 말씀하시며, 이것이 율법과 선지서(의 근본 원리)라고 하신 바 있다(마 7:12).

37-38절 (크고 첫째 되는 계명) 예수께서는 하나님을 마음, 목숨, 뜻을 다하여 사랑하라는 계명(신 6:5)이 크고 첫째 되는 계명이라고 하신다. 유대

---

331. Harrington, 315.
332. Edwards, 371; Lane, 432.

인들은 십계명 전반부(하나님과 관련된 부분)를 종종 신명기 6:5로 요약
한다.[333] 그러므로 예수의 답변은 유대인들이 동의할 만한 것이었다.

'마음'과 '뜻'을 모두 언급한 것은 마가복음과 같다. 히브리어 '마음'에
담긴 의미를 헬라어 한 단어에 담을 수 없어 두 개의 단어를 쓴 것으로 볼
수 있다. 즉, '뜻'으로 번역된 단어 '디아노이아'(διάνοια)는 "정신," "이해
력," "생각"을 가리킨다. 따라서 뜻을 다하여 하나님을 사랑한다는 말은
지적인 측면도 다하여 하나님을 섬김을 뜻한다(France, 480). '뜻'(디아노
이아)의 추가는 '마음'을 다하는 것이 지적 능력을 포함함을 분명히 알려
준다(Hurtado, 208).

'힘'에 해당하는 히브리어(מאד, '메오드')는 "풍요함"을 가리키며, 탈
굼에서는 "재물"로도 번역되었다.[334] 쿰란 문헌(CD 9:10b-12; 1QS 1:11-15;
3:2-3)도 이 단어를 "재물"의 의미로 번역한다(Collins, 590). 그러므로 예
수께서도 '힘'을 언급하실 때 재물을 염두에 두셨다고 볼 수 있다. 하나님
을 힘을 다해 사랑한다는 것은 특히 재물(즉 경제력)을 다해 하나님을 사
랑함을 뜻한다.

39절 (둘째 계명) 예수께서는 "둘째도 그와 같으니"라고 하시면서 "네
이웃을 네 자신같이 사랑하라."는 계명(레 19:18)을 언급하신다. '둘째도
그와 같다.'는 말씀은 첫째와 동등하게 중요하다는 뜻인가? 아니면 내용
상 사랑의 계명이라는 점에서 동일하다는 뜻인가? 해링턴은 전자를 택한
다.[335] 에바그리우스 폰티쿠스(Evagrius Ponticus)는 이웃 사랑이 하나님
사랑인 이유는 이웃 사랑은 하나님의 형상에 대한 사랑이기 때문이라고

---

333. Marcus, 2009: 839.
334. France, 479.
335. Harrington, 315.

논증하였다.[336] 마태복음 25:31-46은 소자에게 행한 것이 예수께 행한 것
이라고 하므로 이러한 논증은 마태복음의 신학과 일치하는 해석이라고
볼 수 있다(DA, 1997: 244). 크리소스톰(*Hom. on Mt.* 71.1)의 주장처럼
"하나님을 사랑함은 곧 이웃을 사랑함이다."[337]

가장 큰 계명에 관한 질문에 둘째 계명까지 언급한 이유는 이 두 계명
이 서로 분리될 수 없기 때문인 듯하다(Lane, 433). 십계명의 후반부(이웃
과 관련된 부분)는 종종 레위기 19:18로 요약된다.[338]

유대인들은 이 구절에서 '이웃'이 레위기 19:18 앞부분의 "너 자신의
백성들의 아들들"(개역개정판에서는 '동포')을 가리킨다고 이해했다.[339]
이렇게 이해하면 이웃은 이스라엘 동족 즉 동료 유대인들이다(Harring-
ton, 315). 유대인들에게는 이방인이나 사마리아인은 이웃이 아니다.[340] 바
리새파나 에세네파는 유대인 모두를 이웃으로 간주하지는 않았다.[341] 그런
데 '이웃'은 유대인들 가운데 거하는 비유대인 거민들을 포함한다고 간주
되기도 했다.[342] 레위기 19:33-34은 이스라엘 땅에 들어와 있는 이방인 '나
그네'(גר)를 이웃으로 간주하기 때문이었을 것이다. 그런데 70인역은 '나
그네'에 해당하는 히브리어를 '개종자'(προσήλυτος, 유대교에 입교한 사
람)로 번역하여 이웃의 범위를 축소한다(L. T. Johnson, 172).

40절 (율법과 선지자의 강령) 예수께서는 언급된 두 계명이 율법과 선지
자의 강령이라고 하신다. 개역개정판에서 '강령이라'라고 번역된 표현은

---

336. DA, 1997: 244.
337. DA, 1997: 244.
338. Marcus, 2009: 839.
339. Lane, 433.
340. Stein, 316.
341. 1QS 1:9-10(Stein, 316).
342. Hooker, 288.

'끄레마따이'(κρέμαται)이며 "걸려 있다," "토대한다"는 뜻이다. 사랑의 이중 계명에 율법과 선지자들의 가르침이 토대한다. 사랑의 이중 계명은 구약 성경의 가르침의 근본 원리이다. 이 계명은 토라를 대체하는 것은 아니지만 토라의 목적을 잘 보여 준다(DA, 1997: 246).

18. 다윗의 자손 메시아론에 관하여 (22:41-46)

예수께서는 메시아를 다윗의 자손이라고 여기는 바리새인들의 기독론을 비판하시며 메시아는 다윗보다 더 위대한 존재임을 시편을 인용하여 알려 주신다.

1. 번역

41 바리새인들이 모였을 때 예수께서 그들에게 질문하셨다.

42 "그대들은 그리스도에 관하여 어떻게 생각하오?

그가 누구의 자손이오?"

그들이 그에게 말했다.

"다윗의 자손이오."

43 그가 그들에게 말씀하셨다.

"그렇다면 어찌하여 다윗은 성령으로 그를 주라고 부르오?

44 '주께서 나의 주에게 말씀하셨구나.

너는 나의 오른편에 앉으라,

내가 너의 원수를 너의 발들 아래 둘 때까지.'

45 다윗이 그를 주라고 불렀으니, 어떻게 그가 그의 자손이겠소?"

46 이에 아무도 그에게 한마디 말도 대답하지 못했다. 저 날부터 더 이상 어느 누구도 감히 그에게 질문하지 못했다.

2. 주해

41절 (예수께서 바리새인들에게 질문하심) "바리새인들이 모였을 때에" 예수께서 그들에게 질문하셨다. 마가복음에서는 청중이 성전에 있는 많은 사람들이다. 마태복음은 청중을 바리새인들로 좁혀서 명시한다.

42절 (그리스도는 누구의 자손인가) 예수께서는 그리스도가 누구의 자손이냐고 질문하신다. '그리스도'(메시아)는 "기름 부음 받은 자"를 뜻하지만, 신구약 중간기에는 종말론적 구원자를 가리키게 되었다.[343] 바리새인들은 "다윗의 자손"이라고 대답한다. 바리새인들이 (군사적인) 다윗의 자손 그리스도론을 가지고 있는 것으로 묘사된다.[344] 마가복음에서는 서기관들이 그러한 그리스도론을 가지고 있는 것으로 제시된다. 마태복음에서는 그러한 그리스도론을 바리새인들이 직접 주장하는 것으로 소개한다. 당시 유대인들은 '다윗의 자손'을 메시아라는 뜻으로 사용했는데, 특히 군사적 메시아를 기대하면서 이 표현을 사용했을 것이다(아래 해설 참고).

43-45절 (예수의 논박) 예수께서는 다윗의 시편을 인용하시며 바리새인들의 다윗의 자손 그리스도론을 논박하신다. 대부분의 유대인들은 하나님께서 성경을 영감하셨다고 인정했다.[345] 시편의 경우도 예외는 아니다. 사도행전(1:16, 4:25)만이 아니라 쿰란 문헌(11QPsa 27:10-11), 랍비 문헌(*b. Berakoth* 4b; *b. Arakhin* 15b)이 다윗의 시편은 그가 하나님으로부터 받은 예언으로 말한 것이라고 하며, 요세푸스(*Ant.* 6.166)도 다윗이 성령

---

343. France, 485.
344. 다윗의 자손으로서의 메시아에 관해서는 렘 23:5; 사 11:1, 10; 솔로몬의 시편 17:21 참고(Harrington, 317).
345. Keener, 2009: 533.

의 감동으로 예언을 했다고 하고, 사도행전 2:30은 다윗을 선지자라고 부른다.[346] 바리새인들도 시편을 그렇게 믿었을 것이므로, 예수의 논증은 설득력이 있는 것이었다.

예수께서 인용하신 시편 110편은 그리스도교 이전에 이미 유대인들이 메시아적 의미를 부여하며 읽었을 것이다(DA, 1997: 253). 랍비들은 시편 110편을 아브라함, 다윗, 메시아와 관련된다고 보았다.[347] 시편 110:1에서 메시아적 존재는 다윗의 주이며 하나님의 오른편에 앉는 존재이다. 고대 왕정 국가에서 왕의 '오른편'은 왕을 위해 행정권을 행사하는 사람의 자리였다.[348] 하나님을 위해 권한을 행사하는 역할을 하는 존재는 메시아라고 볼 수 있기에 이 본문은 메시아에 관한 것으로 간주될 수 있다.

이 본문을 근거로 예수께서는 다윗의 자손 메시아 사상을 부정하신다. 그렇게 하신 이유는 메시아가 다윗의 자손으로서 군사적 수단을 사용하는 존재로 오해되었기 때문일 것이다. 이러한 오해를 비판하며 메시아가 다윗의 자손 이상의 존재임을 입증하고자 예수께서는 시편 110:1을 사용하셨을 것이다.[349]

아들은 종종 아버지를 '주'라 부르므로, 자손을 '주'라 부르는 것은 일상적이지 않다.[350] 예수께서는 아버지가 아들을 '주'라고 부르지 않는다는 전제에 토대하여, 다윗이 '주'라고 부른 메시아적 존재는 다윗의 아들(자손)일 수 없다고 논증하신다(Marcus, 2009: 847).

예수께서 다윗의 자손 기독론을 비판하신 이후에 마태복음에서 '다윗

---

346. DA, 1997: 252; Marcus, 2009: 846; France, 487.
347. DA, 1997: 253.
348. Hurtado, 209.
349. Williamson, 232-33; Hooker, 292.
350. Stein, 506.

의 자손'이라는 호칭은 더 이상 사용되지 않는다.[351] 마태복음에서 예수께서는 이러한 호칭을 부정하지 않으시고(9:27; 12:23; 15:22; 20:30-31; 21:9) 인정하시지만(21:14-16) 이러한 호칭을 스스로 사용하시지는 않으신다.[352]

3. 해설

'다윗의 자손'은 BC 1세기 문헌인 솔로몬의 시편 17:21에서 처음으로 메시아 칭호로 사용된다.[353] 이 용어는 이렇게 사용된 후 곧 메시아 칭호로서 널리 사용되었다(Lane, 435). '다윗의 자손'은 랍비 문헌에서도 주로 메시아를 가리킨다.[354] 예를 들어 탈무드(b. Sanhedrin 28a; b. Yoma 10a)는 메시아를 '다윗의 자손'이라고 부른다.[355] 아마 예수 당시에도 '다윗의 자손'은 그러한 의미로 사용되었을 것이다. '다윗의 자손'은 사무엘하 7:12-16과 다윗의 자손과 메시아, 왕을 연관시키는 사무엘하 22:51; 시편 18:50을 배경으로 하여 하나님의 백성을 해방시키는 구원자를 가리키는 칭호로 적합했을 것이다.

그런데 유대인들이 사용한 '다윗의 자손'은 다윗처럼 전쟁에서 승리하는 군사적 메시아에 대한 기대를 담았을 것이다. 솔로몬의 시편 17:21-32에서 '다윗의 자손'은 이스라엘의 왕으로서 메시아가 되는 존재인데 예루살렘을 이방인들로부터 구하며 이방 나라들을 심판한다.[356]

---

351. 양용의, 2018: 444.
352. 양용의, 2018: 445.
353. France, 486.
354. Evans, 2001: 272.
355. Osborne, 225.
356. Donahue & Harrington, 361.

마태복음 23-25장은 심판에 관한 예수의 가르침을 담고 있다. 23장은 서기관들과 바리새인들의 잘못을 지적하며 그들이 심판받을 수밖에 없는 이유를 지적한다. 24장은 성전의 파괴를 예언하며 성전이 파괴될 때에 관하여 예언한다. 아울러 예수의 재림과 종말의 징조가 제시된다. 25장은 예수의 재림을 준비하는 데 적합한 삶의 모습을 알려 준다.

1. 서기관들과 바리새인들에 관하여 (23:1-12)

23장은 서기관들과 바리새인들 비판으로 시작하여 예루살렘 멸망 예언으로 마친다. 그들의 행위는 그들의 가르침보다 상대적으로 덜 본받을 만한 것이다. 그들의 행위는 사람에게 보이려는 것이며, 명예를 좋아하는 것이다(5-12절).

1. 번역

23:1 그때 예수께서 무리들과 그의 제자들에게 말씀하셨다.

2 "모세의 의자에 서기관들과 바리새인들이 앉았습니다.

3 그러므로 무엇이든지 그들이 여러분에게 말하는 것은 행하고 지키십시오.

그러나 그들의 행위는 따라 행하지 마십시오.

그들은 말하되 행하지 않기 때문입니다.

4 그들은 무겁고 [견디기 힘든] 짐들을 묶어서 사람들의 어깨에 지웁니다.

그러나 그들 자신은 그들의 손가락으로도 그것들을 움직이려 하지 않습니다.

5 그들이 행하는 모든 행위들은 사람들에게 보이려고 하는 것입니다.

왜냐하면 그들은 그들의 성구함을 크게 하고 옷 술을 길게 하기 때문입니다.

6 그들은 연회에서는 특별석을 회당에서는 으뜸석들을 좋아하기 때문입니다.

7 또한 그들은 시장에서 인사받는 것과

사람들에게 랍비라고 불리는 것을 좋아하기 때문입니다.

8 그렇지만 여러분은 랍비라고 불리지 마십시오.

여러분의 선생님은 한 분이시고 여러분 모두는 형제이기 때문입니다.

9 땅에서 여러분의 사람들을 아버지라 부르지 마십시오.

여러분의 아버지는 하늘에 계신 아버지 한 분뿐이기 때문입니다.

10 여러분은 지도자라고 불리지 마십시오.

여러분의 지도자는 그리스도 한 분뿐이기 때문입니다.

11 여러분 중에 더 큰 자는 여러분의 종이 될 것입니다.

12 누구든지 자기 자신을 높이는 자는 낮아지게 될 것이고,

누구든지 자기 자신을 낮추는 자는 높아지게 될 것입니다.

2. 주해

1절 (청중) 23장에 기록된 예수의 가르침의 청중은 산상설교의 경우처럼 제자와 무리이다(Keener, 2009: 537).

2절 (모세의 자리) 예수께서는 서기관들과 바리새인들이 모세의 자리에 앉았다고 한다. 바리새인들과 서기관들이 현실적으로 모세의 자리에 앉아 백성에게 율법을 가르치는 지위를 가진 것을 지적한다. 서기관들 외에 바리새인들이 추가되어 다루어지는 것이 특이하다.

서기관은 로마 제국의 마을들에서 글을 읽고 쓸 수 있었으며 법적 문서를 다루는 전문가였다(Keener, 2009: 537). 당시에 유대인 서기관은 율법 전문가인 동시에 행정 전문가였다.[1] 복음서에 나오는 서기관은 교육도 담당하여 어린이들이 율법을 암송하도록 도왔을 것이며, 그들 중에서 수준이 높은 자들은 어른 제자들을 가르쳤을 것이다.[2] 서기관들 가운데 다수는 제사장들이었을 것이며, 일부는 바리새파였을 것이다(Keener, 2009: 537).

바리새인들은 제사장보다는 평신도들로 구성되었으며, 꼼꼼한 율법 해석으로 알려져 있었다.[3] 바리새인들의 수는 6,000명 정도밖에 되지 않았으며 대중적 존경을 받고 있었으나, 지배적인 유대교의 일부는 아니었다.[4] 그들은 예루살렘의 시정에도 참여하였다(Keener, 2009: 539).

개역개정판이 '모세의 자리'라고 번역한 부분은 직역하면 '모세의 의자'이다. 모세의 의자는 회당에서 성경을 놓는 자리인데 은유적으로 사용

1.　Donahue & Harrington, 362.
2.　Keener, 2009: 537.
3.　Keener, 2009: 538.
4.　Keener, 2009: 539.

되었을 것이다.[5] 이 은유는 율법을 해석하는 지위보다는 회당에서 율법을 낭독하고 그 내용을 전수하는 지위에 관한 것으로 볼 수 있다.[6] '~의 자리에 앉다'는 표현은 "~를 계승하다"는 뜻으로 자주 사용되었다(Keener, 2009: 541). 그러나 율법을 가르치는 지위를 가리킨다고 볼 수도 있다.[7] '앉았으니'는 부정과거 시제로 되어 있으므로 과거의 상태를 가리킨다고 볼 수 있으나, 완료형으로 현재를 가리키는 셈어적 용법으로 볼 수도 있다.[8] 이어지는 3절은 이 단어를 현재형으로 사용하므로 이러한 판단을 지원한다(DA, 1997: 268).

3절 (말과 행함) 예수께서는 서기관들과 바리새인들의 말을 따르고 행위는 본받지 말라고 하신다. 바리새인들과 서기관들의 가르침은 인정하되 그들의 행함은 부정하는 듯한 말씀이다. 그렇지만 이 말씀은 그들의 행함보다는 가르침이 상대적으로 더 따를 만하다는 뜻으로 이해할 수 있다. 그들의 가르침이 전체적으로 옳다고 해석하는 것은 바리새인들의 가르침을 비판하는 마태복음의 다른 구절들(12:1-14; 15:1-20; 16:6-12; 19:3-9)에 비추어 볼 때 옳지 않다.[9] 양용의는 '그들이 하는 행위'는 바리새인들과 서기관들의 행동뿐 아니라 그 행동의 기초로서의 율법 해석을 모두 가리킨다고 볼 수 있다고 본다(양용의, 2018: 448). 그러나 '모든'은 수사적 과장법으로 볼 수 있다(DA, 1997: 270). '모든'('빠스')은 마태복음에서 '많은'의 뜻으로 사용하는 표현이다(5:11; 8:33; 10:22; 12:31; 13:32). 또한 'A가 아니고 B이다'(not A but B)는 표현을 A와 B를 비교하며 B를 강조

---

5. 강대훈, 하, 366.
6. 양용의, 2018: 448.
7. DA, 1997: 268.
8. Harrington, 320.
9. 양용의, 2018: 448.

하는 유대인들의 표현법을 고려할 때(출 16:8; 호 6:6; 막 9:37; 아리스테
아스의 편지 234 참고),[10] 3절은 바리새인들과 서기관들의 가르침이 그들
의 행위보다는 상대적으로 낮다는 뜻일 뿐, 그들의 가르침을 모두 받아들
이라는 뜻은 아니라고 볼 수 있다.

4절 (무거운 짐을 지우는 율법 적용) 서기관들과 바리새인들은 사람들에게
무거운 짐을 지운다. 이 짐은 율법 자체가 아니라 율법의 적용을 가리킨
다.[11] 바리새인들은 남에게 무거운 율법 적용(할라카)의 짐을 지우고 자신
은 손가락 하나도 움직이지 않으려 한다.

5절 (사람에게 보이려고 행하는 자들) 바리새인들과 서기관들은 그들의 행
위를 사람에게 보이고자 행한다. 그들은 "경문의 띠를 넓게 하며 옷 술을
길게" 한다. 개역개정판이 '경문의 띠'로 번역한 단어(φυλακτήριον)는 이
마와 왼팔에 감는 성구함을 가리킨다.[12] 이것은 하나님께 영광을 돌리기
위한 것인데, 착용한 사람이 자신에게 주의를 집중시키기 위해 오용되는
것이 지적된다.[13] '옷 술'은 민수기 15:38-39에 따라 외투의 네 귀퉁이에
다는 것이며 율법을 잘 지키기 위한 복장이다.[14]

경문의 띠, 옷 술, 모세의 의자 등이 설명되지 않고 사용되는 것은 독
자들이 이것을 안다고 전제하기 때문이기에, 마태복음의 독자는 유대인
들이라고 볼 수 있다(DA, 1997: 280).

6절 (높은 자리를 좋아하는 자들) '회당의 높은 자리'는 회당 앞쪽에서 회
중을 보며 앉는 자리를 가리킨다(약 2:1-4 참조).[15] 이 자리는 토라 두루마

---

10. Sanders & Davies, 314; Hooker, 179; Stettler, 468. n.8.

11. 이석호, 541.

12. Harrington, 320.

13. Keener, 2009: 542.

14. DA, 1997: 273-74.

15. Hagner, 1995: 660.

리가 놓여 있는 단 위에 놓여 있으며 중요한 장로들이 앉았다.[16] 메시아 앞
에 앉는 높은 자리는 이스라엘의 고관들을 위한 것이라고 하는 쿰란 문헌
(1QS 2:14-20)에서 보듯이 유대인들은 높은 자리에 앉는 것을 영광스럽
게 생각하지만,[17] 예수께서는 그러한 생각을 비판하신다.

7절 (존경받기 좋아하는 자들) 서기관들은 시장에서 문안받는 것을 좋아
한다. 서기관들이 시장에 지나갈 때 (노동하고 있는 자들을 제외하고) 모
두 일어나 인사하도록 되어 있었다(Edwards, 378).

서기관들은 사람에게 랍비라 칭함을 받는 것을 좋아한다는 예수의 말
씀에서 '랍비'가 존칭임을 알 수 있다. 또한 8절에서 '랍비'는 선생을 높이
어 부를 때 쓰는 존칭임을 알 수 있다. 이 존칭은 AD 70년 성전 파괴 이후
에 유행하게 되었다.[18] 선생의 제자가 제자를 삼을 수 있게 되면 그 선생을
랍비라고 불렀으며, 매우 칭송받는 제자들을 거느린 랍비는 라반이라 불
렸다.[19] '랍비'는 후에 특정 집단을 가리키는 전문적인 칭호로 좁혀서 사용
되게 된다. 그러나 복음서에서 언급되는 '랍비'는 존경의 의미를 담은 일
반적 용어이다.[20]

8-10절 (쓰지 말아야 할 호칭) 예수께서는 랍비라고 불리지 말라고 하신
다. 오직 그리스도만이 스승이시기 때문이라고 하신다. "너희의 교사는
한 분이다."는 말씀은 "너희 모든 자녀들은 주께 가르침을 받을 것이다."
라는 이사야 54:13 말씀을 배경으로 한다(DA, 1997: 276).

예수께서는 하나님만 제자들의 아버지이시므로 땅에 있는 자를 '아버

---

16.   Keener, 2009: 543.

17.   DA, 1997: 274.

18.   Harrington, 321.

19.   Keener, 2009: 544.

20.   DA, 1997: 275.

지'라고 부르지 말라고 하신다. 이 말씀은 '아버지'도 유대인들의 언어 세계에서는 존칭임을 알려 준다. 노인들이나 특출한 사람, 특히 선생을 아바라는 존칭으로 불렀다.[21] 사도행전 22:1('형제들과 아버지들')과 유대 문헌들(마카비4서 7:9 등)은 이러한 용례를 보여 준다.[22]

예수께서는 '지도자'(καθηγητής)라고 불리지도 말라고 하신다. 이 말씀은 '지도자'로 번역된 단어도 역시 유대인들이 사용한 존칭임을 알려 준다. 파피루스 자료(POxy 2190, AD 70-90년)에서 이 단어는 사교육을 하는 교사를 가리킨다.[23] 이 칭호는 알렉산더 대왕의 교사였던 아리스토텔레스를 부를 때 사용한 칭호이기도 하다.[24] 이 단어는 셈어를 번역하는 데 사용된 것이 발견되지 않는 단어이므로, 마태복음이 히브리어나 아람어에서 번역된 것이 아니라 헬라어로 저술되었다는 증거이다.[25] 교회 공동체 속에서 지도자는 자신을 높이지 말아야 함이 이러한 호칭 사용에 관한 교훈을 통해 지시된다.

11절 (섬김의 리더십) 예수께서는 제자 공동체에서는 큰 자가 섬기는 자여야 한다고 하신다. 개역개정판에서 '되어야 하리라'로 번역한 단어(ἔσται)는 직역하면 '될 것이다'로 번역할 수 있다. 그러나 근접 문맥(12절)을 고려할 때 이것은 '되어야 한다'는 당위의 뜻으로 볼 수 있다. 히브리어의 미완료형이 미래만이 아니라 명령의 뜻을 담는다는 것을 고려하면, 이 미래형은 명령의 의미를 가진다고 볼 수 있다.

---

21. Keener, 2009: 544. 예수 당시 유대인들은 존경받는 장로를 '아바'라 불렀다(강대훈, 하, 373). 1-2세기 유대인들은 랍비의 이름 앞에 '아바'(아버지)를 붙이기도 했다(강대훈, 하, 373).
22. DA, 1997: 277.
23. Hagner, 1995: 661.
24. 강대훈, 하, 374.
25. DA, 1997: 278.

12절 (자신을 낮추어야 함) 자신을 높이는 자는 낮아지고 낮추는 자는 높아질 것이다. '낮아질 것이다'는 신적 수동태로 간주하면 자신을 높이는 자를 하나님께서 심판하신다는 경고의 말씀으로 볼 수 있다(DA, 1997: 279). 물론 이렇게 해석된 말씀은 높은 자리에 이미 앉은 사람에게 자신을 낮추도록 권면하는 가르침으로 적용될 수 있다.

3. 해설

공통점이 많은 집단 사이에 갈등이 있을 때 그 갈등은 공통점이 적은 집단 사이의 갈등보다 더 심하다고 한다.[26] 마태복음의 비판은 사해 문헌에서 보는 것과 같은 유대교 내에서 이루어지는 성격의 비판이며 반유대교적 비판이 아니다.[27] 마태복음 23장의 언어는 반유대교적 언어가 아니며 에녹1서, 바룩2서, 에스라4서와 같은 (제도권을 비판하는) 분파주의 유대교의 언어이다(Keener, 2009: 536). 마태복음 23장은 그리스도인들이 유대인들을 비판하는 상황보다 유대인이 유대인을 비판하는 상황에 적합하다.[28] 이 본문은 유대인들 가운데서 사역하신 예수의 생애의 상황에도 적합하다. 이러한 본문은 그리스도인들이 유대인들을 비판하기 위해 조작해 내었을 종류의 본문이 아니다.

로마서 1-2장에서 바울이 그렇게 하듯, 아모스가 1-3장에서 그리하듯, 마태복음은 교회 공동체 속에 있는 지도자들로 하여금 예수를 대적한 유대 지도자들을 통하여 자기 자신들을 보도록 한다.[29] 그러나 마태복음 23

---

26. Keener, 2009: 536.
27. Keener, 2009: 536.
28. DA, 1997: 260-61.
29. Keener, 2009: 537.

장 본문은 최초의 유대인 독자들에게는 유대 회당과 차별된 그리스도교 신앙을 정당화하는 기능도 하였을 것이다.

2. 서기관들과 바리새인들에게 화를 선포하심 (23:13-36)

서기관들과 바리새인들은 사람에게 옳게 보이려고 할 뿐 속은 위선과 불법으로 가득하다(28절). 그들은 선지자들을 죽이는 데 참여한 자들의 후손으로서 이제 예수께서 보내시는 선지자들과 학자들과 지혜자들을 박해하고 죽일 사람들이다(31, 34절). 그들은 십일조를 사소한 부분에 이르기까지 열심히 드리지만 율법의 중요한 정신인 공평과 자비와 신실함은 버린다(23절). 게다가 그들의 실천만이 아니라 가르침도 잘못된 것은 마찬가지이다. 예를 들어 그들은 맹세의 효력에 관해서 엉터리 가르침을 준다(16-22절).

1. 번역

13 그러나 화로다, 너희 율법사들과 바리새인 위선자들이여!

너희들은 사람들 앞에서 하늘들의 나라를 닫기 때문이다.

너희도 들어가지 않고

들어가는 자들을 들어가도록 허락하지도 않기 때문이다.

15 화로다, 너희 율법사들과 바리새인 위선자들이여!

너희들은 개종자 한 명을 만들기 위해 바다와 육지를 돌아다니다가

개종자가 생기면 너희보다 갑절이나 지옥의 자식으로 만든다.

16 화로다, 너희여, 맹인 된 인도자여!

너희는 말한다.

'누구든지 성소로 맹세하면 아무것도 아니다.

그러나 누구든지 성소의 금으로 맹세하면 지켜야 한다.'

17 바보 맹인들이여, 무엇이 더 큰가?

금인가, 금을 거룩하게 하는 성소인가?

18 또한 너희는 말한다.

'누구든지 제단으로 맹세하면 아무것도 아니다.

그러나 누구든지 그 위에 있는 제물로 맹세하면 지켜야 한다.'

19 맹인들이여, 무엇이 더 큰가?

제물인가, 제물을 거룩하게 하는 제단인가?

20 그러므로 제단으로 맹세하는 자는

그것과 그것의 위에 있는 모든 것으로 맹세한다.

21 또한 성전으로 맹세하는 자는

그것과 그곳에 거하시는 분으로 맹세한다.

22 하늘로 맹세하는 자는 하나님의 왕좌로 맹세하는 것이며

그 위에 앉으신 분으로 맹세한다.

23 화로다, 너희 서기관들과 바리새인 위선자들이여!

너희는 박하, 회향, 근채의 십일조를 드리지만

율법의 더 중요한 것들인 공평과 자비와 믿음은 버렸기 때문이다.

[그러나] 이것들을 행해야 했고 저것들도 버리지 말아야 한다.

24 맹인 된 인도자들이여!

하루살이들은 걸러내고 낙타는 삼키는 자들이여!

25 화로다, 너희 서기관들과 바리새인 위선자들이여!

잔과 접시의 외면은 깨끗하게 하지만

내면은 탐욕과 방종이 가득하구나.

26 바리새인, 맹인이여!

우선 잔의 내면을 깨끗하게 하라.

그래야 그것의 외면도 깨끗하게 될 것이다.

27 화로다, 너희 서기관들과 바리새인 위선자들이여!

너희는 회칠한 무덤들처럼 바깥은 아름답게 보이지만

안쪽은 죽은 자들의 뼈와 모든 더러운 것들이 가득하구나!

28 이처럼 너희도 밖으로는 사람들에게 의롭게 보이지만

안으로는 위선과 불법이 가득하구나!

29 화로다, 너희 율법사들과 바리새인 위선자들이여!

너희는 선지자들의 무덤들을 만들고 의인들의 비석들을 장식하면서

30 이렇게 말하기 때문이다.

'우리가 우리의 조상들의 날들에 있었다면

선지자들의 피 흘리기에 그들과 함께하지 않았을 것이다.'

31 그리하여 너희는 선지자들을 죽인 자들의 자손임을 자신에게 증언하는구나.

32 너희는 너희 조상들의 그릇을 채우라!

33 뱀들아, 독사들의 자식들아!

너희가 어떻게 지옥의 심판을 피하겠느냐?

34 그러므로 보라,

내가 너희에게 선지자들과 지혜자들과 서기관들을 보낼 것이다.

너희가 그들 중에 더러는 죽이고 더러는 십자가에 못 박고

더러는 너희의 회당에서 채찍질하고

이 도시 저 도시로 추격하며 박해할 것이다.

35 그리하여 너희에게 의인 아벨의 피로부터

성소와 제단 사이에서 너희가 죽인 바라갸의 아들 사가랴의 피까지

땅에 흘린 모든 의로운 피가 너희에게 갈 것이다.

36 진실로 너희에게 말한다.

이 모든 것들이 이 세대에 임할 것이다.

2. 주해

13절 (천국 문을 닫는 자들) 바리새인들과 서기관들은 천국 문을 사람들 앞에서 닫는 자들이라고 비판된다. 마태복음에서 '천국에 들어가다'라는 표현은 구원을 받는다는 뜻이므로 천국 문을 닫는다는 표현은 구원의 길을 방해한다는 뜻으로 볼 수 있다. 따라서 천국 문을 닫는다는 것은 이방인들에게 복음을 전하는 것을 방해하는 행위도 포함한다고 볼 수 있다 (DA, 1997: 286). 이것은 바리새인들이 성경을 잘못 가르치는 것과도 관련될 것이다. 쿰란 문헌은 바리새인들이 율법을 잘못 해석하고 멸시한다고 비판하였다.[30]

예수께서는 서기관과 바리새인들을 외식하는 자들이라고 하시며 그들에게 화가 있다고 하신다. '화'는 이사야 5:18-23의 경우처럼 심판의 선언에 해당한다.[31] '외식하는 자'는 실제로는 그렇지 않은데 그러한 듯이 역할하는 자를 가리킨다(Hagner, 1995: 668).

14절 (초기 사본에 없는 부분) 이 부분은 후기 사본들에는 담겨 있기만 초기 사본들에는 빠져 있는 내용이다. 따라서 아마도 원문이 아닐 것이다.[32] 대부분의 현대 번역 성경에서는 이 부분을 번역하지 않고 빠뜨린다.

15절 (개종자를 더 악한 사람으로 만듦) 서기관과 바리새인들은 개종자 한 사람을 얻기 위해 애쓰다가 얻으면 자기들보다 더 악한 사람으로 만든다. 개역개정판이 '교인'으로 번역한 단어는 '개종자'로 번역할 수 있다. 이 단

---

30. 1QH 4:9-11; 4Q163 30:15-18(강대훈, 하, 378).

31. Keener, 2009: 547.

32. Keener, 2009: 547.

어(προσήλυτος)는 70인역이나 신약 성경 밖의 문헌에서 새로 온 자, 나그네 거주자를 가리키기 위해 사용된 바 있다.[33] 70인역에서도 이 단어는 대부분의 경우 손님이나 나그네를 가리킨다.[34] 그런데 마태복음 23:15에서는 이 단어가 바리새적 훈련을 받게 되는 자를 가리키는 것으로 볼 때 (Sepulveda, 100), 할례받고 유대교로 개종한 자를 가리킨다.[35] 어떤 바리새인들은 하나님을 두려워하는 이방인을 완전히 개종하게 만들어 바리새 전통을 따르도록 하고자 한 듯하다.[36] 바리새인들은 이러한 과정을 통하여 그들의 반로마적 민족주의적 관점을 주입하고자 했을 수도 있다(Bird, 127).

여기서 언급된 바리새인들의 모습은 독자들에게 이방 그리스도인들에게 할례를 받게 하여 유대 그리스도인이 되도록 하고자 한 유대주의자들의 선교 활동을 연상시키며 그러한 활동에 관한 비판으로 적용될 수 있었을 것이다.

마태복음에서 예수께서는 이러한 바리새인들과 서기관들이 지옥 자식이며 그들에게 가르침을 받는 자들은 더욱더 지옥 자식이 된다고 선언하신다. '지옥 자식'이란 "지옥에 가기로 정해진" 사람들을 셈어적으로 표현한 것이다.[37]

16-22절 (맹세에 관한 가르침) 성전으로 맹세하는 것은 유효하지 않다고 하고 성전의 금으로 맹세하면 유효하다고 한 바리새인들과 서기관들의 가르침이 비판된다. 이 구절은 효력이 있는 맹세와 그렇지 않은 맹세를

---

33. Sepulveda, 94.
34. Sepulveda, 94.
35. DA, 1997: 288.
36. Hagner, 1995: 669.
37. *b. Rosh ha-Shanah* 17a(Keener, 2009: 549).

구분한 서기관들과 바리새인들의 가르침이 있었음을 암시한다. 이러한 구분은 미쉬나(*m. Nedarim* 1:3)가 제물(코르반)로 서원(vow)하면 유효하고, 제단이나 예루살렘 등으로 맹세하는 것은 유효하지 않다고 함에서도 발견된다.[38]

예수께서는 바리새인들과 서기관들을 어리석은 맹인들이라고 부르시며, 성전의 금보다는 그것을 거룩하게 하는 성전이 더 크다고 지적하신다. 이 지적은 성전으로 맹세하는 것이 성전의 금으로 맹세하는 것보다 오히려 더 유효하다는 논증이다. 예수께서는 성전으로 맹세하면 성전과 그 안에 계신 하나님으로 맹세하는 것임을 지적하며 성전으로 맹세하는 것이 유효한 맹세임을 논증하신다(21절).

마태복음 5:22은 형제에게 미련한 놈(μωρέ)이라고 하면 지옥 불에 던져질 만하다고 하는데, 여기서 예수께서는 동일한 단어(μωρός)를 사용하여 서기관과 바리새인들을 미련한 자들이라고 부르신다(17절). 그러므로 5:22의 말씀을 강조하기 위한 과장법으로 볼 수 있다. 물론, 5:22은 형제에게 그러한 욕을 하지 말라는 것이며, 23:17에서는 형제로 간주할 수 없는 자들인 바리새인들과 서기관들을 대상으로 한 것이므로 서로 충돌하지 않는다고 볼 수도 있다(DA, 1997: 291).

예수께서는 맹세는 결국 하나님으로 맹세하는 것이므로 지켜야 함을 지적한다. 다른 사람에게는 맹세하는 것으로 여겨지지만 스스로는 지킬 의도가 없는 방식의 맹세에 담긴 위선을 지적하신다.

예수께서는 제단으로 맹세하면 무효이지만 제단 위의 제물로 맹세하면 유효하다고 하는 바리새인들과 서기관들의 가르침을 비판하신다. 제물보다는 그 제물을 거룩하게 하는 제단이 더 크므로, 제단으로 맹세하는

---

38. Furstenberg, 776.

것이 더 유효하다는 지적이다. 제단이 제물을 거룩하게 한다는 말씀은 출애굽기 29:37에 부합하는 내용이다.[39] 예수께서는 제단으로 맹세하면 제단 위에 있는 모든 것으로 맹세하는 것임을 지적하신다(20절).

예수께서는 하늘로 맹세하는 것은 하나님의 보좌에 앉으신 하나님으로 맹세하는 것이라고 지적하신다(22절). 이것은 바리새인들과 서기관들이 하늘로 맹세하는 것은 무효이므로 안 지켜도 된다고 가르쳤다고 추측하게 하는 말씀이다.

하늘을 하나님의 보좌로 보는 관점은 이사야 66:1에 부합한다(DA, 1997: 292). 유대인들의 문헌 미쉬나는 맹세를 대체하는 말들은 모두 맹세와 같다고 한다.[40] 그러므로 예수께서 하신 비판은 구약 성경과 유대교 전통에서 볼 때에도 설득력 있는 비판이었다고 볼 수 있다.

23-24절 (십일조) 서기관들과 바리새인들은 십일조 율법(씨, 곡식, 과일의 십일조를 드려야 함)이 요구하는 것 이상으로 철저하게 십일조를 하였다.[41] 바리새인들은 십일조를 한 음식을 먹을 수 있는 음식이라 여겼다(*m. Demai*).[42] 그래서 박하, 회향, 근채의 십일조까지 드렸을 것이다. 그러나 이렇게 하는 것은 기록된 율법이 명한 것은 아니었다. 바리새인들은 십일조의 적용 범위는 넓히면서도 율법에 있어서 더 중요한 정의(사 1:17; 렘 22:3)와 긍휼(호 6:6; 슥 7:9-10; 미 6:8)과 믿음(합 2:4)을 버렸다.

정의(공평)와 자비는 십일조 제도의 정신이다. 십일조는 토지 분배를 받지 못한 레위인들을 위하여 토지를 초과 분배받은 사람들이 내는 것이므로(신 26:12) 공평 원리를 내포하고, 또한 십일조는 고아와 과부를 위해

39.　DA, 1997: 292.

40.　*m. Nedarim* 1:1(Harrington, 325).

41.　Hagner, 1995: 670.

42.　DA, 1997: 294.

사용하므로(신 26:12) 자비의 정신도 내포한다.[43] 십일조를 아무리 열심히 하더라도 이 정신을 버리는 방식으로 적용한다면 하나님의 십일조 명령을 제대로 지키는 것이 아니다.

유대 문헌 토세프타(t. Peah 4.19)도 자선과 자비의 실천을 토라의 모든 다른 계명보다 더 중요하다고 한다.[44] 이로 볼 때, 율법에서 더 중요한 것을 언급하신 예수의 말씀은 유대교 내부에서 적합성 있는 가르침으로 여겨질 수 있었을 것이다.

23절에서 예수께서는 정의, 사랑, 신실함(이것)을 행하도록 강조하시면서도 십일조 제도(저것)를 버리지 않도록 명하신다. 이 구절은 신약 시대에도 십일조를 폐지하지 말아야 한다고 주장할 수 있는 근거이다.

서기관들과 바리새인들의 십일조 방식을 예수께서는 하루살이는 먹지 않고 낙타는 먹는 모습으로 비유한다. 하루살이나 낙타나 모두 율법이 금하는 음식이다(레 11:4, 20-23). 정의, 긍휼, 믿음을 버리면서 십일조만 내는 것은 낙타는 먹으면서 하루살이는 걸러내는 것과 같다고 비유하신다. 즉, 더 큰 잘못을 범하면서 작은 것은 철저히 지키는 태도이다.

25-26절 (겉과 속이 다른 자들) 겉과 속이 다르다는 바리새인들과 서기관들에 대한 평가는 유대인들의 문헌(모세의 승천 7:6-9)이 묘사하는 바리새인들의 모습과 유사하다.[45] 탈무드(b. Sota 22b)에서도 바리새인들에 대한 묘사가 발견되는데, 그중에는 하나님을 경외하는 바리새인, 하나님을 사랑하는 바리새인 등 좋은 바리새인도 포함되어 있지만, 겉과 속이 다른 바리새인에 대한 묘사(남에게 보이려고 선행을 하는 "어깨" 바리새인, 가장된 겸손으로 "등을 구부린" 바리새인)가 포함되어 있다(Stein, 340-41).

---

43. 신현우, 2016: 219.
44. DA, 1997: 295.
45. Stein, 340.

겉은 의롭게 보이지만 속으로(즉 실제로는) 탐욕 등이 가득하여 율법을 어기는 불의함이 있음을 지적한다. '탐욕'(ἀρπαγή)은 폭력으로 남의 것을 빼앗는 행위와 관련된다.[46]

누가복음 11:41은 "안에 있는 것으로 구제하라."고 하는데, 마태복음은 "안을 깨끗이 하라."고 한다(26절). 마태복음의 표현은 아람어 *dakkau*(구제하다)를 *zakkau*(안을 깨끗하게 하다)로 해석하여 읽었을 때 발생할 수 있다.[47] 이 부분은 헬라어로 된 하나의 Q가 있었다고 보는 문서 가설로 설명되지 않는 부분이며, 마태복음의 저자가 (아람어로 된 자료를 포함하여) 여러 가지 다양한 자료를 활용하여 기록했을 가능성을 보여 주는 증거이다(DA, 1997: 299).

그릇의 겉이 오염되어도 안이 깨끗할 수 있지만, 안이 오염되면 전체가 부정하다고 보는 관점은 미쉬나(*m. Kelim* 25:6)에서도 발견된다.[48] 예수께서는 정결에 관한 이러한 유대인들의 생각을 윤리적 차원에 적용하여 사람의 안을 탐욕으로부터 깨끗이 하여 행실을 정화하도록 하신다.

27-28절 (회칠한 무덤 같은 자들) 예수께서는 서기관들과 바리새인들을 회칠한 무덤과 같다고 비판하신다. 개역개정판에서 '회칠한 무덤'으로 번역된 단어(τάφος)는 대리석으로 만들고 회칠하여 아름답게 꾸민 납골함을 가리키는 듯하다.[49]

29-32절 (선지자들의 무덤을 만드는 자들) 바리새인들과 서기관들은 선지자들의 무덤을 만들고 비석을 꾸미면서 그들이 조상 때에 살았다면 선지자들을 죽이지 않았을 것이라고 말하지만 그들은 선지자들을 죽인 사람

46. 강대훈, 하, 389.
47. DA, 1997: 299.
48. Furstenberg, 780-81.
49. 양용의, 2018: 457.

들의 후예들로서 결국 선지자들을 죽이는 방향으로 행할 것이다(34절).
'선지자를 죽인 자의 자손'은 "선지자를 죽인 자들 같은 자"라는 뜻이다.
히브리어나 아람어는 A가 B와 유사할 때 A를 'B의 아들'이라고 표현한다
(Keener, 2009: 554).

예수께서는 서기관들과 바리새인들에게 "너희 조상의 분량을 채우
라."고 하신다. 여기서 '분량'은 종말 이전에 채워야 하는 악의 분량을 가
리킨다.[50] 그들이 악의 분량을 채워서 심판을 받으라는 뜻이다. 악의 분량
을 채우라는 명령은 이것이 예수께서 원하시는 긍정적인 행위라는 뜻을
담지 않는다. 이것은 명령받는 사람들이 하는 행위를 부정적으로 묘사하
는 방식으로 사용되었다. 이러한 반어법적인 명령형의 사용은 구약 성경
(사 8:9-10; 렘 7:21; 암 4:4-5)에서도 발견된다(DA, 1997: 306).

33절 (독사들의 자식들) 예수께서는 서기관들과 바리새인들을 뱀들, 독
사들의 자식들이라고 부르시며 그들이 지옥의 판결을 피할 수 없다고 하
신다. '뱀들아 독사들의 새끼들아'는 셈어적 표현으로서, "독사들 같은 놈
들아"라는 뜻이다. 뱀은 사탄을 상징하므로, 이 표현은 "마귀 같은 놈들
아"라는 뜻이다. '지옥의 판결'은 판결 내용이 지옥으로 가도록 결정되는
판결이란 뜻인 듯하다(DA, 1997: 307).

34절 (예수께서 보내는 자들을 박해할 자들) 예수께서 보내는 선지자들, 지
혜자들, 서기관들을 서기관들과 바리새인들은 박해할 것이다. 예수께서
보내시는 선지자, 지혜자, 서기관은 그리스도인 선지자, 지혜자, 서기관인
듯하다. 사도행전(11:27; 13:1; 15:32; 21:9-10)은 신약 시대의 선지자들을
언급한다.[51] 이러한 언급을 통하여 좋은 서기관이 있을 수 있음이 다시 한
번("천국의 제자 된 서기관," 마 13:52 참고) 암시된다.

---

50. Harrington, 1995: 328; Keener, 2009: 556.
51. Stein, 343.

박해는 채찍질, 십자가 처형 등으로 이루어진다고 예언된다. 유대인들이 기독교인들을 실제로 십자가에 못 박은 일은 찾기 힘들기 때문에 예수를 십자가에 못 박은 사건을 제자들의 순교와 결합하여 염두에 둔 것으로 보인다.[52] 또는 십자가 처형은 유대인들이 로마인들에게 넘겨서 처벌하는 것을 가리킬 수도 있다(Hagner, 1995: 676).

35-36절 (의로운 피를 모두 담당할 세대) 예수께서는 당시 세대가 그 전 세대들이 죽인 아벨의 피로부터 바라갸의 아들 사가랴의 피까지, 모든 의로운 피가 "이 세대에 돌아가리라"고 하신다(바라갸의 아들 사가랴에 관해서는 아래 해설 참고). 의로운 피가 모두 '이 세대에 돌아가리라'는 표현은 이 세대 내에 의로운 피를 흘린 죄에 대한 벌을 받게 될 것이라는 뜻이다. 한 세대가 지나가기 전인 AD 70년에 예루살렘이 함락되면서 이 예언은 성취된다.[53] 그들은 메시아 예수를 죽임으로써 의로운 자들과 선지자들을 죽인 죄행의 정점을 찍은 세대였기에 그 이전의 죄행을 다 포함할 만큼 잘못한 세대이다.[54]

3. 해설

바라갸의 아들 사가랴는 누구인가? 선지자 스가랴는 바라갸의 아들인데(슥 1:1) 그가 죽임을 당했다는 기록은 없다(양용의, 2018: 459). 죽임당한 스가랴는 제사장 여호야다의 아들로서 성전 뜰에서 죽임을 당한다(대하 24:20-22).[55] 구약 위경 선지자들의 생애(*The Lives of the Prophets*)

---

52. 양용의, 2018: 459.
53. Stein, 343.
54. 신현우, 2016: 222 참고.
55. 양용의, 2018: 459.

는 그가 성소와 제단 사이에서 죽임을 당했다고 하는 점에서 마태복음 본문과 일치한다.[56] 이 두 스가랴는 서로 바뀌어 불리기도 하였는데(탈굼 애가 2:20)[57] 마태복음도 그렇게 하였을 수 있다.[58] 이 두 인물이 서로 동일 인물이 아님을 고려해도, 마태복음의 진술은 '아들'이라는 의미를 통해 이해될 수 있다. 유대인들에게 '아들'(히브리어 '벤')은 자손이라는 뜻이므로, 죽임 당한 스가랴가 여호야다의 아들(자손)이면서 동시에 바라갸의 아들(자손)일 수 있다. 이 스가랴의 조상 중에도 바라갸라는 이름을 가진 조상이 있을 수 있기 때문이다.

스가랴는 창세기가 첫 책이고 역대기가 끝 책인 히브리어 구약 정경의 순서를 따랐을 때 아벨은 첫 순교자이고 스가랴가 마지막 순교자이므로 대표적으로 언급할 만하다.[59] 이 두 사람은 죽임을 당할 때 하나님의 신원을 호소하므로(창 4:10; 대하 24:22), "땅 위에서 흘린 의로운 피가 다 너희에게 돌아가리라."는 심판 선언과 관련되기에 적합하다(양용의, 2018: 460).

3. 예루살렘 멸망에 관한 예언 (23:37-39)

1. 번역

37 예루살렘아, 예루살렘아,

선지자들을 죽이고 그에게 파송된 자를 돌로 치는 도시여!

---

56. Hamilton, 2008: 88.
57. 유대 전통에서도 선지가 스가랴와 여호야다의 아들 스가랴를 융합하였다(DA, 1997: 319).
58. 양용의, 2018: 459-60.
59. 양용의, 2018: 460.

내가 암탉이 그것의 병아리들을 날개 아래 모으려고 한 것처럼

너의 자녀들을 얼마나 자주 모으고자 했는가?

그러나 너희가 원하지 않았다.

38 보라, 너희의 집이 황폐하게 되어 너희에게 내버려질 것이다.

39 내가 너희에게 말한다.

너희가 지금부터

'복 되도다, 주의 이름으로 오시는 분이여!'라고 말하기까지

절대로 나를 보지 못할 것이다."

2. 주해와 해설

37절 (선지자를 죽이는 예루살렘) 예수께서는 선지자를 죽이는 예루살렘이 회개의 기회를 주어도 원하지 않았다고 지적하신다. '예루살렘'은 제유법으로서 이스라엘을 가리킨다.[60] 곧, 이스라엘이 부정적으로 묘사된다. 그들은 선지자를 죽이는 사람들이다. 그들은 선지자들을 죽이고 아마도 신명기 17:2-7을 따라 자기들의 행위를 정당화하였을 것이다.[61] 하나님께서는 이스라엘 백성에게 닥치는 환란을 피하게 하려고 하셨지만, 그들은 원하지 않았다.

38절 (멸망 예언) 예수께서는 "너희 집이 황폐하여 버려진 바 되리라."고 예언하신다. 누가복음 13:35에서도 '너희의 집'(οἶκος ὑμῶν)이라는 표현이 등장한다. 누가복음 1:33은 '야곱의 집'을 언급한다. 여기서 야곱의 집은 이스라엘 민족/국가를 가리킨다. 누가복음 6:4은 성전을 '하나님의 집'이라 한다. 그러므로 누가복음에서 '너희의 집'은 성전을 가리키기보

---

60. Stein, 383 참고.
61. Evans, 1990: 216.

다는 이스라엘을 가리킨다. 마태복음에서도 '너희 집'은 유대 민족/국가를 가리킨다고 보인다. 에스라서와 바룩2서에서처럼 성전과 예루살렘이 구별되지 않고 사용되어, '너희 집'이 성전을 가리키면서 동시에 예루살렘으로 대표되는 이스라엘을 가리킨다고 볼 수도 있다.[62] 그렇다면 "너희 집"이 황폐하리라는 말씀은 이스라엘의 멸망을 예언하신 말씀이다.

39절 (구원의 조건) 예수께서는 예루살렘(즉 이스라엘)에게 "찬송하리로다 주의 이름으로 오시는 이여 할 때까지 나를 보지 못하리라."고 선언하신다. '까지'(ἕως)는 조건적 의미('~하지 않는다면')를 가진다고 볼 수도 있다.[63] 이러한 용례는 마태복음 5:26; 18:30; 사도행전 23:12; 데살로니가후서 2:7; 디다케 14:2 등에서 발견된다.[64] 마태복음에서 이 단어가 조건적 의미로 사용된 5:26은 '~까지 ~하지 않는다'는 표현이 "~하면 ~하게 될 것이다"를 뜻함을 알려 준다. 따라서 본문은 유대인들이 "찬송하리로다 주의 이름으로 오시는 이여"(시 118:26)라고 고백하지 않으면 예수를 다시 보지 못할 것이라는 뜻이다. 이 고백은 문맥상 시편 118:25의 "이제 구원하소서."라는 간청과 관련되며 시편 118:22("건축자의 버린 돌이 집 모퉁이의 머릿돌이 되었나니")의 메시아 신앙고백과 관련된다.[65] 그러므로 이 말씀은 유대인들도 예수를 하나님의 이름으로 오시는 분(메시아)으로 영접해야 구원받게 됨을 뜻한다고 볼 수 있다.[66] 왜냐하면 '나를 보지 못하리라'는 구원받지 못한다는 뜻이기 때문이다(마 5:8 주해 참고). 구원받은 하나님의 백성이 마침내 하나님을 보게 된다고 하는 요한계시록 22:4의

---

62. DA, 1997: 322.
63. Harrington, 329.
64. DA, 1997: 324.
65. 신현우, 2016: 248.
66. 신현우, 2016: 248.

용례를 고려하면, '하나님을 보다'는 "구원받다"를 뜻하는 비유적 표현으로 간주할 수 있다.[67] 유대인들은 예수를 메시아로 고백하기 전까지 구원받지 못한다. 그들도 예수를 믿어야 구원받는다.

4. 성전 파괴 예언과 제자들의 질문 (24:1-3)

24장은 성전 파괴 예언으로 시작한다(24:1-2). 제자들이 성전 파괴의 때와 세상 종말 및 예수 재림의 징조를 질문한다(24:3). 이 질문은 성전 파괴와 주의 오심, 세상 끝을 관련시킨다(24:3). 그래서 이 질문에 대한 답변은 단지 성전 파괴에 대해서만이 아니라 주의 오심과 세상 끝에 관해서도 다룬다. 예수께서는 성전 파괴와 재림/종말을 구분하셨겠지만 제자들에게는 이 둘이 구분되지 않았을 것이다.[68] 그들은 성전이 파괴되는 때는 종말의 때라고 생각했을 것이다.

1. 번역

24:1 예수께서 성전에서 나가시어 가고 계셨다. 그의 제자들이 나아와 그에게 성전 건물들에 관하여 지적하였다. 2 그가 반응하여 그들에게 말씀하셨다.

　"너희가 이 모든 것들을 보고 있지 않느냐?

　진실로 너희에게 말한다.

　여기에 돌이 무너지지 않고 돌 위에 절대로 남아 있지 않을 것이다."

3 그가 올리브산에 앉아 계실 때에 제자들이 따로 그에게 다가와서 말했다.

　"우리에게 말씀하십시오.

---

67. Hagner, 1993: 94.
68. Hagner, 1995: 711.

언제 이런 일들이 있겠습니까?

당신의 재림과 세상 종말의 표증은 무엇입니까?"

2. 주해와 해설

1절 (성전) 헤롯은 성전을 325m x 500m의 규모로 확장하였다.[69] 이 확장 공사는 BC 20년부터 시작하여 최소한 AD 62년까지 계속되었다.[70] 성전에 사용한 돌은 길이 11.25m x 높이 3.6m x 두께 5.4m의 흰색 돌들이었다고 한다.[71] 요세푸스의 기록에 의하면 성전이 세워진 산은 멀리서 보면 성전의 흰 돌들 때문에 마치 눈으로 덮인 것 같았다.[72]

2절 (성전 파괴 예언) 예수께서 성전이 파괴될 것을 예언하신다. '돌 하나도 돌 위에 남지 않고' 성전이 파괴된다는 말씀은 예레미야 7:14; 9:11에 담긴 선지자적 경고와 관련된다(Harrington, 331). 이러한 주장이 옳다면 돌 위에 돌이 남지 않는다는 것은 과장법으로 이해해야 한다. 그러나 이러한 과장법은 단지 성전 축대(기초물)에만 해당된다고 볼 수 있다. 레위의 유언(15:1; 참고. 14:6)도 제사장들의 불결로 인해 성전이 파괴될 것이라 기대한다.[73] 예수의 성전 파괴 예언은 성전의 완전한 파괴를 묘사하는데, 정확하게 성취되었다.[74] 로마 황제는 예루살렘과 성전을 바닥에까지 허물라고 명했고 그대로 집행되었다.[75] 오늘날 남아 있는 통곡의 벽(서쪽

---

69. Edwards, 387.
70. Bock, 321.
71. *Ant.* 15.11.3(Lane, 451).
72. *J.W.* 5.223(Stein, 511).
73. Keener, 2009: 561.
74. Hooker, 305.
75. *J.W.* 7.3(Edwards, 388-89).

벽)은 성전 건물의 일부가 아니라, 성전터의 기초구조이다(France, 496).

성전 파괴 예언은 이미 구약 성경(왕상 9:6-8; 미 3:12; 렘 7:12-15; 26:6)에 등장한다. 예레미야는 성전 파괴 예언을 하고도 이를 이미 예언한 미가의 예언이 있기에 무사했으나(렘 26:10-19), 우리야는 성전 파괴 예언을 하고 죽임을 당했다(렘 26:20-23).[76] 유대인들에게 성전은 하나님의 임재의 상징이었기에 성전 파괴 예언은 하나님에 대한 모독으로 간주될 수 있었다(Hooker, 304).

헤롯 성전의 파괴를 예언한 인물은 예수와 동시대 인물 중에도 있었다. 랍비 요하난 벤 자카이(Rabbi Johanan ben Zakkai)도 헤롯 성전의 파괴를 예언했는데, 그가 예언한 때는 성전이 파괴된 해(AD 70년)보다 40년 전이었다.[77]

하나님의 임재의 상징인 성전이 파괴되면, 하나님께서 그 성전을 떠나셨기 때문이라고 해석될 수 있었고, 하나님께서 그렇게 하신 이유는 하나님의 백성의 죄 때문이라고 볼 수 있었다.[78] 실제로 많은 유대 문헌은 유대인들의 죄 때문에 성전이 파괴되었다고 간주했다.[79]

3절 (성전 파괴의 때와 재림/종말에 관한 질문) 제자들은 올리브산에서 예수께 질문한다. 올리브산은 성전보다 더 높은 위치에 있기에, 올리브산 위에서는 성전을 볼 수 있다. 미쉬나(*m. Middoth* 2:4)는 올리브산의 정상에서 보면 성소의 입구를 볼 수 있었다고 한다(Edwards, 2002: 389).

제자들의 질문은 '이런 일'(2절이 언급한 성전 파괴)이 발생할 때에 관한 것이다. 또한 '당신의 임하심과 세상의 끝'에 관한 것이다. '당신의 임

---

76. France, 495.
77. *b. Yoma* 39b(Hooker, 304).
78. 신현우, 2021: 606.
79. *b. Shabbath* 119b 등(Lane, 453).

하심'은 24:27, 37, 39에 언급된 인자의 임하심과 관련되므로 예수와 인자를 동일시하게 한다(Harrington, 332). '임하심'(παρουσία)은 본래 높은 사람, 특히 왕이나 황제의 공식적 왕림 또는 숨겨진 신의 나타남을 가리키는 용어이다.[80] 이 단어는 유대교에서 하나님의 종말론적 오심에 대하여 사용되었고, 마태복음에서는 인자(예수)의 종말론적 오심을 가리킨다(DA, 1997: 338). '당신의 임하심과 세상의 끝'은 하나의 관사 뒤에 놓이므로 이 둘은 분리되지 않는 하나의 사건을 가리킨다(강대훈, 하, 407).

제자들은 성전 파괴에 관하여는 때를 질문하고, 예수의 오심(재림)에 관하여는 징조를 묻는다. 그러므로 문맥상 예수의 대답은 성전 파괴에 관하여는 그것이 발생할 때를 알려 주며, 재림에 관하여는 그것의 징조를 알려 주신다고 보아야 한다. 그런데, 재림/종말의 징조는 이를 미리 보여 주는 작은 종말인 성전 파괴의 징조로도 나타났을 것이라고 추측할 수 있다.

5. 종말의 징조 (24:4-28)

예수의 재림(과 성전 파괴)의 징조가 소개된다. 그것은 우선 거짓 그리스도들의 등장이다(4-5절). 전쟁과 전쟁의 소문(6-7절)과 함께 기근과 지진(7절)도 그러한 징조이다.[81] 예루살렘 지진(AD 67년), 빌립보 지진(행 16:26), 소아시아 대지진(AD 61년), 폼페이 지진(AD 62년),[82] 클라디우스 황제 때의 대기근(AD 46년경; 행 11:28; *J. W.* 3.320; 20.51-53, 101)이 이

---

80. DA, 1997: 337-38.
81. 유사하게 에스라4서 13:31-32은 곳곳에 전쟁이 일어난 후 하나님의 아들이 나타날 것이라고 한다(Harrington, 332). 바룩2서 27:6-7은 열두 가지 재난 중에 기근과 지진을 언급한다(Harrington, 332).
82. 양용의, 2018: 470.

에 해당한다.[83] 예수를 따르는 자들이 박해받음(9-10절)과 거짓 선지자의 등장(11절)도 그러한 징조이다. AD 36년에 상당한 추종자를 얻은 사마리아 선지자는[84] 이에 해당한다. 불법(반율법주의)이 성하고 사랑이 식어짐(12절)과 온 세상에($\acute{\epsilon}\nu$ ὅλῃ τῇ οἰκουμένῃ) 복음이 전파됨(14절)도 징조로 언급된다.

특히 성전 파괴에 적용되는 징조가 제시되는데, 그것은 성전에 혐오스러운 것이 서는 것이다(15절). 이러한 일을 보면 곧 성전이 파괴되므로 유대에 있는 자들은 예루살렘으로 들어가지 말고 산으로 피해야 한다(16절). 피할 때는 매우 신속히 피해야 한다(17-18절). 예수의 재림도 마치 번개와 같이 갑작스럽게 이루어질 것이며, 공개적으로 이루어질 것이다(26-27절).

1. 번역

4 예수께서 그들에게 대답하셨다.

"누군가 너희들을 속이지 않도록 조심하라.

5 왜냐하면 많은 사람들이 나의 이름으로 와서

'내가 그리스도다.'라고 말할 것이기 때문이다.

그들은 많은 사람들을 속일 것이기 때문이다.

6 너희가 머지않아 전쟁들에 관하여 듣고

전쟁들의 소문들도 듣게 될 것이다.

너희는 놀라지 않도록 조심하라.

그것이 일어나야 하지만, 아직 종말은 아니기 때문이다.

---

83. 양용의, 2018: 470; Keener, 2009: 569.
84. Keener, 2009: 569.

7 민족이 민족에 대항하여, 나라가 나라를 대항하여 일으켜지겠고,

곳곳에 기아와 지진이 있을 것이다.

8 그러나 이 모든 것은 산통의 시작이다.

9 그때 사람들이 너희를 넘겨 고난받게 할 것이고 너희를 죽일 것이다.

너희는 나의 이름 때문에 모든 민족에 의하여 미움받을 것이다.

10 그때 많은 사람들이 신앙을 버릴 것이고

서로 배반할 것이며 서로 미워할 것이다.

11 많은 거짓 선지자들이 일으켜져 많은 사람들을 속일 것이다.

12 또한 율법을 점점 더 버리게 되어 많은 사람들의 사랑이 식어질 것

이다.

13 그러나 끝까지 견디는 사람은 구원받을 것이다.

14 그 나라의 이 복음이 모든 민족들에게 증거되기 위하여

온 천하에 선포될 것이다.

그때 종말이 올 것이다.

15 너희가 다니엘 선지자가 말한

멸망의 혐오스러운 것이 거룩한 곳에 선 것을 볼 때

- 읽는 자는 깨닫도록 하십시오! -

16 그때 유대에 있는 자들은 산으로 피하라.

17 지붕 위에 있는 자는 자신의 집에 있는 것을 꺼내려고 내려가지 말라.

18 밭에 있는 자는 자기의 외투를 가지러 뒤로 돌아서지 말라.

19 그 날에는 임신한 자들과 젖 먹이는 자들에게 화가 있을 것이다.

20 너희는 너희들의 피난이 겨울이나 안식일에 발생하지 않도록 기도

하라.

21 세상의 시작부터 지금까지 발생하지 않았고

결코 발생하지도 않을 그런 큰 고난이 그때 있을 것이다.

22 그 날들이 단축되지 않으면 모든 육체가 구원받지 못할 것이다.

그러나 선택받은 자들을 위하여 저 날들이 단축될 것이다.

23 그때 누가 너희에게 말하기를

'보라, 여기 그리스도다!' 또는 '여기다!'라고 하여도 너희는 믿지 말라.

24 거짓 그리스도들과 거짓 선지자들이 일으켜질 것이고,

그들이 큰 표증들과 놀라운 일들을 베풀어

가능하다면 선택받은 자들까지도 속이려고 할 것이다.

25 보라, 내가 너희에게 미리 말하였다.

26 그러므로 만일 사람들이 너희에게 말하기를

'보라, 그가 광야에 있다.'고 하여도 나가지 말라.

'보라, 골방에 있다.'고 하여도 믿지 말라.

27 마치 번개가 동편에서 나와서 서편까지 비추는 것처럼,

그 인자의 재림도 그러할 것이다.

28 시체가 있는 곳이 어디든지 그곳에 독수리들이 모일 것이다.

2. 주해

5절 (거짓 그리스도의 등장) 재림/종말의 징조는 우선 거짓 그리스도의 등장이다. 종말의 모형인 성전 파괴 이전에도 자신이 메시아라고 주장하는 자들이 등장했다. 그중에는 AD 40년대 중반에 등장하여 요단강을 가르는 기적 등을 행하고자 한 튜다스(Theudas)가 있다(*Ant.* 20.97-98).[85] 메나헴(Menahem, AD 66년에 등장함), 기스칼라의 요한(John of Gischala, AD 67년에 등장함), 시몬 바-기오라(Simon Bar-Giora, AD 69년에 등장

---

85. Edwards, 391.

함) 등도 그러한 인물이다.[86] 갈릴리의 유다스의 아들 메나헴은 마치 왕인 양 왕의 옷을 입고 예루살렘에 입성하였다.[87] 시몬 바-기오라는 노예 해방과 예루살렘의 독립을 약속하였다.[88] 그는 유대인들에 의하여 왕으로 간주되었다가, 로마의 디도 장군의 승리 후에 처형되었다.[89] 유대 배경 속에서 자신이 왕이라는 주장은 메시아라는 주장을 내포한다(France, 528). 따라서 이러한 인물들은 메시아라고 주장하는 자들에 해당한다.

이러한 인물들이 등장하여 '많은 사람들'을 속일 것이다. '많은 사람들'은 그리스도인만을 가리킨다고 볼 필요는 없다(Hooker, 307). 거짓 메시아들은 그리스도인만이 아니라 많은 유대인들을 속일 것이고, 세상 사람들을 속일 것이다. 성전 파괴 전에 거짓 메시아들이 등장했듯이, 재림과 종말 이전에도 그런 자들이 등장할 것이다.

6-7절 (전쟁, 기근, 지진) 예수께서는 전쟁, 기근, 지진을 재림과 종말의 징조로 제시하신다. 구약 성경의 선지자적 선포와 묵시론적 기대도 지진(사 13:13; 렘 4:24)과 기근(사 14:30; 욜 1장)을 포함한다(Hooker, 308). 유대인들의 전통(에스드라2서 9:3) 속에서도 전쟁, 지진을 종말의 징조로 간주한다.[90] 바룩2서 70:8도 전쟁, 지진, 기근을 메시아의 심판으로 특징 짓는다(DA, 1997: 340).

종말의 모형에 해당하는 성전 파괴 직전에도 유대 전쟁이 발생하였고 성전은 그 전쟁의 결과 파괴되었다. 그 이전에 발생한 전쟁으로는 (AD 36년 이후에 발생한) 로마와 파르티아 사이에 발생한 전쟁, (AD 36-37년

---

86. Collins, 604-5.
87. France, 528.
88. *J.W.* 4.6.1 §353; 4.9.4 §514-20(강대훈, 하, 409).
89. France, 528.
90. 이석호, 558.

에 발생한) 헤롯(안티파스)과 나바테아 왕(아레타스) 사이의 전쟁이 언급
될 수 있다.[91] 전쟁은 하나님의 심판의 방식 중의 하나로 볼 수도 있다(렘
4:16 이하; 슥 14:2).[92] 전쟁이 발생해도 "끝은 아니다." 전쟁 발생 후 곧바
로 성전이 파괴되는 것은 아니다.

종말의 모형인 성전 파괴 이전에도 기근이 발생하였다. 그중에 클라
우디우스 황제 때(AD 41-54년)의 기근을 언급할 수 있다. 사도행전 11:28
과 요세푸스(*Ant.* 3.320; 20.101)는 이 흉년을 언급한다.[93] 이 시기에 유대
땅에도 기근이 있었다(AD 46년경).[94] 네로 황제 시대에도 기근이 발생했
다.[95] 또한 스스로 메시아라고 주장하는 사람들이 일으킨 전쟁도 결과적
으로 기근을 발생시켰을 것이다(Hooker, 308 참고).

재림/종말의 모형인 성전 파괴 전에도 지진이 징조로 발생하였다. 그
중에 AD 61년에 소아시아에 발생한 지진(라오디게아 지진 포함), AD 62
년에 폼페이와 헤르쿨라네움(Herculaneum)에 발생한 지진,[96] AD 67년에
예루살렘에 발생한 지진을 언급할 수 있다.[97] AD 61년에 소아시아에 발생
한 지진은 열두 개의 도시를 하룻밤에 파괴하였다.[98]

이러한 징조들은 마가복음(13장)에서 성전 파괴의 징조로 소개되는
데, 마태복음에서는 또한 재림과 종말의 징조로 소개된다. 성전 파괴는 더
큰 심판과 종말의 모형이므로, 그 징조가 재림과 종말의 징조와 유사하다

---

91. France, 511.
92. Hooker, 308.
93. Marcus, 2009: 877; Bock, 324.
94. Evans, 2001: 308.
95. Marcus, 2009: 877.
96. Evans, 2001: 308; Bock, 324.
97. *J.W.* 4.286-87; Bock, 323; France, 512; Marcus, 2009: 877.
98. Marcus, 2009: 877.

고 볼 수 있다.

8절 (재난의 시작) 예수께서는 전쟁, 지진, 기근을 '산고의 시작'(ἀρχὴ ὠδίνων)이라고 하신다. '산고'는 에녹1서 62:4; 에스드라2서 4:42에서 메시아 시대의 탄생 이전의 고난의 시기를 가리킨다.[99] '메시아의 산고들'이라는 용어는 종말 이전에 발생하는 고난을 가리키기 위해 랍비들이 사용하였는데, 이 용어는 1세기에 이미 그러한 의미를 표현하는 전문 용어였을 수도 있다(Hooker, 308). 구약 성경에서 산고(출산의 고통)의 이미지는 새 시작을 위한 진통을 상징한다(사 26:17 이하; 66:8 이하; 호 13:13; 미 4:9 이하).[100] 이러한 배경으로 볼 때, '산고의 시작'은 성전이 파괴되고 새 시대가 시작하기 전에 옛 시대의 종말의 고난이 시작됨을 표현한다고 해석될 수 있다.

9-11절 (성도의 고난, 거짓 선지자들의 등장) 제자들이 고난당하고 죽임을 당하게 되는 것, 거짓 선지자들의 등장도 재림과 종말의 징조이다.

12절 (불법이 성함) 불법이 성하고 사랑이 식어짐도 징조이다. 개역개정판이 '불법'으로 번역한 단어(ἀνομία)는 율법을 지키지 않음, 율법이 없음을 뜻한다. 율법은 사랑을 명하므로, 율법을 어기거나 무시하면 사랑이 식어지게 된다(강대훈, 하, 415). 마이어(G. Maier)는 기독교인 가운데서 "복음이 하나님의 율법과 분리되어서, 정의되지 않은 불분명한 '자유'라는 개념으로 모든 것을 허락하는 값싼 은혜로 전락하는 것"에서 이러한 현상이 발생한다고 본다(Maier, 820).

13절 (끝까지 견디는 자) 예수께서는 끝까지 견디는 자는 구원을 받는다고 격려하신다. 여기서 '구원'은 예수 이름으로 당하는 고난의 맥락에서 언급된 것이므로 단지 목숨을 구함을 뜻하기보다 영생을 얻음을 가리킨

---

99. Hagner, 1995: 691.

100. Hooker, 308.

다고 볼 수 있다(France, 519 참고).

14절 (온 세계에 복음이 전파됨) 온 세상 모든 민족들에게 천국 복음이 전파됨도 징조로 제시된다. 개역개정판이 '온 세상에'로 번역한 표현에서 '세상'에 해당하는 단어는 '오이꾸메네'(οἰκουμένη)이다. 이 단어는 "사람이 거주하는 영역"을 가리키는 표현이며 본래 헬라 세계를 가리키던 용어인데, 로마 제국 전역을 가리키게 된 듯하다.[101] 로마서 15:19에서 바울은 이미 로마 제국의 전 지역에 복음을 전했다고 한다(양용의, 2018: 472). 그러나 마태복음은 재림과 종말의 징조로 편만한 복음 전파를 언급하고 있으므로, '오이꾸메네'는 로마 제국에 국한되지 않고 사람이 사는 영역을 가리키는 넓은 의미로 사용되었다고 볼 수 있다. 그렇지만 '오이꾸메네'와 '모든 민족'은 모든 지역 모든 사람을 가리킨다고 볼 필요는 없다. 키너는 복음이 모든 민족들 가운데서 전파된다는 표현을 로마서 10:18; 골로새서 1:6에 사용된 언어처럼 대표성의 의미로 이해해야 한다고 본다(Keener, 2009: 569). 또한 양용의가 지적한 바와 같이 "'온 세상'과 '모든 민족'이라는 표현은 그 완벽한 전체성보다는 이스라엘의 한계를 뛰어넘은 제한 철폐 및 포괄성의 의미가 더 강한 것으로 보인다"(양용의, 2018: 472).

이방 민족 선교는 구약(사 42:6; 49:6; 60:6; 시 96편)과 유대교(솔로몬의 시편 8:17, 43; 11:1)에서도 기대된 것이다.[102] 종말에 많은 민족이 회개한다는 주제는 구약과 유대 전통에도 나타난다.[103]

15절 (멸망의 가증한 것) 멸망(황폐함)의 가증한 것이 거룩한 곳에 서는

---

101. 양용의, 2018: 472.

102. Bock, 324.

103. 사 2:2-4; 45:20-22; 49:6; 55:5; 56:6-8; 미 4:1-3; 에녹1서 48:4-5; 레위의 유언 18:5-9; 시빌의 신탁 3.710-723 등(강대훈, 하, 416).

것도 징조로 제시된다. 전쟁을 언급하는 마태복음 24:15-20 문맥과 유대 지역에 있는 자들에게 피하라고 하는 16절의 문맥은 거룩한 곳에 황폐함의 가증한 것이 섬을 예루살렘 성전과 관련된 사건이라고 해석할 수 있게 한다.[104]

개역개정판이 '가증한 것'으로 번역한 단어(βδέλυγμα)는 혐오스러운 것을 가리킨다. 구약 성경에서 이 단어는 우상이나 이방 종교에 관련된다 (신 29:17; 왕상 11:5, 7; 왕하 23:13, 24; 사 66:3; 렘 4:1; 7:30; 겔 5:11).[105] '멸망의 혐오스러운 것'에 해당하는 히브리어 표현(שקוץ שמם, '시쿠츠 쇼멤')은 "황폐하게 만드는 혐오스러운 것"을 의미한다.[106] '멸망의 가증한 것'(τὸ βδέλυγμα τῆς ἐρημώσεως)에서 '멸망'에 해당하는 다니엘서 12:11 의 단어(שמם, '쇼멤')는 히브리어의 '하늘'에 해당하는 말(שמים, '샤마임')과 발음이 유사하므로, 다니엘 9:27; 11:31; 12:11에 나오는 '멸망의 가증한 것'은 BC 167년에 예루살렘 성전에서 예배하도록 한 '하늘의 주'라는 신을 가리킨다고 여겨질 수 있었다(Harrington, 336). 다니엘서의 이 표현은 이때 안티오쿠스(Antiochus) 4세가 예루살렘 성전에서 돼지를 제물로 바친 행위로 성취되었다고 볼 수도 있다(Ant. 12.5.4).[107] 실제로 마카비1서 1:54, 59은 안티오쿠스 4세가 성전 번제단 위에 제우스 제단을 세워 성전을 더럽힌 행위가 다니엘서가 예언한 멸망의 가증한 것에 해당한다고 본다.[108]

멸망의 가증한 것이 거룩한 곳(성전)에 섬은 재림과 종말의 모형인 성

---

104. 강대훈, 하, 419.
105. Evans, 2001: 318; Bock, 326.
106. Evans, 2001: 318.
107. Graham, 162.
108. Graham, 163-64; France, 520, 522-23; Edwards, 2002: 396; Hagner, 1995: 700.

전 파괴 이전에도 열심당의 성전 장악을 통하여 발생했다. 기스칼라의 요한이 이끄는 열심당은 AD 67-68년 겨울에 성전을 장악했다.[109] 그들은 성전을 본부로 삼고, 성전 경내에서 싸움을 벌였다(J. W. 4.150-57, 196-207).[110] 그들은 죄인들이 지성소에 자유롭게 다니도록 하였으며(J. W. 4.3.10), 성전 경내에서 살인을 자행했다(J. W. 4.4.4; Lane, 469).

마태복음이 사용한 표현인 '거룩한 곳'은 마가복음의 '서지 못할 곳'보다 더 분명하게 성전을 가리킨다(Harrington, 336). 유대인들은 성전에서 무죄한 피를 흘리는 것은 성전을 더럽히는 것이라 여겼다.[111] 마카비1서(1:39; 2:12)는 성전을 더럽힘을 곧 황폐하게 하는 것이라 여겼다.[112] 요세푸스는 성전에서 제사장들의 피를 흘린 것을 모독 또는 혐오스러운 행위라 여겼으며, 이로 인해 AD 70년에 성전이 파괴되었다고 보았다.[113] 이러한 혐오스러운 행위가 발생한 지 약 3년 반 후에 성전은 파괴되었다(Keener, 2009: 576).

16절 (산으로 피하라) 예수께서는 성전 관련 징조가 발생하면 유대 땅에 있는 사람들은 "산으로 도망하라."고 하신다. 유대 땅의 성읍들과 예루살렘은 주로 산에 있으므로, 산으로 도망하라는 말은 성읍에 머무르지 말고 성 밖으로 피하라는 뜻이다(France, 524).

'산'은 전쟁 때 안전을 제공할 수 있는 장소이다. 예를 들어 마카비 봉기 때에 산은 안전을 제공하였다(마카비1서 2:28).[114] 창세기 19:17은 소돔

109. France, 525.
110. 양용의, 2010: 305.
111. 마카비1서 1:39; J.W. 9.152(Keener, 2009: 576).
112. Keener, 2009: 576.
113. J.W. 4.147-201; 4.343; 5.17-18; 참고. 2.424(Keener, 2009: 576).
114. Hagner, 1995: 701.

과 고모라가 망할 때 산을 피난처로 제시한다.[115] 에스겔 7:15-16도 산을 피
난 장소로 언급한다.[116] 창세기 14:10; 예레미야 16:16도 산을 피난의 장소
로 언급한다.[117] 예루살렘도 이상적인 피난 장소로 여겨졌으나(사 16:3; 렘
4:6; 슥 2:11),[118] 예수께서는 산으로 피난하라고 하신다.

　　열심당의 성전 장악은 베스파시아누스(Vespasianus)가 AD 68년 초에
유대 땅에서 전면전을 펼치기 직전에 발생했기에 성전 장악은 유대 땅에
있는 자들에게 피난하도록 알려 주는 징조로서 적합했다(양용의, 2010:
305). 사람들은 AD 68년 봄까지는 예루살렘을 안전하게 떠날 수 있었
다.[119] 유세비우스(*H.E.* 3.5.3)는 그리스도인들이 예루살렘 파괴 전에 성을
떠나 피했다고 한다(Stein, 519-20).

　　17-18절 (피난의 긴박함) 예수께서는 급박한 피난의 필요성을 강조하기
위해 과장법을 사용하신다(Keener, 2009: 579). 예루살렘이 포위된 때에
도 유대 땅에 있는 자들에게는 피난의 기회가 있었다.[120] 그리스도인들은
예수의 말씀을 기억하고 피난을 실행했다. AD 300년경에 기록된 유세비
우스(*H.E.* 3.5.3)에 의하면 예루살렘에 거주하던 그리스도인들은 성에서
나왔으며 요단강 동편의 펠라(Pella)로 이주했다.[121] 펠라는 산기슭의 작은
언덕에 있으므로,[122] 그들의 이주는 산으로 피난하는 것에 해당한다고 볼
수 있다. 그들은 일단 유대 산지로 피한 후에 요단강을 건너 펠라로 이주

---

115. 강대훈, 하, 421.
116. Lane, 470.
117. 양용의, 2010: 306.
118. Lane, 467.
119. *J.W.* 4.377-80, 410(Keener, 2009: 578-79).
120. France, 526.
121. Evans, 2001: 320; Hurtado, 220.
122. Lane, 469.

했을 것이다. 펠라가 있는 데가볼리 지역에는 이방 그리스도인들이 살고 있어서 예루살렘 난민들을 도왔을 것이다(Lane, 469).

19절 (피난 때 힘든 자들) 예수께서는 피난 때에 임신한 여인과 아기에게 젖을 먹이는 여인에게 화가 있다고 하신다. 아기에게 젖을 먹이는 여인의 경우 피난길이 힘들 뿐 아니라 아이의 울음소리로 인해 적에게 발각될 위험도 있다(강대훈, 하, 422).

20절 (피난하기 힘든 겨울이나 안식일) 예수께서는 피난하는 때가 겨울철이나 안식일이 되지 않도록 기도하라고 하신다. '겨울'에는 비가 내려 길을 진흙투성이로 만들었다.[123] 겨울에는 여름철에 말라 있던 와디(wadi)에 물이 흘러서 건너기 어렵다(Hooker, 315). AD 68년에는 폭우로 요단강이 넘쳐서 가다라 피난민들이 건너지 못하고 지체하다가 로마인들에게 살해당하였다.[124] 겨울에는 춥고 비가 자주 내리며 들판에서 먹을 것을 구하기도 어렵다.[125] 그러므로 겨울철은 피난하기에 좋지 않은 계절이었다. 그래서 겨울에 피난하지 않게 되기를 기도할 필요가 있었다.

안식일은 멀리 갈 수 없는 날이기 때문에 도망하기에 좋은 날이 아니다. 물론 유대인들도 목숨을 구하기 위해 안식일에 도망하는 것을 허용하게 되었지만, 안식일을 존중하는 사람들에게는 안식일을 지키지 못하고 그 날에 피난 가야 하는 일 자체가 괴로운 것이다. 그래서 안식일을 존중하는 사람들은 피난 가는 날이 안식일이 되지 않도록 기도해야 할 것이다.[126] 또한 당장 목숨의 위험이 없으므로, 안식일에 도망하지 않다가 피난 기회를 놓치는 것도 안타까운 일이다. '안식일에'가 '겨울에'와 평행되어

---

123. Keener, 2009: 581.
124. *J.W.* 4.433(Keener, 2009: 581).
125. Donahue & Harrington, 372.
126. Shea, 35.

사용된 문맥은 안식일이 겨울처럼 피난하기 괴로운 시간임을 알려 준다 (Wong, 14). 이 구절이 정경 마태복음에 담겨 있는 것은 안식일이 그리스도인들에게도 유의미하며, 신약 시대에도 안식일이 폐지되지 않았음을 보여 주는 근거로 사용될 수 있다. (피난하기 어려운 때로 '안식일'이 언급되는 이 부분은 마가복음에 없다. 이방인들이 독자인 경우에는 왜 안식일이 피난하기 어려운 때인지 이해하기 어려웠을 것이므로, 전승된 말씀이라고 할지라도 독자들을 위하여 생략했을 수 있다.)

21절 (큰 환란) 미래에도 이러한 환란이 발생하지 않는다는 말씀은 언급되는 환란이 종말에 관한 것이 아니라 예루살렘의 멸망과 관련됨을 암시할 수 있다.[127] '후에도'는 성전이 파괴되는 환난 뒤에도 이와 비교될 수 있는 다른 환난이 있을 것임을 암시한다(요세푸스, J.W. 1.12도 같은 주장을 한다).[128] 그렇지만 본문이 극심한 환란을 묘사함은 분명하다. '앞으로 일어나지 않을 것이다'라는 표현은 구약 성경에서도 극심한 환란을 묘사할 때 사용한다(출 10:14; 11:6; 욜 2:2).[129] 이러한 극심한 환란은 종말의 모형인 성전 파괴 전에 발생하였듯이 종말 자체가 다가오는 징조로도 발생할 것이다.

AD 67-70년의 유대 전쟁은 실제로 매우 참혹했다. 이 전쟁의 참혹함은 요세푸스의 글에 기록되어 있다.[130] 이 기록에 의하면 이때 많은 유대인들이 십자가에 못 박혀서 언덕들에 있는 나무들이 다 베어져 민둥산이 되었다.[131] 요세푸스의 기록에 의하면 예루살렘 파괴 때 죽임 당한 자의 수는

---

127. 강대훈, 하, 424; Lane, 472.
128. Keener, 2009: 581.
129. 양용의, 2010: 306.
130. J.W. 5.424-38, 512-18, 567-72; 6.193-213(양용의, 2018: 474; 양용의, 2010: 306).
131. Hurtado, 220.

1,100,000명이었으며, 포로는 97,000명이었다고 한다(Stein, 522).

22절 (환란의 기간) 예루살렘 포위의 날이 감해지지 않으면 '모든 육체'가 구원받지 못한다. '모든 육체'는 모든 동물(창 6:13, 17, 19), 특히 사람을 뜻하는 셈어적 표현이다(창 6:12; 민 16:22; 시 65:2; 사 40:5-6; 렘 25:31).[132] 예루살렘 포위와 피난을 언급하는 문맥에서 '모든 육체'는 예루살렘 성안에 있는 유대인들을 가리킬 수 있다. 포위 기간이 길어지면 그들은 모두 죽게 될 것이다.[133]

예수께서는 "택하신 백성을 위하여 그날들을 감하시리라."고 하신다. 예루살렘의 포위는 단지 5개월간 지속되었다.[134] 하나님은 때와 계절을 바꾸시는 하나님이시므로(단 2:21), 예정된 기간을 감하실 수 있다.[135] '택하신 자들'은 에녹1서에서 이스라엘 중에 의로운 남은 자들을 가리킨다(Collins, 611). 쿰란 문헌에서 이 표현은 새 언약의 백성을 가리키며 쿰란 공동체가 이에 해당한다고 간주한다.[136] 마태복음 본문에서 이 표현은 (24절의 경우처럼 유대인들과 대조하여 사용하므로) 그리스도인들 또는 장차 그리스도인이 될 자들을 가리킨다(Hagner, 1995: 703).

성전 파괴의 경우처럼, 재림/종말 이전에도 환란이 징조로 발생하고, 그리스도인들을 위하여 그 환란의 기간이 아주 길지는 않을 것이다.

23-26절 (거짓 그리스도의 등장) 거짓 그리스도들과 거짓 선지자들의 등장(23-26절)은 4-5절과 수미상관(*inclusio*)을 이룬다.

거짓 그리스도들과 거짓 선지자들은 기적을 행하여 택하신 자들(그리

---

132. Marcus, 2009: 894.

133. 신현우, 2021: 619.

134. France, 528.

135. Boring, 369 비교.

136. Collins, 612.

스도인들)도 미혹할 것이다. 기적은 참된 선지자의 증표로서 충분하지 않다(마 7:21; 살후 2:9; 신 13:1-5).[137] 기적을 행하는 거짓 선지자들의 등장은 재림 전에 발생할 징조인데, 작은 종말인 성전 파괴 전에도 징조로 발생했다. 요세푸스는 성전 파괴 전에 자칭 선지자들이 출현하였음을 기록한다.[138]

거짓 메시아들과 거짓 선지자들은 택함 받은 백성까지 유혹할 것이다. 여기서 '택하신 백성'은 "택하신 백성들도" 유혹한다는 표현을 고려할 때 유혹당할 가능성이 낮은 사람들인 그리스도인들을 가리킨다고 보인다.[139] 예수를 메시아로 믿는 그리스도인들을 그들이 유혹하여 다른 인물을 메시아로 믿도록 유혹하기는 쉽지 않았을 것이기 때문이다.

예수께서는 그리스도가 광야에 있다고 하거나 골방에 있다고 하여도 믿지 말라고 하신다(26절).당시에는 메시아가 광야에 나타날 것이라는 기대(3:1-12; *J. W.* 2.258-263 참고)와 함께 비밀스럽게 임할 것이라는 기대도 있었다(요 7:27 참고). 그러나 성전 파괴 전에 유대인들의 메시아 기대에 따라 거짓 메시아를 받아들이면 안 되었다. 우리 시대에도 많은 자칭 메시아들이 등장하였으나 하늘 구름을 타고 천사들과 함께 오시는 재림하시는 메시아의 모습은 아니었다.

27절 (재림하시는 메시아의 모습) 예수께서는 인자의 임함('파루시아')를 번개에 비유하셨다. 인자의 임함을 번개에 비유한 것은 모두 알도록 분명하게 임한다는 뜻일 수도 있다(Hagner, 1995: 707). 데살로니가후서 1:7; 요한계시록 1:7; 19:11-16에 의하면, 예수의 재림은 모두가 보는 방식으로

---

137. Keener, 2009: 582.

138. Evans, 2001: 305.

139. France, 528 참고.

이루어진다.[140] 그러나 본문에서 '번개처럼'은 예측하지 못하는 갑작스러움을 표현하는 비유적 표현일 수 있다. 그런데, 번개는 로마적 배경에서 전쟁의 승리나 신적 권력의 상징이었다.[141] 이러한 배경에서 번개처럼 오심은 신적 권능을 가지고 오심을 뜻할 수도 있다.

한편 '파루시아'는 요세푸스의 글에서 하나님의 임재를 가리키는데, 마카비2서 8:12; 마카비3서 3:16-17 등에서 군대나 왕의 도착을 뜻하는 전문 용어이다(W. Carter, 482). 따라서 인자의 파루시아는 예수께서 왕적·군사적 권세를 가지고 세상을 심판하러 오심을 가리킬 수 있다.

28절 (주검과 독수리) 주검이 있는 곳에 독수리들이 모인다. 이 말씀은 독수리가 모이는 곳은 주검이 있는 곳이듯이 거짓 그리스도, 거짓 선지자들에게 미혹되는 자는 거짓 그리스도인들이라는 뜻으로 볼 수 있다.

주검이 등장하는 문맥은 독수리보다는 콘도르(vulture)를 기대하게 하지만, 아리스토텔레스(Aristoteles, *History of Animals* 9.32)와 플리니(Pliny, *Natural History* 10.3)는 콘도르를 독수리로 분류하므로,[142] 콘도르도 독수리라고 부를 수 있다.

그러나 그들(과 Aelinanus)도 콘도르(γύψ)와 독수리(ἀετός)를 혼동하지 않고 구별하였고, 70인역 욥기 39:26-30도 그러하다.[143] 따라서 마태복음 이 구절에서는 사용된 단어가 '아에또스'(ἀετός)이므로 콘도르가 아니라 독수리를 가리킨다고 볼 수도 있다.[144] 이 구절은 독수리들이 시체가 있는 곳에 모인다고 할 뿐 시체를 먹는다고 하지는 않으므로(W. Carter,

140. Keener, 2009: 582.

141. W. Carter, 481.

142. Harrington, 338.

143. W. Carter, 469.

144. W. Carter, 470.

471), 독수리의 등장이 시체를 먹기 위한 것이라고 볼 필요도 없다.

그렇지만, 시체에 달려드는 전형적인 새는 독수리라기보다는 콘도르이므로, 특별히 '독수리'(ἀετός)를 '시체'(πτῶμα)에 연결하여 등장시킨 데에는 강조점이 있을 수 있다. 구약 성경에서 독수리는 심판을 위해 도구로 사용된 후 그 자신도 심판받는 도구를 상징하므로, 독수리는 유대 민족과 성전 파괴에 도구로 사용 받고 후에 그 자신도 심판받는 로마 제국을 가리킬 수 있다(자세한 내용은 아래 해설 참고). 또한 이처럼 재림 때에도 심판이 있음을 상징할 수 있다. 그 심판은 주검이 있는 곳에 있을 것이다. 즉 영적으로 죽은 자들에게 있을 것이다.

3. 해설

호세아 8:1에서 독수리는 이스라엘을 심판하는 데 사용되는 앗시리아 제국을 상징하고, 신명기 28:49에서도 독수리는 이스라엘을 심판하는 데 사용되는 민족을 가리킨다(W. Carter, 473). 에스겔 17:3-4, 17에서 독수리는 유다 왕과 고관들을 향한 하나님의 심판을 위해 사용되는 바벨론 왕, 이집트 왕을 가리킨다.[145] 그런데 이 제국들은 잠시 사용된 후 역시 심판받는다(W. Carter, 473). 따라서 마태복음 24:28에서 독수리는 유대인들의 나라를 심판할 때 사용되는 로마 제국을 상징할 수 있다.[146] 에스라4서 11-12장이 로마 제국을 독수리로 묘사한 것은 이러한 추측을 지원한다(W. Carter, 474). 로마 제국에서 독수리는 로마 제국과 로마군의 상징으로 널리 사용되었으며, 요세푸스(J.W. 3.123)는 독수리가 로마 제국의 상징이라

---

145. W. Carter, 473.
146. W. Carter, 473, 476.

고 언급하기도 했다.[147]

마태복음에서 '모으다'(συνάγω)는 심판의 맥락에서 사용되기도 하는데(3:12; 13:30; 25:32), 이 구절에서는 미래형으로 사용되어 더더구나 미래의 심판을 가리킨다(W. Carter, 478-79). '시체'는 70인역에서 종종 하나님의 심판을 상징한다(W. Carter, 479). 그러므로 24:28은 예수의 재림 때에 하나님의 심판이 있음을 뜻할 수 있다. 그러한 심판의 모형이 성전 파괴였다. 하나님께서 성전도 파괴하신 사건은 세상은 더더구나 심판하실 수 있음을 보여 준다.

6. 종말 (24:29-31)

1. 번역

29 저 날들의 고난 후에 즉시

해가 어두워질 것이며

달이 그의 빛을 내지 않고

별들이 하늘로부터 떨어질 것이며

하늘의 권능들이 흔들릴 것이다.

30 그리고 그때 그 인자의 표증이 하늘에 나타날 것이다.

그때 땅의 모든 부족들이 애곡할 것이며,

그 인자가 하늘의 구름을 타고

많은 권능과 영광을 가지고 오는 것을 사람들이 볼 것이다.

31 그가 그의 전령들을 큰 나팔 소리와 함께 보낼 것이며

---

147. W. Carter, 475-76.

그의 선택받은 자들을 사방에서

하늘의 한쪽 끝에서 다른 쪽 끝까지 모을 것이다.

2. 주해와 해설

29절 (종말) '해가 어두워지며 달이 빛을 내지 않다'는 표현은 구약 성경(겔 32:7; 욜 2:10, 31; 3:15; 암 8:9) 특히 바벨론 멸망을 예언하는 이사야 13:10, 에돔에 대한 심판을 예언하는 이사야 34:4(*J. W.* 6.288-315 참조)의 언어를 반영하므로, 이들 구약 성경에서처럼 특정 민족의 임박한 멸망을 가리킬 수 있다.[148] 아모스 8:9에서 '해가 어두워지며'는 이스라엘의 운명을 가리키고, 요엘 2:10에서 이 표현은 유대에서의 메뚜기 재앙을 가리킨다.[149] 그러므로 마태복음 24장에서 해와 달이 빛을 잃는다는 표현은 (성전 파괴와 함께 동반되는) 유대인들의 나라의 멸망을 가리킬 수 있다.[150] 그런데 마태복음 24장에서는 예수께서 재림과 종말의 징조에 관하여 말씀하고 계시므로, 이 표현은 궁극적으로 종말 자체에 관한 묘사로 볼 수 있다.

이사야 34:4에서 에돔의 멸망을 가리키는 '별들이 하늘에서 떨어지다'는 표현도 유대인들의 나라의 멸망을 표현하기 위해 사용될 수 있다. 이러한 표현은 종말에 관해 진술하는 마태복음 문맥 속에서는 유대인들의 나라의 멸망을 통해서 예표되는 세상의 종말을 묘사하는 표현일 수 있다.

흔들릴 것이라고 묘사된 '하늘의 권능들'은 앞에서 언급된 해, 달, 별

---

148. France, 532-33; 양용의, 2018: 477.

149. France, 533.

150. 양용의, 2018: 477.

을 가리킨다. 해, 달, 별에 관해 진술하고 이를 종합하여 진술하는 형식은
제1-3행을 제4행이 요약하는 히브리 시 형식과 유사하다(Hurtado, 226).
유대인들은 해, 달, 별들이 세상사를 주관하는 신들을 대표한다고 보고,
하나님께서 이 하늘의 권능들을 흔드실 것이라고 믿었다.[151] 구약 선지서
와 유대 묵시 문헌에서 천체의 붕괴는 하나님께서 간섭하시어 발생하는
역사의 중요 전환점을 가리키는 은유적 표현이다.[152]

　　'하늘의 권능들'은 고대인들이 천체를 살아 있는 존재들과 동일시한
것을 배경으로 볼 때, 악한 세력을 가리킨다고 볼 수 있고, 마귀와 그의 무
리의 멸망은 유대 문헌(에녹1서 86:1-3; 88:1-3; 90:24 등)만이 아니라 신
약 성경(계 12:4)에서도 종종 하늘로부터 별들이 떨어짐으로 묘사되므로,
29절의 표현은 종말에 발생할 마귀의 세력의 패퇴를 가리킬 수도 있다
(DA, 1997: 358).

　　결론적으로 29절은 곧 있을 이스라엘의 멸망과 재림 때에 있을 마귀
의 세력의 멸망을 중복적으로 가리킨다고 볼 수 있다. 이스라엘의 멸망은
최후의 심판의 모형적 사건이다.

　　30절 (하늘 징조와 재림) 종말의 때에 '인자의 징조'가 하늘에 보일 것이
다. (이 부분은 마가복음과 누가복음에는 없는 마태복음의 독특한 내용이
다.) 하늘에서 보이는 인자의 징조는 성전 파괴 전에도 하늘에 발생한다.
요세푸스(*J. W.* 6)는 성전 파괴 전에 발생한 사건들을 묘사한다. 별과 혜성
이 도시 위에 나타났고, 유월절 오전 3시경에 밝은 빛이 비치고, 소가 양
을 낳고, 지성소의 동문이 갑자기 열렸다.[153] 이와 같이 재림 전에도 하늘
에 징조가 발생할 것이다.

---

151. Hurtado, 222.
152. Lane, 475.
153. Harrington, 400.

예수께서는 "그때에 땅의 모든 족속들이 통곡"할 것이라고 하신다. 이 표현은 스가랴 12:10-14의 언어가 사용되었으므로 하나님의 구원의 날과 관련된 용어로 볼 수 있다.

그때에 사람들이 "인자가 하늘 구름을 타고 능력과 큰 영광으로 오는 것"을 볼 것이다. 이 표현은 다니엘 7:13-14의 언어를 사용한 것이므로 인자가 땅으로 오는 것보다는 권세와 영광을 받기 위해 하나님께로 가며 그 결과 온 세상이 인자의 권세를 인지하게 되는 것을 뜻한다고 볼 수도 있다.[154] 그러나 재림의 징조에 관하여 다루는 마태복음 문맥 속에서는 인자의 구름 타고 오심이 예수의 재림도 포함하여 가리킨다고 볼 수 있다.

예수께서는 사람들이 인자의 오심을 '보리라'고 한다. 에녹1서 62:2-11은 인자가 영광 중에 나타나는 것을 세상 통치자들이 볼 것이라고 한다.[155] 이처럼 사람들이 인자를 본다는 표현은 인자의 권세와 영광을 세상 사람들(특히 권력자들)이 목격하게 됨을 뜻할 수 있다. 마태복음 문맥에서는 예수의 재림이 이러한 목격의 내용에 포함된다.

31절 (전령들을 보냄) 재림 때에는 "큰 나팔 소리와 함께" 전령들이 파송된다. 바울은 데살로니가전서 4:16에서 '나팔 소리'를 언급하는데 이것은 의인의 부활 때 울리는 마지막 나팔 소리이다(고전 15:52 참고).[156] 나팔 소리는 구약 성경에서는 왕권의 선포(왕하 9:13), 하나님의 백성의 회집(민 10:1-10)과 관련된다.[157] 유대 문헌은 나팔 소리를 종말론적 구원과 관련시켜 이해하기도 한다(Keener, 2009: 588). 본문을 구약 성경을 배경으로 이해하면 예수의 높임 받으심과 관련된다고 할 수 있다. 그러나 인자의

---

154. 양용의, 2018: 478.

155. Marcus, 2009: 904.

156. Keener, 2009: 587.

157. Keener, 2009: 587.

임함이 성전 파괴와 시간의 차이가 없는 것처럼 중첩되어 묘사되고 있다고 볼 수도 있다.

인자는 전령(ἄγγελος, '앙겔로스')들을 보내어 택한 자들을 모으신다. 예수께서는 말씀 사역자들을 '전령'으로 보내어 '선택된 자'를 모으신다. '선택된 자'는 유대인들이 사용할 때 하나님의 백성 이스라엘을 가리킨다.[158] '선택된 자'는 초기 그리스도교 문헌들에서 교회를 가리킨다(Keener, 2009: 587). 마태복음 24장 본문에서 이 표현은 24절에서 유대인들과 대조되므로 그리스도인들을 가리키며, 그들이 참된 이스라엘임을 알려 준다.

스가랴 2:6은 하나님의 백성이 흩어짐에 관하여 언급한다. '모음'은 이러한 흩어짐의 반대이므로 신명기 30:4에서처럼 하나님의 백성이 포로 상태에서 귀환함을 가리킬 수 있다(France, 536). 하나님께서 택한 자를 모으심은 신명기 30:4; 이사야 11:11, 16; 27:12; 에스겔 39:27에서 묘사된다.[159] 택한 자를 모음은 이스라엘의 회복에 대한 그림 언어이다. 성전 파괴 사건은 옛 이스라엘의 멸망이지만 새 이스라엘의 회복 사건이기도 하였다. 바울은 이 '모음'을 예수를 믿는 사람들에게 적용한다(살후 2:1; 살전 4:15-17).[160] 이러한 모음은 재림 때에 완성될 것이다.

성전 파괴 이전에는 성전이 흩어진 백성을 모으는 중심이었지만, 성전 파괴 후에도 하나님의 새 백성은 모여질 것이다.[161] 성전 파괴 후에는 새 성전이신 인자를 중심으로 하나님의 백성이 모여질 것이다.[162]

---

158. 솔로몬의 지혜 3:9; 4:15; 집회서 46:1, 2; 에스드라2서 15:21; 16:73-74(Boring, 373).
159. Harrington, 338.
160. Keener, 2009: 586.
161. Lane, 477
162. France, 534 참고.

인자는 "땅 끝에서 하늘 끝까지" 그리스도인들을 모으신다. '땅 끝에서 하늘 끝까지'는 구약 성경에서 사용된 "모든 곳에서"를 뜻하는 두 가지 표현들의 결합이다(신 4:32; 13:7-8; 30:4).[163] 마커스(J. Marcus)는 '하늘 끝까지'를 에녹1서 39:3-7을 배경으로 해석하며 예수의 재림 때 죽은 자들을 모음과 관련된다고 본다.[164] 성전 파괴를 징조와 때를 다루는(막 13:2-4) 마가복음 본문의 경우는 이 표현이 재림에 관한 문맥에 나오지 않으므로 '하늘 끝까지'가 재림에 관한 것이라고 볼 수 없지만, 마태복음에서는 재림에 관한 문맥이므로 이 표현이 재림과 관련된다고 해석할 수 있다. 마태복음은 재림과 종말에 관해서 말하면서 재림과 종말의 모형이자 예표인 성전 파괴의 때를 포함하여 말한다고 볼 수 있다.

7. 징조와 종말 (24:32-33)

키너는 예레미아스(J. Jeremias)를 따라 13장에서 하나님의 나라의 현존 비유가 일곱(또는 여덟) 개 담겨 있듯이 마태복음 24:32-25:46에도 예수의 재림에 관한 비유가 일곱 개 담겨 있다고 본다.[165] 재림에 관한 비유는 마태복음 24:37부터 25:46까지 담겨 있다. 24:32-33도 결국 재림 비유일 수 있지만, 24:32-33은 재림만이 아니라 예루살렘 성전 파괴를 동시에 가리킬 수 있는 비유라고 보아야 한다. 24:34은 한 '세대' 내에 종말의 징조와 종말이 발생한다고 하는데, '세대'가 인생의 길이와 관계된 짧은 기간임을 고려하면, 이때 언급된 종말과 징조는 성전의 종말과 그것의 징조라고 보아야 하기 때문이다.

163. Lane, 477.
164. Marcus, 2009: 905.
165. Keener, 2009: 588.

1. 번역

32 너희는 무화과나무로부터 비유를 배우라.

그것의 가지가 이미 부드러워지고 잎들이 나면

너희는 여름이 가까이 온 것을 안다.

33 이처럼 너희도 이 모든 것들을 보면

그것이 문 앞에 가까이 있음을 알라.

2. 주해와 해설

32절 (무화과나무 잎과 여름) 봄(4-5월)에 무화과나무 잎사귀가 나타나는 것을 보면 여름의 임박함을 알 수 있다.[166] 구약 성경에서 무화과나무는 이스라엘의 심판과 관련하여 자주 언급되므로(사 28:3-4; 렘 8:13; 호 9:10, 16; 욜 1:7, 12; 미 7:1-6) 성전 파괴와 이스라엘의 멸망 사건을 예언할 때 무화과나무가 등장하는 것은 적절하다(양용의, 2018: 479).

여름과 종말(끝)은 헬라어로는 발음이 유사하지 않지만, 히브리어로 '여름'은 '카이츠'(קיץ)이며, '끝'은 '케츠'(קץ)이므로 카이츠(여름)로 케츠(종말)를 비유하는 데에는 언어유희가 담겨 있다.[167]

33절 (종말의 징조와 종말) 징조를 보면 그 징조가 가리키는 바가 가까웠음을 알아야 한다. 예수께서 제시하신 징조들은 예수의 재림의 징조이므로 제시된 징조들을 보면 재림이 가까웠다는 것을 알게 된다. 이 징조들은 재림의 모형인 성전 파괴 이전에도 모두 발생하는 징조들이다(34절).

---

166. France, 537; 양용의, 2018: 479.
167. Marcus, 2009: 910. 이러한 언어유희는 아모스 8:1-2에서도 발견된다(Marcus, 2009: 910).

예수께서는 '이 모든 일'을 보면 종말이 가까이 온 것을 알아야 한다고 말씀하신다. '이 모든 일'은 4-31절에서 언급된 재림과 종말의 징조들이다. 이 징조들이 나타나면 재림과 종말이 임박하였음을 깨달아야 한다. 개역개정판은 "인자가 가까이 곧 문 앞에 이른 줄 알라."고 번역하는데, '인자가'에 해당하는 부분은 원본문에 없다. 그러나 이 번역은 예수의 재림에 관하여 다루는 문맥에 부합하는 번역이다. '인자가' 대신 '종말'을 주어로 하여도 마태복음 24:3의 질문에 부합하게 되므로 적절할 것이다.

8. 성전 파괴의 때 (24:34-36)

성전 파괴는 한 세대 내에 발생하지만 정확한 때를 알 수는 없다.

1. 번역

34 진실로 너희에게 말한다.

이 모든 것들이 발생하기 전에는 결코 이 세대가 지나가지 않을 것이다.

35 하늘과 땅은 지나갈 것이다.

그러나 나의 말들은 절대로 지나가지 않을 것이다.

36 그러나 저 날과 시에 관해서는 아무도 모른다.

하늘의 천사들도 그 아들도 모르고 오직 그 아버지만 아신다.

2. 주해와 해설

34절 (성전 파괴의 때) 34절은 때에 관하여 다룬다. 이때는 3절에서 질문된 성전 파괴의 때이다. 왜냐하면 제자들의 질문 중에 때에 관한 질문은 성전 파괴와 관련되기 때문에 예수의 답변도 성전 파괴에 관한 것이다.

예수께서는 "이 세대가 지나가기 전에 이 일이 다 일어나리라."고 예언하
신다. '이 일'은 3절이 언급하는 성전 파괴 및 그 이전에 발생하는 징조들
을 가리킨다. 그 징조들은 인자의 오심(재림) 및 종말의 징조들과 유사할
것이다.

마태복음에서는 성전 파괴와 예수의 재림이 중첩되어 나타난다. 27절
은 인자의 임함이 재림임을 알려 준다. 인자의 임함이 최후 심판과 연관
된 40-51절 말씀은 인자의 임함의 날이 최후 심판의 날과 연관됨을 보여
준다. 이러한 인자의 임함(재림)과 종말은 성전 파괴와 함께 다루어지므
로(2-3절) 작은 종말인 성전 파괴 사건은 세상의 종말을 예표한다고 볼 수
있다. 성전 시대의 끝은 3절이 언급하는 '세상의 끝'의 모형으로 볼 수 있
다.

성전의 파괴가 한 세대 내에 발생한다면 언제 발생한다는 것인가? 70
인역에서 '세대'(γενεά)는 히브리어 '도르'(דור)의 번역이므로 "시대," "동
시대의 세대" 등을 뜻한다.[168] 마태복음의 '세대'의 용례를 볼 때(11:16;
12:39, 41, 42, 45; 16:4; 17:17; 23:36), '이 세대'는 예수의 동시대인들의
시대를 가리킨다고 보아야 한다.[169] 구약 성경에서 '이 세대'는 종종 40년
간 광야를 방황한 히브리인들을 연상시킨다(Marcus, 2009: 912). 그리하
여 약 40년을 한 세대로 보게 한다. 한 세대를 40년으로 보는 것은 BC 6
세기의 밀레투스의 헤카타이우스(Hecataeus of Miletus)에게서도 발견된
다.[170]

'이 세대'를 예수의 동시대인들의 시대로 보면, 예수의 예언이 성취된
것으로 볼 수 있다. 예수께서 언급하신 징조들과 예루살렘 성전의 파괴는

---

168. Marcus, 2009: 912.

169. DA, 1997: 367.

170. Marcus, 2009: 912.

한 세대 내에 발생하리라 예언된 대로 예수의 동시대인들이 아직 살아 있던 AD 70년에 이루어졌다.

그런데 아퀴나스(Thomas Aquinas)는 이 본문에서 예수께서 세상의 종말의 때에 관하여 말씀하였다고 보고 '세대'가 유대인, 그리스도인, 또는 인류 전체를 가리킨다고 해석하였다.[171] 이러한 해석은 교부 제롬에게로 거슬러 올라간다. 제롬은 '세대'(게네아)가 유대인 또는 인류 전체를 가리킬 수 있는 가능성을 제기했다.[172] 그러나 이러한 해석은 성전 파괴의 때에 관한 질문에 예수께서 대답하시는 문맥에도 부합하지 않고, '세대'의 용례에도 부합하지 않는다.

개역개정판에서 '일어나리라'로 번역된 단어는 "발생하다"를 뜻하는 단어의 부정과거 가정법 '게네따이'(γένηται)이다. 그런데 이것을 시작을 나타내는 부정과거로 보아서 이 세대가 지나가기 전에 언급된 징조들이 발생하기 시작한다는 뜻으로 보는 해석도 제시되었다(DeBruyn, 191). 그러나 여기에 사용된 부정과거 가정법이 시작의 의미를 가진다고 보더라도, 징조들만이 아니라 성전 파괴 자체도 한 세대 내에 발생하기 시작한다고 해석할 수 있다. 언제 성전이 파괴되느냐는 질문에 이 세대 내에 모든 것(종말의 징조들과 성전 파괴)이 다 발생하기 시작한다고 대답하면, 성전 파괴도 이 세대 내에 발생하기 시작함을 뜻할 수 있다. 성전의 파괴는 오래 걸리는 일이 아니므로 파괴되기 시작하면 곧 무너질 것이다. 그러므로 '게네따이'(γένηται)를 시작의 부정과거로 읽더라도 성전 파괴는 한 세대 내에 발생한다고 예언되었다고 볼 수 있다.

35절 (예수의 말씀의 영원성) 예수의 말씀은 영원히 남는다. 이사야 40:7-8은 하나님의 말씀이 영원하다고 하므로 예수의 말씀이 영원하다는

---

171. Marcus, 2009: 912.
172. DA, 1997: 367.

주장은 예수의 말씀의 권위를 하나님의 말씀의 권위와 동일시하는 것이다(France, 540).

'천지는 없어지겠으나' 예수의 말씀이 없어지지 않는다는 표현은 예수의 말씀이 없어지기 불가능함을 표현한다.[173] 천지가 없어지는 것이 어려운데, 예수의 말씀이 없어지는 것은 더욱 어렵다. 예수께서 말씀하신 종말의 징조와 성전 파괴의 때에 관한 예언은 반드시 이루어진다.

36절 (날과 때) 예수께서는 성전 파괴의 때가 한 세대 내에 있음을 알려 주시지만, 정확한 날과 시에 관해서는 알려 주지 않으신다. 예수께서는 이에 관하여 모른다고 하시며 하나님만 아신다고 하는데,[174] 이것은 그에 관한 결정권이 하나님께 있다는 뜻이라고 볼 수 있을 것이다.

양용의는 '저 날'(ἡ ἡμέρα ἐκείνη 또는 ἡμέρα ἐκείνη)이 종종 예수의 재림을 가리킨다고 주장한다(마 7:22; 눅 10:12; 고전 3:13; 딤후 1:12, 18; 4:8).[175] 이러한 표현은 구약 성경에서 하나님께서 나타나시는 날을 가리킨다(암 8:3, 9, 13; 9:11; 미 4:6; 5:9[개역은 5:10]; 7:11; 습 1:9-10; 3:11, 16; 옵 8; 욜 3:18; 슥 9:16; 12-14장 등).[176] 그러나 마태복음 24:3은 성전 파괴의 때에 관한 질문을 소개하고, 24:34-36은 이에 관한 예수의 답을 소개하므로, '저 날과 때'는 문맥상 성전 파괴의 때를 가리킨다고 보아야 한다.

예수께서 그 날과 시를 모르신다고 말씀하심은 예수의 인성을 반영한다고 볼 수 있다.[177] 그러나 이 표현은 성전 파괴의 때를 날과 시 단위까지

---

173. France, 540 참고.
174. 하나님만 아신다는 주제는 70인역 스가랴 14:7에도 등장한다(Hagner, 1995: 716).
175. 양용의, 2010: 314-15.
176. Lane, 481.
177. Marcus, 2009: 914.

는 알려 주지 않으시겠다는 의미를 전달한다고 볼 수도 있다. 성전 파괴의 날과 시를 모르시거나 알려 주지 않으시는 예수께서는 재림의 날과 시에 관해서는 더더구나 알려 주지 않으실 것이다.[178] 시한부 종말론자들은 구체적인 날과 시까지 예언하며 언급하기도 한다. 그들은 과연 예수보다 종말의 때에 관하여 더 많이 아는가? 예수께서 알려 주시지 않은 것도 그들은 알아내었는가? 날과 시까지 확정하여 예언하는 시한부 종말론자들의 예언이 거짓 예언임은 분명하다.

9. 인자의 임함의 때 (24:37-51)

예수께서는 인자의 임함의 때에 관하여 구체적으로 알려 주시지 않지만 그 날이 어떻게 임할지 알려 주신다. 재림의 때는 마치 노아의 홍수 때처럼 갑자기 임할 것이다(37절).

재림을 준비하는 바른 태도는 깨어 있는 것이다(42절). 깨어 있는 삶의 방식은 하나님께서 맡긴 사명에 충실한 것이다(45절).

1. 번역

37 왜냐하면 마치 노아의 날들처럼,

그 인자의 재림도 그러할 것이기 때문이다.

38 홍수 이전의 [저] 날들에 노아가 방주에 들어간 날까지

그들이 먹고 마시고 장가가고 시집가며

39 홍수가 나서 모두 쓸어버릴 때까지 알지 못한 것처럼

[또한] 그 인자의 재림이 그러할 것이다.

---

178. 신현우, 2021: 628.

40 그때 두 사람이 밭에 있을 때,

하나는 데려감을 당하고 다른 하나는 남겨질 것이다.

41 두 여인이 맷돌을 갈고 있을 때

한 여자는 데려감을 당하고 다른 하나는 남겨질 것이다.

42 그러므로 깨어 있어라.

너희는 어느 날에 너희의 주께서 오실지 알지 못하기 때문이다.

43 너희가 알다시피 가장이 밤 몇 시에 도둑이 오는지 안다면

깨어 있을 것이고 자기의 집이 뚫리도록 허용하지 않을 것이다.

44 그러므로 너희도 준비되어 있으라.

너희가 생각지도 않은 때에 인자가 올 것이기 때문이다.

45 그러므로 누가 주인이 그의 가솔을 맡겨

그들에게 제 때에 식사를 제공할 신실하고 현명한 종인가?

46 그의 주인이 와서 그가 이렇게 하고 있는 것을 보면 그 종은 복되다.

47 진실로 너희에게 말한다.

그가 자기의 전 재산을 그에게 맡길 것이다.

48 저 악한 종이 그의 마음속으로 말하기를

'나의 주인이 늦게 올 것이다.'라고 하고

49 자기의 동료 종들을 때리기 시작하고 술주정뱅이들과 먹고 마시면

50 예기치 못한 날 알지 못하는 시에 저 종의 주인이 올 것이다.

51 그가 그를 절단내어 위선자들이 받는 벌을 함께 받게 할 것이다.

그가 그곳에서 애곡하며 이를 갈 것이다.

2. 주해와 해설

37-39절 (노아의 때와 유사함) 인자의 임함(재림)은 노아의 홍수 때와 흡

사하게 임한다. 즉 많은 사람들이 예상하지 못하였을 때 온다. 44절은 "생각하지 않은 때에 인자가 오리라."고 다시 강조한다.

40-41절 (데려감을 당함) 인자가 임할 때에는 남는 자와 데려감을 당하는 자가 나누어진다. 데려감을 당한 사람은 노아의 방주에 데려감을 당한 사람들과 같은 자들이고 남은 자들은 홍수에 휩쓸려 간 사람들을 가리킨다고 볼 가능성이 있다.[179] 그러나 데려감(παραλαμβάνεται)을 당한 사람은 39절에서처럼 홍수가 휩쓸어 간(ἦρεν) 사람들처럼 심판을 당하는 사람들을 가리킬 수 있다.[180] 남아 있는 자는 이사야 4:3의 "시온에 남아 있는 자, 예루살렘에 머물러 있는 자"의 경우처럼 구원받는 자를 가리킬 수 있다(Merkle, 2010b: 170). 스바냐 3:12; 스가랴 13:8에서도 남겨지는 자들이 구원받는 자들이다.[181] 데려감을 당하는 자들은 이사야 3:1-3; 6:12; 스바냐 3:11에서 예루살렘 및 유다로부터 옮겨지는 자들의 경우처럼 심판을 당하는 자들이라고 볼 수 있다.[182] 마태복음 13:41-42에서도 데려감을 당하는 자들이 심판받을 자들이다(Merkle, 2010b: 173). 특히 근접 구절인 마태복음 24:39에서 홍수가 모두 데려간(ἦρεν ἅπαντας) 자들은 심판받은 자들이다.[183] 창세기 7:23은 심판받는 사람들이 아니라 노아가 '남았다'고 묘사한다(Merkle, 2010b: 178). 마태복음 13:30은 심판당하는 자들이 먼저 거두어지고, 그 후에 구원받는 자들이 거두어지는 순서를 기술하므로, 남은 자들과 데려감 당하는 자들이 분리되는 때에 남은 자들은 구원받는 자들이라고 볼 수 있다(Merkle, 2010b: 176).

---

179. DA, 1997: 383.
180. Keener, 2009: 592.
181. Merkle, 2010b: 171.
182. Merkle, 2010b: 171.
183. Merkle, 2010b: 177.

42-47절 (깨어 있어야 함) 정확한 재림의 때를 알지 못하므로 깨어 있어야 한다. 출애굽기 12:42은 유월절을 여호와를 위해 '깨어 있는 밤'(개역개정판은 '여호와의 밤'이라 번역함)이라고 부른다. 이것은 깨어 있으라는 예수의 말씀을 유월절과 연결하게 한다.[184] 깨어 있음이 무엇인지는 마태복음은 25장에서 자세하게 기록한다.

정확한 재림의 때를 모르지만, 재림의 때를 준비하고 있어야 한다(44절). 준비의 내용은 "그 집 사람들을 맡아 때를 따라 양식을 나눠 주는 것이다"(45절). '그 집 사람들'은 새 이스라엘 사람들인가? 양식을 나눠 주는 것은 무슨 뜻인가? 신실하고 의로운 행위를 가리키는 듯하다(Hagner, 1995: 720).

48-51절 (악한 종의 모습) 예수께서 늦게 재림하시리라고 '마음속에 말하며' 방종하는 자의 모습이 묘사된다(48절). '마음속에 말하다'는 표현은 히브리어에서 "생각하다"는 뜻을 표현하는 숙어이다.[185] 주인이 늦게 올 것이라고 생각하는 것은 위험하다. 그러한 생각은 잘못된 삶의 방식을 가져온다. 예언이 늦게 성취될 것이라는 사람들의 생각의 잘못됨은 에스겔 12:22와 하박국 2:3에서도 지적된 바 있다.[186]

방종하는 자의 모습은 동료들을 때리며 술친구들과 더불어 먹고 마시는 것으로 묘사된다(49절). 이러한 행위는 무엇을 상징하는가? 그리스도인들을 박해하고 세상 친구들과 어울려 세상 쾌락을 즐기는 행위를 가리키는 듯하다.

방종하는 자는 외식하는 자가 받는 벌을 받게 된다(51절). 이 악한 자에 대한 심판은 '위선자(외식하는 자)들과 함께 그의 몫을 둘 것이다'(τὸ

---

184. Marcus, 2009: 920.
185. DA, 1997: 388.
186. DA, 1997: 389.

μέρος αὐτοῦ μετὰ τῶν ὑποκριτῶν θήσει)라고 묘사된다.[187] 이 표현은 "그를 위선자로서 대할 것이다"라는 뜻의 셈어적 표현이라고 예레미아스(J. Jeremias)는 주장한 바 있다.[188] 그렇다면, 여기서 '위선자'는 '위선자' 또는 '악한 자'를 모두 뜻하는 아람어 '하네핀'의 번역일 수 있기에, 위의 표현은 그를 악한 자(즉 비신자)로 간주한다는 뜻일 수 있다(Betz, 44). 그러나 여기서 '위선자'는 바리새인들을 가리키는 것으로 보인다. 마태복음은 바리새인들을 '위선자'(외식하는 자)라 부르기 때문이다(마 23:13, 15, 23, 25, 27, 29 참조). '위선자들이 받는 벌'이 그들을 '슬피 울며 이를 갈'게 하는 것은 그들이 구원받지 못함을 암시한다. 이것은 바리새인들이 구원받지 못하게 됨을 알려 준다.

이 악한 자들은 심판을 받아 절단된다. 개역개정판이 '엄히 때리고'로 번역한 부분(διχοτομήσει αὐτὸν)은 '절단할 것이다'로 번역될 수 있다. 이 표현은 1QS 2:16-17의 경우처럼 신앙 공동체로부터 잘라냄을 뜻할 수 있다고 베츠(O. Betz)에 의하여 제안된 바 있다.[189] 그러나 이 제안은 쿰란 문헌을 잘못 해석한 결과라는 지적을 웨버(K. Weber)로부터 받았다(Weber, 658). 쿰란 문헌 1QS에서 출교는 '그들은 그를 보낼 것이고 그는 돌아오지 않을 것이다'라고 표현한다.[190] '자르다'는 단어(ברת)는 쿰란 문헌(1QH iv 20:26-27)에서 종말론적 심판에서 파멸시키는 것을 가리킨다.[191] 더구나

---

187. '몫'(μέρος)은 신약 성경에서 현재/미래의 신분의 결정을 가리키기도 하고 구원/심판의 결정을 가리키는 단어이기도 하다(Betz, 45). 그러므로 이 표현은 심판을 묘사한다고 볼 수 있다.

188. Betz, 44.

189. Friedrichsen, 260.

190. 1QS 7:16-17, 25; 8:22(Weber, 658).

191. Weber, 661.

유대 전통에는 범죄자의 몸을 둘로 절단시키는 형벌도 있었다.[192] 또한 제물을 둘로 쪼개는 것은 언약 체결 의식과 관련되므로(창 15:17; 17장; 렘 34:18-20), 쪼갠다는 것은 언약에 신실하지 않은 자에 대한 벌로 볼 수 있다.[193] 그러므로 이 표현은 언약에 신실하지 않은 자들을 엄하게 처벌하는 것을 뜻한다고 볼 수 있다. 교회에 소속된 것으로 보이는 자들 가운데도 밖에 있는 자처럼 엄한 벌을 받는 자들이 있을 것이다(DA, 1997: 391).

10. 열 처녀 비유 (25:1-13)

25장의 비유들은 인자의 오심과 관계하여 제시된 비유들이다. 25:1-13의 열 처녀 비유는 예수의 재림을 맞이할 준비가 중요함을 강조하는 비유이다. 준비되지 않은 자는 예수께서 오실 때에 잔치에 참여하지 못한다. 즉 구원받지 못한다. 무엇이 재림의 준비인지는 이어지는 비유들에서 밝혀진다.

1. 번역

25:1 그때 하늘들의 나라는

자기들의 등잔들을 들고 신랑을 맞이하러 나간 열 처녀와 같다.

2 그들 중에 다섯은 어리석고 그들 중에 다섯은 슬기로웠다.

3 어리석은 이들은 그들의 등잔들을 들고 기름은 가져가지 않았다.

4 그런데 슬기로운 이들은 기름을 통들에 담아 그들 자신의 등잔들과 함께 가져갔다. **5** 신랑이 늦어지자 모두 졸려서 계속하여 갔다.

6 한밤중에 누가 소리쳤다.

---

192. DA, 1997: 390.
193. Friedrichsen, 262.

'보라, 신랑이다! [그를] 맞이하러 나가라!'

7 그때 저 처녀들이 모두 일어나 자기들의 등잔을 정돈했다.

8 그런데 어리석은 처녀들이 슬기로운 처녀들에게 말했다.

'너희의 기름의 일부를 우리에게 줘. 우리의 등잔은 꺼져가고 있어.'

9 그러나 슬기로운 처녀들이 반응하여 말했다.

'아마도 우리와 너희들에게 결코 충분하지 않을거야.

차라리 파는 자들에게 가서 너희 자신을 위하여 사렴.'

10 그들이 사러 떠났을 때 신랑이 왔다.

준비한 처녀들은 그와 함께 결혼 연회장으로 들어가고 문이 닫혔다.

11 나중에 나머지 처녀들이 와서 말했다.

'주님, 주님, 우리에게 열어 주세요!'

12 그러나 그가 반응하여 말했다.

'진실로 너희에게 말한다. 나는 너희를 알지 못한다.'

13 그러므로 깨어 있으라.

그 날도 그 시도 너희는 알지 못하기 때문이다.

2. 주해와 해설

1절 (신랑을 맞으러 나간 열 처녀) 등을 들고 신랑을 맞으러 나간 열 처녀
에 천국이 비유된다. 여기서 '신랑'은 예수 자신을 지칭하는 듯하다(9:15
참조).[194] 메시아를 신랑으로 묘사하는 것은 구약 성경에서 하나님이 종종
신랑으로 묘사되는 전통에 토대한다(사 54:4-5; 62:5; 렘 2:2; 호 1-3장).[195]
어떤 사본은 '신랑과 신부'라고 하는데, 이것은 당시 결혼식 관습을 아는

---

194. 양용의, 2018: 486.
195. 양용의, 2018: 486 참고.

필사자들이 '신부'를 추가한 결과인 듯하다(Harrington, 347).

들러리를 서는 젊은 여인들의 역할은 주로 신랑이나 신부의 친구, 친척, 하인들이 맡았는데, 그들의 역할은 신랑 신부를 신랑 부모의 집에서 벌어지는 혼인 잔치 자리로 안내하는 것이었다.[196]

개역개정판에서 '등'으로 번역된 단어(λαμπάς)는 횃불이라고 보아야 한다는 주장도 있으나(양용의, 2018: 486), 유딧서 10:22; 사도행전 20:8에서처럼 등잔을 가리킨다고 볼 수 있다.[197] 마태복음 25:4은 기름을 따로 준비하였다고 하고, 25:7은 심지의 끝을 잘랐다고 하는데(6-7절 주해 참고) 이것은 횃불이 아니라 등잔에 부합하는 것이다(DA, 1997: 396).

2-5절 (기름 준비의 유무) 열 처녀 중에 다섯은 기름을 준비하지 않았으나(3절), 다른 다섯은 등잔과 함께 기름을 따로 준비하여 가져갔다(4절). 신랑이 신부 부모와 신부 값(모하르)을 흥정하다 보면 시간이 많이 걸릴 수 있으므로 현명한 들러리는 이를 예상할 수 있어야 한다.[198] 그런데 열 처녀 모두 '신랑이 더디 오므로' 졸며 잤다(5절). 신랑이 늦게 온다는 것은 24:48에서처럼 재림의 지연을 염두에 둔다. 본문은 재림이 지연되면서 해이해지는 성도들에게 경고한다.

6-7절 (신랑의 도착) 신랑이 밤중에 도착했다. 신부 집에서 신랑 집으로 향하는 행진은 대개 밤에 이루어지므로 등불이 필요하다.[199] 신랑이 도착한다는 소식에 열 처녀는 등잔을 준비했다. '준비하다'로 번역되기도 하는 '에꼬스메산'(ἐκόσμησαν)은 등의 심지를 자르고 불탄 심지를 제거하

---

196. 강대훈, 하, 453.
197. DA, 1997: 395.
198. 강대훈, 하, 455.
199. Keener, 2009: 596.

는 것을 가리킨다.[200]

8-9절 (기름이 부족한 다섯 처녀들) 기름을 준비하지 않은 다섯 처녀의 등불이 꺼져갔다. 기름이 무엇을 가리키는지는 이 비유 자체의 문맥에서는 불확실하다. 그러나 이어지는 비유들을 통해 재림 준비를 위해 필요한 기름이 무엇인지 밝혀지는데, 그것은 달란트 비유에서 드러나는 것처럼 맡은 일에 대한 충성스러운 헌신이며, 양과 염소의 비유에서 드러나는 것처럼 이웃 사랑의 실천이다.

10-11절 (잔치에 참여하지 못함) 기름이 부족한 처녀들이 기름을 사러 간 사이에 신랑이 도착하여 결혼 잔치가 시작되었고 문이 닫혔다. 이 처녀들은 나중에 도착하여 '주여, 주여'라고 하며 문을 열어달라고 한다. 어리석은 처녀들이 신랑에게 부적합한 '주여'라는 용어를 사용함은 그들이 교회의 일원이며, 신랑이 예수임을 암시하는 단서이다(DA, 1997: 400).

12절 (신랑의 반응) 신랑은 나중에 온 처녀들에게 "내가 너희를 알지 못하노라."고 대답한다. 이 처녀들이 신부 집에서 온 자들이라면 신랑이 모른다고 말한 이유가 이해될 수 있다(Harrington, 348). 그러나 이 비유 속에서 이 대답은 그 처녀들로 비유된 자들이 구원받지 못함을 암시한다. '나는 너희를 알지 못한다.'는 7:23에서도 사용되었는데 이것은 불법을 행하는 자들에게 사용되었고, 하나님의 뜻대로 행하는 자가 천국에 들어간다고 가르치는 문맥에서 사용되었다(7:21). 그러므로 '알지 못하다'는 표현은 구원받지 못함을 뜻하는 표현이라고 볼 수 있다.

'내가 진실로 너희에게 말한다.'는 표현은 신랑이 들러리 처녀들에게 말하기에는 부적합한 표현이며, 예수의 입에서 나오기에 적합한 표현이다(DA, 1997: 400). 이 표현은 이 비유에서 신랑이 예수를 가리킴을 알려

---

200. Harrington, 348.

주는 단서이다.

이 비유에서 두 그룹의 처녀들이 모두 잤기 때문에 어리석은 처녀들에게 문제가 되는 것은 잠을 잔 것이 아니라 충분한 기름을 준비하지 못한 것이다(Keener, 2009: 596-97).

13절 (깨어 있어야 함) 열 처녀는 모두 자고 있었기에 '깨어 있으라'는 말씀은 문자적 의미를 갖지 않고 비유적 의미를 갖는다. 이 비유에서 깨어 있음은 기름 준비로 비유되었다. 이 기름 준비가 무엇인지는 이 비유 자체에서는 알 수 없고 이어지는 비유들을 보아야 알 수 있다.

11. 달란트 비유 (25:14-30)

재림을 준비하는 깨어 있는 삶은 마치 다섯 달란트 맡은 종이 열심히 일하여 열 달란트로 만들 듯이 맡은 일을 성실히 감당하는 것이다.

1. 번역

14 그것은 마치 어떤 사람이 떠나며

자기 자신의 종들을 불러서 그들에게 자신의 소유를 맡김과 같다.

15 그가 각자의 능력에 따라 각각 한 명에게는 다섯 달란트를 주고,

다른 사람에게는 두 달란트, 또 다른 사람에게는 한 달란트를 주었다.

그 후에 그가 곧 떠났다.

16 다섯 달란트 받은 자가 가서

그것들을 가지고 일하여 다섯 달란트를 벌었다.

17 두 달란트 받은 자도 동일하게 하여 두 달란트를 벌었다.

18 그러나 한 달란트 받은 자는 떠나가서

땅을 파고 주인의 은전들을 숨겼다.

19 많은 시간 후에 저 종들의 주인이 와서 그들과 결산하였다.

20 다섯 달란트 받은 자가 나아와 남긴 다섯 달란트를 가지고 와서 말했다.

'주님, 당신이 저에게 다섯 달란트를 넘기셨습니다.

보십시오. 다섯 달란트를 벌었습니다.'

21 그의 주인이 그에게 말했다.

'잘했다! 선하고 신실한 종이여,

네가 작은 일들에 신실하였구나.

내가 많은 것들을 너에게 맡기겠다.

너의 주인의 기쁨에 참여하라.'

22 [그런데] 두 달란트 (받은) 자가 나아와 말했다.

'주여, 당신이 저에게 두 달란트를 넘기셨습니다.

보십시오. 두 달란트를 벌었습니다.'

23 그의 주인이 그에게 말했다.

'잘 했다! 선하고 신실한 종이여,

네가 작은 일들에 신실하였구나.

내가 많은 것들을 너에게 맡기겠다.

너의 주인의 기쁨에 참여하라.'

24 그러나 한 달란트 받은 자는 나아와서 말했다.

'주님, 당신은 파종하지 않은 데서 추수하고

뿌리지 않는 데서 거두는 무서운 사람임을 저는 알았습니다.

25 그래서 겁이 나서 당신의 달란트를 땅에 숨겼습니다.

보십시오. 당신의 것을 받으십시오'

26 그러나 그의 주인이 반응하여 말했다.

'쓸모없는 겁쟁이 종아,

너는 내가 파종하지 않은 데서 추수하고

뿌리지 않은 데서 거둔다고 알았느냐?

27 그렇다면 네가 나의 은전들을 금융업자들에 맡겼어야 했다.

그러면 내가 와서 나의 것을 이자와 함께 돌려받았을 것이다.

28 그러므로 그의 달란트를 빼앗아 열 달란트 가진 자에게 주라!

29 모든 가진 자는 받아서 풍족하게 될 것이지만,

갖지 못한 자들은 그가 가진 것도 빼앗길 것이기 때문이다.

30 그리고 이 무익한 종을 바깥 어둠 속에 내던지라.

그곳에서 애곡하며 이를 갈 것이다.'

2. 주해와 해설

14-15절 (재능대로 달란트를 맡김) 어떤 사람이 '재능대로' 달란트를 종들에게 맡겼다. 달란트를 재능대로 맡겼으므로 달란트는 재능을 가리키기보다는 그 재능으로 활용할 수 있는 재물, 권력, 지위 등을 가리킨다고 볼수 있다. 이 비유에서 달란트를 많이 남긴 자는 더 받게 되는데(28-29절), 마태복음 13:11-12은 하나님 나라의 비밀을 가진 자에게 더 많이 주어진다고 하므로, 달란트는 하나님 나라의 비밀을 가리킨다고 볼 수도 있다(김학철, 2009: 18). 그렇지만 이렇게 서로 떨어져 있는 구절들이 서로 엄밀하게 평행한다고 볼 수는 없기에 달란트는 하나님 나라 비밀만을 가리킨다고 볼 수는 없다.

　달란트는 약 42.5kg이며, 금 1달란트는 6,000데나리온이므로 약 20년간의 품삯에 해당한다.[201] 1데나리온을 10만원으로 계산하면 1달란트는

---

201. 양용의, 2018: 490; 강대훈, 하, 461.

약 6억원이다. 따라서 한 달란트 받은 종도 결코 적게 받은 것이 아니다.

16-17절 (두 배로 만든 종들) 다섯 달란트 받은 종과 두 달란트 받은 종은 장사를 하여 각각 두 배로 만들었다. 당시 평균 이자율은 12% 정도였다.[202] 따라서 주인이 오랜 후에 돌아온다면 대금업으로도 이익을 남길 수 있었다. 그러나 16절은 종들이 대금업을 한 것이 아니라 장사를 했다고 밝힌다. 그러므로 이 비유가 대금업에 대한 반대를 주제로 한다고 볼 수 없다.

18절 (땅을 파고 묻은 종) 한 종은 '땅을 파고' 돈을 감추어 두었다. 이 종은 사업을 하다가 이 돈을 잃으면 책임을 져야 하므로 걱정한 듯하다. 돈을 감추어 두면 그러한 책임으로부터 자유롭기에 이렇게 했을 것이다 (Harrington, 352).

19절 (오랜 후에 주인이 돌아옴) 주인이 오랜 후에 돌아왔다. 이 주인이 누가복음 19:12가 언급하듯이 왕권을 받으러 간 것이라면 1년 반 이상 오래 걸리지 않았을 것이다(Doran, 530). 그러나 마태복음은 이 주인이 오랜 후에 돌아왔다고 한다. 앞의 열 처녀 비유에서 신랑이 늦게 온다고 한 묘사에 담긴 지연 주제가 달란트 비유에도 계속 나타난다.[203] 이러한 점들은 재림의 지연을 암시할 수 있다(Keener, 2009: 600).

20-23절 (주인의 칭찬) 투자금을 두 배로 만든 종들은 주인의 칭찬을 받는다. 투자한 것을 두 배로 만드는 것은 고대 경제 속에서 합리적으로 기대된 최소한의 것이었다고 볼 수 있다.[204] 따라서 다섯 달란트를 열 달란트로 만들거나 두 달란트를 네 달란트로 만든 것은 최소한의 기대에 부응한 것이었다.

---

202. Doran, 530-31.
203. Harrington, 352.
204. Keener, 2009: 601.

그런데 주인은 이 종들에게 크게 칭찬한다. 또한 다섯 달란트를 두 배로 만든 종과 두 달란트를 두 배로 만든 종에게 주인은 동일한 칭찬을 한다. 수고에 비례하여 평가하는 원리를 볼 수 있다.

24-25절 (한 달란트 받았던 종의 변명) 한 달란트 받은 종이 와서 변명을 시작한다. 이 종이 '주여'라고 말한 것은 그가 (가시적) 교회에 회원으로 소속된 사람임을 암시한다.[205] 이 종이 사용한 '주'라는 호칭은 마태복음 7:21이 언급하는 예수께서 '주여, 주여'라고 하는 자의 경우처럼 행함 없는 자가 자신의 믿음 없음을 위장하여 사용하는 허례허식적인 호칭이었을 것이다(Maier, 861 참고). 한 달란트 받은 종은 주인이 "심지 않은 데서 거두고 헤치지 않은 데서 모으는" 사람이라고 알았다고 주장한다.[206] 주인을, 투자하지 않고 이윤을 취하는 악한 사람이라 여겼다는 뜻이다. 이것은 장사를 하여 원금에 손상이 나면 큰 벌을 받으리라 생각하고 달란트를 땅에 감추어 둔 것에 대한 변명이다.[207] 그는 이윤을 남겨도 주인이 다 가져갈 것이라고 생각했을 것이다.[208] 그러나 주인에 대한 이 종의 평가는 잘못된 것이었다. 주인은 오히려 투자한 것에 대해서도 이윤을 취하지 않은 선한 분임이 다섯 달란트 남긴 자에게 열 달란트가 있음이 확인되는 28절에서 드러난다. 주인은 원금과 이윤을 모두 수고한 종에게 주었음을 알 수 있다. 이것은 이 비유가 이윤을 추구하는 주인에 대한 비판을 주제로 한다는 해석이 부당함을 알려 주는 단서가 된다.

26-27절 (주인의 논박) 주인은 종이 무익하고, 겁쟁이라고 평가한다. 개

205. DA, 1997: 409.
206. 헤친다는 것은 씨를 뿌림을 가리키고, 모은다는 것은 추수함을 가리킨다. 따라서 "심지 않은데서 거두고 헤치지 않은데서 모"은다는 말은 동의적 평행법이다 (Hagner, 1995: 735).
207. Evans, 1990: 287 참고.
208. 신현우, 2016: 307.

역개정판에서 '게으른'으로 번역한 헬라어 단어(ὀκνηρός)는 고대 지중해 지역 문헌에서 "주저하는" 또는 "두려워하는"의 뜻으로 사용된 단어이다.[209] 또한 개역개정판에서 '악한'으로 번역된 헬라어 단어(πονηρός)는 문맥에 따라 "쓸데없는"을 뜻할 수 있다(김학철, 2009: 21). 이 종은 주인이 맡긴 돈으로 사업하기를 두려워하였기에 겁쟁이라 할 수 있으며, 이윤을 창출하지 못한 점에서 쓸데없다는 평가도 정당하다.

이어서 주인은 종의 변명을 논박한다. 이 종의 변명이 거짓임을 그의 행동을 통하여 입증한다. 만일 종이 주인을 투자도 않고 이윤을 취하는 자로 여겨서 원금 손실을 두려워한 것이 사실이라면, 그는 돈을 땅에 묻는 대신 은행에 맡겼을 것이다. 땅에 묻어 두는 것보다 은행에 맡기는 것이 더 안전하였으며 이 경우 약간의 소득도 올릴 수 있었다.[210] 그런데 종은 돈을 은행에 맡기지 않고 땅에 묻었다. 그의 행동은 그가 주인을 두려워하지 않았음을 보여 준다. 종의 말은 핑계에 불과함이 지적된다. 이 종의 말은 그의 행동과 일치하지 않으므로 거짓말로 하는 핑계였을 것이다. 그는 주인을 두려워하지 않았기에 그렇게 행동할 수 있었을 것이다.

28절 (주인의 모습) 이 종이 묘사한 인색한 주인의 모습이 틀렸음은 28절에서 확인된다. 주인이 원금을 돌려받지 않고 종들에게 주고 이윤도 종들에게 모두 주었음은 다섯 달란트를 남긴 종에게 열 달란트(원금과 이윤 모두)가 있음에서 확인된다. 주인은 원금을 투자하고도 이윤을 남긴 자에게 그것을 주고 원금마저도 상으로 주는 은혜로운 분이다. 이러한 주인의 모습은 하나님의 모습에 관한 비유적 묘사일 것이다. 그런데 이렇게 자비롭고 은혜로운 하나님도 은혜에 대해 아무 반응을 하지 않는 자에게는 심판을 내리심을 이 비유는 알려 준다. 은혜는 값없이 주어지지만 주어진

---

209. 김학철, 2009: 20.
210. *m. Baba Metzia* 3:11(강대훈, 하, 463).

후에는 은혜를 베푸신 분의 기대에 따라 바르게 반응해야 한다. 은혜를 땅에 묻어버리는 반응은 바른 반응이 아니다.

29절 (은혜와 심판의 원리) 있는 자는 더 받고 없는 자는 있는 것도 빼앗길 것이다. 이 말씀은 마가복음 4:25에도 나오는 말씀이다. 서로 다른 문맥에서 사용되었지만, 그 뜻은 거의 동일하다. 주의 심판은 비례적 원리에 따라 이루어지지 않고 불순종한 자에게서 빼앗아 순종한 자에게 주는 방식으로 이루어진다. 그리하여 순종한 자는 그가 본래 받은 것과 행하여 남긴 것보다 더 많이 받게 되고 불순종한 자는 그가 원래 가지고 있는 한 달란트마저 빼앗기게 된다.

30절 (무익한 종에 대한 심판) 주인은 무익한 종을 "바깥 어두운 데로 내쫓으라."고 한다. 이것은 구원으로부터 제외함을 가리키는 듯하다. 마태복음 13:50은 울며 이를 갈게 되는 이 장소를 풀무불로 은유하며, 마태복음 8:12은 이 장소를 잔치가 벌어지는 천국과 대조하기 때문이다.

이 비유에서 주인이 하나님을 비유하는 등장인물이 아니고 이윤을 추구하는 불의한 통치자를 비유한다고 볼 경우에도, '더더구나 논증'을 통하여 비유의 메시지가 전달될 수 있다. 불의한 통치자에게 충성하지 않는 종이 벌 받는다면, 의로운 하나님에게 충성하지 않는 자는 더더구나 심판받지 않겠는가?[211]

12. 양과 염소의 비유 (25:31-46)

재림을 준비하는 깨어 있는 삶은 복음으로 인하여 가난과 고난과 질병을 당하는 작은 자들을 영접하고 보살피는 것이다.

---

211. Tönsing, 139 참고.

1. 번역

31 그 인자가 그의 영광 가운데 모든 천사들과 함께 올 때,

그때 그가 그의 영광의 왕좌에 앉을 것이다.

32 모든 민족들이 그의 앞에 모여질 것이다.

그가 그들을 마치 목자가 양들을 염소들로부터 나누는 것처럼 서로 나

눌 것이다.

33 그리하여 양들은 그의 오른편에 염소들은 왼편에 세울 것이다.

34 그때 왕이 그의 오른편에 있는 자들에게 말할 것이다.

'오라, 나의 아버지의 복 받은 자들이여,

세상의 시작 때부터 너희를 위하여 준비된 나라를 상속하라.

35 내가 굶주렸을 때 너희가 나에게 먹을 것을 주었고,

내가 목말랐을 때 너희가 나에게 마시게 하였고,

내가 나그네였을 때 너희가 나를 초대하였고,

36 내가 헐벗었을 때 너희가 나에게 입혀주었고,

내가 아플 때에 너희가 나를 방문하였고,

내가 감옥에 있을 때 너희가 나를 찾아왔기 때문이다.'

37 그때 의로운 자들이 그에게 반응하여 말할 것이다.

'주님, 언제 우리가 당신이 굶주리신 것을 보고 음식을 드렸고,

당신이 목마르신 것을 보고 마시게 하였고,

38 언제 우리가 당신이 나그네이신 것을 보고 초대하였고,

헐벗으신 것을 보고 옷 입혔고,

39 언제 우리가 당신이 아프신 것이나 감옥에 갇히신 것을 보고

당신을 찾아갔습니까?'

40 왕이 그들에게 대답하였다.

'진실로 너희에게 말한다.

나의 지극히 작은 이 형제들 중 하나에게 너희가 행한 것만큼

너희는 나에게 행한 것이다.'

41 그때 그가 왼편에 있는 자들에게도 말할 것이다.

'저주받은 자들아,

나로부터 떠나, 마귀와 그의 전령들을 위하여 준비된 영원한 불 속으로

들어가라.

42 내가 굶주렸을 때 너희가 나에게 먹을 것을 주지 않았고,

내가 목말랐을 때 너희가 나에게 마시도록 하지 않았고,

43 내가 나그네였을 때, 너희가 나를 초대하지 않았고,

헐벗었을 때 너희가 나를 입히지 않았고,

아프고 감옥에 갇혔을 때 너희가 나를 방문하지 않았다.'

44 그때 그들도 반응하여 말할 것이다.

'주님, 언제 우리가 당신이 굶주리신 것이나 목마르신 것이나

나그네이신 것이나 헐벗으신 것이나

아프신 것이나 감옥에 갇히신 것을 보고

당신을 섬기지 않았습니까?'

45 그때 그가 그들에게 대답할 것이다.

'진실로 너희에게 말한다.

이 지극히 작은 자들 중 하나에게 너희가 행하지 않은 것만큼

나에게도 행하지 않은 것이다.'

46 그리하여 그들은 영원한 형벌에 의인들은 영원한 생명에 들어갈 것

이다."

2. 주해

31절 (재림 때) '인자가 올 때'는 마지막 심판 때로 묘사되므로 재림 때를 가리킴을 알 수 있다. 한 유대 전통 속에서는 보좌 오른편의 천사들은 선행을 기록하고 보좌 왼편의 천사들은 악행을 기록한다고 한다(아브라함의 유언 12A).[212] 이러한 유대 전통대로 천사들이 선행과 악행을 기록하는 역할을 한다고 마태복음 본문이 명시하지는 않지만 천사들이 인자(예수)의 심판 사역을 위해 봉사함은 이 비유에 천사들이 등장함에서 분명하게 알 수 있다.

32-33절 (모든 민족을 모아 심판함) 인자(예수)는 모든 민족을 모아 심판한다. '모든 민족'은 유대인과 이방인을 모두 포함한다(28:19 참조).[213] 마태복음(11:20-24; 23:1-36 등)에서는 유대인들에게도 심판이 선언되므로 마태복음 이 구절에서 유대인을 심판의 대상에서 제외하셨다고 볼 수 없다.[214] 마태복음은 제자들에게도 심판을 경고하므로(5:20; 7:21; 22:11-13; 24:51) '모든 민족'이 외형상의 기독교인들을 제외한다고 볼 수도 없다.[215] 심판받는 자들은 예수를 '주여'라고 부르므로(44절), 그들은 (외형상으로는) 기독교인일 가능성이 있다(Grindheim, 328).

양과 염소는 한 무리에 속하며, 염소를 악의 상징으로 간주한 그리스도교 이전의 증거는 없으므로, 양과 염소를 나누고 염소를 악의 무리로 간주하는 비유는 독자들에게 놀라움을 준다(DA, 1997: 424).

---

212. Keener, 2009: 604.
213. Hagner, 1995: 742. Harrington은 이방인만 포함된다고 주장한다(Harrington, 356).
214. 이준호, 545.
215. Grindheim, 328.

34절 (양들에 대한 판결) 왕은 오른편에 양들처럼 모은 자들에게 복 받을 자들이라고 한다. 왕은 31절이 언급하는 보좌에 앉으신 분이고 이분은 인자라고 소개되므로 예수를 가리킨다. 마태복음 16:27; 13:41-43에서도 인자가 심판관으로 등장한다(Hagner, 1995: 743). 예수의 왕 되심은 40절에도 나타나는데, 이것은 마태복음 1:1, 20; 2:2, 13-14에 등장한 예수의 왕권 주제를 연속시킨다(Harrington, 356).

정훈택은 '복 받을'에 해당하는 단어의 헬라어 형태(εὐλογημένοι)가 완료 분사형임을 관찰하고 '복 받은'이 더 적합한 번역이라고 제안한다.[216] 이 표현이 선언되는 시점이 최후 심판 때인 점도 이 표현을 미래의 뜻을 담은 '복 받을'로 번역할 필요가 없다고 볼 수 있게 한다. 물론 하나님의 나라를 상속받는 것은 판결 결과에 따라 미래에 받기에 '복 받음'은 미래에 이루어지는 측면이 있다. 그러나 복됨은 하나님의 나라를 상속받을 수 있게 하는 과거 및 현재 상태를 가리킨다고 볼 수도 있다. 이 헬라어 표현은 이러한 측면을 지적하고자 완료형을 사용하였을 것이다.

왕은 양들에게 그들을 위하여 예비된 나라를 상속받으라고 한다. 이 나라는 하나님 나라일 것이다. 하나님 나라를 상속받는다는 것은 무슨 뜻일까? 이것은 영원한 불에 들어가는 것과 대조되며(41절), 영생에 들어가는 것과 동일한 의미이다(46절). 따라서 구원받는다는 뜻이다.

35-40절 (양들에 대한 판결의 이유) 양들은 주린 자, 목마른 자, 나그네 된 자, 헐벗은 자,[217] 병든 자, 옥에 갇힌 예수의 형제에게 한 행위로 인해 그 나라를 상속받는다. 마태복음의 용례를 통해서 볼 때 예수의 형제란 하나님의 뜻대로 행하는 자들로서 예수의 제자들을 가리킨다고 볼 수 있다(마

---

216. 정훈택, 350.
217. 헐벗음은 바울의 고난 목록에 나타난다(롬 8:35; 고전 4:11)(Keener, 2009: 605).

12:48-50; 28:10).[218] 그들 중에서 지극히 작은 자들은 가난한 자, 나그네 된 자, 병든 자, 감옥에 갇힌 제자들이다. '작은 자'는 마태복음에서 예수의 제자들을 지칭하는 용어로 사용된다(10:42; 18:6, 10, 14). 마태복음 18:5은 어린 아이 하나를 영접하면 예수를 영접하는 것이라고 하는데, 이어지는 18:6은 '나를 믿는 이 작은 자'를 '어린 아이'와 평행시키므로 예수와 동일시되는 자는 신자 중에 작은 자이다. 보냄을 받은 자와 보낸 자를 동일시하는 유대인의 원리를 고려할 경우에도 예수와 동일시되는 자는 예수의 보냄을 받은 자로 볼 수 있다(DA, 1997: 430 참고). 그러므로 이 용어는 어려움에 처한 모든 자들을 가리킨다고 볼 수는 없다(양용의, 2018: 497).

왕은 양들로 분류된 자들이 자신에게 친절을 베풀었다고 한다(35절). 개역개정판이 '영접하였고'로 번역한 단어(συνάγω)는 "친절을 베풀다"는 뜻의 아람어를 번역한 헬라어이다.[219] "감옥에 갇혔을 때에 와서 보았다."는 내용은 유대인들의 선행 목록들에는 나타나지 않는데, 아마도 유대인들 가운데서는 옥에 갇히는 일이 거의 없었기 때문일 것이다(Harrington, 357).

41-46절 (염소들의 심판의 이유) 염소들은 주린 자, 목마른 자, 나그네 된 자, 헐벗은 자, 병든 자, 옥에 갇힌 예수의 형제를 돌보지 아니한 행위로 인해 영원한 불에 들어간다. 이것은 영벌에 들어간다는 뜻이다(46절). 어거스틴은 불을 문자적인 것으로 간주하였고, 오리겐과 그레고리(Gregory of Nyssa)는 문자적인 불로 보지는 않았지만, 어느 경우이든 이 불은 정화하는 불은 아니다.[220] 영생은 '처음부터 준비된 나라'로 언급되었으나(34

---

218. Hagner, 1995: 744.
219. Harrington, 357.
220. DA, 1997: 431.

절), 영원한 불은 처음부터 준비된 것으로 제시되지 않는 것은(41절) 하나님이 형벌을 처음부터 계획하신 것이 아님을 알려 준다.[221]

　왕의 판결에 불복하여 염소들은 왕을 '주여'라고 부르며 항변한다. 그러나 왕은 아주 작은 자 하나에게 하지 않은 것이 왕에게 하지 않은 것이라고 지적한다. 염소들이 말한 '주여'(44절)는 예수를 주로 고백하는 신앙을 담은 것이기보다는 심판관에 대한 칭호로 볼 수도 있다(Hagner, 1995: 746). 마태복음 7:22에도 예수를 '주여, 주여'라고 부르지만 구원받지 못하는 자들이 등장하고, 이어서 예수의 말씀대로 행하는 자(반석 위에 지은 집)와 그렇게 하지 않는 자(모래 위에 지은 집)가 대조되는 비유가 나온다. 이것은 양과 염소의 비유에서 자비를 행한 자와 행하지 않은 자가 대조되는 것과 유사하다.[222] 산상설교에서 언급되는 '주여'라고 부르며 선지자 노릇을 하며 권능을 행했다고 말한 자들의 모습은 양과 염소의 비유에서 (예수를 위하여 행하는 듯한 사역은 했더라도) 고난당하는 형제(하나님의 백성)들을 위하여는 행하지 않은 자들의 모습과 유사하다.

3. 해설

　이 비유에서 '작은 자'는 마태복음의 용례에 따라 해석하면 예수의 제자들 중에 작은 자를 가리킨다. 따라서 이 비유는 가난한 자 일반을 돌보라는 가르침이 아니라 복음 전도자들을 영접하라는 가르침을 전달한다.[223] 옥에 갇히는 것과 아픈 것은 복음 사역 속에서 받는 고난과 관련된

---

221. 강대훈, 하, 476.
222. 이준호, 532 참고.
223. Keener, 2009: 605 참고. 에스라4서 7:37은 이방인들은 심판받을 때, 그들이 어떻게 이스라엘을 다루었는지에 따라 심판받을 것이라고 한다(Keener, 2009: 603).

다(빌 2:27-30; 갈 4:13-14; 딤후 4:20).[224] 그러므로 결국 왕은 하나님 나라 복음에 어떻게 반응하였느냐로 심판하신다고 볼 수 있다(Keener, 2009: 605). 이 비유는 또한 인자의 오심을 준비하는 방법을 알려 준다. 우리는 주의 뜻대로 살다가 고난당하는 자들을 영접하고 돌보아야 한다. 그들을 돌보는 일은 인자의 오시는 날을 준비하는 일이다.

그러나 이 비유는 이웃 사랑의 실천을 배제하지 않는다. 고난당하는 예수의 제자들에 대한 친절은 예수에 대한 사랑, 하나님에 대한 사랑이며, 그 외의 사람들에 대한 사랑은 하나님의 명령에 따른 이웃 사랑의 실천이다. 이 역시 하나님을 사랑하는 모습이다. 이러한 관점에서 이 비유를 보면 이웃 사랑의 실천을 할 때 필요한 구체적인 예를 보게 된다. 주린 자와 헐벗은 자를 돌보는 것은 구약 성경에서도 대표적인 선행으로 예시된다. 이사야 58:6-7은 주린 자에게 양식을 주며, 헐벗은 자를 입히는 것을 참된 금식으로 간주하며, 에스겔 18:6-7은 주린 자에게 음식을 주며, 헐벗은 자에게 옷을 입히는 자를 의인이라고 한다.[225] 이러한 행위들은 (감옥에 갇힌 자를 방문하는 것을 제외하고) 유대 문헌에서도 널리 언급되는 선행이다.[226] 잠언 19:17은 가난한 자에게 자비를 베푸는 것이 하나님께 그렇게 하는 것과 다름없다고 하는데, 마태복음은 그렇게 하는 것이 예수께 하는 것과 같다고 하는 점에서 독특하다(Grindheim, 315).

하나님의 뜻대로 행하다가 주리거나, 목마르거나 나그네 되고, 헐벗고, 병들고 옥에 갇힐 경우에 그러한 자를 돌보는 일은 구원받기에 합당한 행위이다. 또한 믿음의 열매인 사랑을 맺는 사람은 구원받기에 합당하다. 믿음은 사랑을 통하여 일하므로(갈 5:6), 사랑을 기준으로 심판받는

---

224. Keener, 2009: 605.
225. 강대훈, 하, 474.
226. Grindheim, 315.

것은 곧 믿음을 기준으로 심판받는 것과 같다.[227] 양용의는 마태복음의 구원론을 다음과 같이 정리한다. "하나님의 뜻을 행하는 선행은 하나님 나라를 상속하는 '근거'는 아닐지라도 그 '조건'인 것은 분명하다."[228] "'믿음'이 없는 '행위'는 무의미하고 방향이 없으며, '행위'가 없는 '믿음' 또한 공허하고 죽은 것이다"(양용의, 2018: 496). 데이비스와 앨리슨(Davies & Allison)은 예수에 관한 믿음과 무관하게 사랑을 실천하는 자는 구원받는다는 메시지를 이 비유가 담고 있다고 주장한다(DA, 1997: 429). 그러나 이러한 해석은 마태복음의 전체적 흐름에 부합하지 않는다.

---

227. DA, 1997: 427.
228. 양용의, 2018: 490.

제5장
마태복음 26-28장
수난과 부활

마태복음 26-28장은 예수의 수난과 부활을 다룬다. 26장은 예수께서 기름 부음 받으심, 최후의 만찬을 나누심, 동산에서 기도하심과 체포당하심, 공회에서 심문당하시고 정죄당하심을 기록한다. 27장은 예수께서 빌라도 총독에게 재판을 받고 십자가에 못 박혀 죽임을 당하신 내용을 기록한다. 28장은 예수께서 부활하셨음을 증언하며 부활하신 예수의 명령을 전달한다.

1. 예수를 죽이려고 의논함 (26:1-5)

1. 번역

26:1 예수께서 이 모든 말씀을 마치셨을 때, 그의 제자들에게 말씀하셨다.

2 "너희도 알다시피 이틀 후면 유월절이 된다.

그때 그 인자가 넘겨져 십자가에 못 박힐 것이다."

3 그때 대제사장들과 백성의 장로들이 카이아파스라고 불리는 대제사장의

안마당에 모였다. **4** 그들이 예수를 속여 체포하여 죽이고자 함께 의논하였다. **5** 그런데 그들은 말했다.

"명절에는 하지 말자.

그리하여 백성들 가운데 민란이 발생하지 않도록 하자."

2. 주해와 해설

1절 (예수께서 말씀을 마치심) '예수께서 이 말씀을 다 마치시고'라는 표현은 신명기 31:1, 24와 32:45("모세가 이 말씀을 … 말하기를 마치고")를 연상시킨다.[1] 그러므로 이 표현에는 모세-예수 모형론이 담겨 있다(DA, 1997: 436). 예수를 모세의 모습으로 묘사하여 예수를 새 모세로 소개하는 방식이다.

2절 (고난 예언) 예수께서는 "이틀 후면 유월절이 된다."고 하신다. '이틀 후'는 유대인들이 날을 세는 방식을 고려할 때 "다음 날"을 뜻할 수 있다.[2] 따라서 예수께서 이 말씀을 하시는 때는 유월절 하루 전날일 수 있다. 그러나 문자 그대로 유월절 이틀 전날일 수도 있다.

'이틀 후'를 언급한 것은 제3일에 이삭의 희생을 위치시킨 창세기 22:4을 연상시킨다(DA, 1997: 437). 희년서(17:15; 18:3)는 이삭의 희생 사건의 시점을 유월절 기간에 위치시킨다.[3] 그러므로 '이틀 후'에 관한 언급은 마태복음이 이삭-예수 모형론을 내포한다고 볼 수 있다. 이러한 모형론을 통하여 예수의 죽음은 이삭의 경우처럼 하나님의 뜻에 순종한 결과임이 암시된다.

---

1. Harrington, 361; DA, 1997: 436.
2. Edwards, 411.
3. DA, 1997: 437.

유월절은 출애굽을 기념하는 절기이므로 유월절에 죽임을 당한다는 것은 그 죽음이 새 출애굽 사건임을 암시한다(양용의, 2018: 503). 유월절을 언급하면서 예수의 죽음이 예고된 것은 예수의 죽음을 유월절과 연결시키는 출애굽 모형론을 담고 있다(DA, 1997: 437).

3절 (산헤드린 의원들이 모임) 예루살렘 시의회(산헤드린) 구성원들인 대제사장들, 백성의 장로들이 대제사장의 관정에 모였다. 개역개정판이 '관정'으로 번역한 단어(αὐλή)는 안마당, 즉 건물로 둘러싸이고 위는 하늘로 트인 공간을 가리킨다.[4] '대제사장'은 최고 제사장만을 가리키는 단어가 아니다. 이 단어는 당시 유대인들이 고위급 제사장이나 최고 제사장 가족을 가리킬 때도 사용하는 단어이다.[5] 당시에 로마 관원들은 유대 전통을 무시하고 유대인들의 최고 제사장을 임명하거나 해임하였다.[6] 퀴리니우스(Quirinius)는 안나스를 임명하였고(J.W. 18.26), 비텔리우스(Vitellius)는 카이아파스(가야바)를 퇴역시켰다.[7] 이렇게 로마 총독들이 임명한 유대인들의 최고 제사장들은 로마 제국의 통치에 협조적인 자들이었을 것이다.

'대제사장들'이라는 용어는 우선 카이아파스와 안나스를 가리킨다. 카이아파스는 AD 18-36년에 대제사장이었으며, 그의 장인 안나스의 직을 계승했다.[8] 카이아파스가 무려 19년간이나 대제사장직을 유지한 것은 그에게 로마인들을 만족시키는 정치 감각이 있었기 때문이었을 것이다.[9]

---

4. Harrington, 362.
5. 1QM 2:1; Josephus, *Life* 197; *J.W.* 2.243, 316, 320, 342, 410-11; 4.151, 315; 막 2:26; 행 4:6(Keener, 2009: 613).
6. Keener, 2009: 613.
7. Keener, 2009: 613.
8. Harrington, 362.
9. Keener, 2009: 612.

그는 로마 제국에 위협이 되는 장애물을 알아서 잘 제거하는 사람이었을 것이다(Keener, 2009: 612). 그가 예수를 죽이고자 한 것도 그러한 정치 행동의 일환이었을 것이다. 그들은 백성들에게 인기 많은 예수가 로마 제국에 잠재적 위협이 되고, 자기들의 권력 유지에도 위협이 된다고 보았을 것이다.

4-5절 (산헤드린의 의논) 산헤드린 의원들은 예수를 흉계로 잡아 죽이려고 의논했다. 개역개정판이 '의논하다'로 번역한 단어('쉼불레우오' 동사)는 공식적인 의논을 가리킨다.[10] 그런데, 흉계로 사람을 죽이고자 의논함은 현대 청중들만이 아니라 1세기 청중들에게도 부정적으로 여겨졌을 것이다(Keener, 2009: 612).

그들은 민란을 우려하여 사람들이 많이 모이는 명절에는 예수를 잡아 죽이지 않기로 한다. 그러나 가룟 유다가 그들에게 협조하게 되면서 이 계획은 바뀌게 되었다. 그들은 명절 밤에 몰래 예수를 체포하여 로마 당국에 넘겨 죽이도록 한다.

2. 기름 부음을 받으심 (26:6-13)

1. 번역

6 예수께서 베다니에 나병환자 시몬의 집에 계실 때, 7 한 여인이 매우 비싼 향유 설화 석고병을 가지고 나아와서 기대어 누워계신 그의 머리에 부었다. 8 제자들이 보고 화가 나서 말했다.

"무엇을 위하여 이렇게 낭비하는가?

---

10. DA, 1997: 439.

9 이것을 비싸게 팔아 가난한 자들에게 줄 수 있었는데도 말이다."

10 예수께서 아시고 그들에게 말씀하셨다.

"왜 그 여인을 괴롭게 하느냐?

그가 나를 위하여 좋은 일을 행하였다.

11 가난한 자들은 항상 너희와 함께 있겠지만,

나는 너희와 항상 함께 있지 않을 것이기 때문이다.

12 그는 나의 장례 준비를 위하여 이 향유를 나의 몸에 부었다.

13 진실로 너희에게 말한다.

온 세상 어디든지 이 복음이 선포되는 곳에

그가 행한 것도 그를 기억하기 위하여 이야기될 것이다."

2. 주해

6절 (베다니 나병환자 시몬의 집) 예수께서 베다니에 있는 나병환자 시몬의 집에 계실 때였다. 베다니는 올리브산에 있으며, 예루살렘에서 동쪽으로 약 3.2km 떨어져 있다.[11]

마태복음에서 시몬은 '나병환자'라고 소개되지만, 그는 과거에 나병환자였고 예수께 치유받은 자일 것이다. 마태복음 8:3; 10:8; 11:5에 나병환자의 치유가 언급되었는데, 시몬은 예수께서 치유한 나병환자들 가운데 한 사람일 것이다. 그가 아직 나병환자라면 예수께서 그의 집에 가서 계실 수 없었을 것이다.

7절 (예수의 머리에 향유 부은 여인) 예수께서는 누워서 식사하고 계셨다. 이것은 헬라 관습을 따른 것이다. 구약 시대에는 앉아서 식사하였으며 누

11.　Lane, 492.

워서 식사하는 것은 사치로 여겨졌다(암 6:4-7)(Marcus, 2009: 933). 이후 헬라 문화의 영향으로 이스라엘 땅에서 유대인들도 누워서 식사하게 되었지만, 가난한 자들은 바닥에 앉아서 식사하곤 했다.[12] 예수께서 누워서 식사하신 것은 예수를 자신의 집에 초대한 시몬이 배려한 결과였을 것이다.

식사 시간에 한 여인이 등장한다. 남자들이 식사 모임을 할 때, 여인들은 식사 시중을 위한 경우 외에는 함께 있을 수 없었다.[13] 그러므로 이 여인은 비판을 각오하고 예수께 온 것이라고 볼 수 있다. 그런데 기름 붓기는 잔치와 관련된 관습이었기에(시 23:5; 141:5; 눅 7:46 참고),[14] 여인의 향유 붓는 행동 그 자체는 일탈이라고 볼 수는 없다.

이 여인은 예수의 머리에 향유를 부었다. 고대에는 알콜이 아니라 기름에 토대한 향유를 사용했다.[15] 기름을 부음은 왕이나 특별한 인물에게 행하는 의미를 가질 수 있었다(왕하 9:6; 출 29:7; 삼상 10:1; 시 133:2).[16] 더구나 이 여인이 일반 기름이 아니라 값비싼 향유를 사용한 것은 예수가 특별한 인물이라고 간주하였기 때문일 것이다(Bock, 335). 아마 이 여인은 예수를 메시아(기름 부음 받은 자)로 간주하고 이 믿음을 고백하고자 예수께 기름을 부었을 것이다(양용의, 2018: 506). 기름 부음은 단순히 사랑의 행위일 수도 있다.[17] 그렇지만 비싼 향유를 한 번에 소비한 기름 부음은 예수를 메시아로 고백하고자 함이었다고 추측된다(DA, 1997: 444).

이 향유는 '옥합'에 담겨 있는 것이었다. 고고학자들은 예루살렘 주변

---

12.   Marcus, 2009: 933.
13.   Hurtado, 231.
14.   Lane, 492-93.
15.   Marcus, 2009: 934.
16.   Bock, 335.
17.   DA, 1997: 448.

무덤에서 (병목을 깨뜨려 한 번에 다 사용하는) 목이 긴 향유 병들을 발굴했다.[18] 이러한 병에 담긴 향유를 한 번에 부으려면 병목을 깨어야 했을 것이다. 유대인들은 장례를 위하여 귀한 향유를 단번에 사용하곤 했을 것이다(Keener, 2009: 618).

8절 (제자들이 분개함) 제자들은 여인의 행위를 보고 분개한다. 그들이 화를 낸 이유는 값비싼 향유를 허비한다고 판단했기 때문이었다.

9절 (분개한 이유) 제자들은 이 값비싼 향유를 한 번에 사용하여 허비하기보다는 팔아서 가난한 자들에게 주었어야 했다고 판단한다. 이러한 판단은 유월절이 곧 시작되는 시점과 관련된다. 유대인들에게는 유월절이 시작되는 저녁에 가난한 자들에게 선물하는 관습이 있었다.[19] 또한 그들은 관습에 따라 예루살렘에서 이 절기 기간에 자선을 위해 일부 사용하도록 제2의 십일조를 드리기도 했다.[20] 제자들은 이러한 관습을 따라 가난한 자들을 돕는 일이 유월절에 더 의미 있는 일이라고 생각하였을 것이다.

10-12절 (예수께서 여인을 변호하심) 예수께서는 이 여인의 기름 부음이 "내 장례를 위하여" 한 것이라고 말씀하신다. 예수께서는 자신의 죽음을 예견하고 계신다. 아직 죽지 않은 사람에게 기름 부은 것이 장례를 위한 것이라고 하신 것은 예수께서 장례를 위해 적절한 기름 부음을 받지 못하는 죄인의 죽음을 당할 것을 예견하신 것으로 볼 수 있다.[21] 유대인들에게 장례는 자선 행위도 능가하는 경건 행위였다.[22] 그리고 향유나 기름은 장례를 위해 시체에 발랐다.[23] 그러므로 예수의 이 한마디는 여인의 행위를

18.　Keener, 2009: 618.

19.　*m. Pesahim* 9:11; 10:1; 참고. 요 13:29(Lane, 493).

20.　Lane, 493.

21.　Keener, 2009: 618.

22.　DA, 1997: 446.

23.　대하 16:14; 요 19:39-40; *Ant.* 17.199; 아브라함의 유언 20:11; 모세의 묵시 40:2; *m.*

변호할 수 있었다.

마태복음은 마가복음(16:1)과는 달리 여인들이 예수의 몸에 기름을 바르기 위해 무덤으로 갔다는 언급을 생략했는데, 이것은 예수께서 베다니에서 이미 장례를 위해 기름 부음을 받았다고 보았기 때문일 것이다(Harrington, 363).

13절 (복음과 기름 부은 여인 이야기) 예수께서는 '이 복음'이 전해지는 곳에서는 이 여인이 예수께 기름 부은 이야기도 전해질 것이라고 하신다. 마가복음에서는 '이 복음' 대신 '그 복음'이라고 한다. 마태복음의 다른 곳들에서 복음은 '천국 복음'이라는 표현으로 등장한다(4:23; 9:35; 24:14). 따라서 복음은 천국과 관계된 것이다. 천국이 가까이 왔다는 예수의 선포(4:17)와 천국이 어떤 것인가에 관한 예수의 비유(13:31-33, 44-50), 천국에 어떻게 들어가는가에 관한 가르침(7:21), 천국이 어떻게 도래하는지에 관한 가르침이 모두 천국 복음에 해당한다고 볼 수 있다. 천국 복음이 전파될 때 한 여인이 예수께 행한 기름 부음이 전파된다는 것은 천국이 메시아(기름 부음 받은 자) 예수와 밀접한 관련이 있음을 보여 준다. 메시아 예수를 통하여 천국이 도래하므로, 천국 복음 선포는 예수께서 '기름 부음 받은 자'(메시아)이심을 핵심 내용으로 하게 된다. 따라서 예수께 기름 부은 여인 이야기가 이 선포와 관련하여 따라다니게 된다.

여인은 예수께서 곧 죽임을 당한다고 예측하지 못했을 것이므로, 이 여인의 의도는 예수의 장례를 위해 기름 붓는 것이 아니었을 것이다. 그러한 의미는 예수께서 부여해 주신 의미이다. 이러한 의미 부여는 여인에 대한 비판을 잠재울 수 있었다. 여인의 의도는 예수께서 기름 부음을 받은 자(즉 메시아)이심을 기름 붓는 행동으로 고백하는 것이었던 듯하다.

Sanhedrin 23:5(DA, 1997: 447)

3. 해설

왕으로 기름 부을 때 사용하는 기름은 올리브 기름이었을 것이므로 메시아로 기름 부을 때 굳이 향유를 사용할 필요는 없었다. 여인의 경우에 굳이 비싼 향유를 사용한 것은 예수께서 메시아이심을 고백하면서 동시에 예수께 대한 존경과 사랑과 감사를 표현하기 위함이었을 것이다. 향유를 사용한 것은 향유(μύρον)를 언급하는 아가서(70인역) 4:10을 배경으로 특별한 의미를 내포한다.[24] 아가서 4:10에서 향유는 '나의 신부'라고 불리는 여인의 향유이므로, 향유를 부음 받은 예수는 신랑에 해당하게 된다(Collins, 642). 예수께서는 이러한 이미지의 향유를 자신의 장례와 연결시킨다. 신랑으로 비유된 예수의 죽음은 마태복음 9:15에서도 이미 암시된 바 있다.

3. 유다의 배반 (26:14-16)

1. 번역

14 그때 크리욧 사람 유다라고 불리는 열둘 중에 한 명이 대제사장들에게 가서 **15** 말했다.

　"그대들은 나에게 무엇을 주기를 원하시오?

　나도 그대들에게 그를 넘겨주겠소."

그들이 그에게 은 30개를 지불했다. **16** 그때부터 그가 그를 넘기려고 기회를 노리기 시작했다.

---

24. Collins, 642.

2. 주해와 해설

14절 (가룟 유다가 대제사장에게 감) 가룟 유다가 대제사장에게 간다. '가룟'(Ισκαριώτης)은 히브리어 '이쉬 케리요트'(אִישׁ קְרִיּוֹת)의 음역으로서 "크리욧 사람"을 뜻할 수 있다.[25] 크리욧(그리욧)은 사해 동쪽 약 32km 지점(렘 48:24; 암 2:2, "모압 땅의 크리욧")에도 있었다.[26] 그러나 가룟 유다와 관련된 곳은 여호수아 15:25에 등장하는 유다 지파의 지역으로서 헤브론에서 약 19km 남쪽에 위치하는 지역일 것이다(Hagner, 1995: 266).

15절 (유다가 은 삼십을 받음) 가룟 유다는 "얼마를 주려느냐?"고 말하는데, 이것은 유다가 돈을 밝히는 사람임을 암시하면서 매우 부정적으로 묘사하는 대목이다. 그러나 은 30은 많지 않은 금액이고 흥정이 없는 것으로 보아 돈이 주된 목적은 아니었다고 볼 수도 있다(Hagner, 1995: 761).

'은 삼십'은 출애굽기 21:32에 의하면 노예의 몸값과 관련될 수 있으며, 스가랴 11:12에 의하면 목자의 품삯이다. 출애굽기 21:32에 의하면 은 삼십 세겔은 소에게 들이 받힌 종의 몸값이다.[27] 두로 은전을 기준으로 보면 한 세겔은 데나리온의 4배이며, 30세겔은 네 달 품삯(120데나리온)에 해당한다.[28] 그러나 그리스-로마 문헌에 남아 있는 (대개 천 데나리온을 넘었으며 심지어 이천 데나리온을 넘기도 하였던) 노예 몸값의 기록을 고려할 때, 120데나리온은 노예의 실제 몸값으로서는 너무 낮은 가격이었다.[29] 따라서 은 30은 그 자체로 당시의 노예의 실제적인 몸값을 연상시키

---

25. Hagner, 1993: 266 참고.
26. Edwards, 116.
27. 강대훈, 하, 497.
28. 강대훈, 하, 497.
29. Farnes, 549-51.

지는 않았을 것이며, 다만 구약 성경 구절을 통해서 노예의 몸값을 연상시킬 수는 있었을 것이다(Farnes, 551). 그러나 레위기 27:3에 의하면 20-60세의 남자 노예의 값은 은 오십 세겔이므로, 은 30은 성경을 통해서도 노예의 몸값을 연상시키지 않는다(Farnes, 554).

은 30은 스가랴 11:12를 연상시키는 표현이다. 마태복음은 화폐의 단위를 언급하는데, 이 구절에서 화폐 단위를 언급하지 않고 은 삼십이라고 한 것은 스가랴 11:12의 경우와 같으므로, 이 구절은 스가랴 11:12을 연상시킨다고 볼 수 있다(Farnes, 555). 이를 통하여 당시 대제사장이 스가랴 11:15-17의 악한 목자에 해당하며, 예수께서 선한 목자이심을 암시하는 듯하다.[30] 또한 스가랴 11:14에서 유다가 이스라엘로부터 떨어져 나간다고 하듯이 가룟 유다도 배신의 결과 (새) 이스라엘로부터 떨어져 나감이 암시된다고 볼 수 있다(Farnes, 558). 스가랴 11:12을 연상시키는 '삼십'은 은을 던짐과 토기장이에 관한 언급을 통하여 스가랴 11장을 연상시키는 마태복음 27:3-10(가룟 유다의 죽음 이야기)을 준비한다(Harrington, 363).

16절 (유다가 예수를 넘길 기회를 찾음) 유다는 그때부터 예수를 대세자장들에게 넘길 기회를 찾았다. '그때부터'는 마태복음 4:17; 16:21에도 등장하는데, 이야기의 중요한 전환점을 표시한다(Harrington, 363).

4. 마지막 만찬 (26:17-30)

1. 번역

17 무교절의 첫날에 제자들이 예수께 나아와서 말했다.

---

30. Farnes, 558.

"우리가 어디서 당신을 위하여 유월절 식사 준비를 하기 원하십니까?"

18 그는 말씀하셨다.

"그 도시로 들어가 아무개에게 가서 그에게 말하라.

'선생님께서 말씀하셨습니다. 나의 때가 가까웠소.

그대의 집에서 나의 제자들과 함께 유월절을 보낼 것이오'."

19 제자들이 예수께서 그들에게 분부하신 대로 하여 유월절을 준비하였다.

20 저녁이 되었을 때 그가 열둘과 함께 계속 기대어 누워 있었다. 21 그들이 식사할 때 그가 말씀하셨다.

"진실로 너희에게 말한다.

너희 중 하나가 나를 넘겨줄 것이다."

22 그들이 매우 슬퍼하며 한 명씩 그에게 말하기 시작했다.

"나는 아니지요? 주님!"

23 그가 대답하셨다.

"나와 함께 손을 접시에 담그는 자가 나를 넘겨줄 것이다.

24 그 인자는 그에 관하여 기록된 대로 갈 것이다.

그러나 그로 인하여 그 인자가 넘겨지는 그 사람에게는 화로다.

저 사람은 태어나지 않았다면 자신에게 좋았을 것이다."

25 그를 넘겨줄 유다가 반응하여 말했다.

"나는 아니지요? 랍비여."

그가 그에게 말씀하셨다.

"네가 말하였다."

26 그들이 식사할 때, 예수께서 빵을 들고 축사하시고 떼어 제자들에게 주시고 말씀하셨다.

"받으라 먹으라. 이것은 나의 몸이다."

27 그 후에 잔을 들고 감사하시고 그들에게 주시고 말씀하셨다.

"모두 이것으로부터 마셔라.

28 이것은 많은 사람을 위하여 죄 사함을 위하여 부어지는

나의 언약의 피이기 때문이다.

29 나는 너희에게 말한다.

내가 지금부터 포도나무에서 난 이것을 절대로 마시지 않을 것이다.

나의 아버지의 나라에서 너희와 그것을 새로 마실 날까지!"

30 그들이 찬송하고 올리브산으로 나갔다.

2. 주해

17절 (제자들이 유월절 만찬 장소에 관하여 질문함) '무교절의 첫날에' 제자들이 예수께 질문하였다. 무교절은 본래 유월절(니산월 14일)에 이어지는 15일부터 21일까지이다(민 28:16-17).[31] 그러나 1세기 유대 문헌들에는 유월절과 무교절이 잘 구분되지 않는다.[32] 그리하여 유대인들이 무교절을 8일간 지켰다고도 표현하는데(*Ant*. 2.15.1 §317) 이것은 무교절에 유월절을 포함시켰음을 보여 준다.[33] 무교절은 본래 니산월 15일에 시작하지만 유대인들이 무교절 기간에 흔히 유월절까지도 포함시켰던 것처럼(*J. W.* 5.99; *Ant*. 2.317; 14.21; 17.213; 18.29; 참고. 출 12:18), 마태복음 저자도 그렇게 했을 수 있다.[34]

유월절(니산월 14일)에 성전에서 유월절 어린양들을 도살하면, 해진

31.　양용의, 2010: 318.

32.　Lane, 490.

33.　박윤만, 956

34.　양용의, 2018: 511; 강대훈, 하, 499.

후(따라서 니산월 15일)에야 유월절 식사가 시작된다.[35] 예수께서 14일이 시작되는 저녁에 유월절 양 없이 (양은 14일에 잡아 15일이 시작되는 저녁에 먹음) 미리 유월절 식사를 하셨다고 볼 수도 있다(양용의, 2018: 511). 그러나 출애굽기 12:6에 의하면 양들이 니산월 14일이 시작되는 저녁에 도살된다. 그런데 순례자 수가 많아지면서 13일 오후부터 도살되었다.[36] 미쉬나(*m. Zebahim* 1:3)에 의하면 유월절 양은 니산월 13일에 도살되었다(Edwards, 419). 그렇다면, 유월절 식사를 14일이 시작되는 저녁에 할 수 있다. 따라서 마태복음 26:17에서 '무교절 첫날'은 13일(낮)을 가리키는 용어로 사용한 것으로 볼 수도 있다. 본래 유월절 준비일이던 날이 절기의 일부처럼 되어 무교절의 첫날로 간주된 듯하다. 이것은 그리스-로마식으로 날짜를 계산하여 해가 뜰 때를 기준으로 한 결과로 보인다.[37] 구약 성경과 요세푸스도 가끔 날을 해 뜰 때를 기준으로 나누기도 하므로 유대인들이 그렇게 하는 것은 가능한 일이다(Marcus, 2009: 944).

그러므로 예수께서 유월절 식사를 하신 때는 (유대인의 날짜 계산 방식으로 볼 때) 14일이 시작되는 저녁이다. 이 저녁 시간에 이어지는 날은 계속 14일이므로 예수께서 처형되신 날은 니산월 14일(유월절)이라고 볼 수 있다. 탈무드(*b. Sanhedrin* 43a)도 예수의 죽음을 유월절과 연관시킨다.[38] 그런데 이날은 안식일 전날 즉 금요일이었다(마 27:62). 음력으로 사용하여 정하는 니산월 14일이 금요일인 날은 AD 33년이며 이날은 태양력으로는 4월 3일이었다(Sanders, 285). 따라서 제자들이 유월절 식사를

---

35. France, 548.
36. Donahue & Harrington, 392. 순례자의 수가 증가함에 따라 제사장이 양을 다 잡을 수 없어서 사람들이 직접 양을 잡게 되었다(*m. Pesahim* 5:5; Philo, *Vit. Mos.* 2.224) (강대훈, 하, 500).
37. Marcus, 2009: 944 참고.
38. Stein, 535.

위해 이 장소에 관하여 예수께 질문한 날은 유월절 전날(AD 33년 4월 2일)이었을 것이다.

유월절 식사 때 먹는 음식은 성전에서 제물로 드린 양을 구운 고기, 무교병, 붉은 포도주, 쓴 나물, 과일 페이스트로 이루어졌다.[39] 요세푸스의 기록에 의하면, AD 66년 유월절에는 성전에서 256,500마리의 양이 도살되었다.[40] 요세푸스는 양의 숫자를 토대로 하여 약 270만 명이 그해 유월절을 지키고자 예루살렘에 와 있었다고 추측하였다.[41] 10-20명이 양 한 마리를 나누어 먹을 수 있었기에,[42] 이를 고려한 계산이었을 것이다.

18절 (예수의 분부) 예수께서는 '성안 아무에게 가서' 그의 집에서 유월절 장소를 준비하도록 하신다. '성안 아무에게'는 특정인을 구체적으로 언급한 표현이다. 그 사람은 아마도 예수를 따르는 사람들 가운데 한 명일 것이다. (그 사람을 찾아가는 방법에 관한 마가복음의 자세한 묘사와 다르다. 마태복음은 마가복음보다 단순하게 표현했다.) 예루살렘 성안에 장소를 준비한 이유는 유월절 양은 예루살렘 성안에서 먹게 되어 있었기 때문이었다.[43] 신명기 16:5-8을 따르면 오직 예루살렘 성안에서만 유월절을 기념해야 했다(Edwards, 419). 미쉬나(*m. Pesahim* 7:9)도 예루살렘 성안에서 유월절 식사를 하도록 규정한다(Lane, 497).

유월절 식사는 일반적으로 가족과 함께 하지만, 예수께서는 제자들과 함께 하신다.[44] 이것은 예수께서 자신의 제자들을 자신의 참된 가족으로 간주하셨음을 암시한다(Boring, 388).

---

39. Hurtado, 238.
40. Edwards, 419.
41. *J.W.* 6.420-27(Edwards, 419-20).
42. Keener, 2009: 624.
43. 강대훈, 하, 501; DA, 1997: 458.
44. 강대훈, 하, 501; DA, 1997: 458.

19절 (제자들이 예수의 분부대로 함) 마태복음은 유월절을 언급하며 새 출애굽 주제를 강조한다(DA, 1997: 456). 제자들이 예수께서 명령하신 대로 했다는 것은 출애굽기 12:28에서 이스라엘 백성이 하나님의 명령대로 행했다고 한 말씀을 연상시킨다(DA, 1997: 458). 이것도 예수의 유월절 식사를 새 출애굽과 관련된 것으로 보게 한다.

'유월절'로 번역된 단어 '빠스카'(πάσχα)는 본래 유월절 양을 가리키는 단어이지만, 제유법(synecdoche)으로 유월절 만찬 음식 전체를 가리킬 수 있다(Stein, 541). 그러므로 제자들이 유월절을 준비했다는 것은 유월절 식사를 위한 장소 및 음식을 준비했다는 뜻으로 볼 수 있다.

20절 (유월절 만찬) 예수와 함께 유월절 만찬을 한 사람들은 열두 제자들이었다. 출애굽기 24:4은 모세의 언약 체결 예식에 열두 지파가 참여했음을 기록한다. 이러한 배경에서 볼 때 최후의 만찬에 열두 제자가 있는 것은 이 만찬을 새 출애굽과 관련된 사건으로 보게 한다(DA, 1997: 460 참고).

예수께서는 식사를 위해 '기대어 누우셨다.' 개역개정판이 '앉았다'라고 번역한 단어는 문자대로 번역하면 '기대어 누웠다'이다. 유대인들은 헬라인들로부터 식사용 안락의자를 사용하는 관습을 가져왔다(Harrington, 366). 누워서 식사하는 관습은 헬라 제국의 지배를 받게 되면서 시작된 것이다.[45] 특히 유월절과 같이 절기에는 기대어 누워 식사하는 편이 선호되었다.[46] 출애굽기 12:11은 언제든지 출발할 수 있는 차림새로 식사를 하도록 하지만, 랍비 문헌은 기대어 누워서 유월절 식사를 하도록 한다(DA, 1997: 460). 미쉬나(*m. Pesahim* 10:1)는 유월절에는 매우

---

45. Hurtado, 238.
46. France, 566.

가난한 사람들도 기대어 식사하도록 했다.[47] 이러한 방식은 이미 예수 시
대에 전통으로 굳어져 있었을 것이다.

유대인들은 늦은 오후에 저녁 식사를 했으나(*Mek.* on Exodus 18:13, *b.*
Pesahim 107b), 유월절 식사는 해가 진 이후에 행했다(출 12:8; *m. Pesa-*
him 10:1).[48] 만찬은 오랜 시간 계속되었지만, 자정 이전에 마쳐야 했다
(Hurtado, 238).

21-23절 (그릇에 함께 손을 넣는 자) 예수께서는 식사하실 때 열둘 중에 한
명이 예수를 배신할 것이라고 하신다. 그리고 '나와 함께 그릇에 손을 넣
는' 자가 예수를 배신할 것이라고 하신다. 그릇을 함께 쓰는 것은 유월절
의식의 일부분이다.[49] 이것은 시편 41:9을 연상시키기도 한다(Harrington,
367). 공용 그릇에는 무화과, 사과, 아몬드, 땅콩 등이 있었다.[50] 이 그릇에
는 여러 명이 함께 손을 넣지만 동시에 함께 손을 넣는 경우는 흔하지 않
았을 것이므로 그렇게 하는 사람이 있을 경우에는 눈에 띄었을 것이다.
집회서(31:14)는 식탁에서 다른 사람이 손을 대고자 하는 음식에 동시에
손을 대지 않는 것을 식탁 예절로 제시하기 때문이다(Bohnen, 268). 예수
께서는 남을 배려하는 식탁 예절(집회서 32:1)대로 빵을 떼어 가룟 유다
에게 주고자 하지만(요 13:26), 가룟 유다는 식탁 예절을 어기며 예수의
손이 가고 있는 접시에 함께 손을 댄다.[51] 이러한 모습은 예수를 존중하지
않는 가룟 유다의 모습을 보여 준다(Bohnen, 275).

개역개정판에서 '팔리라'로 번역한 단어는 '넘겨줄 것이다'로 직역할

---

47. Lane, 497.
48. 강대훈, 하, 505.
49. Harrington, 367.
50. 강대훈, 하, 506.
51. Bohnen, 275.

수 있는 단어이다(παραδώσει). 이 헬라어 단어는 70인역 이사야 53:6 (παρέδωκεν)과 53:12(παρεδόθη)에도 나온다.[52] 따라서 이 표현은 이사야 53장을 배경으로 예수의 죽음을 이해하게 한다. 그리하여 예수의 죽음이 많은 사람들의 죄를 대신 지고 당한 고난이라고 보게 한다.

24절 (가룟 유다에 대한 말씀) 예수께서는 자신을 팔아넘기는 자는 "차라리 태어나지 아니하였더라면 제게 좋을 뻔하였느니라."라고 말씀하신다. 유다가 범한 잘못의 심각성을 지적하는 표현이다(Hagner, 1995: 768). 예수께서는 자신의 죽음이 하나님의 계획(성경의 기록)대로 이루어진다고 하시면서도 이 계획 실현 과정에서 예수를 배신한 자에게는 화가 있다고 지적하신다. 하나님의 계획대로 이루어지는 과정에서 인간이 악한 역할을 할 경우에도 인간은 책임을 면할 수 없다. 예수께서는 하나님의 계획을 인정하시면서도 인간의 책임을 부정하지 않는다.[53] 하나님의 계획은 큰 그림이며, 이 그림 속의 세부 사항인 유다의 배신은 필연적 요소가 아니었다고 볼 수 있다. 유다가 배신하지 않아도 하나님의 계획은 실현될 수 있었을 것이다.

25절 (가룟 유다의 반응) 다시 한번 유다의 사람됨이 묘사된다. 유다는 자신이 그렇게 하고 있으면서도 능청스럽게 "나는 아니지요?"라고 당당히 말한다. 여기서 사용된 헬라어 부정어(μήτι)는 ('그래 너는 아니야!'라는) 부정의 대답을 기대하는 역할을 한다.[54] 유다는 자신이 배신자가 아님을 주장하며 예수의 동의를 기대한 것이다.

예수께서는 "네가 말하였다"(σὺ εἶπας)라고 하신다. 이 말은 상대방의 말에 동의하는 긍정의 표현은 아닐 것이다. 마태복음에서 이 말은 26:64

---

52. Bock, 341.
53. Bock, 341.
54. Marcus, 2009: 950.

에서처럼 완곡한 긍정이거나,[55] 완곡한 부정의 표현으로 이해할 수 있을 것이다. 이 표현은 "그것은 너의 주장일 뿐이다."라는 뜻인 듯하다.

26절 (빵을 떼어 주심) 예수께서는 빵을 떼어 주셨다. 빵을 떼어 주는 것은 유대인들의 유월절 식사 관습인데, 예수께서는 이러한 관습에 새로운 의미를 부여하신다(Harrington, 367).

'몸'(σῶμα, '소마')은 70인역에서 '살'에 해당하는 히브리어를 번역할 때 쓰는 단어이다.[56] 따라서 '나의 몸'은 예수의 살을 가리킬 수 있다. 찢어서 떼어 주는 빵은 채찍에 맞아 찢어지고 십자가에 못 박혀 찢기신 예수의 몸을 예시할 수 있다. 또한 '몸'에 해당하는 아람어 단어는 "자신"을 뜻하므로, '나의 몸'은 "나 자신"을 뜻한다.[57] 살아계신 예수께서 빵을 자신의 '몸'(예수 자신)이라 하셨으므로, 떡이 몸과 동일시된 것(화체설)이 아니라, 떡으로 몸(예수 자신)을 상징한 것이다(상징설)(Hurtado, 235).

떼어낸 빵은 '아피코만'(אפיקומן)이라고 부르는데, 이것은 종말에 오실 메시아적 존재로서의 "오시는 자"를 뜻하는 헬라어 '아피꼬메노스'(ἀφικόμενος)에서 온 것이므로, 메시아를 상징할 수 있다.[58] 떼어낸 빵을 "나의 몸(나 자신)이다."라고 하신 예수의 말씀은 유월절 예식을 시작할 때 따로 떼어 놓는 무교병 조각을 메시아와 동일시한 전통을 배경으로 볼 때, "내가 메시아이다."라는 뜻으로 이해할 가능성을 배제할 수 없다(DA, 1997: 468-69).

미쉬나가 언급하는 구운 양고기, 네 번의 잔 마심, 유월절 식사에 대한 전통적인 설명 등이 언급되지 않는 것은 이 식사가 유월절 식사가 아니라

---

55. Hagner, 1995: 768 참고.
56. Marcus, 2009: 957.
57. Hurtado, 239.
58. Evans, 2001: 390-91.

는 근거로 제시되기도 하지만, 미쉬나에 담긴 내용은 AD 70년 이후의 예
식을 반영하므로, 예수 당시의 관습이 이와 동일해야 한다고 볼 수 없다.[59]
또한 마태복음이 식사의 상황의 세부 사항을 모두 묘사했다고 볼 수 없기
에, 마태복음에서 묘사되지 않았다는 이유만으로 이 식사가 유월절 식사
가 아니라고 결론 내릴 수는 없다(DA, 1997: 469 참고).

27절 (포도주 잔을 주심) 예수께서는 포도주 잔을 제자들에게 마시도록
주신다. 포도주는 특별한 때를 위해 비축되었고, 특히 유월절에 사용되었
다.[60] 일반 식사 때는 물을 마셨으나, 손님 접대나 행사 때는 포도주를 마
셨고, 유월절 식사 때는 반드시 포도주를 마셔야 했으며(*m. Pesahim* 1:1),
피를 상징하는 붉은 포도주가 사용되었다.[61] 유월절 식사 때는 각자의 잔
으로 포도주를 마시는데,[62] 예수께서 제자들에게 잔을 주셨기에 제자들은
동일한 잔으로 마셨다고 볼 수 있다. 그들이 하나의 잔으로 마신 것은 미
쉬나의 규례와는 다른 방식이었다(France, 569).

예수께서는 감사 기도 후에 제자들에게 포도주 잔을 주신다. 감사 기
도의 어구는 유대인들이 유월절에 사용한 감사 어구("복되도다! 주 우리
의 하나님, 포도나무의 열매를 창조하신 우주의 왕이시여!")(*m. Berakoth*
6:1)와 유사했을 수 있다(Bock, 341).

떡을 떼고 잔을 마시는 순서는 유월절 만찬 순서와 일치한다.[63] 유대
인들의 관습에 의하면 떡을 뗀 후에 잔을 마시기까지 시간적 간격이 있었
다(고전 11:25 참고).[64] 마태복음이 언급하는 잔이 몇 번째 잔인가에 관한

---

59. DA, 1997: 469.
60. *m. Pesahim* 10:1(Lane, 497).
61. 강대훈, 하, 510.
62. 강대훈, 하, 510.
63. Keener, 2009: 626.
64. Harrington, 367.

논쟁이 있으나, 이것은 미쉬나가 언급하는 포도주를 네 번 마시는 관습이 예수 시대에도 행해졌다고 전제하는 시대착오에 기초한 것이다(DA, 1997: 472).

28절 (죄 사함과 언약을 위한 피) 예수께서는 잔을 주시며 자신의 피가 "죄 사함을 얻게 하려고 많은 사람을 위하여" 흘리는 것이며, "언약의 피"라고 설명하신다. 식사와 관련된 해석을 제공하는 것은 유월절 식사의 핵심 부분이었다.[65] 예수께서는 포도주 잔에 "나의 피 곧 언약의 피"라고 의미를 부여하셨기에 사용된 포도주는 피를 연상시킬 수 있는 적포도주였을 것이다(Marcus, 2009: 957). 포도주와 피를 연관시키는 것은 이미 창세기 49:11; 신명기 32:14에서도 볼 수 있다(Marcus, 2009: 958).

'많은 사람'은 히브리어 '라빔'(רבים)처럼 신약 성경(마 20:28; 26:28)에서도 사용되어, 예외가 있음을 나타내기보다는 전체성을 나타낼 수 있는 표현으로 사용된다.[66] '많은 사람'은 쿰란 문헌(1QS 6:1, 7-25; CD 13:7; 14:7)에서 스스로를 새 언약 공동체로 간주한 쿰란 공동체 자신을 가리키는 용어로 쓰였다.[67] 마태복음에서도 이 표현은 많은 하나님의 백성을 가리키는 표현인 듯하다. '많은 사람을 위하여'는 이사야 53:11-12(LXX)을 연상시키는 표현으로서,[68] 예수의 죽음이 대속적 의미를 가짐을 알려 준다(France, 570).

'죄 사함을 얻게 하려고'는 마가복음과 누가복음에는 없는 내용이다. 마태복음은 예수의 죽음이 죄 사함과 연관됨을 좀 더 분명히 명시한다. 개역개정판이 '흘리는'으로 번역한 부분은 '붓는'으로 직역할 수 있다. 이

---

65. Lane, 497.
66. Kunjanayil, 35-36.
67. Hooker, 249.
68. Evans, 2001: 393.

단어는 '엒케오'(ἐκχέω) 동사인데, 레위기(4:18, 25, 30)에서 이 단어는 속죄 제사를 위하여 흘리는 제물의 피와 관련하여 사용되었다.[69] '피를 붓다(ἐκχέω, 흘리다)'는 표현은 죽음을 가리키는 성경의 표현이다.[70] 이것은 셈어적 표현이며, 폭력을 당해 죽음을 뜻한다(창 4:10-11; 9:6; 신 19:10; 왕하 21:16; 시 106:38; 렘 7:6; 마 23:35).[71] 죽임을 당함은 도살당하는 유월절 양을 연상시키며 '붓는다'는 표현은 이사야 53:12(MT)의 '그의 목숨을 부었다(הערה)'는 구절을 연상시킨다.[72] 그리하여 예수께서 이사야 53장이 말하는 여호와의 종으로서 유월절 양처럼 대속의 제물이 되는 분이심을 알려 준다.

'피이다'는 표현은 실제로 피라는 뜻이 아니라 피를 가리키는 상징이라는 뜻으로 보아야 한다. 피와 포도주를 연관시킨 은유적 표현은 이미 창세기 49:11('포도의 피')에서 발견된다(DA, 1997: 473). 문자 그대로 피라는 뜻이었다면 제자들이 포도주를 마시기를 거부했을 것이다. 구약 성경은 피를 마시는 것을 금지하기 때문이다(레 7:26; 17:10-12). 제자들이 그 포도주를 마셨음은 그들이 포도주가 피로 변했다고 간주하지 않고 포도주가 단지 피를 상징할 뿐이라고 여겼기에 가능했을 것이다(Stein, 543).

예수께서는 자신의 피가 새로운 하나님의 백성의 형성을 위하여 언약을 체결하는 피임을 알려 주신다. 포도주는 예수의 피를 상징하였고, 예수의 피의 의미는 언약이다. 중요한 것은 포도주 자체가 아니라, 포도주로 상징한 '피'라는 의미였고, 피의 목적이 언약 체결을 위함이었다는 점이

---

69. Carroll, 436.
70. Boring, 391.
71. Hurtado, 236.
72. DA, 1997: 474.

다(자세한 설명은 아래 해설 참고).

이 마태복음 구절은 레위기 4-5장의 희생 제사 언어를 사용한다고도 볼 수 있다(Hoskins, 233). 이 구절의 피, 붓기, 죄인을 위함, 죄 사함의 조합은 구약 성경에서 오직 레위기 4:34-35에서만 발견된다.[73] 그리하여 예수의 죽음을 속죄 제사로 이해하게 한다(Hoskins, 236).

29절 (아버지의 나라) 예수께서는 포도나무에서 난 것을 더 이상 마시지 않겠다고 하신다. '포도나무에서 난 것'은 셈어적 표현으로서 포도주를 가리킨다(Hurtado, 240). 새 포도주는 하나님께서 모든 것을 새롭게 하실 때 베풀어지는 메시아의 잔치와 연관된다(사 25:6-9 참고).[74] 따라서 포도주를 '내 아버지의 나라'에서 마신다는 표현은 그러한 시대가 시작되어 메시아 잔치가 열리게 될 날이 올 것을 암시한다.

예수께서는 "새로"(까이논) 포도주를 마시게 될 때를 언급하신다. 헬라어 형용사 '까이논'은 '포도나무에서 난 것'(즉 포도주)의 성격을 꾸며 주는 "새로운"이라는 뜻일 수도 있으나, 이것은 목적격이므로 부사어로 사용되어 ("새롭게"라는 뜻으로서) '마시지 않겠다'와 연결된다고 볼 수도 있다(Marcus, 2009: 959). 이렇게 보면 이 단어의 뜻은 "다시" 또는 "새로운 방식으로"인데, '까지'라는 시간적 한정이 있는 문맥을 고려할 때 "다시"라는 뜻이 더 적합하다(Marcus, 2009: 959).

예수께서 다시 포도주를 마시게 될 때는 예수의 아버지의 나라에서 제자들과 함께 마실 때이다. 예수께서는 하나님의 나라를 '내 아버지의 나라'라고 표현한다. 또한 '너희와 함께'를 언급하여 하나님 나라가 언제 도래하는지에 관하여 암시한다. 마가복음에서는 십자가상에서 포도주를 마실 때(15:36) 예수의 십자가 고난을 통하여 하나님 나라가 도래하는 것

---

73. Hoskins, 234-35.
74. France, 572.

으로 볼 수 있다.[75] 그러나 마태복음에서는 예수께서 제자들과 함께 포도
주를 마신 때를 기준으로 삼아야 하므로 부활 이후에 하나님 나라가 도래
하는 것으로 해석해야 한다. 제자들이 예수와 함께 식사한 것은 부활 후
이기 때문이다(행 10:41).

마태복음 본문이 예수께서 재림하신 후에야 하나님 나라가 임함을 뜻
한다고 볼 수는 없다. 마태복음은 분명히 "하나님 나라가 가까이 와 있
다."고 하기 때문이다(4:17). 한편 '가까이 와 있다'(ἤγγικεν, '엥기껜')는
이미 도래한 것이 아니라 근접하였음을 가리킨다(아래 참조). 따라서 마
태복음은 부활 이후에 하나님의 나라가 임한 것으로 본다고 가정해야 한
다. '엥기껜'(ἤγγικεν)은 아직 도래하지 않은 상태를 가리킨다(눅 21:20;
롬 13:12).[76] 70인역 에스겔 7:4은 이 동사가 '헤꼬'(ἥκω) 동사와 평행되어
쓰여서 이미 도래한 것을 뜻하는 듯하지만, 문맥상 근접하여 가까운 미래
에 도래할 것을 가리킨다. 70인역 예레미야애가 4:18은 이 동사가 '쁠레
로오'(πληρόω) 동사와 함께 사용되어 한 시대가 끝나고 다른 시대가 시
작된다는 뜻으로 쓰인다. 그렇지만 예레미야애가 문맥은 이미 시작됨이
아니라 곧 시작됨을 가리킨다(신현우, 2021: 146).

그러나 마태복음이 '하나님의 나라'라고 하지 않고 '나의 아버지의 나
라'라고 한 것은 하나님의 나라가 완성되는 재림 이후의 시대를 가리킨다
고 볼 수도 있다. 마태복음(13:43)에서 '아버지의 나라'는 십자가 부활 이
후의 새 언약 시대가 아니라 악인들이 심판을 받는 재림 이후의 시대를
가리키기 때문이다(참고. 고전 15:24). 예수께서는 자신이 제자들과 함께
하는 유월절 잔치 식사가 재림 이후에야 완성되어 다시 이루어진다고 말
씀하셨을 수도 있다.

75. 신현우, 2021: 692.
76. Boring, 50-51.

그렇지만 예수께서 하나님의 나라를 '나의 아버지의 나라'라고 표현
하고 십자가에서 흘리는 피로 맺으시는 새 언약을 통하여 시작하는 이 나
라에서 제자들과 함께 십자가 위에서 포도주를 마시리라고 기대하였다고
볼 수도 있다. 그러나 제자들은 달아나고 예수께서는 제자들 대신 역도들
과 함께 십자가에 못 박히시며, 십자가 고난의 잔과 포도주 잔도 제자들
과 함께 마시지 못하게 되셨다.

하나님의 나라에는 여러 단계가 있다. 하나님의 나라는 예수의 십자
가 고난을 통하여 이미 시작한다. 그러나 이 나라의 완성은 재림과 종말
에 이루어진다. 이러한 완성 때 이루어질 심판의 모습은 AD 70년에 예루
살렘과 성전이 심판받는 모습을 통하여 미리 보이게 된다. 마태복음은 성
전의 파괴와 종말을 중첩시키고, 십자가 고난을 시작하는 하나님의 나라
와 재림으로 완성되는 하나님의 나라를 중첩시켜 표현한 듯하다.

30절 (찬미하고 올리브산으로 가심) 예수와 제자들은 식사를 마친 후 찬양
하며 올리브산으로 갔다. 평소에는 저녁 식사가 늦은 오후에 이루어졌지
만, 유월절 식사는 저녁에 시작되어 밤늦게까지 계속되었다(출 12:8; 희년
서 49:12).[77] 미쉬나(*m. Pesahim* 10)는 유월절 식사 때 시편 113-118편을 암
송한다고 한다.[78] 식사 전에는 시편 113-114편을 불렀고, 시편 115-118편은
식사 후에 불렀다.[79]

예수 일행이 식사 후에 숙소가 있는 베다니로 돌아가는 대신 올리브
산에 머문 이유는 유월절에는 예루살렘 지경 안에 머물러야 했기 때문이
다(France, 574). 올리브산으로 가심은 다윗이 올리브산에 올라감을 기록

---

77. Lane, 497.
78. Edwards, 423.
79. *m. Pesahim* 10:5-7(France, 574).

한 사무엘하 15:30을 연상시킨다.[80] 이러한 연관 속에서 가룟 유다는 다윗을 배신한 아히도벨(삼하 15:31)을 기억나게 한다(DA, 1997: 484).

3. 해설

예수께서는 자신의 피를 언약과 관련시켜 '언약의 피'라고 하신다. '언약'은 출애굽기 24:8("언약의 피")이나 예레미야 31:31-34("새 언약"); 스가랴 9:11(해방을 가져오는 언약의 피)을 상기시킨다.[81] 스가랴 9:11은 '피,' '언약'을 모두 포함하므로 마태복음 본문과 긴밀한 연관성을 보인다.[82] 이러한 연관성은 새 하나님의 백성의 창조를 위한 언약 체결을 위해 예수께서 피를 흘리셨음을 알려 준다.

랍비들은 할례와 관련해서만 '언약의 피'를 말한다.[83] 그러나 마태복음 본문에서 말하는 언약의 피는 출애굽한 백성과 언약을 체결하기 위한 언약의 피를 말하는 출애굽기 24:8과 관련된다. 이 구절을 배경으로 보면 예수의 '언약의 피'는 새로운 출애굽을 한 새로운 하나님의 백성의 형성을 암시한다(France, 570 참고).

출애굽기 24:8의 시내산 언약 체결 제사는 유대인들의 전통 속에서 죄 사함과 관련이 있는 것으로 여겨졌고(탈굼 출 24:8 참고), 히브리서 9:19-22에서 보듯이 이미 1세기에 그러하였으므로,[84] 예수께서 자신이 흘리는 언약의 피를 죄 사함과 연관시킨 것은 당시 독자들에게 자연스럽게

---

80. DA, 1997: 484.
81. France, 570; 강대훈, 하, 511.
82. Marcus, 2009: 958.
83. Edwards, 426.
84. DA, 1997: 475, 478.

이해될 수 있었을 것이다. 예수를 통해 체결되는 새 언약이 죄 사함의 의미를 함께 가진다고 보는 관점은 로마서 11:26-27; 히브리서 10:16-19에서도 나타난다(DA, 1997: 474).

5. 베드로가 예수를 부인할 것을 예언하심 (26:31-35)

1. 번역

31 그때 예수께서 그들에게 말씀하셨다.

"너희는 모두 오늘 밤 나를 버릴 것이다.

왜냐하면 이렇게 기록되었기 때문이다.

'내가 목자를 칠 것이고,

그 양 떼가 흩어질 것이다.'

32 그러나 내가 일으켜진 후에 너희보다 먼저 갈릴리로 갈 것이다."

33 베드로가 반응하여 그에게 말했다.

"모두 당신을 버릴지라도 나는 결코 버리지 않을 것입니다."

34 예수께서 그에게 말씀하셨다.

"진실로 너에게 말한다.

이 밤 닭이 울기 전에 네가 나를 세 번 부인하리라."

35 베드로가 그에게 말했다.

"심지어 내가 당신과 함께 죽어야 하더라도

나는 절대로 당신을 부인하지 않을 것입니다."

모든 제자들 역시 동일하게 말했다.

2. 주해와 해설

31절 (제자들이 흩어질 것을 예언하심) 예수께서는 제자들이 모두 자신을 버리고 떠날 것을 예언하신다. 여기서 사용된 '스깐달리조'($\sigma\kappa\alpha\nu\delta\alpha\lambda\acute{\iota}\zeta\omega$) 동사는 수동태로 사용되어 "넘어지다," "믿음을 잃다"를 뜻한다.[85] 예수에 대한 믿음을 버린 제자들 중에 아마도 내적인 유혹에 넘어간 가룟 유다는 가시들에 의해 질식한 씨앗의 경우(마 13:22)와 유사하고, 다른 제자들은 박해가 두려워 피하였으므로 돌밭에 뿌려진 씨앗의 경우(마 13:21)와 유사하다(DA, 1997: 484).

인용된 구약 구절은 스가랴 13:7인데, 이 본문(70인역과 히브리어 본문)은 하나님의 대행자가 목자를 친다고 하지만 마태복음에서는 하나님께서 직접 치신다고 하는 점이 다르다.[86] 이런 점에서도 예수의 고난을 하나님의 계획에 따라 발생한 것으로 보는 관점이 마태복음에 분명히 나타난다(Collins, 670 참고). 마태복음 본문에는 또한 스가랴서에 없는 '떼'($\tau\tilde{\eta}\varsigma$ $\pi\omicron\acute{\iota}\mu\nu\eta\varsigma$)가 추가되어 있다. 이것은 흩어지는 양 떼의 핵심 집단을 예수의 제자들로 간주하는 표현인 듯하다(Menken, 2011: 49).

32절 (먼저 갈릴리로 가실 예수) 예수께서는 부활 후에 "먼저 갈릴리로 가리라."고 예언하신다. 이 부분은 마가복음과 같은데, 예루살렘 중심으로 기록하는 누가복음에는 이 내용이 빠져 있다.

33-35절 (베드로가 예수를 부인할 것을 예언하심) 베드로는 예수를 버리지 않는다고 장담하였으나 예수께서는 베드로가 "오늘 밤 닭 울기 전에" 세 번 부인할 것이라고 하신다. 마가복음은 "닭이 두 번 울기 전에"라고 한다. 누가복음도 마태복음처럼 단순하게 기록되어 있다.

---

85. DA, 1997: 484.
86. Collins, 670 참고.

베드로는 죽기까지 예수를 따르겠다고 말한다. 이것은 잇대가 죽음을 무릅쓰고 다윗을 따르겠다고 말한 것(삼하 15:21)을 연상시키며, 다윗-예수 모형론을 형성한다.[87] 베드로는 잇대가 다윗에게 말한 것처럼 예수께 말하면서 여전히 예수께서 다윗 유형의 메시아로서 행동하시기를 기대하였을 것이다.

6. 겟세마네에서의 기도 (26:36-46)

겟세마네의 기도 장면은 창세기 22장과의 언어적 유사성을 통하여 예수의 순종을 부각시키는 이삭-예수 모형론을 보인다.[88]

1. 번역

36 그때 예수께서 그들과 함께 겟세마네라 불리는 곳으로 오셨다. 그리고 제자들에게 말씀하셨다.

"내가 저기 가서 기도할 동안 너희는 거기 앉아 있으라."

37 그리고는 베드로와 세베대의 두 아들을 데리고 가셨는데, 슬퍼하고 근심하시기 시작하셨다. **38** 그때 그가 그들에게 말씀하셨다.

"나의 영혼이 너무 슬퍼서 죽을 지경이다.

이곳에 남아 나와 함께 계속 깨어 있으라."

39 그리고는 그가 약간 앞으로 가시어 그의 얼굴을 땅에 대고 엎드려 기도하시며 말씀하셨다.

"나의 아버지, 가능하시오니,

이 잔을 나로부터 지나가게 하소서.

---

87. N.C. Johnson, 250-51.
88. 강대훈, 하, 528.

그러나 내가 원하는 대로 하지 마시고

당신이 원하시는 대로 하소서."

40 그 후에 그는 제자들에게 와서 그들이 자고 있는 것을 발견하였다. 그래서 그가 베드로에게 말씀하셨다.

"너희는 이렇게 한 시간도 나와 함께 깨어 있을 수 없느냐?

41 유혹에 넘어지지 않도록 계속 깨어 기도해라,

영은 원하지만 육이 약하구나."

42 그가 다시 두 번째 떠나가서 기도하시며 말씀하셨다.

"나의 아버지,

내가 이 잔을 마시지 않고 지나갈 수 없다면,

당신이 뜻하심이 이루어지이다."

43 그 후에 오셔서 다시 그들이 자고 있는 것을 발견하셨다. 그들이 눈이 무거웠기 때문이었다. **44** 그래서 그는 그들을 내버려 두고 다시 떠나 세 번째로 다시 동일한 말씀을 하시며 기도하셨다. **45** 그때 그가 제자들에게 오셔서 그들에게 말씀하셨다.

"너희는 계속하여 자면서 쉬려느냐?

보라, 그 시가 가까이 왔고, 그 인자가 죄인들의 손에 넘겨질 것이다.

46 너희는 일어나라. 가자. 보라, 나를 넘겨주는 자가 가까이 와 있다."

2. 주해와 해설

36절 (겟세마네로 가심) 예수께서 제자들과 겟세마네로 가신다. 겟세마네는 기드론 시내를 건너 올리브산 서쪽 언덕에 있었을 것이다(요 18:1).[89]

---

89. 강대훈, 하, 527.

"여기 앉아 있으라."는 예수의 말씀은 아브라함이 종들에게 "여기 앉아 있으라."(καθίσατε αὐτοῦ)고 한 70인역 창세기 22:5을 연상시킨다.[90] 이를 통하여 아브라함-예수 모형론이 형성된다.

37절 (슬퍼하시는 예수) 예수께서는 베드로, 야고보, 요한을 따로 데리고 기도하러 가시며, 슬퍼하고 고민하신다. 마가복음은 '매우 놀라시며 고민하사'로 기록되어 있다. 예수께서 놀라시는 것은 문맥 속에서 금방 이해하기 어려운 표현이다. 마가복음은 예수께서 왜 놀라셨는지 설명하지 않는다. 마태복음의 '슬퍼하고 고민하사'는 좀 더 이해하기 쉬운 표현이다.

38절 (깨어 있으라고 분부하심) 예수께서는 "나의 영혼이 죽음에 이르기까지 매우 슬프다."라고 말씀하시며 세 제자들에게 자신과 함께 깨어 있으라고 분부하신다. '죽음에 이르기까지 ~ 슬프다'는 표현은 슬픔의 정도가 극심함을 뜻한다.[91] 한국어 표현으로 '슬퍼 죽겠다'의 뜻과 유사하다. 이와 유사한 표현은 사사기 16:16에서도 발견된다(강대훈, 하, 531). "그가 번뇌하여 죽을 지경이었다"(ὠλιγοψύχησεν ἕως τοῦ ἀποθανεῖν).

"나의 영혼이 죽음에 이르기까지 매우 슬프다."는 말씀은 시편 42:6(개역개정 42:5, 70인역 41:6), 42:12(개역개정 42:11, 70인역 41:12); 43:5(70인역 42:5)을 연상시킨다.[92] 이러한 시편 구절들을 배경으로 보면 예수의 말씀은 불의한 대적으로 인해 고통을 당하면서 하나님을 바라보는 모습을 표현한다. 예수께서 올리브산 쪽에 있는 겟세마네에 가시며 다윗의 시편(43편)을 사용하여 슬픔을 표현하신 모습은 압살롬이 반역한 후 다윗이 피난하며 울면서 올리브산에 올라간 모습을 연상시킨다(삼하

---

90. DA, 1997: 494.

91. 강대훈, 하, 530.

92. France, 582.

15:30).[93] 이러한 유사성도 다윗-예수 모형론을 형성한다(N.C. Johnson, 252).

39절 (예수의 기도) 예수께서는 '엎드려' 기도하셨다. 유대인들은 일반적으로 서서 기도하였지만, 무릎을 꿇고 기도하거나(대하 6:12-13), 얼굴을 바닥에 숙여 기도하기도 했다(민 14:5; 16:4, 22, 45; 20:6)(강대훈, 하, 533).

예수께서는 하나님을 '나의 아버지'라고 부르신다. 유대인들의 문헌에 담긴 기도문에는 종종 '우리 아버지'라는 표현이 발견되지만, '나의 아버지'는 집회서 23:1, 4 등에 가끔 나온다(Keener, 2009: 638). 쿰란 문헌(4Q372 1:16)에서는 요셉이 하나님을 '나의 아버지'라고 부른다.[94] 시편 89:26과 쿰란 문헌 4Q460 5:5에서도 하나님을 '나의 아버지'라 부르는 표현이 발견된다(Marcus, 2009: 978).

마가복음 14:36은 아람어 '아바'가 예수께서 사용하신 표현임을 알려준다. 유대인들이 하나님을 '아바'라 부르는 것은 매우 드물었다.[95] '아바'는 어린이들이 아버지를 부를 때 사용하는 단어였다.[96] 어른도 '아바'라는 용어를 사용하기도 했지만(*m. Eduyoth* 5:7), '아바'는 어린이가 사용할 때처럼 친밀감을 표현할 수 있었다(Marcus, 2009: 977-78).

예수의 기도는 "그것은 가능하므로"(εἰ δυνατόν ἐστιν)로 시작한다. '에이'(εἰ) 뒤에 직설법이 오면, "~이므로"라는 번역이 가능하다. 이 말씀은 개역개정판처럼 '할 만하시거든'으로 번역되지 않고, '할 수 있으므로'로도 번역될 수 있다. 예수께서 하나님의 능력을 의심하셨을 리가 없으므

---

93. N.C. Johnson, 251.
94. DA, 1997: 497.
95. Keener, 2009: 638.
96. Hurtado, 245.

로, '할 만하시거든'으로 번역하는 것은 부적합하다. 이 말씀은 예수께서 하나님께 요청하시면서 하신 것이므로, 예수의 요청을 실행할 수 있는 하나님의 능력에 관한 것으로 볼 수 있다. 이 능력은 계획을 바꾸시어 다른 방법으로 인류를 구원하실 수 있는 능력이다.[97] 예수의 고난의 잔이 계획된 것이지만, 하나님은 변경하실 수 있다. 이러한 예수의 기도는 구약 성경에 근거를 가진다. 이사야 51:17-23은 고난의 잔이 치워질 수 있음을 말한다(Lane, 517).

예수께서는 "이 잔을 내게서 지나가게 하옵소서."라고 기도하신다. '잔'은 사람의 운명을 가리킬 수 있다(렘 49:12; 겔 23:31-34 참고).[98] 아브라함의 유언 16:11에서 죽음의 천사는 자신을 '죽음의 쓴 잔'이라 부른다.[99] 이러한 표현은 '잔'이 죽음을 연상하게 한다. 구약과 중간기 문헌에서 '잔'은 주로 고난을 가리키며,[100] 이후 유대 문헌에서는 개인의 죽음을 상징한다.[101] 마태복음에서는 '잔'이 문맥상 십자가에 못 박혀 죽는 죽음을 가리킨다.

하나님께 뜻을 바꾸시기를 간구하는 것은 모세의 경우(출 32:10-14)와 히스기야의 경우(왕하 20:1-20)에서도 발견된다.[102] 하나님이 마음을 바꿀 수 있음은 사사기 2:1-3; 사무엘상 2:27-36; 예레미야 18:5-11; 요나 3:4-10에서도 반영되어 있다.[103] 그런데, 예수께서는 하나님의 뜻이 이루어지도록 기도하며 결론을 맺는다. 이 결론을 도입하는 '그러나'(πλήν)는

---

97. 신현우, 2021: 656 참고.
98. Harrington, 373.
99. DA, 1997: 497.
100. DA, 1997: 497.
101. Marcus, 2009: 978.
102. 강대훈, 하, 537.
103. DA, 1997: 497.

이어서 나오는 내용이 중요함을 강조하는 기능을 한다.[104]

예수께서 기도하신 곳은 베드로, 야고보, 요한이 있는 곳에서 '조금' 떨어진 곳이었다. 그러므로 제자들은 잠들기 전에 예수의 기도를 들을 수 있었을 것이다. 이 기도 내용을 전승한 목격자는 이 세 제자였을 것이다.

40-41절 (잠이 든 세 제자들) 예수께서 세 제자들에게 오셨을 때 그들은 자고 있었다. 예수께서는 제자들이 자는 것을 보시고 영은 원하지만 육체가 약하다고 지적하신다. 구약 성경에서 '육체'는 인간 존재를 가리키고 '영'은 하나님의 능력을 가리킨다.[105] 쿰란 문헌에서 '육'은 도덕적으로 열등한 인간 본성을 가리키는데 죄가 이를 통하여 인간에게 작용하는 반면, 인간의 '영'은 하나님의 영이 사람을 인도하는 통로라고 보았다.[106] 마태복음의 이 본문에서도 영과 육은 유사하게 사용되었다. 인간의 약한 실천 능력을 극복하려면 기도하며 하나님의 능력을 의지해야 함을 지적하신 말씀이다.

42-44절 (세 번 같은 말씀으로 기도하심) 예수께서는 같은 기도를 세 번 반복하셨다. 이것은 마태복음 6:7의 "중언부언하지 말라"는 가르침이 동일한 기도를 반복하지 말라는 뜻이 아니라 너무 많은 말을 하려고 하지 말라는 것으로 해석하도록 한다.

바울이 세 번 간구함(고후 12:8)이나 3회 간구를 언급하는 구약 성경(왕하 1:9-16; 시 55:17)과 이웃에게 용서를 구하려면 최소한 3회 이상 요청해야 함을 말하는 탈무드(*b. Yoma* 87a) 등의 배경을 고려할 때, 세 번 반복하는 것은 진지함의 표현으로 볼 수 있다(DA, 1997: 500).[107]

---

104. 강대훈, 하, 538.
105. Boring, 400.
106. DA, 1997: 499.
107. 베드로가 예수를 3회 부정한 것도 이런 관점에서 볼 수 있을 것이다(DA, 1997:

45-46절 (계속 자는 제자들을 책망하심) 개역개정판에서 "이제는 자고 쉬라."고 번역한 부분은 '계속하여 자면서 쉬려느냐?'로 번역할 수 있다. 이렇게 번역해야 46절의 "일어나라, 가자."라는 문맥에 부합한다. 자고 쉬라는 명령은 일어나라는 명령과 서로 모순된다. 그러나 아직도 자려느냐는 질문 형식의 책망은 일어나라는 명령과 잘 조화된다.

예수께서는 "그 시간이 가까이 와 있다."(ἤγγικεν ἡ ὥρα)고 하신다. 마가복음(14:41) 본문에 있는 난해한 표현인 '그만 되었다'(ἀπέχει)는 마태복음 본문에는 빠져 있다. "그 시간이 가까이 와 있다."는 "인자가 죄인들의 손에 넘겨진다."와 평행을 이루므로,[108] '그 시간'은 예수께서 체포되어 잡혀가시는 때를 가리킨다.

예수께서는 자신이 '죄인들의 손'에 팔린다고 하신다. '죄인'이라는 표현은 누가 참으로 죄인인지 알려 준다. 예수를 잡도록 사람들을 보낸 대제사장과 백성의 장로들이 죄인들이다(47절). 바리새인들은 예수께서 죄인들과 식사한다고 비판하였고(9:11), 대제사장들과 장로들은 예수를 죄인으로 여기고 체포하고자 하고 있지만, 예수께서는 대제사장들을 비롯한 유대 지도자들이야말로 죄인임을 암시하신다.[109] 이러한 표현은 예수께서 무죄하심을 암시한다(DA, 1997: 501).

7. 예수께서 체포당하심 (26:47-56)

1. 번역

47 그가 아직 말씀하고 계실 때에, 보라, 열둘 중에 하나인 유다와 대제사장들과 백성의 장로들로부터 온 많은 무리가 검과 곤봉을 들고 왔다. **48** 그를 넘기는 자가 그들에게 신호를 주며 말했다.

"누구든지 내가 입 맞춘 자가 그자요. 그를 체포하시오."

49 그리고 즉시 예수께 다가와서 말했다.

"안녕하세요? 랍비님!"

그리고 그에게 입을 맞추었다. **50** 예수께서는 그에게 말씀하셨다.

"친구여, 그러려고 여기 왔구나!"

그때 그들이 다가와서 예수께 손을 대어 그를 체포하였다. **51** 그런데 보라, 예수와 함께 있던 자들 중에 하나가 팔을 펴서 그의 검을 뽑아 대제사장의 종을 쳐서 그의 귀를 잘랐다. **52** 그때 예수께서 그에게 말씀하셨다.

"네 검을 제 자리로 되돌려라.

검을 잡은 자들은 모두 검으로 멸망할 것이다.

53 아니면, 너는 내가 나의 아버지께 간구하여

그가 나에게 천사 열두 군단보다 더 많은 천사를

지금 당장 보내시도록 할 수 없다고 생각하느냐?

54 그렇게 하면 이렇게 되어야 한다고 한

성경이 어떻게 성취되겠느냐?"

55 저 시에 예수께서 무리에게 말씀하셨다.

"역도에게 하듯이 그대들은 검과 곤봉을 들고 나를 잡으러 나왔소?

나는 날마다 성전에 계속 앉아 가르치고 있었는데

그대들은 나를 체포하지 않았었소.

56 그러나 이 모든 것이 선지자들의 글들이

성취되도록 발생한 것이오."

그때 모든 제자들이 그를 버리고 도망쳤다.

2. 주해

47절 (예수를 체포하러 온 자들) 한 무리가 예수를 체포하러 왔다. 그들은 대제사장들과 장로들로부터 왔으므로 성전 수비대의 무리로 볼 수 있다.[110] 예수의 숙소가 있었던 베다니는 성전 수비대의 관할 밖에 있는 지역이었다.[111] 따라서 성전 수비대는 베다니에서 예수를 체포할 수 없었다. 예수께서 유월절이 되어 그들이 관할하는 예루살렘 인근에 계실 때는 예수를 체포할 수 있었다.[112]

예수를 배신한 가룟 유다가 밤에 무리를 데리고 예수께서 피곤하실 때 와서 예수를 잡아가도록 하는 모습은 마치 다윗을 배신한 아히도벨이 밤에 무리를 데리고 와서 다윗이 피곤할 때 잡아가도록 압살롬에게 조언한 것과 유사하다(삼하 17:1-2).[113] 그런데 다윗은 피하여 달아났으나(삼하 17:22) 예수께서는 피하시지 않은 점에서 예수는 다윗보다 더 위대한 분으로 묘사된다.[114] 예수께서 잡히시어 희생당하고자 하시는 모습도 백성을 위해 희생당하고자 했던 다윗의 모습을 연상시키어 다윗-예수 모형론을

---

110. DA, 1997: 507.

111. Hurtado, 243.

112. 신현우, 2021: 658.

113. N.C. Johnson, 252.

114. N.C. Johnson, 253.

형성한다(삼하 24:17)(N.C. Johnson, 260).

48절 (신호를 정함) 가룟 유다는 누가 예수인지 알려 주기 위해 입맞춤을 신호로 정했다. 입맞춤은 존경과 화해의 전형적인 표시였기 때문에 예수를 배신하러 온 유다가 예수께 입맞춤을 한 것은 분명히 위선적 행동이다(DA, 1997: 508). 가룟 유다의 입맞춤은 요압이 아마사를 죽일 때 그에게 하고자 한 입맞춤을 연상시킨다(삼하 20:9-10)(N.C. Johnson, 253-54).

랍비 문헌 중에는 1세기 이스라엘 땅에서 인사를 위한 입맞춤이 없어졌다고 보게 하는 구절이 있다.[115] 그러나 누가복음 7:45와 필로는 인사로서의 입맞춤에 관하여 언급한다.[116] 인사로서의 입맞춤에 대한 후기 랍비들의 반대 의견 제시는 그러한 관습이 여전히 존재하였음을 전제한다(Marcus, 2009: 991). 초기 교회에서 '거룩한 입맞춤'이 문안 인사로 사용되었음도 유대인들에게 있던 인사 관습을 적용한 듯하다(롬 16:16; 고전 16:20; 고후 13:11; 살전 5:26).[117]

49절 (가룟 유다가 신호대로 입을 맞춤) 가룟 유다는 예수께 "랍비여 안녕하시옵니까."라고 하며 입을 맞춘다. 마태복음에서는 오직 유다만 예수를 랍비라 부른다(마 26:25).[118] 마태복음 저자가 이 용어('랍비')의 사용을 피한 이유는 아마도 마태복음의 청중들의 적대자들이 이 용어를 사용했기 때문일 수도 있다(마 23:7-8)(Harrington, 374). 입을 맞추는 것은 일차적으로 존경의 표시였으며, 이차적으로 우정의 표시일 수 있었다.[119] 유다는 이러한 의미의 행동을 배신을 위해 행하였다. 마태복음 본문에서 유다의

---

115. *Gen. Rab.* 70.12(Marcus, 2009: 991).
116. Marcus, 2009: 991.
117. Marcus, 2009: 991-92 참고.
118. Harrington, 374.
119. Harrington, 374.

입맞춤을 묘사하는 데 사용된 헬라어 용어(κατεφίλησεν)는 구약 성경(창 31:28, 55; 출 4:27 등)에서 인사를 위한 입맞춤을 묘사하는 데 사용된 용어이므로, 이 단어 자체가 가룟 유다의 입맞춤이 강렬했음을 입증하지는 않는다.[120] 입맞춤의 위치는 손, 머리, 얼굴 등 다양했는데, 가룟 유다가 어디에 입을 맞추었는지는 알 수 없다(Marcus, 2009: 992).

50절 (무리가 예수를 체포함) 예수께서는 가룟 유다를 '친구여'라고 부르신다. 마태복음 20:13; 22:12에서 '친구여'가 사용되었는데 모두 책망의 의미를 담고 있다. 따라서 여기서도 그러한 뜻으로 사용된 듯하다(양용의, 2018: 527).

'친구여'(ἑταῖρε)라는 호칭은 본래 제자에게 적합한 칭호였다.[121] 이 단어는 70인역 사무엘하 15:37에서 후새가 다윗을 배신하지 않은 자로서 다윗의 친구임을 설명할 때 사용되었다.[122] 그렇지만 예수께서 자신을 배신하는 가룟 유다에게 역설적으로 친구라고 부르셨다고 보는 해석보다는 신뢰하는 친구가 대적함을 언급하는 시편 41:9을 연상시키고자 그렇게 하셨다고 보는 칼빈의 해석이 옳을 것이다(N.C. Johnson, 255-57). 칼빈의 해석은 시편 55편이 언급하는 다윗의 '친구'가 다윗을 배신한 아히도벨이라고 보는 랍비 문헌(*m. Aboth* 6:3 등)에 의하여도 지지된다(N.C. Johnson, 256).

개역개정판이 "네가 무엇을 하려고 왔는지 행하라."로 번역한 부분(ἐφ' ὃ πάρει)은 이 표현이 시리아의 술잔에 '즐겨라'와 함께 새겨진 것을 볼 때 "그것을 위해 너는 여기에 있다."라는 뜻의 구어체 표현으로 볼 수 있다(DA, 1997: 510). 예수께서 배신하러 온 유다의 행동을 격려하는 듯

---

120. Marcus, 2009: 991.
121. Keener, 2009: 642.
122. N.C. Johnson, 255.

한 말씀을 하신 것이다. 여기서 우리는 고난을 피하지 않는 예수의 모습을 볼 수 있다. (이 부분은 마가복음에는 없는 내용이다.) 그리고 이 말씀은 가룟 유다의 입맞춤이 요압의 입맞춤의 경우처럼 상대방을 해치려는 의도와 관련됨을 지적하는 것일 수 있다(N.C. Johnson, 254).

유다를 따라온 자들이 유다의 신호를 보고 예수께 손을 대었다. '손을 대다'는 표현은 70인역에서 적대적 의미를 담는 표현으로 사용된 단어이다.[123] 그러므로 이 표현은 예수를 폭력적으로 붙잡은 행동을 묘사한다고 볼 수 있다. 이 구절은 창세기 22:12에서 이삭에게 손을 대지 말라고 천사가 아브라함에게 명한 것을 기억나게 하여, 예수의 수난을 이삭의 경우와 연관지을 수 있게 한다(Huizenga, 520).

51-52절 (무력으로 저항한 한 사람) 예수 곁에 있던 사람 중에 하나가 칼로 대제사장의 종의 귀를 쳤다. '팔을 펴서 그의 검을 뽑아'와 '검을 제 자리로 되돌려라'는 다윗 이야기를 기록하는 역대기상 21:16, 27의 언어와 유사하다.[124] 그러나 이 구약 구절은 내용상으로는 이 마태복음 구절과 관련시킬 만한 측면이 없다.

요한복음 18:10에 의하면 칼에 맞은 대제사장의 종은 말쿠스(Malchus)이다. '말쿠스'는 나바테아 사람의 이름인 것으로 보아 그는 아랍인(또는 시리아 사람)이었을 수 있다(Bock, 349).

53절 (무력 사용을 하지 않으시는 예수) 예수께서는 열두 군단 이상의 천사를 동원하실 수 있지만 그렇게 하지 않으심을 지적하신다. 당시 로마 제국은 25개 군단(레기온)을 가지고 있었으므로,[125] 12개의 군단을 한 번에 보내는 것은 엄청난 일이다. 12개 군단이 넘는 천사의 군대를 이길 수 있

---

123. DA, 1997: 510.
124. N.C. Johnson, 259.
125. 강대훈, 하, 555.

는 지상 군대는 없을 것이다. 그러나 예수께서는 유대인들이 기대한 하나님의 무력, 메시아의 무력을 다 사용하지 않으신다(자세한 설명은 아래 해설 참고).

54절 (성경의 성취) 예수께서는 칼을 사용하는 것을 꾸짖으신다. 예수께서 고난을 받는 것은 힘이 없어서가 아니며 성경에 계시된 하나님의 뜻을 이루기 위함임을 말씀하신다. 이 부분도 마가복음에는 없는 내용이다.

"성경이 어떻게 이루어지겠느냐?"라는 예수의 말씀에서 '성경'은 스가랴 13:7(목자를 치면 양들이 흩어진다는 말씀)을 가리킬 수도 있다.[126] 그러나 다니엘서 7장에 암시된 인자의 고난이나 이사야 53장에 담긴 여호와의 종의 고난을 가리킨다고 볼 수도 있다.

마태복음에는 한 청년이 예수를 따라오다가 달아난 이야기를 담은 마가복음 14:51-52이 빠져 있다. 이러한 정보는 마태복음의 전개를 위해서는 중요하지 않은 내용이었기 때문일 것이다. 마가복음이 이러한 내용을 담은 이유는 언급된 그 청년이 저자인 마가 자신이었기 때문일 수 있다.

55절 (예수를 체포하러 온 무리를 책망하심) 예수께서는 밤에 역도를 잡으러 오듯이 무기를 들고 온 무리를 책망하신다. 그들은 예수께서 '날마다' 성전에 계셨을 때 체포하지 않았지만 비겁하게 밤에 체포하러 왔다. '날마다'(καθ' ἡμέραν)는 무리가 온 밤 시간에 대조되어 "낮 시간에"를 뜻할 수 있다.[127] 무리는 예수를 낮에 체포하는 것을 피하고 밤에 몰래 잡으러 왔다. 예수를 낮에 체포할 경우 민란이 나는 것을 피하려고 그렇게 한 것인데, 이것은 비겁한 것이었다.

대제사장의 사람들은 예수를 역도('레스떼스')로 간주하여 체포하러 왔지만, 예수께서 보시기에는 성전을 역도의 소굴로 만드는 대제사장들

---

126. Harrington, 375.
127. Marcus, 2009: 994.

이야말로 역도들이었다(마 21:13)(Keener, 2009: 641).

56절 (선지자들의 글) 예수께서는 자신이 잡혀가게 된 것이 "선지자들의 글을 이루려 함이다."라고 하신다. 예수께서는 아마도 이사야 53:12; 스가랴 13:7를 염두에 두셨을 것이다(Lane, 526). 특히 여호와의 종이 어린 양처럼 끌려갔다고 기록하는 이사야 53:7-8을 염두에 두셨을 것이다. 예수께서는 성경을 이루기 위해 순순히 잡혀가고자 하신다. 이를 본 제자들은 도망친다.

3. 해설

천군 천사가 빛의 자녀들을 돕는 내용이 쿰란 문헌(1QM 7:6; 12:8)에도 나온다.[128] 당시 유대교는 천사의 군대가 종말의 전쟁에 참여하리라 기대했다(바룩2서 63:5-11).[129] 하나님께서 적을 치실 것이므로 인간의 무력은 불필요하다 여겨지기도 했다.[130] 그러나 메시아가 무력을 사용하여 적을 칠 것을 기대하는 군사적 메시아 사상도 있었다.[131] 이러한 군사적 기대를 예수께서 성취하실 수 있으나, 예수께서는 그렇게 하시지 않는다. 예수께서는 이러한 두 가지의 군사적인 메시아가 아니라 복수하지 않고 하나님의 뜻에 맡긴 자비로운 면모를 보인 다윗과 유사한 비폭력적인 메시아의 모습을 보이신다.[132] 예수께서 힘을 가지고 있으면서 사용하지 않는 모습은 군사력으로 자신을 모욕하는 시므이를 죽일 수 있지만 그렇게 하지

---

128. Hagner, 1995: 790.
129. 강대훈, 하, 555.
130. 4Q246 2:1, 7-9(N.C. Johnson, 265).
131. 솔로몬의 시편 17:21-24; 에스라4서 13:11; 바룩2서 36-40, 72장; 4Q285 5 1:3-4(N.C. Johnson, 265-66).
132. N.C. Johnson, 272.

않고(삼하 16:9-11) 반역자 압살롬을 너그럽게 대하라고 명한 다윗의 모습을 연상시키며(삼하 18:5) 다윗-예수 모형론을 형성한다(N.C. Johnson, 258).

8. 공회의 심문 (26:57-68)

산헤드린 의회에서 대제사장이 심문할 때 예수께서는 자신이 신적인 존재임을 주장하심으로 인하여 신성모독죄로 정죄되고 사형에 해당한다고 정해진다.

1. 번역

57 그들이 예수를 체포하여 대제사장 카이아파스에게 끌고 갔다. 그곳에 서기관들과 장로들이 모였다. **58** 베드로가 그를 멀리서 계속 따라가서 대제사장의 안뜰까지 갔다. 그리고 안으로 들어가 결국을 보려고 하인들과 함께 계속 앉아 있었다. **59** 그런데 대제사장들과 의회 전체가 예수를 죽이려고 그에게 불리한 거짓 증언들을 계속 찾고 있었다. **60** 그렇지만 많은 거짓 증인들이 나아왔음에도 불구하고 증거를 발견하지 못하였다. 그런데 나중에 두 명이 나아와서 **61** 말했다.

"이 사람이 말하기를

'내가 하나님의 성소를 허물고 삼일 동안에 지을 수 있다.'고

했습니다."

62 대제사장이 일어나서 그에게 말했다.

"너는 아무 대답도 않으려느냐?

이들이 왜 너에 대적하여 증언하고 있겠느냐?"

63 그러나 예수께서는 계속 침묵하셨다. 이에 대제사장이 그에게 말했다.

"내가 살아계신 하나님으로 너를 맹세하게 하고자 한다.

우리에게 말하라. 너는 하나님의 아들 그리스도냐?"

64 예수께서 그에게 말씀하셨다.

"네가 말하였다.

그러나 나는 너희에게 말한다.

이제부터 너희는 인자가 권능의 우편에 앉아 있는 것과

하늘 구름을 타고 오는 것을 볼 것이다."

65 그때 대제사장이 그의 겉옷들을 찢으며 말했다.

"신성모독이다!

우리가 왜 아직도 증인들을 필요로 하겠소?

보라 지금 여러분은 신성모독을 들었소.

66 여러분은 어떻게 생각하오?"

그들은 대답하였다.

"사형받을 만하오."

67 그때 그들이 그의 얼굴에 침을 뱉고 그를 주먹으로 때렸다. 어떤 자들은 손바닥으로 때리며 **68** 말했다.

"우리에게 예언하라. 그리스도야, 누가 너를 때렸느냐?"

2. 주해

57절 (대제사장에게로 감) 예수를 체포한 자들이 그를 대제사장에게 끌고 갔다. 마태복음은 대제사장의 이름 카이아파스(가야바)를 언급한다. 마가복음과 누가복음은 이름을 언급하지 않는다. 모인 자들은 대제사장, 서기관들과 장로들이었으며, 이들은 예루살렘 시의회(산헤드린)를 구성하는 사람들이므로, 예수는 산헤드린의 심문 내지 재판을 받았다고 볼 수 있다. 밤에 모인 이 모임은 정식 재판이 아니라 심문을 위한 모임이었을 것이다.[133] 미쉬나(*m. Sanhedrin* 4:1)에 의하면 사형 판결은 하루 만에 하면 안 되고, 낮 시간에 해야 했으며, 안식일 저녁이나 명절에는 재판을 할 수 없었다.[134] 이러한 규정이 예수 당시를 반영한다면 예수를 사형에 해당한다고 판단한 의회 모임은 재판이었다면 불법 재판이었으며, 재판이 아니었다면 빌라도의 재판에 회부하기 위한 심문 모임이었을 것이다 (France, 602 참고).

그러나 신명기 13:11; 17:13; 21:21은 중요 사안에 대해서는 "온 이스라엘이 듣고 두려워" 하게 하라고 하는데, 랍비 문헌(*t. Sanhedrin* 11.7)은 이 구절이 명절에 처형하는 것을 뜻한다고 해석한다(Lane, 529-30). 그러므로 산헤드린 모임이 재판이었을 가능성을 배제할 수 없다. 이 경우, 밤 시간에 사형 판결을 한 그들의 재판은 불법이었다고 볼 수 있다. 랍비 문헌(미쉬나)에 의하면 재판을 대제사장 집에서 열면 안 된다.[135] 따라서 이곳에서 예수를 재판하였다면 모임 장소도 불법이었다고 볼 수 있다. 그렇지만 미쉬나에 기록된 규정이 예수 시대에도 실행되고 있었는지는 불확실하다(France, 601).

58-59절 (의회가 증거를 찾고자 함) 온 의회(산헤드린)가 사형 판결을 내리기 위하여 증거를 찾았다. 사형 판결을 위해서는 최소한 두 명의 증인이 제공한 세부까지 일치하는 증언이 필요했다.[136] '온 의회'는 과장적 표현일 수 있다.[137] 밤에 의회원들이 모두 모였을 가능성은 낮다. 랍비 문헌

---

133. France, 602.

134. Edwards, 443; Keener, 2009: 647 참고.

135. France, 601.

136. *m. Sanhedrin* 4:1(Lane, 533).

137. Donahue & Harrington, 421.

(미쉬나)은 23명이면 산헤드린의 정족수가 된다고 한다.[138] 따라서 모두 다 모이지 않아도 의결할 수 있었을 것이다. 이 모임이 로마 법정에 기소하기 위한 심문이었다면 더더구나 그러했을 것이다.[139] 랍비 문헌 미쉬나 (*m. Sanhedrin* 1:6)는 산헤드린(의회)이 71명으로 구성된다고 하는데, 이 문헌은 AD 200년경에 편집된 것이므로 예수 당시를 반영하지 않을 수도 있다(Donahue & Harrington, 421).

증거를 찾는 것은 로마 법정에 고발하기 위한 것으로 볼 수 있다. 요한복음 18:31과 요세푸스(*J.W.* 6.126)에 의하면 사형을 시키려면 로마 당국의 허락이 필요하였다.[140] 다만, 성전 모독이나 간음 등의 종교적 문제에 관하여 간혹 예외가 있을 수 있었다고 추측된다(DA, 1997: 524-25).

60-61절 (두 사람의 증언) 두 사람이 와서 예수께서 성전을 파괴하고 사흘 동안에 지을 수 있다고 말했다고 주장했다. 예레미야는 성전 파괴를 예언한 것만으로도 사형당할 죄인으로 간주되어 왕실 법정에 잡혀 왔었고, 그리스-로마 세계에서도 신전 파괴는 사형에 해당한다고 여겨졌다(렘 26:1-19; *Ant.* 10.6.2)(Lane, 534). 성전에 대하여 위협만 하여도 유대인들의 산헤드린이 볼 때에는 사형시킬 죄에 해당했던 듯하다.[141] AD 70년 성전 파괴 직전에 예수 벤 아나니아스는 성전 파괴를 예언하고 로마 총독에게 넘겨져 채찍질을 당하였으며, 같은 예언을 계속하다가 결국 돌에 맞아 죽었다.[142]

성전을 허물고 사흘 만에 다시 세우겠다는 예수의 말씀의 본래적 취

---

138. Lane, 531.
139. 신현우, 2021: 663-64.
140. DA, 1997: 524.
141. *t. Sanhedrin* 13.5; *b. Rosh ha-Shanah* 17a; *j. Berakoth* 9.13b(Lane, 534).
142. 박윤만, 1070.

지는 요한복음 2:19-21에서처럼 예수의 죽음과 부활을 가리킨다고 볼 수 있다.[143] 성전을 파괴하겠다는 말을 문자 그대로 받아들이면, 스데반의 경우처럼 성전 모독죄로 간주하여 사형시킬 수도 있었다(행 6:13-14). 그러나 그렇게 하지 못한 것은 이 증언이 예수의 말씀을 왜곡한 측면이 있었기 때문이었을 것이다. 또한 그들은 예수를 성전 모독죄로 처형하기보다는 예수를 로마인들에게 넘겨 십자가형에 처하려는 의도가 있었기 때문일 것이다. 십자가형에 처하게 되면 예수를 신명기 21:23에 입각하여 하나님의 저주받은 자로 간주하여 예수 운동을 잠재울 수 있다고 여겼기 때문일 것이다.

구약 성경과 유대교에서는 메시아가 성전을 파괴할 것이라는 기대를 발견하기 어렵다.[144] 메시아가 성소를 파괴할 것이라는 예언이 다니엘 9:26-27(Theodotion역)에 담겨 있을 뿐이다(Marcus, 2009: 1003). 그런데 메시아가 성전을 지으리라는 기대는 구약 성경과 유대교에서 발견된다(삼하 7:13-14; 시빌의 신탁 3:290).[145] 1세기에 유대인들은 구약 성경(삼하 7:13; 슥 6:12; 겔 40-48장 등)에 토대하여 메시아가 성전을 다시 세울 것이라고 기대했다.[146] 따라서 성전을 짓겠다는 주장은 스스로 메시아임을 밝히는 주장이었다(France, 608).

62-63절 (예수의 침묵과 대제사장의 질문) 예수께서는 불리한 증언을 듣고 침묵하신다. 예수의 침묵은 이사야 53:7을 연상시키며, 마태복음 26:67의 '치다,' '얼굴,' '침 뱉다'도 이사야 50:6을 연상시킨다(DA, 1997: 527).

예수께서 침묵하시자 대제사장은 "내가 너로 살아 계신 하나님께 맹

---

143. DA, 1997: 526.
144. Marcus, 2009: 1003.
145. DA, 1997: 528; 강대훈, 하, 560.
146. France, 607; 양용의, 2010: 348.

세하게 하노니 네가 하나님의 아들 그리스도인지 우리에게 말하라."라고
한다. '하나님께 맹세하게 하노니'는 마가복음(과 누가복음)에는 없는 내
용이다. 이러한 표현을 대제사장이 사용한 이유는 예수께서 진실을 말하
지 않을 수 없게 하기 위한 것이다. 하나님께 맹세하면서 거짓을 말할 수
는 없을 것이기 때문이다. 만일 하나님께 거짓 맹세하면 죄를 얻을 것이
기에 하나님을 두려워한다면 진실을 말해야 할 것이다(왕상 22:16 참고).

'하나님의 아들'은 쿰란 문헌(4Q426; 1QSa 2:11-12)이나 에스라4서
(7:28-29; 13:32)를 배경으로 볼 때 다윗 계열의 메시아 칭호라고 볼 수 있
다.[147] 그러므로 대제사장은 예수께서 메시아인지 질문한 것으로 볼 수 있
다. 메시아가 성전을 세우리라는 기대를 배경으로 예수께서 성전을 세운
다고 말씀하셨다는 증언은 예수가 메시아인지 질문할 수 있게 인도했을
것이다(Bock, 354-55).

'하나님의 아들'은 어떤 종류의 그리스도(메시아)인지 특정하며 '그리
스도'를 꾸며주는 말일 수도 있다(Marcus, 1989a: 125-41). 탈무드(*b.
Sukkah* 52a)에는 '다윗의 아들 메시아,' '요셉의 아들 메시아'라는 표현이
나오고,[148] 쿰란 문헌(CD 12:23-13:1; 14:19)에는 '아론과 이스라엘의 메시
아들'이라는 표현이 나온다.[149] 어떤 유대인 집단은 여러 종류의 메시아를
기다리기도 하였다(Marcus, 1989: 134). 하나님의 아들 메시아는 다윗 왕
국을 재건할 것으로 기대된 다윗의 아들 메시아에[150] 그치지 않고, 그 이상
의 존재였을 수 있다. 그럼에도 불구하고 유대인들에게 '하나님의 아들'

---

147. DA, 1997: 528; Bock, 355.
148. Marcus, 1989: 130-31.
149. Marcus, 1989: 131-32.
150. Marcus, 1989: 137.

은 인간적 존재로서의 메시아를 가리키는 용어였다.[151] 복음서가 주장하는 신적인 존재인 동시에 인간이신 메시아 개념이 그들에게는 없었다.

유대인들은 메시아가 군사력을 사용하는 강력한 존재라고 믿었기에 힘없이 체포당하여 법정에서 심문받는 사람을 메시아로 받아들일 수는 없었을 것이다(Lane, 536). 대제사장은 예수께서 자신이 메시아라고 밝혀도 믿지 않았을 것이다.

64절 (예수의 답변) 예수께서는 '네가 말하였느니라'(σὺ εἶπας)라고 대답하신다. 이것은 문맥상 완곡한 긍정으로 볼 수 있다. 군사적 메시아는 아니지만 메시아이기 때문이다. 마태복음 저자는 왜 이렇게 기록했을까? (마가복음에서는 '그렇다.'라고 긍정한다.) 아마도 이어지는 문맥에서 예수께서 어떤 메시아인지 설명하며 대제사장이 생각하는 그런 군사적 메시아가 아님을 말씀하시기 때문일 것이다.

예수께서는 "이후에 인자가 권능의 우편에 앉아 있는 것과 하늘 구름을 타고 오는 것을 너희가 보리라."고 말씀하신다. 개역개정판이 '이후에'로 번역한 표현(ἀπ' ἄρτι)은 "곧"이라는 뜻을 가진다고 볼 수 있다.[152] 예수께서는 산헤드린 회원들이 보게 될 것이라고 말씀하신다. '보게 될 것이다'는 표현은 순교자들이 사용한 표현이며(솔로몬의 지혜 5:2; 엘리야의 묵시 5:28; 에녹1서 62:3-5) 고난당하는 의인을 옳다고 판결하시는 하늘 법정을 암시한다.[153] '볼 것이다'는 랍비 문헌에서 그리스도인이 참된 이스라엘이라는 주장을 반박하는 맥락에서도 사용되었다(Marcus, 2009: 1006). 그러므로 예수께서는 이 표현으로 예수를 정죄하고자 하는 산헤

---

151. Lane, 535.
152. Hagner, 1995: 800. 이것은 계 14:13과 아마도 요 13:19에서처럼 "분명히"라는 뜻일 수도 있다(DA, 1997: 530).
153. 강대훈, 하, 555-56.

드린 회원들이 틀렸으며 자신이 참된 메시아임이 드러나게 될 것을 암시
했다고 볼 수 있다.

권능의 우편에 앉는 것은 예수께서 하나님의 통치에 참여하여 산헤드
린을 심판할 것을 암시하고, 하늘 구름을 타고 온다는 표현은 다니엘 7:13
에 나오는 인자 같은 이처럼 신적 존재임을 암시한다(자세한 설명은 아래
해설 참고). 산헤드린이 보게 될 예수의 보좌에 앉으심과 하늘 구름을 타
고 오심은 궁극적으로는 예수의 재림을 가리키겠지만, 예수의 죽음, 부활
과 승귀를 통해 이루어지는 예수의 통치에서 이미 시작된다고 볼 수 있다
(DA, 1997: 531).

'하나님의 아들'(메시아)과 (하늘 구름을 타고 오시는) '인자'는 예수
의 말씀에서 연관되는데, 이러한 연관은 다니엘 7:13의 '인자 같은 이'를
메시아적 존재와 동일시하는 에녹1서 48:10; 52:4에서도 발견되고, 메시
아를 '아들'이라고 부르고 다니엘서의 '인자 같은 이'와 동일시하는 에스
라4서 13장에서도 발견된다.[154]

65절 (대제사장의 반응) 대제사장은 예수의 대답에 반응하여 옷을 찢는
다. 랍비 문헌(미쉬나)에 의하면 옷을 찢음은 신성모독을 들은 후에 하는
행동이다.[155] 제사장이 찢은 '옷'은 긴 속옷을 가리킨다.[156] 그런데 율법(레
21:10)에 의하면 제사장이 예복을 입은 경우 그의 옷을 찢지 말라고 하므
로, 대제사장은 (예복을 입고 있었다면) 이 율법을 어겼다고 볼 수 있다
(Marcus, 2009: 1008).

대제사장은 예수께서 하신 말씀을 듣고 이것은 신성모독으로서 사형
에 해당한다고 주장한다(레 24:16 참고). 신성모독은 본래 하나님의 이름

---

154. DA, 1997: 531.
155. France, 614.
156. Edwards, 448.

('야훼')을 언급해야 발생하지만,[157] 하나님의 권세를 자신에게 적용해도 광의적으로 신성모독에 해당하는 것으로 간주되었다.[158] 자신이 하나님과 같다고 하는 자들을 필로는 신성모독자라고 비난한다.[159]

요한복음 10:36은 예수께서 자신이 하나님의 아들임을 주장한 것을 신성모독이라고 보는 유대인의 관점을 언급하는데, 대제사장도 이러한 관점을 가졌다고 볼 수 있다(DA, 1997: 533). 그러나 대제사장이 신성모독이라고 간주한 것은 예수께서 자신을 하나님의 아들일 뿐 아니라, 하나님의 우편에 앉으며, 하늘 구름을 타고 온다고 주장한 부분이라고 볼 수 있다. 바벨론 탈무드(b. Sanhedrin 38b)는 하늘 보좌에 앉는다고 주장하면 신성모독에 해당할 수 있었음을 암시한다.[160] 예루살렘 탈무드(j. Taanith 2.1)에서 랍비 아바후는 스스로 인자라고 주장하거나 하늘로 올라갈 것이라고 주장하는 자를 정죄한다.[161] 따라서 하나님 우편에 앉고 구름을 타시는 인자로서 자신의 정체성을 소개하시는 예수의 주장은 신성모독으로 여겨질 수 있었다.

그렇지만 유대 문헌은 구약 시대의 인물들(아담, 아벨, 아브라함, 욥, 모세, 다윗 등)이 하나님과 함께 하나님의 보좌에 앉게 됨을 묘사하므로, 유대인들이 보기에 하늘 보좌에 앉게 된다는 주장 자체만으로는 신성모독이 될 필연성은 없다(Marcus, 2009: 1009). 다만 이미 죽은 인물이 아닌 땅에 생존하여 있는 사람이 그렇게 주장하면 신성모독을 범했다고 간주될 수 있었을 것이다(Marcus, 2009: 1009).

---

157. *m. Sanhedrin* 7:5; 참고. 레 24:10-23(Hagner, 1995: 801).
158. Hagner, 1995: 801.
159. Marcus, 2009: 1008.
160. Marcus, 1989: 140-41.
161. Marcus, 2009: 1009.

바벨론 탈무드는 랍비 아키바가 다니엘 7:9을 해석하며 하늘에 두 개의 보좌가 있는데 그중 하나를 메시아의 것이라고 한 것으로 인하여 그는 신성모독을 한 것으로 간주된다.[162] 이러한 배경으로 볼 때, 예수께서 자신이 하나님의 우편에 앉는다고 주장하는 것은 단순한 메시아 주장을 넘어서는 신성모독으로 간주될 가능성이 있었다.

대제사장이 예수께서 참으로 메시아일 경우에는 죽이지 않으려고 했다면, 그는 예수를 죽이지 못했을 것이다. 그러나 그는 진짜 메시아도 죽이려고 한 사람이기에 그렇게 할 수 있었을 것이다. 이 대제사장은 하나님도 두려워하지 않는 사람이었을 것이다. 물론 그의 생각에는 메시아도 철저히 인간이며 신적인 존재일 수 없다고 생각했기에 신성모독을 하는 자는 메시아일 수 없다고 여겼을 수 있다. 그러나 그는 예수께서 그저 인간 메시아라고 주장했어도 유대인의 왕이라는 죄목으로 빌라도에게 넘겼을 것이다. 그에게 메시아는 자신의 권력을 위협하는 위험 인물이었을 것이다.

마가복음 14:63에 의하면 대제사장이 찢은 옷은 속옷들(χιτῶνας)인데, 마태복음은 다른 단어를 사용하여 '겉옷들'(ἱμάτια)이라고 기록한다. 마태복음은 대제사장이 자기의 겉옷을 찢지 말도록 명하는 레위기 21:10을 염두에 두고 이 율법 조항을 가야바가 어겼음을 명시하고자 했다고 볼 수 있다.[163] 미쉬나(m. Sanhedrin 7:5)는 재판관이 신성모독을 들으면 옷을 찢어야 한다고 하는데, 대제사장은 율법 대신 이러한 전통을 따랐다고 볼 수 있다.[164] 물론 대제사장은 속옷들과 겉옷들을 모두 찢었을 수 있으므로 마가복음이나 마태복음의 진술 중에 하나가 잘못되었다고 볼 필요는 없

162. b. Sanhedrin 38b; b. Hagigah 14a(DA, 1997: 534).
163. DA, 1997: 533.
164. DA, 1997: 533 참고.

다.

유대인들의 전통은 자백에 토대하여 유죄 판결하는 것을 반대하지만
(*t. Sanhedrin* 9.1), 의회원들은 예수의 말씀을 메시아임을 인정하는 자백
으로 여기기보다는 신성모독을 행한 범죄 행위 자체로 간주하여 유죄 판
결한다.[165] 의회원들이 합의한 예수의 죄목은 예수의 메시아 정체에 있지
않고 신성모독죄였다. 그러나 그들이 빌라도 총독에게 고발한 예수의 죄
목은 유대인의 왕(군사적 메시아에 해당함) 정체성이었다. 그들은 결국
예수의 자백을 사용하여 예수를 고발한 것이다. 그러나 예수께서 군사적
메시아임을 자백하시지는 않았다. 예수께서는 빌라도가 예수의 정체성에
관하여 심문할 때에도 애매하게 대답하신다(아래 27:11 주해 참고).

유대인들의 문헌 미쉬나에 의하면 증인들이 판결에 참여할 수 없다.[166]
그런데 의회원들은 신성모독을 목격한 증인 자격으로서 예수를 유죄 판
결하였다(Keener, 2009: 652). 이것은 정식 재판이 아닌 고발을 위한 심
문이라고 할지라도 유죄인지 아닌지 판단하는 판결을 한 것이므로, (미쉬
나에 담긴 전통이 예수 당시 시대의 전통을 반영한다면) 자신들의 전통을
스스로 위배한 셈이다(Keener, 2009: 652).

66절 (대제사장의 의견) 레위기 24:16에 의하면 신성모독은 사형에 해당
한다. 대제사장은 이 구절을 예수께 적용하여 예수는 사형에 해당한다고
본다.

67절 (사람들의 행동) 사람들은 예수의 얼굴에 침을 뱉었고 어떤 사람은
손바닥으로 쳤다. 마가복음은 때린 곳이 '얼굴'이라고 명시하지 않는다.
이 부분에서는 마태복음이 좀 더 자세하다. 마태복음은 손바닥으로 때린
자를 '어떤 사람'이라고 하는데, 마가복음은 좀 더 자세하게 '하인들'이라

---

165. Keener, 2009: 652.
166. *m. Sanhedrin* 5:4(Keener, 2009: 652).

고 명시한다. 침 뱉음과 때림을 당함은 이사야 50:6에 나오는 고난당하는 의인의 모습이다.[167] 예수께 침을 뱉고 손바닥으로 친 자들은 아마도 산헤드린 의회원들이다. 그들은 예수를 신성모독죄에 해당하며 사형에 해당한다고 한 대제사장의 주장에 동의하여 이렇게 행동했을 것이다.

68절 (예수를 조롱함) 예수를 손바닥으로 친 자는 "그리스도야 우리에게 선지자 노릇을 하라. 너를 친 자가 누구냐?"라고 묻는다. 예수를 손바닥으로 때리고 그리스도라고 부른 것은 신앙고백이 아니라 조롱이었다고 볼 수 있다. 예수를 때리고 "선지자 노릇하라."(예언하라)고 말한 것은 누가 때렸는지 맞추어 보라는 뜻으로 했을 것이다.

3. 해설

예수께서는 산헤드린이 곧 예수께서 다니엘 7:13에 나오는 '인자 같은 이'처럼 하나님께 나아와 권세를 얻고, 시편 110:1처럼 하나님의 우편에 앉는 것을 볼 것이라고 말씀하신다. 유대 문헌에서도 메시아가 하나님의 우편에 앉고, 하늘 구름을 타고 오신다고 보는 견해가 발견된다.[168] 따라서 예수의 대답은 자신이 메시아라는 주장으로 볼 수 있다. 스스로 메시아라고 주장한 것 자체만으로는 유대 법정에서 사형에 해당하지 않는다. 바르 코크바(Bar Kochba)는 AD 132-35년에 스스로 메시아라고 주장했지만 사형에 해당한다고 여겨지지 않았다.[169] 대제사장이 예수의 발언이 신성모독에 해당한다고 본 것은 예수의 말씀에서 메시아 주장 이상의 함축을 파악했기 때문일 것이다.

---

167. 강대훈, 하, 566.
168. *Midr. Ps.* on Psalm 2:7 and on Psalm 18(Lane, 537).
169. Stein, 572.

하늘 보좌에 앉는다는 표현은 시편 110:1을 연상시키는데, 유대 문헌 (욥의 유언 33:3-9; 엘리야의 묵시 1:8)을 배경으로 볼 때 이 표현은 어떤 개인이 잘못이 없음을 입증하는 것과 관련된다.[170] 또한 하늘 보좌에 앉음 은 예수께서 오히려 산헤드린 회원들을 심판하게 됨을 암시한다.[171] 이스 라엘의 왕궁이 성전 우편에 놓이는 것이나 이집트의 왕이 신의 우편에 앉 는 것으로 묘사됨을 통해서 볼 때에는 하나님의 우편에 앉음은 하나님의 통치에 참여함을 뜻한다(Marcus, 2009: 1007).

구름을 타고 오심은 하나님의 우편에 앉음에 평행적 쌍을 이루며 강 조하는 표현이며 다니엘 7:13을 연상시키는 표현이므로, 여기서 재림을 가리킨다고 볼 필연성은 없다(France, 612 참고). 이는 산헤드린 의회원들 중에 예수의 재림을 본 자는 없기 때문이며, 다니엘 7:13에서 인자 같은 이가 구름을 타고 오는 방향은 땅이 아니라 하늘에 계신 하나님 쪽이기 때문이다.[172] '하늘 구름을 타고 온다'는 표현은 인자가 하나님으로부터 권 세를 받음을 묘사하는 다니엘 7:13-14을 연상시키는 표현이므로 예수께 서 신적인 권위를 가지고 지금 심문 중인 산헤드린을 재판할 것을 암시한 다(강대훈, 하, 564).

마커스는 예수의 말씀에서 하나님의 우편에 앉음이 묘사된 후에 구름 을 타고 옴이 묘사되므로, 오는 방향이 하늘에서 땅을 향한다고 본다 (Marcus, 2009: 1008). 그러나 이 두 표현은 평행되는 짝을 이루므로, 서 로 보충하는 진술로 볼 수 있다(박윤만, 1080).

구약 성경에서 하늘 구름을 타는 존재는 신적 존재뿐이다(출 14:20;

---

170. DA, 1997: 529.
171. Evans, 2001: 451.
172. 양용의, 350.

34:5; 민 10:34; 시 104:3; 사 19:1).[173] 따라서 예수께서 하늘 구름을 탄다는 말씀은 자신이 신적 존재임을 주장한 것이다. 유대 문헌에서도 이러한 존재를 묘사하지만(에녹1서 45:3; 46:1-3; 51:3; 61:8; 62:2-8; 70:2; 71:1-17), 유대인들(특히 사두개인들)은 메시아를 포함하여 누구든지 자신이 신적 존재라고 주장하면 받아들이지 않았을 것이다(Bock, 356).

다니엘 7:13의 언어로 자신의 정체를 밝히신 예수의 말씀은 예수를 심문하는 대제사장과 산헤드린을 다니엘 7:7-12에 나오는 심판받는 넷째 짐승에 비유하는 것이기도 하다.[174] 예수의 말씀에는 산헤드린이 이 짐승처럼 심판받게 될 것이라는 암시가 담겨 있다.[175] 여기서 예수께서 사용하신 하늘 이미지 언어는 미래에 하나님께서 이루실 일을 미리 보여 주시는 기능을 한다(강대훈, 하, 565).

9. 베드로가 예수를 부인함 (26:69-75)

1. 번역

69 그런데 베드로는 바깥에 있는 안뜰에 계속 앉아 있었다. 한 여종이 그에게 다가와 말했다.

"그대도 갈릴리의 예수와 함께 있었소."

70 그가 모두의 앞에서 부정하며 말했다.

"나는 자네가 무슨 말을 하는지 모르겠소."

71 그가 문 쪽으로 나갔을 때 다른 여종이 그를 보고 거기 있는 사람들에게

---

173. Bock, 356.
174. 강대훈, 하, 564.
175. 박윤만, 1078.

말했다.

"이 사람은 나사렛의 예수와 함께 있었어요."

72 그가 다시 맹세하면서 부정하며 그 사람을 알지 못한다고 하였다. 73 잠
시 후 서 있던 자들이 다가와서 베드로에게 말했다.

"참으로 그대도 그들 중에 한 명이오.

그대의 말도 분명히 그대가 그러함을 입증하는구먼."

74 그때 그가 저주하고 맹세하기 시작하며 "나는 그 사람을 알지 못하오."
라고 하였다. 그리고 즉시 닭이 울었다. 75 이에 베드로가 "닭이 울기 전에
네가 나를 세 번 부정할 것이다."라고 하신 예수의 말씀을 기억하고 밖으로
나가서 심히 통곡하였다.

2. 주해

69절 (한 여종이 베드로를 알아봄) 한 여종은 베드로를 알아보고 "너도 갈
릴리 사람 예수와 함께 있었도다."라고 한다. 그녀는 예수를 '갈릴리 사람
예수'라고 부른다. 마가복음에서는 좀 더 세부적인 지명을 언급하며 '나
사렛 예수'라고 한다. 마태복음도 후에(71절) '나사렛의 예수'라는 표현을
사용한다.

70절 (베드로가 부인함) 베드로는 자신이 예수와 무관함을 주장하며 "나
는 자네가 무엇을 말하는지 알지 못하겠소."라고 말한다. 유대 문헌(요셉
의 유언 13:2)에서도 '그대가 무슨 말을 하는지 나는 알지 못한다.'는 표현
이 나온다.[176] '네가 무슨 말을 하는지 알지 못하겠다.'는 랍비 문헌(*m.
Shebuoth* 8:3)에서 발견되는 법적인 부정 형식이다.[177] 이러한 표현은 헬라

---

176. Marcus, 2009: 1019.

177. Lane, 542.

어나 아람어 문헌에서 발견되지 않으므로 베드로가 히브리어로 이 말을 하였을 가능성을 고려해 볼 수도 있다(Shuali, 416). 만약 그렇다면 베드로는 자신이 (아람어를 사용하는) 갈릴리 사람임을 숨기려고 (예루살렘 주민들이 사용하는) 히브리어를 사용했을 수 있다. 그러나 그의 히브리어는 유창했을 리 없고, 이것은 오히려 그가 갈릴리 사람임을 드러내는 증거가 되었을 것이다(73절). 물론 베드로가 아람어로 이 말을 했을 가능성을 배제할 수는 없다.

71-72절 (다른 여종이 베드로를 알아봄) 다른 여종이 베드로를 알아보고 "이 사람은 나사렛 예수와 함께 있었도다."라고 한다. 다른 여종은 예수를 '나사렛 예수'라고 부른다. 이처럼 마가복음만이 아니라(막 1:24; 10:47) 마태복음에서도 '나사렛 예수'라는 표현이 사용된다. 베드로는 다시금 예수를 모른다고 부인한다.

73절 (다른 사람이 베드로를 알아봄) 다른 사람이 베드로를 알아보고 "네 말소리가 너를 표명한다."고 말한다. 개역개정판이 '말소리'로 번역한 단어는 '랄리아'(λαλιά)이다. 이 단어가 억양을 가리킨다는 주장이 학계에 널리 퍼져 있지만, 이에 관한 증거는 없다(Mitchell, 115). 70인역에서 이 단어는 담화나 말하기를 가리킨다.[178] 1세기 갈릴리의 발음에 후두음이 약해졌다는 주장은 시대적으로 멀리 떨어진 탈무드(*b. Erubin* 53ab)에 근거하고 있으므로, 신빙성이 없다(Mitchell, 115). 1세기에 갈릴리 사람들은 후두음을 발음할 수 있었을 수 있으며, 오히려 후두음이 약해진 것은 바벨론 지역에서였다(Mitchell, 115). 마태복음의 문맥 속에서 '랄리아'(λαλιά)는 여러 가지 말하기 방식[179] 등 언어적 측면을 가리킬 수 있는데, 억양이나 발음도 그중에 하나일 수는 있다.

---

178. Mitchell, 122.
179. Mitchell, 124.

74절 (베드로가 세 번째 예수를 부인함) 베드로는 저주하면서 예수를 모른다고 한다. 베드로는 자신이 거짓을 말하고 있다면 저주받을 것이라고 말했거나,[180] 자신이 예수와 무관함을 보여 주고자 예수를 저주했을 것이다.[181] 그런데 여기서 '저주하다'에 해당하는 헬라어는 다른 곳에서는 타인을 목적어로 취하면서 사용되므로 베드로가 저주한 대상은 자기 자신이 아니라 예수였을 것이다(Marcus, 2009: 1020 참고).

베드로는 저주와 함께 맹세도 하였다. 베드로의 맹세 행위는 72절에서도 소개되었다. 마태복음 문맥에서는 맹세를 하지 말라고 하는 가르침(5:34)에 위배되게 베드로가 행동했음이 드러난다. 위기를 피하려고 맹세한 베드로와 위기를 피하지 않고 진실을 말씀하신 예수가 대조된다.

75절 (베드로의 통곡) 베드로는 닭 울음소리에(아래 해설 참고) 예수의 말씀을 기억하고 '심히 통곡했다'(ἔκλαυσεν πικρῶς). 마가복음은 "땅에 넘어져 울었다."라고 좀 더 자세하게 기록한다.

베드로는 세 번 예수를 부인한다. 의혹받는 집단에 소속된 것을 법정에서 부인할 때에는 세 번 부인하는 절차를 거친다.[182] 따라서 베드로가 예수를 세 번 부인한 방식은 법정에서 부정하는 것과 같은 철저한 부정 방식이었다.

3. 해설

베드로가 세 번 예수를 부인한 후에 닭이 울었다. 1세기 예루살렘에서는 밤 12시-3시를 '닭 울 때'라고 불렀는데, 자정 후 30분경, 1:30경, 2:30

---

180. Keener, 2009: 655; Lane, 542-43.
181. DA, 1997: 548.
182. Pliny, *Letters* 10.96.3; *Martyrdom of Polycarp* 9-10(Boring, 415).

경에 닭이 3-5분 정도 울도록 했다.[183] 그렇다면, 베드로가 예수를 세 번째
부인한 시점은 닭이 두 번째 우는 밤 1:30 직전이었을 것이다. 그가 세 번
째 예수를 부인한 후에 닭이 두 번째 울었기 때문이다(막 14:72).

　19-20세기에 관찰된 예루살렘에서 닭 우는 시간은 주로 새벽 3-5시
사이였고, 그리스-로마 문헌에서도 닭이 두 번째 울 때는 새벽 시간과 연
관되었다.[184] 그러나 이러한 관찰을 1세기 예루살렘에 적용하면 안 된다.
예수 당시 예루살렘에서는 밤 12-3시에 인위적으로 닭이 세 번 울도록 하
였음을 고려해야 한다. 유대인들은 본래 밤을 삼등분하여, 저녁 6-10시를
'저녁'이라 부르고, 밤 10-2시를 '한밤중'이라 하고, 새벽 2-6시를 '닭 울
때'라고 불렀지만, 후에 로마식으로 밤을 사등분하여 저녁 6-9시를 '저녁'
이라고 하고, 밤 9-12시를 '한밤중'이라 부르고, 밤 12-3시를 '닭 울 때'로
부르게 되었으며, 새벽 3-6시를 '아침'으로 부르게 되었다.[185] 이러한 변화
에 따라 예루살렘에서는 밤 12-3시에 인위적으로 닭이 울도록 하였을 것
이다.

　예루살렘에서 닭을 기르는 것을 금하는 미쉬나 구절(*m. Baba Kamma*
7:7)이 있지만, 이 문헌의 다른 곳(*m. Eduyoth* 6:1)은 예루살렘에 닭이 있
음을 인정한다.[186] 그러므로 닭의 울음을 소개하는 복음서 본문을 미쉬나
를 근거로 하여 부정할 수는 없다.

---

183. Lane, 543.
184. Marcus, 2009: 1020.
185. Martin, 693-94.
186. Marcus, 2009: 1020.

10. 예수를 빌라도에게 넘김 (27:1-2)

1. 번역

27:1 아침이 되었을 때 모든 대제사장들과 백성의 장로들이 예수를 대적하여 죽이려고 의논하였다. 2 그리고 그를 결박하여 끌고 가서 빌라도 총독에게 넘겼다.

2. 주해와 해설

1절 (산헤드린이 새벽에 의논함) 산헤드린은 새벽에 예수를 죽이려고 의논했다. '새벽'("아침 일찍")은 오전 3-6시를 가리킨다. 로마는 새벽에 재판을 시작하였다.[187] 그래서 이 재판 이전에 산헤드린이 모여야 했을 것이다.

사형을 선고하는 재판은 하루 만에 결론에 도달할 수 없고 안식일 저녁이나 명절 저녁에 열릴 수 없었다(*m. Sanhedrin* 4:1).[188] 따라서 이 의회의 결정은 불법 재판이거나 공식 재판 이전의 예비적 결정이다. 이 결정은 아침에 다시 모여서 내린 결정일 수도 있다. 그러나 베드로에 관한 기록 이후에 다시 이야기 주제를 의회로 돌리기 위해 회의에 관하여 다시 언급하였을 수도 있다.[189] 이 경우 밤새 이루어진 회의의 결론이 아침에 났다고 볼 수 있다. 의회의 의논은 재판이라기보다는 로마 당국에 고발하기 위한 과정으로 보인다. 로마 제국은 산헤드린 의회가 먼저 피의자를 심문하고 로마 당국에 고발하도록 허용하였다(Keener, 2009: 661).

---

187. Seneca, *On Anger* 2.7(Edwards, 457).
188. 양용의, 2018: 530; Edwards, 443.
189. DA, 1997: 553.

2절 (총독이 재판하도록 넘김) 산헤드린은 예수를 빌라도에게 넘겨 재판하도록 했다. 빌라도는 AD 26-36년에 유대 총독이었다.[190] 빌라도는 평소에 가이사랴에 거주하다가 유월절 기간에는 치안을 위해 예루살렘에 머물렀던 듯하다.[191]

예수를 심문한 결과 신성모독 죄에 해당한다고 본 대제사장이 예수를 빌라도에게 넘긴 이유는 무엇일까? 하나님의 우편에 앉는다는 예수의 주장이 메시아 주장에 해당하며, 메시아 주장은 로마 법정에서도 정치범으로 십자가형에 처하는 사형 판결을 받을 수 있다고 보았기 때문일 것이다. 그들은 백성들에게 인기 많은 예수를 산헤드린에서 사형 판결하여 돌로 침으로써 자신들의 손에 피를 묻히기보다 로마 총독 빌라도를 이용하여 예수를 죽이는 것이 낫다고 보았을 것이다. 산헤드린은 민형사 문제를 모두 다룰 수 있었고,[192] 원칙적으로는 사형 권한을 가졌으나 실제적으로는 총독만 사형권을 사용하였다.[193] 요한복음 18:31 등은 산헤드린에 그러한 권한이 없었다고 보게 하지만,[194] 사도행전 구절들(4:1-22; 5:17-42; 7:55 이하; 26:10-11 등)은 산헤드린도 가끔 사형시킬 권한을 사용하였음을 알 수 있게 한다.[195] 그들이 로마 법정을 택한 것은 예수를 로마 법정을 통하여 십자가형에 처하면 나무에 달린 자는 하나님의 저주받은 자라고 선언하는 율법(신 21:23)에 의해 유대인들이 예수를 하나님의 저주받은 자로 믿게 할 수 있다고 보았을 것이다.[196]

---

190. Harrington, 385.
191. 양용의, 2018: 538.
192. Lane, 547.
193. Lane, 530.
194. 양용의, 2010: 345.
195. Horvath, 179.
196. 신현우, 2021: 676.

그러나 대제사장의 계획은 십자가의 저주를 무효화시키는 부활로 인하여 실패했다. 부활은 하나님만이 행하실 수 있는 기적이기에 부활은 하나님께서 직접 십자가형이 내포하는 율법의 저주 선언을 무효화시키는 사건이다. 이 부활이 없었다면 율법을 믿는 유대인들이 예수를 메시아로 믿지 않고 하나님의 저주를 받은 자로 간주했을 것이다. 따라서 예수를 메시아로 믿는 신앙이 유대인들 가운데 발생하였다는 사실은 예수의 부활이 시공간에서 실제로 발생하였음을 입증한다.[197]

11. 유다의 자살 (27:3-10)

빌라도의 재판 이야기 사이에 가룟 유다 이야기가 나오는 것은 (샌드위치 구조를 통하여) 빌라도가 정치적 이익을 위해 정의를 배신한 점과 유다가 (표면상으로 볼 때) 경제적 이득을 위해 예수를 배신한 점에서 이 둘이 서로 유사성을 가지고 있음을 보여 주기 위함이라고 볼 수 있다 (Nadella, 61).

1. 번역

3 그때 그를 넘겨 준 유다가 그가 정죄됨을 보고 후회하여 은 삼십 개를 대제사장들과 장로들에게 돌려주며 4 말했다.

"내가 무죄한 피를 넘겨주며 죄를 지었소."

그러나 그들이 말했다.

"우리에게 무슨 상관이냐? 네가 알아서 하라."

5 그는 그 은을 성소에 던지고 떠났다. 그리고 가서 목을 매어 자살했다. 6

---

197. 이것은 김세윤 교수의 총신대학교 신학대학원 강의(1989년)로부터 필자가 직접 들은 논증이다.

대제사장들이 그 은을 집어 들고 말했다.

"이것들을 성전 금고에 넣는 것은 허용되지 않는다.

피값이기 때문이다."

7 그들이 의논한 후 외국인들을 위한 묘지로 사용하고자 그것들로 옹기장이의 밭을 샀다. 8 그 때문에 그 밭이 오늘날까지 피밭이라고 불렸다. 9 그 때 예레미야 선지자를 통하여 하신 말씀이 성취되었다.

"그들이 존경받는 자의 값 곧 이스라엘 자손이 정한 가격인 은 삼십 개를 가지고

10 그것들을 옹기장이의 밭을 위하여 주었다.

이것은 주께서 나에게 분부하신 그대로였다."

2. 주해

3절 (가룟 유다의 뉘우침) 가룟 유다는 예수께서 정죄됨을 보고 뉘우쳤다. 유다는 왜 예수께서 정죄됨을 보고서야 뉘우쳤을까? 정죄되지 않는다고 확신하고 예수를 넘겨주었기 때문일 것이다. 개역개정판에서 '뉘우치다'로 번역한 단어(μεταμέλομαι)는 마태복음 21:29, 32에서는 긍정적으로 사용되지만, 70인역 출애굽기 13:17에서는 부정적으로 사용된다.[198] 그러나 이 단어는 70인역에서 회개를 가리키기도 한다.[199] 가룟 유다에 대해서 사용된 경우 이 단어는 '메따노에오'(μετανοέω) 동사와는 달리 진정한 회개를 뜻하지 않을 수 있다.[200] 유다는 회개하지 않고 그저 후회하였을 수 있다. 이러한 경우에도 가룟 유다의 모습은 그러한 후회도 없는 대제사장

---

198. DA, 1997: 561.
199. Hamilton, 2018: 432.
200. 양용의, 2018: 539.

들과 장로들의 모습보다는 낫다.

4절 (예수의 무죄를 주장함) 가룟 유다는 "내가 무죄한 피를 팔고 죄를 범하였도다."라고 고백한다. 산헤드린에서 유죄 의견으로 합의하여 로마 법정으로 넘겨진 예수를 가룟 유다는 무죄라고 주장한다. 신명기 27:25은 무죄한 자의 피를 흘리기 위해 뇌물을 받는 자를 정죄한다.[201] 유다는 이 구약 말씀에 따라 자신이 저주받은 자가 되는 것을 피하고자 돈을 돌려주려 했을 것이다.

마태복음 27:24에서 빌라도는 예수의 죽음에 대하여 자신에게는 책임이 없다고 하며 "너희가 보아라."(ὑμεῖς ὄψεσθε)라고 하고, 사도행전 18:15에서 갈리오 총독은 재판을 거부하며 유대인들이 알아서 하라고 하며 "너희 자신이 보아라."(ὄψεσθε αὐτοί)라고 한다. 그러므로 "네가 보아라."(σὺ ὄψῃ)는 대제사장들과 장로들이 자신들이 관여하기를 거부하고 가룟 유다에게 책임을 지우는 말이라고 볼 수 있다. 그래서 이 표현은 '네가 알아서 하라.'로 번역할 수 있다.

5절 (가룟 유다의 자살) 예수를 배신한 가룟 유다가 목매어 죽음은 다윗을 배반한 아히도벨이 목매어 죽음(삼하 17:23)과 평행을 이루며 다윗-예수 모형론을 형성한다.[202] 유다의 배신에 관련된 기록은 다윗을 배신한 아히도벨 이야기(삼하 15-17장)를 연상시키는 방식으로 되어 있다(DA, 1997: 567). 다윗은 올리브산에서 기도하였는데(삼하 15:31), 예수께서도 그렇게 하셨고(마 26:36-46), 아히도벨은 밤에 다윗을 기습하여 다윗과 함께 있는 사람들이 도망하게 하고자 하였는데(삼하 17:1-2), 가룟 유다가 밤에 예수께 무리를 데리고 왔을 때, 예수의 제자들이 도망하였다(마

201. Hagner, 1995: 809.
202. Keener, 2009: 659.

26:56).[203] 아히도벨은 다윗의 친구, 동료로 알려져 있었는데(시 55:12-14), 가룟 유다도 예수의 열두 제자 중에 하나이며 친구로 불린다(마 26:50)(DA, 1997: 566).

그리스-로마적 관점에 따르면 스승을 배신한 자에게는 자살이 유일한 명예로운 행동이었지만 유대인인 유다가 이러한 관점에 따라 행동했다고 단정할 수는 없다(Hagner, 1995: 813). 유다의 자살을 어떻게 볼 것인가? 대부분의 유대인들은 자살을 반대하였으며,[204] 로마인들도 목매어 자살하는 것을 불명예스러운 것으로 여겼다.[205] 그러나 유대 문헌 중에는 자신이 지은 죄를 갚기 위해 자살을 택하는 경우를 보여 주는 문헌도 있다.[206] 유다도 그러한 소수 의견을 가졌을 수 있다.

6절 (핏값) 대제사장은 가룟 유다가 성소에 던진 은을 핏값이라고 한다. '핏값'은 무죄한 사람을 죽이기 위해 사용한 돈을 가리키는 용어로서, 대제사장들이 무죄한 예수를 죽이기 위해 돈을 사용했음을 스스로 인정하는 표현이다(Keener, 2009: 661).

대제사장들은 유다가 던진 은을 성전 금고에[207] 넣어두는 것이 옳지 않다고 한다. 이것은 율법을 적용한 판단이라고 볼 수 있다. 신명기 23:18은 불의한 자의 돈을 성전에 드리지 못하게 하였다.[208] 대제사장들은 유다를 불의한 자로 간주함으로써 예수를 죽이는 일이 불의한 일임을 스스로 인정한 셈이다.

---

203. DA, 1997: 566.
204. *J.W.* 3.374-82(Keener, 2009: 659).
205. Keener, 2009: 659.
206. *Gen. Rab.* on Genesis 27:27(DA, 1997: 563).
207. 랍비 문헌은 성전 금고가 여러 지역에 분산되어 있었음을 암시한다(DA, 1997: 566).
208. 이석호, 603.

7-8절 (토기장이의 밭을 삼) 대제사장들은 유다가 던진 은으로 토기장이의 밭을 사서 나그네의 묘지로 삼는다. 대제사장들은 정결하지 않은 돈으로 성전이나 유대인을 위해 사용하지 않고 이방인 나그네의 묘지를 위해 사용하는 것이 지혜롭다고 여겼을 것이다(강대훈, 하, 583). 질그릇의 문을 통해서 힌놈의 골짜기에 갔다는 예레미야 19:2을 배경으로 볼 때 힌놈의 골짜기는 옹기를 만드는 흙을 채취하는 장소여서 토기장이의 밭이라 불렀을 것으로 추측된다.[209] 예레미야 19:6은 힌놈의 골짜기가 죽임의 골짜기라 불릴 것이라고 하는데, 이 말씀이 성취되면서 이곳은 유다의 자살전에 이미 피의 밭이라 불렸을 수도 있다.[210]

9-10절 (구약 인용) 마태복음은 이 사건을 구약 본문의 성취라고 한다. 언급된 구약 본문은 예레미야서인가, 스가랴서인가? 양용의는 이 구절이 "스가랴 11:13에 좀 더 직접적으로 의존하고 있지만, 그 내용은 예레미야 19:1-13과 스가랴 11:12-13(그리고 좀 더 폭넓게는 슥 9-13장)을 공히 반영"한다고 지적한다(양용의, 2018: 541). 마태복음 27:4의 '무죄한 피'는 예레미야 19:4을 연상시키고, 마태복음 27:3의 '대제사장들과 장로들'은 예레미야 19:1의 유사한 표현을 연상시킨다.[211] 이 본문은 70인역 스가랴 11:13과 유사하지만, '이스라엘 자손 중에서'($\dot{\alpha}\pi\grave{o}$ $\upsilon\acute{\iota}\tilde{\omega}\nu$ Ἰσραήλ)는 70인역 신명기 23:18에서 온 것이고, '밭'($\dot{\alpha}\gamma\rho\acute{o}\varsigma$)은 70인역 예레미야 39:7-9(개역개정 32:1-9)에서 온 것이다(Menken, 2002: 319).

당시의 구약 인용 방식이나 마태복음이 사용하는 구약 본문 성취 개념을 고려하면 여러 구약 구절들을 병합하여 인용하고 유다가 돌려준 은으로 토기장이의 밭을 산 사건이 그것이 연상시키는 구약 본문의 성취라

---

209. 강대훈, 하, 584.
210. 강대훈, 하, 584.
211. Hamilton, 2018: 423-24.

고 말하는 현상이 설명된다(자세한 설명은 아래 해설 참고).

개역개정판에서 '매긴 자의 가격'으로 번역한 헬라어 표현(τὴν τιμὴν τοῦ τετιμημένου)은 "존경받는 자의 값"을 뜻할 수 있다.[212]

3. 해설

여러 선지자들의 글을 병합하여 인용하면서 대표적인 한 선지자의 글이라고 부르는 것은 마태복음 2:5-6(미 5:2과 삼하 5:2 병합); 21:4-5(사 62:11과 슥 9:9 병합)에서도 발견되며,[213] 마가복음 1:2에서도 발견된다. 따라서 이러한 인용 방식은 실수가 아니라 의도적인 것이며 당시에 통용되던 인용 방식일 것이다.

마태복음 27:9은 스가랴 11:13을 예레미야 18:1 이하와 32:6-9과 연관시켜 해석하도록 하고자 인용되는 구절을 예레미야 선지자의 글이라고 명시하였다고 볼 수도 있다.[214] 예레미야서를 언급하지 않았다면 독자들이 스가랴서만을 떠올릴 수 있었기 때문이다. 마태복음 저자는 잘 알려진 본문을 연상시키면서 새로운 점에 주의를 기울이도록 해줄 인용의 출처를 언급한 듯하다(DA, 1997: 576-77).

그런데 여기서 구약 본문의 문맥은 마태복음의 문맥과 잘 맞지 않는다. 따라서 구약 구절이 성취된다는 표현은 예언의 성취만이 아니라 표현상의 유사성을 가리키는 기능도 한다고 보아야 한다. 그러나 마태복음이 예레미야 19:1-13을 연상시키는 이러한 인용을 통하여 유다와 예루살렘의 멸망을 예언하는 예레미야 19:10-13을 배경으로 다가오는 예루살렘의

---

212. DA, 1997: 569.
213. 강대훈, 하, 586; DA, 1997: 569.
214. DA, 1997: 569.

멸망을 암시하고자 하였다고 볼 수도 있다(Keener, 2009: 657).

12. 예수를 재판함 (27:11-26)

유대인 지도자들은 예수께 유대인의 왕이라는 정치적 죄목을 씌워서 빌라도 총독에게 넘긴다. 예수께서는 빌라도 총독 앞에서 이 죄목을 인정하지 않으신다(11절). 빌라도는 예수의 무죄를 알면서도 무리를 만족시키고자 그들 마음대로 십자가에 못 박게 허락한다(23-26절).

1. 번역

11 그런데 예수께서 총독 앞에 서셨다. 총독이 그에게 물었다.

"그대가 유대인들의 왕이오?"

예수께서 말씀하셨다.

"그대가 말하고 있소!"

12 그러자 대제사장들과 장로들이 그를 고발했는데, 그는 아무 대답도 하지 않으셨다. **13** 그때 빌라도가 그에게 말했다.

"그들이 얼마나 많이 그대를 대적하여 증언하는지 듣지 않았소?"

14 그러나 그는 그에게 한마디도 대답하시지 않으셨다. 그래서 총독은 매우 놀랐다. **15** 그 총독은 명절 때 군중에게 그들이 원하는 죄수 한 명을 풀어주곤 했었다. **16** 그때 [예수] 바라바라는 잘 알려진 죄수가 있었다. **17** 그래서 그들이 모였을 때 빌라도가 그들에게 말했다.

"내가 여러분에게 누구를 놓아주기를 원하시오?

[예수] 바라바요, 그리스도라 불리는 예수요?"

18 왜냐하면 총독은 그들이 시기 때문에 그를 넘겨주었음을 알았기 때문이다. **19** 총독이 재판석에 앉아 있을 때 그의 아내가 그에게 사람을 보내어 말

했다.

"당신과 그 의인은 아무 상관이 없어요.

저는 오늘 꿈속에서 그로 인하여 심히 괴로웠어요."

20 그러나 대제사장들과 장로들이 바라바를 요구하고 예수는 죽이도록 무리들을 설득했다. 21 총독이 반응하여 그들에게 말했다.

"둘 중에 내가 누구를 여러분에게 놓아주기를 원하시오?"

그들이 말했다.

"바라바!"

22 빌라도가 그들에게 말했다.

"그렇다면 그리스도라 불리는 예수를 내가 어떻게 해야 하겠소?"

그들이 모두 말했다.

"십자가에 못 박으시오."

23 그러나 그는 말했다.

"왜, 그가 무슨 악한 일을 행하였소?"

그러나 그들이 더욱 크게 계속 소리치며 말했다.

"십자가에 못 박으시오."

24 빌라도가 아무런 소용이 없고 오히려 폭동이 발생하려는 것을 보고 물을 가져와 무리 앞에서 자기의 손을 씻으며 말했다.

"나는 이 의로운[215] 사람의 피에 관하여 무죄하오.

여러분이 알아서 하시오."

25 그러자 무리가 모두 반응하여 말했다.

"그의 피를 우리와 우리의 자식들에게!"

26 그때 그가 그들에게 바라바를 풀어주고, 예수는 채찍질한 후에 십자가

---

215. '의로운'이 없는 사본들도 있다.

에 못 박도록 넘겨주었다.

2. 주해

11절 (총독의 질문) 총독이 재판을 시작한다. 재판 장소는 안토니아 요새
였을 수 있지만, 헤롯의 궁이었을 가능성이 더 높다.[216] 의회에서 예수를
빌라도에게 넘긴 이유는 그들에게 사형을 시킬 권한이 없었기 때문일 것
일 수도 있다(요 18:31)(Harrington, 388). 그러나 그들에게 사형 권한이
있었을 경우에도, 그들은 빌라도의 손을 빌어 로마 법정에서 사형을 선고
하게 하여 예수를 죽이는 것이 좋다고 판단하여 그렇게 했을 것이다.

당시 유대 총독이었던 빌라도의 직위는 세금을 걷는 태수(procurator)
가 아니라 민형사 판결을 담당하는 제독(prefect)이었는데, 마태복음은 이
둘을 다 가리킬 수 있는 '총독'(ἡγεμών)이란 명칭을 사용한다(Keener,
2009: 663).

빌라도는 예수께 '유대인들의 왕'이냐고 묻는다. 이것은 나중에 죄패
에서도 나오는 것으로 볼 때(27:37) 산헤드린이 예수를 기소한 죄목이었
을 것이다. 산헤드린에서 고려한 신성모독죄는 로마법으로 처벌할 수 있
는 죄목이 아니었기에,[217] 로마법으로 처형할 수 있는 죄목인 '유대인들의
왕'으로 예수를 기소했을 것이다(자세한 설명은 아래 해설 참고).

빌라도의 질문에 대한 예수의 대답은 '쉬 레게이스'(σὺ λέγεις, 네가
말하고 있다)였다. "네 말이 옳도다."라는 개역개정판의 번역은 오역이다.
이 헬라어 표현은 '네가 말하고 있다.'라고 직역되어야 한다. 이것은 마태
복음 26:25, 64의 용례(σὺ εἶπας, 네가 말했다)를 고려할 때 간접적인 긍

---

216. Harrington, 389.
217. Lane, 547.

정일 수는 있으나, 유대인의 왕임을 있는 그대로 인정하는 것이 아니라 빌라도가 생각하는 그런(반로마 무장 세력의 우두머리로서의) 유대인의 왕이 아닌 다른 의미의 유대인의 왕이라는 뜻으로 보아야 한다. 이 말이 적극적인 긍정이라면 이미 죄목을 피고가 인정한 것이므로, 12절에서처럼 대제사장들과 장로들이 계속하여 고발을 할 이유가 없었을 것이다. 또한 빌라도는 재판을 길게 할 필요 없이 예수를 처형하라고 판결했을 것이다(Lane, 551). 빌라도가 그렇게 하지 않은 것은 그가 예수의 대답을 죄목의 시인으로 간주하지 않았기 때문일 것이다.

12절 (예수의 침묵) 대제사장들과 장로들은 재판 과정에서 적극적으로 활동한다. 이들은 기소자의 역할을 한다. 그들이 예수의 대답 후에 예수를 고발하는 반응을 보인 것은 예수의 대답 "네가 말하고 있다."가 긍정이 아님을 암시한다.

예수께서는 대제사장들과 장로들의 고발에 반응하지 않고 침묵하신다. 그런데 예수께서 그들의 고발에 침묵하신 것은 고난을 피하려는 의도가 없음을 보여 준다. 이러한 침묵은 이사야 42:2; 53:7에 담긴 고난받는 종의 모습과 시편 38:13-15; 39:9에 담긴 고난받는 의인의 모습을 연상시킨다.[218] 이러한 연관성은 예수의 고난의 의미를 이해하게 해 준다. 예수께서 고난당하시고 죽임 당하신 이유는 이사야 53장이 소개하는 여호와의 종으로서 사명(많은 사람의 죄를 대신 지고 죽음의 형벌을 대신 당하는 대속의 사명)을 감당하기 위하심이었다.

13절 (반론의 기회를 주는 빌라도) 빌라도는 예수께 반론의 기회를 준다. 그러한 기회를 준 것은 재판을 맡은 자의 의무를 수행하기 위함이었을 것이다(Collins, 713). 그러나 예수께서는 반론하지 않으신다.

---

218. DA, 1997: 582.

14절 (빌라도가 매우 놀람) 예수께서 침묵하시자 빌라도는 크게 놀란다. 예수의 침묵에 빌라도가 놀란 반응을 보인 것은 이사야 52:15에 담긴 많은 민족을 놀라게 하는 종의 모습을 연상시킨다.[219] 로마법에 의하면 자신을 변호하지 않는 자는 유죄로 추정되므로, 예수의 침묵은 놀라울 수밖에 없었다(DA, 1997: 583).

15절 (명절에 죄수를 석방하는 관습) 명절에 무리가 청원하는 죄수 한 사람을 석방하는 관습이 언급된다. 로마 당국이 해마다 죄수를 석방했다는 증거는 신약 성경 밖에서 발견되지는 않지만, 가끔 석방했다는 증거는 약간 발견된다.[220] 유월절에 죄수를 풀어주는 경우를 미쉬나(*m. Pesahim* 8:6)는 언급한다.[221] 요세푸스(*Ant.* 20.9.5 §215)는 AD 62-63년경 아나니아스(Ananias)가 알비누스(Albinus)에게 자객들을 석방해 달라고 요구하였는데, 알비누스가 경범죄자들을 석방한 것을 기록한다.[222] 요한복음 18:39도 유월절에 죄인을 풀어주는 관습이 있었음을 증거한다.[223] 유월절은 외세에서 해방됨을 기념하는 절기이므로 이 절기는 죄수를 해방하는 날로서 적합하게 간주되었을 것이다(Marcus, 2009: 1028).

16-17절 (바라바와 예수 중에 선택을 하도록 함) 빌라도는 바라바와 예수 중에 누구를 석방하기를 원하는지 묻는다. 빌라도가 예수를 바로 풀어 줄 수 없었던 것은 부분적으로는 예수의 침묵(고소를 긍정하는 태도[224]) 때문이었을 것이다. 그럼에도 불구하고 그가 예수에 대하여 무죄 판결을 내릴

---

219. DA, 1997: 583.
220. Marcus, 2009: 1031.
221. Hagner, 1995: 822.
222. DA, 1997: 583; 박윤만, 1102-3.
223. Marcus, 2009: 1028.
224. 로마법에 의하면 방어하지 않고 침묵하면 죄를 인정하는 것으로 간주되었다 (Keener, 2009: 668).

수 있었지만, 유대인들의 요청에 의한 석방의 형태를 취하고자 한 것은 역도를 풀어주었다는 비판을 면하기 위한 정치적 고려 때문이었을 것이다(Keener, 2009: 667-68).

로마법에는 두 가지 종류의 사면이 있었다. 하나는 아볼리티오(abolitio)로서 아직 죄가 확정되지 않은 사람을 석방하는 것이고, 다른 하나는 인둘겐티아(indulgentia)로서 이미 죄가 정해진 죄수를 사면하는 것이었다.[225] 이러한 사면들은 군중의 요구를 받아들여 행할 수 있었다.[226] AD 85년에 이집트에서도 로마 총독이 유사한 사면을 행하였다.[227] 빌라도는 군중의 요구에 따라 예수와 바라바 중에 한 명을 사면하고자 했다.

NA 28판은 바라바의 이름이 '예수'라고 제시된 부분이 원문인지 결정하지 못하고 [ ] 속에 넣었지만, 마태복음에서 바라바의 이름에 '예수'가 포함되는 것이 아마도 원본문인 듯하다. 오리겐은 당시에 많은 사본들이 '예수'라는 이름을 포함하여 가지고 있었다고 그의 마태복음 주석에서 언급하였다.[228] S 사본(10세기)의 여백에도 많은 고대 사본에 바라바의 이름에 '예수'가 포함되어 있었다는 기록이 있다.[229] 필사자들이 이 이름을 일부러 추가할 이유는 없었을 것이다.[230] 필사자들은 오히려 예수라는 이름이 범죄자의 이름이었다는 것에 당혹감을 느끼고 이를 삭제하고자 했을 것이다(Moses, 48).

마태복음에서 바라바와 예수가 모두 예수라는 이름을 가지는 유사성을 제시한 이유는 레위기 16:7과 관련되어 한 마리는 죽임 당하고 한 마리

---

225. Lane, 552.
226. Lane, 553.
227. Bock, 362.
228. Moses, 45.
229. Moses, 46.
230. Maclean, 325.

는 풀려나는 염소들이 서로 유사해야 한다는 (*m. Yoma* 6:1에 반영된) 유
대인들의 전통과 관계있다고 보인다(Maclean, 326). 레위기 16:7-10을 배
경으로 보면, 예수는 죽임 당하고, 바라바는 풀려나는 것은 한 마리는 죽
임 당하고 다른 한 마리는 광야로 보내지는 속죄 염소들의 경우처럼 백성
의 죄를 대속하는 의미를 가지는 사건으로 이해될 수 있다.

18절 (둘 중에 선택을 하도록 한 이유) 예수를 넘긴 이유가 시기 때문임을
빌라도는 알았다. 이것은 그가 예수의 무죄를 알았다는 뜻이다. 또한 예수
에 대한 시기심이 유대 지도자들에게 생길 정도로 예수의 인기가 백성들
에게 높아서 바라바보다는 예수가 풀려나리라고 빌라도가 예상했다고 볼
수 있다. 무죄 판결을 하면 바라바를 풀어주게 되는데 바라바를 풀어주기
싫은 것도 빌라도가 예수를 바로 무죄 석방하지 않은 동기였을 것이다.
빌라도는 예수께서 십자가형을 당할 일을 행하지 않았음도 알고 있었다
(23절). 그럼에도 불구하고 예수를 풀어 주지 않고 바라바와 경쟁하게 한
것은 바라바를 죽이는 데 예수를 이용하고자 했기 때문일 것이다.

19절 (총독의 아내의 청원) 빌라도가 재판석에 앉아 있었다. 재판석은 빌
라도가 유대인들이 재판에 참석할 수 있도록 돌이 깔린 정원에 설치한
'셀라 쿠룰리스'(*sella curulis*)를 가리킬 것이다(Maier, 958). 빌라도의 아
내가 사람을 보내어 예수를 의인이라고 하며 부당한 재판을 하지 않도록
청원한다. 이방 여인의 통찰이 유대인 대제사장들과 장로들의 둔감함에
대조된다(Harrington, 389). 마태복음에서 꿈은 종종 신적 계시의 통로로
사용되기도 한다(마 1:20; 2:12, 13, 19-20).[231] 유대 묵시 문헌에서도 꿈이
하나님의 계시의 수단으로 묘사되기도 한다.[232] 하나님께서 빌라도에게
직접 계시하시지 않으신 것은 창세기 37-41장(파라오의 경우), 다니엘 1-6

---

231. Harrington, 389.
232. 강대훈, 하, 598.

장(느부갓네살의 경우), 요세푸스의 글(*Ant.* 17.345-8; *J.W.* 2.111-13, 아르켈라우스의 경우)에서처럼 하나님이 이방 통치자들에게 직접 말씀하지 않으신 경우와 같다고 볼 수 있다(DA, 1997: 587).

20절 (산헤드린이 무리를 설득함) 대제사장들과 장로들이 바라바를 선택하도록 무리를 설득한다. 법정에 모인 '무리'는 아마도 바라바의 석방을 위해 나아온 무리였기에 쉽게 설득되었을 것이다.

21절 (무리가 바라바를 선택함) 무리는 바라바의 석방을 택한다. 이렇게 한 것은 예수를 따르던 무리는 예수께서 체포되어 재판을 받고 있음을 알지 못하여 무리 중에 없었기 때문일 것이다. 따라서 예수를 따르던 무리들이 변심하여 바라바를 선택하였다고 볼 필요는 없다.

22-23절 (무리가 예수를 십자가에 못 박도록 요청함) 무리는 예수를 십자가에 못 박도록 요청한다. 빌라도는 "어찜이냐? 무슨 악한 일을 하였느냐?"고 묻는다. 개역개정판이 '어찜이냐'로 번역한 단어($\gamma\acute{\alpha}\rho$)는 여기서 "왜"(why)라는 뜻으로 볼 수 있다(BDF, §452).[233] 그러므로 '어찜이냐'는 오역이 아니다.

빌라도는 예수에게 죄가 없음을 알았다. 그는 예수에 관하여 무죄 판결을 하고자 했다. 빌라도는 산헤드린이 시기로 인하여 자신에게 예수를 기소했음을 알았다(18절). 그들의 시기는 예수께서 백성에게 인기가 많았기 때문임도 알았을 것이다. 빌라도는 산헤드린이 자신을 이용하여 예수를 죽이고자 함도 간파했을 것이다. 그는 예수를 죽이는 판결을 하여 백성들의 원성을 사는 길을 피하고자 했을 것이다.

24절 (빌라도가 손을 씻음) 빌라도는 예수를 석방하려는 노력이 소용없고 오히려 민란이 나려는 것을 보고 손을 씻는다. 양용의는 "손을 씻음으

---

233. DA, 1997: 589.

로 결백을 입증하는 풍습은 유대인들뿐 아니라(참조. 신 21:6-9; 시 26:6; 73:13) 그리스-로마 세계에서도 널리 행해진 것으로 보인다."고 지적한다 (양용의, 2018: 546).

빌라도는 "이 사람의 피에 대하여 나는 무죄하니 너희가 당하라."라고 한다. "이 사람의 피에 대하여 나는 무죄하다."는 예수의 무죄를 인정하는 말이다.[234] 시내산 사본 및 고대 역본들 등에는 '이 사람' 대신 '이 의로운 사람'(τοῦ δικαίου τούτου)이라는 표현이 나온다. 그런데 '의로운'(δίκα-ιος)은 마태복음의 다른 곳들에서 19번이나 사용된 단어인데, 이것은 마가복음(2번), 누가복음(11번), 요한복음(3번)의 경우보다 압도적으로 많은 것이다.[235] 이 표현은 마태복음 27:19의 '이 의로운 사람'(τῷ δικαίῳ ἐκείνῳ)과 어순까지 유사하다.[236] 이 표현은 또한 손을 씻은 빌라도의 (예수의 무죄를 암시하는) 행동을 묘사하는 문맥과도 일치한다(Wettlaufer, 347). '의로운'(δικαίου)이 빠진 표현은 바티칸 사본 등에서 발견되는데, 이것은 필사자의 눈이 끝이 비슷한 단어를 따라 (τοῦ에서 τούτου로) 건너뛰며 '의로운'(τοῦ δικαίου)을 빠뜨린 결과라고 설명할 수 있다 (Wettlaufer, 354).

빌라도 총독이 바라바 대신 예수를 풀어주고자 한 것은 실제로 역도였던 바라바가 더 위험한 인물이라고 보았기 때문일 것이다.[237] 그럼에도 불구하고 빌라도가 예수를 풀어주지 못한 것은 당장 폭동이 일어나는 것을 막고 유대인 정치 엘리트들과 잘 지내며 그들의 지원을 받고자 한 그의 정치적 계산 때문이었을 것이다. 그의 재판은 정치적 실리를 위해 정

---

234. Hagner, 1995: 827.

235. Wettlaufer, 346.

236. Wettlaufer, 346.

237. Keener, 2009: 669,

의를 버린 재판이었다.[238] 그렇게 하면서도 빌라도는 마치 자신에게 그러한 정치적 재판에 대한 책임이 없는 것처럼 물을 가져와 손을 씻으며 예수의 처형을 요청한 무리에게 모든 책임을 전가하고자 하였다. 이것은 정의를 버린 그의 양심을 달래는 한편, 예수를 따르는 무리들이 그를 비난하지 못하게 하는 정치적 행위였다고 볼 수 있다. 그러나 빌라도의 이러한 행위는 정치적 목적을 달성할 수는 있었을지 모르지만, 불의한 정치적 재판에 대한 책임으로부터 그를 완전히 자유롭게 하지는 못한다. 빌라도가 불의를 택하고도 책임은 지지 않고 욕도 먹지 않고자 행동한 것은 그가 교활하고 비겁한 인간임을 보여줄 뿐이다.

25절 (백성의 대답) 백성은 "그 피를 우리와 우리 자손에게 돌릴지어다."라고 말한다. 이것은 잘 알려진 구약 성경의 표현이다(레 20:9-16; 수 2:19-20; 삼하 1:16; 14:9; 렘 51:35).[239] 이러한 표현은 신명기 19:10; 예레미야 26:15; 에스겔 18:13; 33:4; 사도행전 5:28; 18:6; 레위의 유언 16:3-4에도 발견되는데, 이 용례들은 'A의 피를 B 위에'라는 표현이 A의 죽음을 B가 책임진다는 뜻임을 알려 준다.[240] 그러나 '우리 자손'이 추가된 것은 특이하다. '우리 자손'은 자손 대대가 아니라 자손 한 세대에 해당할 수도 있다(Harrington, 390). 그렇다면 이 말 때문에 유대인들이 히틀러에게 고난당해야 마땅했다는 해석은 지나친 적용이다. 이렇게 외친 유대인들과 그들의 자손은 이미 AD 70년에 유대와 예루살렘이 멸망할 때 심판을 당했다고 볼 수 있다(Hagner, 1995: 827).

예수에 대한 재판에서 가장 악역을 한 자들은 대제사장과 그의 선동을 따라 예수를 처형하도록 요구한 유대인 무리이다. 이들은 유대인 전체

---

238. Nadella, 61.
239. Harrington, 390.
240. DA, 1997: 591.

를 대변하는 무리는 아닐 것이다. 그들은 바라바를 풀어달라고 요구하고자 온 바라바의 지지자들이었을 것이며, 또한 대제사장이 동원 가능한 자들(대제사장의 종들 등)이었을 것이다.

26절 (빌라도가 예수를 십자가에 못 박게 넘겨줌) 빌라도는 예수를 채찍질한 후 십자가에 처형하도록 넘겨준다. 십자가형 이전의 채찍질은 사람을 죽일 정도로 심했다.[241] 이것은 십자가 처형 집행 전에 행하는 일반적 절차였다.[242] 사용된 채찍은 플라겔룸(*flagellum*)으로서 가죽 끈에 납, 쇠, 뼈, 못 조각을 묶은 것이었다.[243] 채찍은 뼈와 내장을 드러나게 할 수도 있었다.[244] 채찍질은 이사야 53:5를 연상시키면서, 예수께서 고난받는 종의 사명을 감당하여 우리를 치유하시는 분임을 알려 준다.

빌라도가 예수를 넘겨주었다고 할 때 사용된 동사 '넘겨주다'(παραδίδωμι)는 이사야 53:6, 12(70인역)에도 사용되어 이 본문들을 연상시킨다.[245] 그리하여 예수께서 이사야 53장이 소개하는 고난받는 여호와의 종이심을 암시한다.

빌라도가 결국 예수를 죽이도록 넘겨준 것은 유대인들의 지도자들이 로마에 반역한 자라고 스스로 넘겨준 잠재적 반역자를 무죄 석방하는 것보다는 유대인 지도자들과 협력하는 것이 정치적으로 더 유익하다고 여겼기 때문일 것이다.[246]

빌라도의 예수 재판은 다음과 같이 산헤드린의 예수 심문과 평행되는 요소를 가지고 있다(DA, 1997: 594).

---

241. Stein, 585.
242. Keener, 2009: 672; Evans, 2001: 483.
243. Keener, 2009: 672; Lane, 557.
244. Edwards, 464.
245. Lane, 557.
246. Keener, 2009: 667.

대제사장들과 장로들의 등장 (26:57//27:12, 20)

사람들의 증언 (26:62//27:13)

예수께서 그리스도라고 불림 (26:63//27:17, 22)

예수의 침묵 (26:62-3//27:11-14)

예수께서 '네가 말했다(말하고 있다).'고 대답하심 (26:64//27:11)

예수께서 사형에 해당한다고 간주되심 (26:66//27:24-6)

예수께서 조롱당하심 (26:67//27:27-31)

이 재판은 다음처럼 마태복음 2:1-18과도 평행된다(DA, 1997: 594).

유대인들의 왕 (2:2//27:11)

대제사장들 (2:4//27:17, 22)

그리스도 (2:4//27:17, 22)

모든 예루살렘, 모든 무리 (2:3//27:25)

이방인에게 꿈으로 경고하심 (2:12//27:19)

예수를 죽이려는 음모 (2:13-18//27:15-26)

유대인 자녀들의 수난 (2:16-18//27:25)

3. 해설

마태복음에서 '유대인들의 왕'은 이방인에 의해서만 사용된다(2:2; 27:29, 37).[247] 유대인들은 이스라엘의 왕이라는 용어를 쓴다(27:42).[248] '유대인의 왕'은 로마 제국이 알렉산더 얀내우스(Alexander Jannaeus)와 대

---

247. 양용의, 2018: 542.
248. 양용의, 2018: 664. n.136.

헤롯에게 부여했던 칭호였다.[249] 따라서 이러한 칭호가 로마 제국이 인정하지 않은 사람에게 부여되면 로마 제국과 무관하게 유대 왕국의 재건을 시도하는 자라는 의미를 가진다.[250] 이러한 자는 로마 당국에서 볼 때에는 반로마 역도들의 두목으로서 정치범에 해당했다. 로마는 대 헤롯을 유대인의 왕으로 임명한 적은 있으나(*Ant.* 14.36; 15.373; 16.291, 311), 예수를 유대인의 왕으로 임명한 적은 없기에 예수를 이렇게 고발하면 로마에 대한 반역자로 몰 수 있었을 것이다(강대훈, 하, 592).

　산헤드린은 예수께서 유대 민족주의적 메시아 사상(군사적 메시아)에 적합하시지 않으므로, 메시아가 아니라고 확신했을 것이다. 그럼에도 불구하고 그들은 로마 법정에 예수를 '유대인의 왕'(즉 군사적 메시아)이라는 죄목으로 기소하는 비일관성을 보였다(Lane, 550-51).

　대제사장들은 성전을 모독한 것으로도 산헤드린에서 예수를 유죄 판결하고, 로마 당국의 사형 허가를 받아낼 수도 있었을 텐데,[251] 굳이 '유대인의 왕'(역도들의 두목)이란 죄목으로 고발한 것은 예수를 로마에 반역한 자로 판결받게 하기 위함이었을 것이다. 예수를 '유대인의 왕'이라고 기소하여 정치범으로 십자가 처형을 한 후 예수를 따르는 자들을 모두 로마 제국에 반역하는 역도들로 몰아서 로마 제국의 박해를 받도록 하고자 함이었을 것이다. 또한 예수를 역도들이 당하는 (나무에 달려 죽는) 십자가형을 당하게 하여 신명기 21:23에 따라 (나무에 달린 자로서) 하나님의 저주받은 자로 선언하여 예수를 더 이상 따르지 못하게 하려는 의도 때문이었을 것이다(김상훈, 351 참고).

---

249. *Ant.* 14.36; 15.373; 16.311(Marcus, 2009: 1027).
250. Marcus, 2009: 1027.
251. Keener, 2009: 664 참고.

13. 군병들이 예수를 희롱함 (27:27-31)

1. 번역

27 그때 총독의 병사들이 예수를 붙잡아 본부로 갔는데 그곳에 대대 전체가 모였다. 28 그들이 그의 옷을 벗기고 주홍색 망토를 그에게 입혔다. 29 가시나무로 왕관을 만들어 그의 머리에 씌우고 갈대를 그의 오른손에 들리고 그 앞에 무릎을 꿇고 그에게 조롱하며 말했다.

"안녕하시오, 유대인의 왕이여!"

30 그들이 그에게 침을 뱉고 갈대를 들어 그의 머리를 계속 내리쳤다. 31 그들이 그를 조롱하기를 마친 후, 그 망토를 벗기고 그의 옷을 입히고 그를 십자가에 못 박으려고 끌고 갔다.

2. 주해와 해설

27절 (군대를 모음) 총독의 군병들이 대대 전체를 모았다. 모인 장소는 개역개정판에서 '관정'으로 번역되었다. 이 단어(πραιτώριον, 본부)는 라틴어 *praetorium*('프라이토리움')에서 온 단어이다.[252] 이 단어는 지방을 다스리는 관료의 공식적 거처를 가리킨다.[253] 이곳이 성전 북쪽에 있는 안토니아 요새에 있었을 가능성이 있다(Harrington, 394). 그러나 이곳은 아마도 예루살렘 서편에 있는 헤롯의 궁의 안쪽 뜰일 것이다.[254] 절기 기간 중에는 로마 총독이 안토니아 요새에 있기보다는 더 크고 사치스러운 헤

---

252. 강대훈, 하, 605.
253. DA, 1997: 601.
254. 강대훈, 하, 605.

롯 왕궁에 와서 거하였을 것이다.[255] 그리하여 명절 기간에는 헤롯 왕궁이
총독의 본부(*praetorium*)로 사용되었을 것이다(Collins, 725).

예수를 처형하려고 대대 전체가 소집되었다. '대대'(σπεῖρα)는 페니키
아, 시리아 등 유대 주변 지역의 이방인들 중에서 선발된 보조 군인들로
구성되었으며[256] 약 600명 규모이다.[257] 유대인들에게는 군 복무가 면제되
었으므로,[258] 이 부대는 이방인들로 구성되었을 것이다. 외국인으로 이루
어진 부대의 경우에는 대대가 500-1,000명으로 구성되었다(Collins,
725). 이것은 군단(레기온)의 1/10에 해당한다.[259] 그러나 이 단어는 약
200명 정도 되는 규모의 부대(*manipulus*)를 가리킬 수도 있다(Keener,
2009: 674).

28절 (홍포를 입힘) 군병들은 예수께 홍포를 입혔다. 마가복음 15:17에
의하면 예수께 입힌 것은 왕이 입는 자주색 옷이지만, 마태복음에서는 로
마 군인들이 입는 주홍색 망토이다. 어느 쪽이든 왕의 복장을 상징할 수
있다. 주홍색 옷도 자주색 옷 못지않게 부와 사치를 상징할 수 있었을 것
이다.[260] 탈굼 온켈로스(창 49:11)에서 주홍색은 메시아의 옷을 묘사하므
로, 주홍색 옷의 사용은 왕의 복장을 상징하기에 적합하다(DA, 1997:
602). 병사들이 예수께 로마 군인이 입는 홍포를 입힌 것은 예수를 유대
인들의 왕이 되고자 로마에 대항하여 싸운 군인처럼 꾸민 것으로 볼 수도
있다(DA, 1997: 602). 마가복음은 주홍색 옷이 상징하는 바가 왕의 자주
색 옷임을 고려하여 자주색 옷을 입혔다고 기록하였을 것이다.

---

255. Edwards, 466.
256. *Ant*. 14.204; 19.365(양용의, 2018: 549).
257. Hagner, 1995: 830.
258. Collins, 724.
259. Harrington, 394.
260. DA, 1997: 602.

29절 (가시관과 갈대) 군병들은 예수께 가시관을 씌운다. '가시관'은 아마도 고통보다는 조롱을 위한 것이었다(Harrington, 394). 가시는 당시 왕관의 모양을 흉내 내기 위하여 사용했을 것이었다.[261] 신들의 머리에서 나오는 광선을 왕관이 형상화한 것을 가시로 모방한 것으로 볼 수 있다 (DA, 1997: 602-3).

군병들은 '갈대'를 예수의 오른손에 들게 한다. 개역개정판에서 '갈대'로 번역된 단어(κάλαμος)는 갈대만이 아니라 나무 막대기를 가리킬 수도 있다(Hagner, 1995: 831). 이것은 아마도 왕이 들고 다니는 홀을 흉내 내기 위한 것이었다(Keener, 2009: 675).

군병들은 예수께 무릎을 꿇고 "평안할지어다, 유대인의 왕이여!"라고 한다. 무릎을 꿇는 것은 통치자를 대하는 헬라식 의전에 해당한다(Lane, 560). 이것도 조롱을 위한 행동으로 볼 수 있다. 무릎을 꿇음 - 희롱하여 말함 - 침 뱉음 - 갈대로 머리를 친 순서는 마가복음이 묘사하는 순서(희롱하여 말함 - 머리를 침 - 침 뱉음 - 무릎을 꿇음)와 다르다. 이것은 좀 더 자연스러운 순서로 묘사한 것으로 볼 수 있다(Harrington, 394).

"평안할지어다, 유대인의 왕이여"(χαῖρε, βασιλεῦ τῶν Ἰουδαίων)는 로마 황제에게 하는 인사 '평안할지어다, 카이사르여'(Ave, Caesar)와 유사한 표현을 써서 조롱하기 위한 표현이었을 것이다.[262]

30절 (침을 뱉고 머리를 침) 병사들은 예수께 침을 뱉고 머리를 친다. 침을 뱉는 것은 극심한 혐오의 표현이므로 예수를 모욕하기 위한 것으로 볼 수 있다.[263] 예수께서는 산헤드린에서도 이미 침 뱉음을 당한 바 있다(마

---

261. Keener, 2009: 675.
262. Harrington, 395; Lane, 560 참고.
263. Keener, 2009: 675.

26:67). 이것들은 이사야 50:6(모욕과 침 뱉음을 당함)을 연상시키므로,[264] 예수의 고난을 이 이사야 본문에서처럼 의인이 당하는 수난으로 이해하게 한다.

31절 (희롱을 마침) 군병들은 희롱을 마친 후 홍포를 벗기고 예수의 옷을 다시 입혔다. 십자가형을 집행할 때는 죄수에게 나체로 십자가를 운반하게 하지만 예수의 경우에 옷을 입힌 것은 유대인의 관습을 존중하였기 때문인 듯하다.[265] 예수께서 희롱당하심은 마태복음 20:19(이방인에게 조롱당함)에 기록된 예수 자신의 예언의 성취이며, 시편 22:8(70인역은 21:8, 현대번역본들은 22:7)의 성취이다.[266]

14. 십자가에 못 박히심 (27:32-44)

1. 번역

32 그들이 나갈 때 키레네 사람 한 명을 발견했는데 그의 이름은 시몬이었다. 그들이 그에게 강제로 십자가를 운반하게 하였다. 33 그들이 골고다라고 불리는 장소, 즉 해골의 곳이라는 장소에 도착하였다. 34 그들이 그에게 쓸개즙을 섞은 포도주를 마시도록 주었다. 그러나 그가 맛을 보고 마시고자 하지 않았다. 35 그들이 그를 십자가에 못 박고 제비를 뽑아 그의 옷들을 나누어 가졌다. 36 그리고는 앉아서 그곳에서 그를 지켰다. 37 그들이 그의 머리 위에 "이는 유대인들의 왕 예수다."라고 적힌 그의 죄패를 붙였다. 38 그때 두 역도들이 하나는 오른쪽에 하나는 왼쪽에 그와 함께 십자가

---

264. DA, 1997: 598.

265. 박윤만, 1119.

266. Hagner, 1995: 831.

에 못 박혔다. **39** 지나가는 자들이 그들의 머리를 흔들면서 그를 계속 모독하였다. **40** 그들은 말했다.

"성소를 허물고 삼 일 만에 짓는 자여,

네가 하나님의 아들이라면, 너 자신을 구하라.

[그리고] 십자가에서 내려오라."

41 마찬가지로 대제사장들도 서기관들과 장로들과 함께 조롱하며 말했다.

42 "다른 사람들은 구원하고, 자기 자신은 구원하지 못하는구면.

그가 이스라엘의 왕이라고?

그가 지금 십자가에서 내려오게 해봐.

그러면 우리가 그를 믿을게.

43 그가 하나님을 신뢰하였으니,

하나님이 원하시면 지금 그를 구하실지이다.

그가 '나는 하나님의 아들이다.'라고 말했기 때문이지."

44 그와 함께 십자가에 못 박힌 역도들도 똑같이 그를 계속 모욕했다.

2. 주해

32절 (시몬에게 대신 십자가를 지게 함) 십자가에서 처형당할 죄수는 자신이 처형당할 십자가의 가로 부분(*partibulum*)을 지고 가야 했다.[267] 그런데 키레네 사람 시몬에게 십자가를 지게 한 것은 예수께서 채찍에 심하게 맞아 십자가를 지고 갈 수 없는 상태였기 때문일 것이다(Keener, 2009:

---

267. 강대훈, 하, 609; Lane, 562. Plutarch, *Moralia* 554A: "Each of the condemned bore his own cross"("정죄된 자마다 자기 자신의 십자가를 졌다." Evans, 2001: 499에서 재인용).

676). 예수께서 십자가에서 빨리 숨진 것도 이러한 상태 때문일 것이다.[268] 십자가형을 집행할 때에는 죄수에게 십자가를 벌거벗은 상태에서 지고 가게 하며 채찍으로 치는 것이 관습이었지만(*Ant.* 19.4.5; Dionysius of Halicarnassus 7.69), 예수는 이미 채찍에 맞았으므로(마 27:26) 그렇게 할 필요가 없었을 것이다(Lane, 560).

시몬은 로마군에 의하여 공공 봉사를 하도록 강제되었을 것이다(마 5:41 참고)(Harrington, 395). 로마 군인에게는 강제로 짐을 운반하게 하는 권한이 있었다.[269] 시몬의 출신지인 '키레네'(구레네)는 현재 리비아에 해당하는 나라인 키레나이카(Kyrenaica)의 수도였다(Marcus, 2009: 1040).

골고다로 가는 길은 13세기 말에 생긴 '비아 돌로로사'(*Via Dolorosa*)라는 불리는 길이 아니라 다윗의 탑에서 북쪽으로 가서 무덤 교회가 있는 골고다 지역까지 동쪽으로 가는 길이었다고 추측된다(Maier, 967).

33절 (골고다에 도착함) 예수의 처형 장소는 골고다였다. '골고다'는 아람어 '굴굴타'의 음역이다(DA, 1997: 611). 유대나 로마의 처형 과정을 고려할 때 골고다는 성 밖이었다고 추측할 수 있다(요 19:20; 히 13:12; 마 21:39 참조).[270] 출발지인 헤롯 궁전으로부터 성 밖의 처형 장소까지 거리는 약 300m였을 것이다.[271] '해골의 곳'은 매장을 중요시한 유대인들의 관습을 고려할 때 해골이 널려 있는 장소는 아니었을 것이다.[272] 아마도 이 장소의 모양이 해골을 닮았기에 이런 이름을 붙였을 것이다(Marcus,

268. Keener, 2009: 676.
269. *Ant.* 13.52(France, 640).
270. Harrington, 395.
271. 양용의, 367.
272. 강대훈, 하, 610.

2009: 1042).

34절 (쓸개 탄 포도주) 예수께 쓸개 탄 포도주를 주었으나 예수께서는 거절하신다. 이것은 시편 69:21("그들이 쓸개를 나의 음식물로 주며")의 성취이다. 이 구절의 둘째 행("목마를 때에는 초를 마시게 하였사오니")은 마태복음 27:48에서 성취된다.

마가복음 15:23은 몰약을 언급하는데, 이것은 죄수에게 진통을 위해 마취제를 준 전통과 관련된다.[273] 이러한 인도적 관습은 잠언 31:6-7에 토대한 것이었다(Lane, 564). 진통 음료를 죄수에게 주는 관습은 로마 관습이 아니라 유대 관습이었으므로(*b. Sanhedrin* 43a), 음료를 제공한 사람은 유대 여인들이었을 수 있다(Lane, 564). 마태복음은 시편 69:21("그들이 쓸개[χολή, 히브리어는 ראשׁ, 독]를 나의 음식물로 주며 목마를 때에는 초를 마시게 하였사오니," 70인역은 시 68:22)과 일치하게 기록한다(Harrington, 395). 쓸개든지 독이든지 모두 진통제 역할을 하는 점에서는 동일하다. 쓸개(χολή)는 간, 쓸개, 쓴 쑥 등 쓴 맛을 내는 물질을 가리키는 용어로 사용되므로, 몰약을 그렇게 부를 수도 있다.[274] 쓸개라고 부른 것의 내용물이 몰약일 경우에도 진통을 위해 주었다고 볼 수 있다. 1세기 때, 로마군의 의사였던 디오스코르데스 페다니우스(Dioscordes Pedanius)는 몰약에 마취 성분이 있다고 한다.[275] 마취가 되면 고통을 덜 느끼므로, 마취 음료의 제공은 고통을 감소시키기 위함이었을 것이다.[276]

그런데 이 마태복음 본문이 연상시키는 시편 69:21(쓸개를 음식물로 줌)은 원수에게 능욕을 당하는 문맥 속에 있으므로, 이러한 배경 속에서

---

273. *b. Sanhedrin* 43a; Harrington, 395.
274. 강대훈, 하, 611; Maier, 967 참고.
275. *De materia medica* 1.64.3(Lane, 564).
276. *b. Sanhedrin* 43a(Lane, 564).

는 쓸개 탄 포도주를 받은 것은 모욕의 일종인 것처럼 이해될 수 있다
(DA, 1997: 612-13). 또한 이 시편을 배경으로 하여 예수의 수난이 의인의
고난이라고 이해하게 된다.[277]

예수께서 포도주를 거절하신 이유는 하나님 나라에서 마실 때까지 포
도주를 마시지 않겠다고 하신 약속(26:29)을 지키고자 하셨기 때문일 것
이다.[278] 예수께서 포도주를 마시지 않으심은 이 시점에는 아직 하나님의
나라가 시작되지 않았음을 알 수 있게 해 준다(신현우, 2021: 687).

35-36절 (십자가 처형) 군병들은 예수를 십자가에 못 박고 예수의 옷을
제비 뽑아 나누어 가진다. 죄수의 옷은 처형 집행자의 몫이었다.[279] 예수의
옷을 나눈 것은 시편 22:18("내 겉옷을 나누며 속옷을 제비 뽑나이다.")의
성취이다(Edwards, 467). 이 시편을 통해서 예수의 고난을 이해하면 예수
의 고난은 성경의 예언을 성취하기 위한 것이며 의로운 고난이라고 보게
된다.

십자가 처형은 죄수를 대개 나체로 매달았지만(Artemidorus 2.61), 유
대인들의 관습은 완전히 나체로 처형하기를 금했다(*m. Sanhedrin* 6:3).[280]
로마인들이 이러한 유대 관습을 얼마나 고려했는지는 모르지만,[281] 이스라
엘 땅에서는 유대인들을 고려하여 완전한 나체 상태로 처형하지는 않았
을 것이다(Marcus, 2009: 1040).

십자가형은 앗시리아, 페르시아 등이 행하였고, 지중해 동부 지역에서
행하던 형벌인데 후에 로마가 이것을 도입하였다.[282] 십자가형은 사람들

---

277. 신현우, 2021: 687.

278. Donahue & Harrington, 442 참고.

279. Harrington, 395.

280. Lane, 566.

281. Lane, 566.

282. 강대훈, 하, 607.

이 많이 다니는 곳을 장소로 택하여 이루어졌는데, 이것은 대중에게 공포감을 주기 위한 것이었다.[283] 십자가형은 가장 비참하게 죽는 방식이었지만, 로마 제국에서 십자가형은 공공질서 유지를 위한 일상 수단이었다.[284] 십자가형은 BC 6세기부터 AD 337년(콘스탄티누스가 이를 금지한 때)까지 일반적 사형 방식으로 로마 제국에서 행하여졌다(Stein, 588).

1세기에 이스라엘 땅에서는 두 번의 집단 십자가 처형이 있었는데, AD 7년에 행해진 로마의 세금 징수를 반대하여 봉기한 자들에 대한 것과 AD 70년에 로마와의 전쟁 결과 예루살렘이 멸망할 때 행해진 것이다(강대훈, 하, 612). 요세푸스는 예루살렘이 파괴될 때에는 유대인들을 너무 많이 십자가에 못 박아서 십자가들을 놓을 공간이 부족했다고 기록한다.[285]

신명기 21:22-23과 쿰란 문헌(11QTemple 64:12)은 나무에 달린 자가 하나님께 저주받았다고 한다.[286] 산헤드린이 예수를 정치범으로 몰아 십자가에 못 박히도록 한 것은 이러한 배경에 따라 예수를 하나님의 저주받은 자로 간주되도록 만들고자 했기 때문이었을 것이다.

37절 (죄패의 기록) 예수를 매단 십자가 위에는 '유대인들의 왕'이라고 기록한 죄패가 붙었다. 죄패를 예수의 머리 위에 붙였다는 기록으로 볼 때 예수께서 못 박히신 십자가는 X 형태나 T 형태가 아니라 † 형태였을 것이다(DA, 1997: 613-14). '유대인들의 왕'은 사형 틀에 붙인 죄패에 기록되었으므로, 예수를 처형한 죄목이다. 이것은 사형시킬 죄목이므로 로마 제국의 관점에서 볼 때에 예수가 로마 제국에 반역하는 역도들의 우두

---

283. 강대훈, 하, 607.

284. Lane, 561.

285. *J.W.* 5.11.1 §451(강대훈, 하, 612).

286. DA, 1997: 616.

머리임을 선언하는 표현이다. 그러나 유대인들의 관점에서 볼 때에는 독립운동 지도자로 여겨질 수 있는 칭호였을 것이다.

죄패에 붙은 죄목은 예수를 기소한 죄목이었을 것이다. 예수를 십자가에 못 박도록 기소한 산헤드린은 예수를 메시아(유대인들의 왕)로 믿지 않았기에 그들이 이러한 죄목으로 예수를 기소하여 처형되게 한 것은 그들의 자기모순을 보여 준다.[287] 표면상으로 볼 때에 산헤드린은 예수를 메시아라고 주장하면서 그를 로마 당국에 기소하여 처형되도록 한 반민족적 반신앙적인 매국노 집단이라고 비판당할 일을 한 것이다. 이것은 로마제국의 관점에서 볼 때에는 산헤드린이 로마의 통치에 협조한 매우 기특한 일로 간주될 수 있었을 것이다. 그러나 로마 제국에 아무런 군사적 위협이 되지 않았던 예수를 산헤드린이 기소했는데 로마 당국이 예수의 무죄를 알고도 처형한 것은 유대 땅을 효과적으로 통치하기 위하여 유대 지도층의 요구를 들어준 비겁한 정치 행위에 해당한다.

38절 (역도 둘) 예수께서는 두 명의 역도와 함께 처형되었다. 이것은 이사야 53:12의 성취이다.[288] 로마법에 의하면 강도질(폭력으로 빼앗는 것)이나 도둑질은 사형에 해당하지 않았다.[289] 그러므로 예수와 함께 십자가에 처형된 자들은 일반 강도라고 볼 수 없다. 개역개정판에서 '강도'로 번역된 단어(λῃστής, '레스떼스')는 무력으로 제국이나 국가에 저항하는 역도를 가리킬 수 있는 단어이다. 요세푸스는 이 단어를 로마 제국에 대항하여 무장 투쟁한 열심당을 가리키는 데 사용하였다(Lane, 568). 따라서 여기서 '레스떼스'는 개인을 노리는 노상강도(눅 10:30)가 아니라 로마

---

287. Bock, 368 참고.
288. Hagner, 1995: 838.
289. Lane, 568.

제국에 무력으로 저항한 역도들일 것이다.[290] 십자가형은 이러한 정치범들을 처형하는 방식이었다.

39-44절 (사람들이 예수를 모독함) 지나가는 자들은 머리를 흔들며 예수를 모독한다. 지나가는 사람들이 있었다는 것은 처형 장소가 거리에 위치했음을 암시한다. 십자가형은 경고 효과를 위해 일반적으로 번잡한 거리에서 행해졌다.[291] '머리를 흔들며'는 시편 22:7('머리를 흔들며')의 성취이다.[292] 머리를 흔드는 것은 구약 성경(시 109:25; 애 2:15; 렘 18:16)의 용례를 통해 조롱의 표시임을 알 수 있다(Bock, 369).

마태복음 본문은 사람들이 예수를 모독하였다고 한다. 이것은 누가 참으로 모독자인지 암시한다. 산헤드린 심문 때 대제사장은 예수가 신성 모독 죄를 범했다고 주장했으나, 실제로 그러한 죄를 범한 자들은 예수를 모독한 자들이었다(Evans, 2001: 505 참고).

사람들은 예수께 "자기를 구원하고 십자가에서 내려오라."고 말한다. 미드라쉬(*Midrash Tannaim* 3.23)에는 왜 유대인들이 '자신을 구하라.'고 말했을지 추측할 수 있게 해 주는 구절이 있다. "어떤 사람이 혈과 육[다른 사람]을 신뢰하여 그에게 자기를 구해 달라고 요청하기 전에 그[다른 사람]에게 그 자신을 먼저 죽음으로부터 구하도록 해야 한다."[293] 유대인들은 자기 자신을 구하지 못하는 자를 믿을 만하게 여기지 않았다.

대제사장들과 서기관들과 장로들(산헤드린 의회원들)은 "그가 이스라엘의 왕이로다. 지금 십자가에서 내려올지어다. 그리하면 우리가 믿겠노라."고 한다. 여기서 그들은 '유대인들의 왕'이라는 표현 대신에 '이스라

---

290. 양용의, 369; 강대훈, 하, 594.
291. DA, 1997: 618.
292. Hagner, 1995: 838.
293. Lane, 569에서 재인용.

엘의 왕'(습 3:15; 요 12:13)이라는 표현을 사용함을 볼 수 있다.[294] 이들은
예수를 로마 법정에 유대인들의 왕으로 고발하여 정치범으로서 죽게 하
였는데, 이제 유대인들의 관점에서 마치 예수를 자기들의 왕으로 믿는 듯
이 이스라엘의 왕이라고 한다. 이것은 진심으로 한 말이 아니라 참으로
왕이면 십자가에 못 박혀 있을 수 있겠느냐고 조롱하는 말이라고 볼 수
있다. 십자가에서 내려오면 믿겠다는 말은 십자가에 못 박혀 있으니 이스
라엘의 왕으로 믿지 않겠다는 뜻이다.

　　그들은 "나는 하나님의 아들이다."라고 예수가 주장했다고 언급하며
하나님이 원하시면 그를 구원하실 것이라고 한다(43절). 이 말도 하나님
이 예수를 구하시지 않으면 자신이 하나님의 아들이라고 한 예수의 주장
을 받아들일 수 없다는 뜻이다. "그가 하나님을 신뢰하니 하나님이 원하
시면 이제 그를 구원하실지라."고 그들이 한 말은 시편 22:8을 연상시킨
다. 그리하여 예수를 희롱한 산헤드린 의회원들이 시편 22:16이 언급하는
악한 자들임을 보여 준다.[295] 산헤드린 의회원들의 조롱은 솔로몬의 지혜
2:18("만일 그가 하나님의 의로운 아들이면 하나님이 그를 도우시고 그의
적들의 손에서 그를 구하실 것이다.")과도 관련된다고 볼 수 있다.[296] 여기
서도 이렇게 말하는 자는 의인을 정죄하는 악인으로 등장한다(Keener,
2009: 682).

　　그런데 여기서 '나는 하나님의 아들이다.'(θεοῦ εἰμι υἱός)라는 말씀에
사용된 어순은 로마 황제들을 '하나님의 아들'(θεοῦ υἱός)이라고 부를 때
사용한 어순과 일치한다.[297] 그리하여 로마 황제가 아니라 예수께서 참된

---

294. DA, 1997: 620.

295. Keener, 2009: 681-82.

296. Harrington, 396.

297. Mowery, 109.

하나님의 아들이라는 뜻을 내포한다(Mowery, 110). 산헤드린 의회원들은 예수께서 로마 황제를 능가하는 참된 하나님의 아들이라면 로마 권력에 의해 십자가형을 당할 것이 아니라 로마 제국을 물리쳤어야 한다고 조롱했다고 볼 수 있다.

3. 해설

산헤드린 의원들은 하나님께서 예수를 구하시면 믿겠다고 하며 예수를 조롱하였다. 그러나 하나님께서 예수를 구하신 일(부활)이 실제로 발생한 후에도 그들은 회개하지 않았다. 그들은 로마 제국에 무장 투쟁을 한 적이 없는 예수를 역도로 몰아서 예수를 죽게 하는 부정직한 일을 행하고, 하나님께서 예수를 살리심을 보고도 계속 예수를 믿지 않는 부정직한 일을 지속한다. 그들이 일관성 있게 유지한 것은 부정직한 모습이었다. 사실을 직시하고 그 사실이 내포한 의미를 제대로 파악했다면 그들은 예수를 로마 당국에 정치범으로 고발할 수 없었을 것이고, 예수께서 부활하신 후에 돌이켜 예수를 믿었어야 할 것이다. 그러나 그들은 오로지 예수를 대적하는 일관성만을 보였다.

15. 예수의 죽음과 표증 (27:45-56)

예수의 십자가형 기사는 변모 사건 기사와 유사성을 가진다. 두 기사는 '6일 후에'(17:1)와 '6시간 후에'(27:45); 하나님의 아들로 선포(17:5) 또는 고백됨(27:54); 빛(17:2)과 어두움(27:45); 엘리야의 등장(17:3) 및 엘리야에 관한 언급(27:49); 세 제자의 두려움(17:6)과 군인들의 두려움(27:54) 등으로 평행된 짝을 이룬다(김창훈, 18-19, 27).

십자가에 못 박힌 예수께서는 시편 22편을 인용하심으로써, 이 시편이 성취되고 있음을 지적하신다(27:46). 예수께서 숨을 거두실 때 성소 커튼이 찢어지는 표증과 무덤에 묻힌 자들이 살아나는 표증들이 발생한다(27:51-53). 예수를 처형시키는 데 참여한 백부장과 병사들이 예수를 하나님의 아들이었다고 고백하는 놀라운 일도 벌어진다(27:54).

1. 번역

45 제육 시부터 제구 시까지 어둠이 온 땅에 임했다. **46** 제구 시쯤에 예수께서 큰 소리로 외치며 말씀하셨다.

"엘리 엘리 레마 사박타니?"

이것은 "나의 하나님 나의 하나님 왜 나를 버리셨습니까?"라는 뜻이다. **47** 그러나 그곳에 서 있던 사람들 중에 몇몇은 듣고 말했다.

"이자가 엘리야를 부르고 있구나."

48 그리고 즉시 그들 중에 한 사람이 달려가 해면에 포도주 식초를 채워서 갈대를 꿰어 그에게 마시게 하기 시작하였다. **49** 그러나 다른 사람들은 말했다.

"놔둬라. 엘리야가 그를 구하러 오는지 보자."

50 예수께서 다시 큰 소리로 외치고 영을 떠나게 하셨다. **51** 그런데, 보라! 성소의 휘장이 위에서부터 아래까지 둘로 찢어졌다. 그리고 땅이 흔들리고 반석들이 갈라졌다. **52** 그리고 무덤들이 열렸고 많은 잠든 성도들의 몸들이 일으켜졌다. **53** 그들이 그의 부활 후에 무덤에서 나와서 거룩한 도시에 들어가 많은 사람들에게 나타났다. **54** 백부장과 그와 함께 예수를 지키던 자들이 지진과 발생한 일들을 보고 매우 무서워하여 말했다.

"참으로 이 사람은 하나님의 아들이었구나."

55 그런데 멀리서 바라보는 많은 여인들이 그곳에 있었다. 그들은 갈릴리

로부터 예수를 따라와 그를 위하여 봉사하던 여인들이었다. 56 그들 중에
는 막달라 여인 마리아, 야고보와 요셉의 어머니 마리아와 세베대의 아들
들의 어머니가 있었다.

2. 주해

45절 (어둠이 임함) 제6시부터 제9시(낮 12시-오후 3시)까지 온 땅이 어
두워졌다. '어둠'은 요엘 2:2, 31에서 주의 날과 관련하여 심판 은유로 등
장한다.[298] 아모스 8:9도 그러하다.

이때 온 땅이 3시간 동안 어두워진 것은 일식 현상은 아니다. 일식은
8분 이상 지속되지도 않으며,[299] 유월절(보름달이 뜰 때임)에 발생할 수도
없기 때문이다.[300] 이 현상은 아모스 8:9("그 날에 내가 해를 대낮에 지게
하여 백주에 땅을 캄캄하게 하며"); 요엘 2:2, 10, 31을 연상시킨다.[301] 이
구약 구절들은 종말을 낮에 어둠이 임하는 것과 연관시키므로, 십자가 사
건에 종말론적 의미를 부여한다.[302] 구약 성경은 어두움을 심판과 관련시
키므로(출 10:21-22; 신 28:29; 사 13:10),[303] 십자가 사건 때 임한 어두움은
예수 처형을 주도한 예루살렘의 산헤드린 세력에 대한 하나님의 심판의
의미를 가진다. 필로는 일식이나 월식이 도시의 멸망이나 왕의 죽음을 의
미한다고 한다.[304] 낮에 땅이 어두워진 현상도 그렇게 해석되었을 수 있다.

298. Hagner, 1995: 844.
299. Marcus, 2009: 1054.
300. Edwards, 475.
301. Marcus, 2009: 1054.
302. Williamson, 276.
303. Bock, 370.
304. Philo, *On Providence* 2.50(Lane, 571).

그렇다면 십자가 사건에 임한 어두움은 죽임 당하고 계신 예수께서 참으로 왕이시며, 이 왕을 버린 예루살렘 도시가 멸망할 것임을 암시한다.

46절 (시편을 인용하심) 제9시(오후 3시) 즈음에 예수께서는 "엘리 엘리 라마 사박다니"(나의 하나님 나의 하나님 어찌하여 나를 버리셨나이까?) 라고 외치신다. 오후 3시는 기도 시간이므로 이때 예수께서 시편을 인용하시면서 기도하신 것으로 볼 수 있다.[305] 예수께서 외치신 말씀은 시편 22:1(히브리어 성경은 22:2)의 인용이다. 예수께서 시편 22편 초두를 인용하신 것이 시편 22편 전체를 그것의 초두로 인용하신 것이라고 볼 때, 하나님의 능력에 대한 신뢰(22-31절)와 관련됨을 알 수 있다(Harrington, 399).

'엘리'는 히브리어만이 아니라 아람어로 볼 수도 있다. 시편 22편에 관한 탈굼(4Q246)에서 '엘리'가 등장하기 때문이다(DA, 1997: 624). 그렇지만 마태복음에 기록된 예수의 말씀은 히브리어 시편 22:2과 유사하다.[306] 러너(B. D. Lerner)는 '사바크타니'($\sigma\alpha\beta\alpha\chi\theta\alpha\nu\iota$)가 아람어 탈굼 시편 22:2에서 발견되는 '사바크타니'(שבקתני, 나를 버리다)로 간주하는 것을 반대하였다. 그는 신약 성경의 다른 곳에서는 '코프'(ק)가 '깎빠'(κ)로 음역되므로 '키'(χ)로 음역한 것은 어색하다고 지적하고, 이것이 히브리어 '사바크타니'(סבכתני)의 음역이라고 추측했다(Lerner, 196-97). 그는 이 히브리어 표현이 욥기 8:17의 용례를 통해서 볼 때 "나를 얽아매다"는 뜻이라고 해석하고, 아브라함이 이삭을 제물로 바치고자 묶은 것을 연상시키는 표현이라고 한다.[307] 그리하여 이 예수의 말씀이 자신이 이삭처럼 구출되리라고 기대했는데, 양처럼 제물이 되었음을 언급한다고 주장한다

---

305. DA, 1997: 623.

306. Lane, 572.

307. Lerner, 197.

(Lerner, 197). 그러나 마태복음은 이 표현을 70인역 시편 21:2(ἐγκα-τέλιπές με)과 일치하게 '나를 버렸다'(με ἐγκατέλιπες)로 번역한다. 마태복음 저자는 관련된 히브리어/아람어 표현의 의미를 시편 22:2(70인역 21:2)을 인용한 것으로 간주하고 소개하므로, 이 마태복음 구절의 의미는 마태복음 저자가 의도한 대로 해석되어야 한다. 예수께서 이 표현으로 의도하신 바도 시편 22편의 예언이 성취되어 자신의 수족이 찔리고(시 22:16; 마 27:35), 사람들이 자신의 옷을 제비 뽑았고(시 22:18; 마 27:35), 사람들이 자신을 향하여 머리를 흔들었음을(시 22:7; 마 27:39) 지적한 것이라고 볼 수 있다.

니산월 14일 낮 제9시(오후 3시)는 유월절 어린 양을 도살하기 시작하는 시간인데(출 29:39, 41; 민 28:4, 8 참고), 예수께서도 이 시간 후에 죽음을 맞이하신다.[308] 예수께서 시편을 인용하시며 외치신 때가 제9시(오후 3시)쯤이었고, 예수께서는 그 후 다시 크게 외치고 죽으신다(마 27:50). 따라서 예수께서 숨지셨을 때는 성전에서 매일 어린 양을 제물로 드리는 때인 제9-10시(오후 3-4시)와 일치한다.[309] 이러한 일치는 예수의 죽음에 유월절 어린 양처럼 제물이 됨의 의미를 부여할 수 있게 한다. 유월절 양의 피를 문설주에 바른 히브리인들이 죽음을 면하였듯이 예수의 피로 인해 심판을 면하는 백성이 생겨날 것이다.

47절 (엘리야를 부른다고 생각한 사람) 유대인들은 엘리야가 위기에 의인들을 구하러 올 것이라고 믿었다.[310] 유대인들은 엘리야를 아람어 '엘리'로 불렀기에 예수께서 말씀하신 '엘리'(나의 하나님)는 엘리야를 가리키는 것으로 오해될 수 있었다(Edwards, 477).

---

308. 강대훈, 하, 622-23.
309. Collins, 752.
310. Edwards, 476.

48-49절 (포도주를 마심) 한 사람이 예수께 신 포도주를 마시도록 한다. 마태복음의 문맥에서는 예수께 신 포도주를 준 사람은 로마 군인이 아니라 군중 중의 하나였다고 볼 수도 있다(DA, 1997: 626). '신 포도주'(ὄξος, '옥소스')는 물을 타서 희석한 포도주 식초로서 하층민들이 사용한 값싼 포도주를 가리킨다.[311] 이것을 마시게 한 것은 시편 69:21("그들이 쓸개를 나의 음식물로 주며 목마를 때에는 초를 마시게 하였사오니")을 성취하는 행위라 할 수 있다(양용의, 2018: 557).

하나님 나라에서 제자들과 함께 마실 때까지는 포도주를 마시지 않겠다고 하신 예수의 말씀(마 26:29)을 고려할 때, 예수께서 혼자서라도 포도주를 마신 것은 하나님 나라가 시작되었음을 알려 준다고 볼 수 있다. 제자들 중에 아무도 십자가 처형까지 따라가지 못하였기에 예수께서는 혼자 포도주를 마시게 되었지만, 이미 십자가 위에서 흘린 예수의 피로 새 언약이 체결되고 하나님 나라가 시작되었기에 예수께서는 혼자서라도 포도주를 마시셨을 것이다. 함께 마실 것이라는 기대를 깨고 달아난 것은 제자들이었기에 예수께서 혼자 포도주를 마신 것은 약속 위반이 아니었다.

50절 (예수의 죽음) 예수께서는 다시 크게 소리치신 후 죽으신다. 예수께서 크게 소리치신 것은 창세기 4:10; 출애굽기 3:7에 담긴 억울하게 고난받는 자의 호소를 연상시킨다(참고. 계 6:9-11; 욥의 유언 19:4).[312] '영을 떠나게 하였다'는 표현은 창세기 35:18에서처럼 죽음을 가리킨다고 볼 수 있다.[313]

51절 (성소 휘장이 찢어지고 지진이 남) 예수께 크게 외치실 때 성소 휘장이

311. Harrington, 400.
312. DA, 1997: 627.
313. 강대훈, 하, 626.

찢어졌다(이 성소 휘장에 관해서는 아래 해설 참고). 성전 휘장의 찢어짐은 하나님의 심판으로 간주될 수 있다.[314] 성전이 파괴되어 더 이상 기능하지 못하게 되는 날이 올 것을 암시한다. 옛 성전이 새 시대에 연속되지 않음을 말하는 유대 문헌들을 배경으로 볼 때(에녹1서 90:28-29; 희년서 1:27; 토비트 13:16-18; 14:5; 11QTemple 29:8-10; 4QFlor 1:1-3; 시빌의 신탁 5:414-33; 탈굼 이사야 53:5)[315] 성전 파괴의 암시는 곧 새 시대가 옴의 암시이기도 하다.

성전 휘장의 관리자는 제사장들이었으므로 휘장의 찢어짐은 제사장들에게 대한 심판을 함축한다.[316] 또한 성소 휘장이 찢어짐은 성전 파괴를 암시하기도 한다.[317] 초기 교부들은 이 사건이 성전이 파괴될 것을 알리는 표증이라고 보았다.[318] 바벨론 탈무드(b. Yoma 39b)는 성전이 파괴되기 이전 40년 중에 성소의 문들이 저절로 열릴 것이라고 한다.[319] 이러한 유대 전통은 유대인들이 성소의 문에 해당하는 휘장이 찢어짐을 성전 파괴의 징조로 간주할 수 있었다고 추측할 수 있게 한다.

성소 휘장이 찢어질 때 지진도 발생하여 바위가 터졌다. 지진의 발생은 가끔 하나님의 오심과 관련되고(삿 5:4; 시 18:6-8; 77:18; 레위의 유언 3:9 등), 심판(사 5:25; 24:17-18; 29:6; 겔 38:19), 위대한 자의 죽음, 비극 등과 관련된다.[320] 이러한 배경으로 볼 때에는 예수의 죽음과 관련된 지진의 발생은 예수를 위대한 분으로 보게 하며, 예수를 죽인 자들에게 대한

---

314. 레위의 유언 10:3 참고(Hagner, 1995: 849).
315. DA, 1997: 631. n.108.
316. DA, 1997: 632.
317. Evans, 2001: 509.
318. Lane, 575.
319. Bock, 372.
320. DA, 1997: 632.

하나님의 심판을 암시한다. 또한 예수의 죽음을 하나님의 오심과 연관시켜 이때부터 하나님의 나라가 시작된다고 볼 수 있게 한다.

70인역 에스겔 37:7, 12-13은 지진에 이어 무덤이 열리고 새 출애굽이 발생함을 기록한다(Gurtner, 2012: 540). 반석의 갈라짐도 구약 성경에서 하나님의 능력의 나타남과 관련된 표현이다(나 1:6; 왕상 19:11; 사 48:21).[321] 따라서 지진, 무덤이 열림, 반석의 갈라짐은 예수께서 십자가에서 죽으심이 새 출애굽을 가져온다고 해석할 수 있게 한다.

52-53절 (성도들의 부활) 마태복음의 문맥과 용례는 '거룩한 도시'가 예루살렘을 가리킨다고 볼 수 있게 한다. 이 표현은 마태복음 4:5에서 성전과 연관되어 있기에 예루살렘을 가리키며, 27:53에서도 예수께서 십자가에 못 박힌 장면과 연관되므로 예루살렘을 가리킨다. 이사야 52:1의 '거룩한 도시 예루살렘'이라는 표현도 '거룩한 도시'를 예루살렘을 가리키는 표현으로 볼 수 있게 한다.

성도들이 부활하여 예루살렘에 들어간다. (마가복음에 없는 내용이다.) 양용의는 이 부분을 해석하며 "구약은 마지막 날에 죽은 자들이 육체적으로 부활할 것을 예언하고 있다(사 26:19; 겔 37:1-14; 단 12:2). 아마도 마태복음은 이 사건을 통해 그러한 예언들이 성취되었음을 확인해 주고 있는 것으로 보인다."고 한다.[322] 마태복음이 언급하는 성도의 부활은 부활에 관한 본문으로 여겨진 70인역 스가랴 14:4-5(예루살렘 밖에서 죽은 자들이 부활함을 말하고, 그들을 거룩한 자들이라 부르며, 바위가 갈라짐을 말하는 본문임)의 성취로 볼 수도 있다.[323] 구약 예레미야 19장에 의하면 의로운 자의 피를 흘리면 땅이 저주를 받아 심판을 받게 되지만, 예수

---

321. Gurtner, 2012: 541.
322. 양용의, 2018: 559.
323. DA, 1997: 628-29.

의 경우에는 예수의 죽음으로 인하여 땅이 죽은 자들을 내어놓아 살아나는 역설적인 일이 발생한다(Hamilton, 2018: 428, 436).

예수께서 십자가에서 죽음을 맞이하실 때, 무덤이 열렸다. 그리고 부활한 자들은 예수의 부활 후에 무덤에서 나왔다. 그들의 부활 시점은 52절 본문에서 마치 예수의 죽음 후에 발생한 것처럼 묘사되어 있다. 그러나 52절의 '그리고 많은 죽은 자들의 몸들이' 이하는 나중에 일어나는 일임과 동시에 이곳에 기록한 부가적인 설명으로 간주할 수도 있다.[324] 굳이 이곳에 기록한 이유는 예수의 부활만이 아니라 예수의 죽음이 죽은 자들을 살아나게 하였음을 지적하고자 했기 때문일 수 있다(김창훈, 13-14 참고).

죽은 자들이 부활하는 종말론적 사건이 발생한 것은 예수께서 십자가 상에서 죽으신 사건이 옛 시대의 종말이며 새 시대가 시작하는 분기점임을 암시하는 듯하다. 쿰란 문헌(4Q521 7 ii 4-15)은 회복하는 자가 자기 백성을 살리리라 기대하는데, 예수께서는 이러한 기대를 성취하기 시작하신다(강대훈, 하, 628). 죽은 자들의 부활은 종말에 발생할 성도들의 부활의 모습을 미리 보여 주는 모형으로서 역할을 한다.

마태복음에서 '메따'(μετά, ~후에) + 목적격은 주동사보다 시간적으로 앞선 동작을 가리키며(1:12; 17:1: 24:29; 25:19; 26:2, 32, 73; 27:62, 63), (27:62 외에는) 대부분 뒤에 오는 동사와 연결된다(Quarles, 4). 마태복음에서 어순은 시간적 순서를 반영한다.[325] 그러므로 '그의 부활 후에'는 '거룩한 도시에 들어갔다'와만 연결된다고 볼 수 있다(Quarles, 4). 따라서 부활한 성도들이 예루살렘에 들어간 시점은 예수의 부활 이후라고 읽을 수 있다.

---

324. 김창훈, 11 참고.
325. Quarles, 4.

54절 (장병들의 고백) 처형을 지켜보고 있던 백부장과 병사들은 지진 등
의 현상을 보고 예수가 하나님의 아들이었다고 고백한다. 백부장은 성소
휘장이 찢어진 일도 목격하였거나 보고받았을 것이다. 잭슨(H. M. Jack-
son)은 이 휘장은 성소 문들 앞에 걸린 약 24m 높이의 휘장(*J. W.* 5.211-
12)으로서 멀리 올리브산 쪽에서도 볼 수 있었다고 주장한다(Jackson,
24).

백부장과 병사들은 예수께서 참으로 하나님의 아들이라고 말한다. 이
번에 언급되는 것은 하늘에서 들려온 소리 대신 로마 군인의 입에서 나오
는 고백이다. 이러한 고백이 로마 황제를 하나님의 아들로 여기는 로마
군인들의 입에서 나온 것은 놀라운 일이다(Evans, 2001: 510 참고).

코이네 헬라어에서는 명사 주격이 술어로서 동사 앞에 나오면 관사
없이 사용된다.[326] 신약 성경의 여러 구절들(마 4:3; 8:9; 14:33; 27:40, 43,
54; 막 5:7; 15:39; 눅 1:35; 4:3, 9; 8:28)이 이러한 용례를 보여 준다
(Edwards, 480. n.74). 그러므로 예수가 '하나님의 아들이셨다'(θεοῦ υἱὸς
ἦν)는 말은 예수가 "하나님의 아들 중에 하나"(a son of God)이셨다는 뜻
이 아니라,[327] "하나님의 아들"(Son of God)이라는 뜻을 담았을 것이다.

더구나 마태복음은 '아들' 앞에 정관사가 없어도 '하나님의 아들'을
특정한 존재를 가리키는 용법으로 사용하므로(4:3, 6; 14:33; 27:40,
43),[328] 백부장 등이 사용한 정관사가 없는 '하나님의 아들' 표현은 마태복
음이 다른 곳에서 사용한 (메시아로서의) '하나님의 아들'과 동일한 뜻을
가진다고 볼 수 있다.

여기서 사용된 어순 대로의 '하나님의 아들'(θεοῦ υἱὸς)은 로마 황제

---

326. Edwards, 480.
327. Edwards, 480.
328. DA, 1997: 636.

에게 사용된 칭호였으므로, 이것을 예수께 적용한 것은 로마 황제가 아니라 예수께서 참된 하나님의 아들임을 고백하는 의미도 내포한다 (Mowery, 109-10).

마가복음에서와 달리 여러 사람이 함께 예수를 '하나님의 아들'로 고백한 것으로 독특하게 기록한 것은 모든 민족이 하나님께 예배하리라고 하는 시편 22:27-28을 연상시킨다.[329] 마태복음 2:1-12에서처럼 이방인들이 예수의 정체를 먼저 알아본다.

알렉산더 대왕이나 율리우스 카이사르(Julius Caesar)가 죽을 때 어둠이 임했다는 점도 헬라인이나 로마인에게는 예수께서 처형당할 때 임한 어두움이 예수께서 참으로 왕이라는 증거로 간주되었을 것이다.[330]

55-56절 (멀리서 지켜본 여인들) 예수께서 처형당하는 장면을 지켜보던 여인들이 있었다. 예수께 기름 부은 여인의 이름은 언급하지 않고 익명으로 남겨두었는데, 여기서는 세 여인들이 누구인지 알 수 있게 언급된 이유는 이들이 예수의 죽음과 부활의 증인이기 때문일 것이다.[331] 이 목격자들은 막달라 마리아, 야고보 및 요셉의 어머니 마리아, 세베대의 아들들의 어머니였다.

세베대의 아들들(야고보와 요한)의 어머니는 십자가 처형 장면을 보고 자신이 한 때 아들들을 위하여 예수께서 구했던 예수의 우편과 좌편이 (마 20:20-21) 무슨 뜻이었는지 알게 되었을 것이다(DA, 1997: 638).

야고보와 요셉의 어머니 마리아는 예수의 어머니 마리아가 아니라 알패오의 아들 야고보의 어머니 마리아일 것이다. 마가복음 15:40은 이 마리아를 '작은 야고보'의 어머니라고 하기 때문이다. 기독교 전통 속에서

---

329. Harrington, 401.
330. 신현우, 2021: 690.
331. 강대훈, 하, 639.

알패오의 아들 야고보는 '작은 야고보'라고 부르고, 세베대의 아들 야고
보는 '큰 야고보'라고 부른다(Marcus, 2009: 1060).

'막달라'는 지명으로서 탈무드(*b. Pesahim* 46b)가 언급하는 미갈 눈나
야(Migal Nunnaya)라고 추정되며, 헬라어 지명으로는 타레카이아이
(Tarechaeae) 또는 타리카이아이(Tarichaeae)로서 갈릴리 호수 서안에 있
었던 듯하다.[332]

예수의 십자가 처형 장면은 마태복음 2장의 탄생 기사와 평행되는 요
소들을 가지고 있다. '유대인들의 왕'(마 2:2//27:37), 천체 현상(마
2:2//27:45), 이방인들의 경배 또는 고백(마 2:11//27:54)은 두 기사에 공
통된 평행 요소이다(DA, 1997: 640).

예수의 죽음 장면은 부활 장면과도 평행을 이룬다. 지진(27:51//28:2),
무덤이 열림(27:52//28:2), 부활(27:52//28:6), 지키던 자들의 두려움
(27:54//28:4), 사건에 관한 증언(27:53//28:11), 예루살렘으로 들어감
(27:53//28:11), 막달라 마리아와 다른 마리아의 목격(27:56//28:1)이 두
기사에 공통적으로 나타난다(DA, 1997: 640-41).

3. 해설

성소 휘장은 청색, 자색, 홍색실로 짜는데, 청색은 하늘을 가리키며(*b.
Sotah* 17a), 자색은 하늘의 별을 상징한다(*Ant.* 3.132; *J.W.* 5.212-13).[333] 그
렇다면, 이 휘장이 찢어진 것은 하늘이 찢어져 하나님과 사람 사이의 장
벽이 사라진 새 시대가 시작됨을 상징한다. 지성소와 성소를 나누는 휘장
도 하늘을 상징하므로(*Ant.* 3.6.4 §§122-23), 찢어진 휘장이 이것이었다고

---

332. Marcus, 2009: 1059.
333. 강대훈, 하, 635.

볼 경우에도 의미는 동일하다.[334] 에스겔 1:1은 하늘의 열림과 계시를 연관 짓는다.[335] 마태복음 3:16-17은 하늘이 열리고 예수께서 하나님의 아들이라는 계시가 주어짐을 기록하므로, 하늘을 상징하는 성전 휘장의 찢어짐도 예수께서 하나님의 아들이라는 백부장 등의 고백도 이러한 계시에 의한 것이라고 보게 한다. 예수께서 하나님의 아들이심에 관한 베드로의 고백이 하나님께서 계시하여 주신 것이라는 예수의 말씀(마 16:17)은 이러한 해석을 지원한다(Gurtner, 2012: 543 참고).

예수께서 숨을 거두신 제9시(오후 3시)경은 성전의 저녁 제사 때에 해당하므로 이때 (성소 앞 또는 성소와 지성소 사이의) 휘장이 찢어지는 것을 제사장들이 목격하였을 것이다.[336] 이것은 후에 기독교인이 된 제사장들에 의해 기독교인들에게 알려질 수 있었을 것이다(Keener, 2009: 687). 성소 앞에 있는 약 24m 높이의 휘장이 찢어진 것이라면[337] 이것은 공개적으로 볼 수 있는 것이었으므로 많은 사람이 목격하였을 것이다.

그런데 마태복음은 이 휘장을 '성소의 까따뻬따스마'(τὸ καταπέτασμα τοῦ ναοῦ)라고 부른다. 70인역에서 '까따뻬따스마'는 약 38회(외경 포함) 사용되었는데, 그중에서 28회는 지성소 앞의 휘장을 가리키고, 2회는 성소 앞의 휘장, 4회는 뜰 입구의 휘장을 가리킨다.[338] 70인역에서 이 단어가 홀로 사용된 경우는 모두 지성소 앞의 휘장을 가리킨다(Gurtner, 2005: 346). 이 단어가 성막 앞의 휘장을 가리키는 경우에는 "회막 입구를 위한 까따뻬따스마"라고 표현하며(70인역 출 26:37), 70인역 출애굽기 37:5(개

---

334. Collins, 762.
335. Gurtner, 2012: 539.
336. Keener, 2009: 686.
337. DA, 1997: 631.
338. Gurtner, 2005: 345-46.

역은 36:37)에서도 "회막 문의 까따뻬따스마"라고 표현한다.[339] 70인역 출애굽기 40:5에서도 '까따뻬따스마'는 성막 앞을 가리키는 수식어구가 붙어 있어서 성막 앞의 휘장을 가리킬 수 있다(Gurtner, 2005: 350). 이러한 용례를 따르면 '성소의 까따뻬따스마'는 수식어가 붙어 있는 형태이므로, 지성소 앞의 휘장이 아니라 성소 앞의 휘장을 가리킨다고 볼 수 있다. 따라서 마태복음의 이 구절이 가리키는 휘장은 성소 문 앞의 휘장을 가리킨다고 볼 수 있다.

그렇지만 이때 지성소 앞의 휘장이 함께 찢어졌다고 볼 수도 있다. 1세기 유대 문헌 선지자들의 생애 12:1-13은 성전이 파괴될 때 지성소 휘장이 찢어질 것이라는 예언이 소개되는데, 이것은 아마도 예수께서 처형당하실 때 발생한 사건의 반영일 것이다(Plummer, 314).

16. 장사 지냄 (27:57-61)

1. 번역

57 저녁이 되었을 때 아리마대 출신의 한 부자가 왔다. 그의 이름은 요셉이었는데, 그도 예수의 제자였다. 58 이 사람이 빌라도에게 나아가서 예수의 몸을 요청하였다. 그때 빌라도가 내어 주도록 명했다. 59 요셉이 그 몸을 받아 그것을 깨끗한 아마포로 쌌다. 60 그리고 그는 그것을 자기의 새 무덤에 두었다. 그 무덤은 바위 속에 판 것이었다. 그가 큰 돌을 무덤 문을 향하여 굴려 놓고 떠났다. 61 그런데 그곳에서 막달라 여인 마리아와 다른 마리아가 무덤 맞은편에 앉아 있었다.

---

339. Gurtner, 2005: 349.

2. 주해

57-66절은 다음과 같이 (샌드위치) 평행 구조를 가진다(DA, 1997: 644).

    A (57절) 주요 등장인물 소개
    B (58a절) 빌라도에게 허락을 구함
    C (58b절) 빌라도의 허락
    D (59-60절) 임무가 수행됨

      X (61절) 여자 증인들

    A′ (62절) 주요 등장인물 소개
    B′ (63-64절) 빌라도에게 허락을 구함
    C′ (65절) 빌라도의 허락
    D′ (66절) 임무가 수행됨

57절 (아리마대의 부자 요셉) 아리마대의 부자 요셉이 등장한다. '아리마대'는 70인역을 통하여 볼 때(삼상 1:19) 사무엘의 출생지인 라마를 가리키는 말이다(Marcus, 2009: 1070). 아리마대는 오늘날의 렘피스(Remphis)이다.[340] 예루살렘에서 북서쪽으로 직선거리 40km 정도 떨어져 있다(Maier, 988).

이 요셉은 예수의 제자이다. (이 부분은 마가복음에는 없는 내용이다.)

---

340. Stein, 599.

마태복음에서 이 내용을 밝힌 것은 아리마대 요셉이 산헤드린 의회원으로서 예수 정죄에 가담했을 것이라고 추측하는 것을 막는다(Harrington, 405).

58절 (빌라도에게 예수의 시체를 요구함) 요셉은 빌라도에게 예수의 시체를 요구한다. 시체를 빨리 장사 지내려 한 것은 신명기 21:22-23에 따라 나무에 달린 자를 해가 지기 전에 매장하기 위함이었을 것이다.[341] 해가 지기 전에 장사하는 것은 악인들이 십자가에 처형되었을 경우에도 행하여졌다(*J. W.* 4.316-17).[342] 쿰란 문헌(11QTemple 64:11-13)도 십자가에 처형되어 죽은 자의 시체를 일몰 전에 내려야 함을 언급한다.[343] 이것은 유대인들이 십자가형을 당한 자의 시체를 신명기 21:23이 언급하는 나무에 매달린 자의 시체로 보았음을 알려 준다.

로마 당국은 십자가형을 당한 자의 시체의 경우 대개 장례를 하지 않고 방치했으나 신명기 율법을 존중하는 유대인들의 관습을 고려하여 유대 지역에서는 십자가형을 당한 경우에도 시체를 내어 줄 수 있었을 것이다(자세한 설명은 아래 해설 참고).

59절 (세마포로 시체를 쌈) 요셉은 예수의 시체를 깨끗한 세마포(아마포)로 싼다. 시체를 씻는 일은 매우 중요하게 여겨져서 심지어 안식일에도 행해졌기에(*m. Shabbath* 23:5; 참고. 행 9:37; *b. Moed Katan* 28b), 요셉은 세마포로 예수의 시체를 싸기 전에 씻었을 수도 있다(Lane, 580).

60절 (무덤에 넣음) 예수의 시체는 바위에 판 새 무덤에 장사되었다. 바위에 판 무덤의 속에는 시체를 둘 수 있게 약 0.6m x 0.6m x 1.8m로 판 자리들이 있는데, 일단 여기에 시체를 넣어 두고, 나중에 뼈를 추려 항아

---

341. Evans, 2001: 519.
342. Edwards, 487.
343. Stein, 599-600.

리에 넣었다(Marcus, 2009: 1071-72).

무덤 문에는 '큰 돌'을 굴려서 막았다. (마가복음은 그저 '돌'이라고 한
다.) 마태복음은 무덤 문에 둔 돌이 옮기기 힘든 돌임을 명확히 한다. 돌을
굴려 무덤 입구에 놓았다는 마태복음의 기록은 이 돌이 원형이었음을 알
려 준다. 예루살렘 및 그 주변에서 발굴된 제2성전기 무덤 900여 개 중에
는 단지 4개가 원형의 돌로 닫혀 있었다.[344] 이렇게 희소한 원형 돌문은 부
유한 자들의 무덤에 사용되었을 것이다.[345] 이 돌들은 지름이 1.2m 이상이
었고, 헤롯 시대의 것들은 두께가 0.75m 이상이었다.[346] 급히 장례할 경우
기절한 사람을 죽은 줄 알고 장사할 위험이 있었기에 유대인들은 무덤을
방문하여 점검하곤 하였다.[347] 물론 예수의 경우에는 사형수로 처형된 것
이므로 시체를 내어 주기 전에 로마 당국이 사망을 확실히 확인하였을 것
이다.

예수께서 부자 요셉의 무덤에 묻히심은 이사야 53:9을 성취하지만,
예수께서 악인들과 함께 묻히신 것은 아니므로 이사야 53:9과 조화되지
않는 측면도 있다. 이렇게 조화되지 않는 측면은 마태복음의 기록이 조작
되지 않은 증거로 제시될 수 있다(DA, 1997: 647).

61절 (무덤을 확인한 여인들) 제자들은 도망갔으며 대부분의 여인들도 떠
났고, 오직 두 여인이 끝까지 남아 무덤 앞에까지 왔다(DA, 1997: 652).
그들은 예수께서 죽고 장사 지낸 바 되었음을 목격한 증인들이다.

---

344. Marcus, 2009: 1072.
345. 박윤만, 1168.
346. Marcus, 2009: 1073.
347. Edwards, 487.

3. 해설

유대인들은 사형수를 대개 죄수들을 위한 공동묘지에 장사 지냈고, 당시 로마 관습은 사형수를 장사 지내는 것을 금지했다.[348] 로마법을 따르면 십자가에 처형된 자를 대개의 경우 장례 지내지 않고 방치하게 된다.[349] 십자형을 당한 죄수의 시체는 종종 썩도록 방치되어 동물들의 먹이가 되었다(DA, 1997: 647).

비록 로마 당국도 사형수의 시체를 가족이나 친척이 요구할 때 대개는 내어 주었지만, 반역죄의 경우는 내어 주지 않았다(Lane, 578). 그러나 유대 지역에서는 이러한 원칙 적용의 예외가 허용되었던 것 같다(양용의, 2010: 376). 유대인들에게 장례는 중요한 경건 행위였으며,[350] 요세푸스는 "우리는 심지어 적들도 묻어 주는 것을 의무로 여긴다."고 했다.[351] 로마인들은 유대 관습을 존중하여 범죄자의 시체도 요구하면 주었다(*Digesta* 48.24.1.3).[352] 유대 전쟁 때 십자가형을 당한 자들의 시체의 경우에는 전쟁 상황으로 인해 방치되었을 뿐이었다.[353] 요세푸스(*J.W.* 4.317)는 유대인들은 십자가형을 받은 자들도 장사 지냈다고 기록한다.[354] 실제로 십자형을 당한 사람이 가족 무덤에 장사된 것이 고고학적으로 발굴되었다(DA, 1997: 648). 비록 로마 당국이 죄수의 친구나 친척이 장사 지내도록 시체를 내어 주기도 했지만, 로마에 반역한 죄목으로 처형당한 예수의 친구라

---

348. Keener, 2009: 693.

349. 양용의, 2010: 376.

350. 삼하 21:12-14; 토비트 1:17-19; 2:3-7; 12:12-13; 집회서 7:33; 38:16(Bock, 375).

351. *J.W.* 3.8.5(Lane, 578).

352. 강대훈, 하, 641.

353. Evans, 2005: 237-47.

354. DA, 1997: 647.

고 자신을 소개하며 시체를 요구하는 것은 매우 용기 있는 행위였다
(Keener, 2009: 693). 또한 범죄자를 공동묘지 대신 자기 자신을 위해 준
비한 무덤에 매장하는 것도 용기를 필요로 했을 것이다.

17. 경비병이 무덤을 지킴 (27:62-66)

이 부분은 제자들이 예수의 시체를 훔쳐 갔다는 소문이 신빙성이 없
음을 알려 준다.

1. 번역

62 다음 날, 곧 준비일 다음 날, 대제사장들과 바리새인들이 빌라도에게 모
였다. 63 그들이 말했다.

"주여, 그 사기꾼이 아직 살아 있을 때

'삼 일 후에 일어날 것이다.'라고 말한 것을 우리가 기억합니다.

64 그러므로 제삼 일까지 무덤을 지키도록 명하여 주십시오.

그의 제자들이 와서 그를 훔치고

백성에게 그가 죽은 자들로부터 일으켜졌다고

말하지 못하게 해야 합니다.

그들이 그렇게 하게 되면 마지막 속임이

처음보다 더 심하게 될 것입니다.

65 빌라도가 그들에게 말했다.

"그대들이 경비병을 취하시오.

가서 그대들이 아는 바대로 지키시오."

66 그들이 경비병들과 함께 가서 그 돌을 봉인하고 무덤을 지켰다.

2. 주해와 해설

62-64절 (대제사장들과 바리새인들의 요청) 대제사장들과 바리새인들은 무덤을 지켜달라고 빌라도에게 요청한다. 곧 안식일이 시작되므로 그들은 유대인 경비병을 사용할 수 없고 로마 경비병을 사용해야 했을 것이다. 그들은 로마 총독에게 '주'라고 부르며 아부하고, 주이신 예수는 '사기꾼'이라고 부른다. 예수를 그렇게 부름은 신명기 13:1-5; 18:20이 언급하는 거짓 선지자에 해당한다고 간주하는 관점을 표출한다.[355] 그러나 유대 지도자들이야말로 속이는 자들임이 마태복음 28:13에서 지적된다(DA, 1997: 654).

65절 (빌라도의 허락) 빌라도는 로마 군인을 데려가서 무덤을 지키도록 허락한다. 개역개정판이 '너희에게 경비병이 있으니'라고 번역한 부분(ἔχετε κουστωδίαν)은 '너희가 경비병을 취하라.'로 번역해야 문맥에 맞다. 마태복음 28:14-15에 의하면 이 경비병들이 총독 관할하에 있는 군인들이기 때문이다(양용의, 2018: 564). 이들이 성전을 경비하는 유대인 경비병들이었다면 그들을 데려가서 무덤을 지키기 위해 빌라도에게 허락을 받을 필요가 없었을 것이다(DA, 1997: 655).

66절 (무덤을 인봉함) 무덤을 봉인한 때는 안식일이었다. 왜냐하면 대제사장들이 빌라도에게 무덤 경비를 요청한 날이 준비일 다음 날 곧 안식일이었기 때문이다(62절). 미쉬나는 돌로 봉인하기 위한 행동이 안식일에 금지된 일이라고 간주한다(*m. Shabbath* 22:3). 아마도 1세기의 바리새인들은 이 정도로 철저하게 안식일을 지켰을 것이다. 하지만 안식일에 바리새인들이 실제로 그렇게 했을 가능성이 낮다고 보는 시각도 있다.[356] 그럼

---

355. DA, 1997: 654.

356. 예를 들어, Harrington, 405.

에도 불구하고 그들이 안식일에 무덤을 봉인하도록 한 것은 그들이 규례를 어기면서까지 예수를 적대하고자 했기 때문이었을 수 있다.[357] 또는 그들은 직접 인봉하지 않고 이방인들을 시켜서 인봉하는 것은 안식일을 어기는 것이 아니라고 여겼기 때문에 그렇게 할 수 있었다고도 볼 수 있다.

18. 부활 (28:1-10)

1. 번역

28:1 안식일이 저물고 다음 주 첫날이 시작될 때 막달라 여인 마리아와 다른 마리아가 무덤을 보려고 왔다. **2** 그런데 보라! 큰 지진이 났다. 주의 천사가 하늘에서 내려와서 다가와 돌을 굴리고 그 위에 앉았다. **3** 그런데 그 모습이 번개와 같았고 그의 옷은 눈처럼 희었다. **4** 지키는 자들이 그를 무서워하여 떨었고 마치 죽은 자들처럼 되었다. **5** 그 천사가 반응하여 그 여인들에게 말했다.

"너희는 두려워하지 마라.

너희가 십자가에 못 박힌 예수를 찾고 있는 줄 내가 알기 때문이다.

6 그는 여기 계시지 않다.

그가 말씀하신 대로 일으켜지셨기 때문이다.

너희는 와서 그가 누우셨던 곳을 보라.

7 또한 빨리 가서 그의 제자들에게

그가 죽은 자들로부터 일으켜지셨다고 말하라.

보라, 그분이 너희보다 먼저 갈릴리로 가실 것이다.

---

357. 양용의, 2018: 564.

너희는 거기서 그분을 볼 것이다.

보라, 내가 너희에게 말했다."

8 그들이 빨리 무덤에서 두려워하며 떠나가서 크게 기뻐하며 달려가 그의 제자들에게 알렸다. 9 그런데 보라, 예수께서 그들을 마주치시고 말씀하셨다.

"안녕한가?"

그들이 다가와서 그의 발을 붙잡고 그에게 절하였다. 10 그때 예수께서 그 여인들에게 말씀하셨다.

"두려워하지 마라.

가서 나의 형제들에게 그들이 갈릴리로 가면

그곳에서 나를 볼 것이라고 알려라."

2. 주해와 해설

1절 (무덤을 보려고 간 여인들) 안식일 후 첫날 새벽에 막달라 마리아와 다른 마리아가 무덤에 갔다. 사후 제삼 일까지 무덤을 관찰하는 것은 때 이른 장사 지냄을 방지하기 위한 유대인의 관습이었다.[358] 유대 관습은 여인들이 남자와 여자의 시체를 돌볼 수 있게 허용한 반면 남자들은 오직 남자의 시체만 돌볼 수 있게 하였다(Keener, 2009: 700).

여인들이 예수의 무덤에 온 날은 한 주의 첫날이다. 마태복음 28:1의 표현은 이때가 새벽임을 명시하지는 않으며, 안식일이 지난 (저녁) 때로서 한 주의 첫날이 시작되는 때임을 알릴 뿐이다.[359] 7일, 7주, 7년 등의 기간 후에 새로운 시대가 시작된다는 생각은 다니엘 9:24-27뿐 아니라 유대

---

358. Harrington, 409; DA, 1997: 664.

359. Boyarin, 688.

문헌에서 널리 발견된다.[360] 한 주의 마지막 날인 안식일이 지나고 한 주의 첫날에 예수께서 부활하시어, 이 날은 예수로 인해 시작된 새 시대를 상징하기에 적합한 날로 여겨졌을 것이다.

안식일이 예표한 새 시대가 시작되었기에 안식일이 성취된 측면이 있지만, 이 시대를 사는 새 언약의 백성들도 여전히 새 시대의 완성을 소망 중에 기다리므로, 완성된 시대를 바라보며 안식일을 지킬 수 있다. 새 시대가 이미 시작되었지만 아직 완성되지 않은 이미와 아직의 긴장 속에서 안식일은 폐지된 듯하면서도 폐지되지 않은 것이다. 한 주의 첫날을 새로운 안식일로 지키는 교회 전통은 이러한 이미와 아직의 긴장 속에서 이해될 수 있을 것이다.

2절 (큰 지진과 천사의 등장) 큰 지진이 나고 천사가 무덤 입구의 돌을 굴려내고 그 위에 앉았다. 지진이 동반된 것은 예수의 부활을 묵시적 사건으로 간주하게 한다.[361] 지진의 발생은 가끔 하나님의 오심과 관련되고(삿 5:4; 시 18:6-8; 77:18; 레위의 유언 3:9 등), 심판(사 5:25; 24:17-18; 29:6; 겔 38:19) 등과 관련된다.[362] 이러한 배경으로 지진의 발생은 하나님께서 여시는 새로운 시대(하나님의 나라)가 시작됨을 암시한다고 볼 수 있다. 천사가 돌을 굴려낸 것은 엄청난 힘을 보여 주며, 앉기에 적합하지 않는 디스크 모양의 돌 위에 앉은 모습의 기록은 초자연적 승리의 묘사이다 (Keener, 2009: 701). 마가복음은 천사를 '젊은이'라고 부르지만, 그것은 천사를 부르는 관습적인 표현이었음이 사도행전 1:10; 10:30; 마카비2서 3:26, 33; 요세푸스(*Ant.* 5.277); 베드로복음 9:36; 13:55; 에녹2서 1:4-7 등

---

360. 에녹1서 93:1-10; 91:12-17; 에스라4서 7:31; 레위의 유언 16:1 이하; 에녹2서 33:1-2; *b. Sanhedrin* 97a 등(DA, 1997: 664).

361. Harrington, 409.

362. DA, 1997: 632.

에서 확인된다(DA, 1997: 665).

3-4절 (천사의 모습) 천사의 형상은 번개 같았고 옷은 희었다. 유대 문헌들에서 천사들은 종종 흰 옷을 입고 등장한다.[363] 사도행전 1:10-11도 천사를 흰 옷 입은 자로 묘사한다.[364] 마태복음 28장에서 묘사된 천사의 모습은 17:2에 나오는 변화된 예수의 모습보다는 덜 영광스러운 모습이다 (Harrington, 409).

5-6절 (천사의 증언) 천사는 빈 무덤을 보라고 하며 예수께서 부활하셨다고 해석한다. 천사가 해석자의 역할을 하는 것은 스가랴서를 비롯한 묵시 문헌의 공통적 특징이기도 하다(Harrington, 409). 유대인들에게 부활은 육체적 부활로서 천사와 같은 영광스러운 몸을 입고 부활함이었다.[365] 마카비2서 7:10-11은 부활을 육체를 돌려받음으로 보며, 에녹1서 39:4-7; 104:2-6은 부활한 몸이 천사와 같을 것이라고 기대한다(Bock, 378).

유대 문헌과 그리스-로마 문헌에 시체가 사라진 이야기가 많은 것처럼 예수의 시체가 사라진 이야기도 꾸며내었다는 주장이 있으나, 이러한 이야기들은 예수 이야기와는 달리 사건 발생 후 수 세기 지나서 만들어졌다는 점에서, 사건 후 불과 몇십 년 후에 기록된 예수 이야기와는 다르다 (DA, 1997: 662).

여인들은 예수의 부활에 관한 천사의 증언을 듣고 빈 무덤을 확인하게 된다. 유대인들의 사회에서 여인에게는 증인 자격이 없었기에 부활 이야기가 조작된 것이었다면 부활의 증인으로 여인들을 등장시키지 않았을 것이다.[366]

---

363. Keener, 2009: 701.

364. Marcus, 2009: 1080.

365. Bock, 378.

366. Edwards, 492.

유대인들에게는 메시아가 죽은 자들로부터 부활한다는 사상이 없었다(Bock, 378-79). 따라서 유대인들에게 예수께서 메시아이심을 증거하고자 부활을 조작할 필요가 없었을 것이다. 또한 예수께서 스스로 메시아임을 인정하신 적이 없다면, 부활이 예수께서 메시아이신 증거로 작용하지 않았을 것이다.[367] 부활은 예수를 유죄 판결한 법정이 틀렸으며 하나님의 우편에 앉으시고 구름을 타고 오신다는 예수의 메시아 정체성 주장(마 26:64)이 옳음을 입증하는 하나님의 증거였다.

7절 (갈릴리에서 만날 부활하신 예수) 천사는 예수께서 제자들보다 "먼저 갈릴리로 가실 것이다."라고 한다. 여기에 사용된 헬라어 '쁘로아고'($\pi\rho o\acute{\alpha}\gamma\omega$) 동사는 "먼저 가다"와 "인도하다"의 뜻이 모두 가능하므로,[368] '가실 것이다' 대신 '인도하실 것이다'로 번역할 수도 있다. 하지만 곧이어 "그곳에서 너희가 그를 볼 것이다."라는 문장이 이어지는 문맥에는 "먼저 가다"는 의미가 더 적합하다(Collins, 797).

예수께서 제자들을 다시 만나겠다고 전하는 말씀은 예수께서 제자들을 용서하시겠다는 약속으로 볼 수 있다.[369] 제자들은 갈릴리에서 예수를 '볼 것이다.' '볼 것이다'가 반드시 예수의 재림을 가리킨다고 볼 필요는 없다. 왜냐하면 이 표현은 요한복음 16:16, 17, 19 등에서처럼 부활하신 주를 보는 것을 가리킬 수 있기 때문이다.[370]

8절 (여인들이 목격한 것을 알리고자 함) 여인들은 목격한 사실을 예수의 제자들에게 알린다. 당시 유대인들이나 로마인들에게 여인들은 적절한 증인으로 간주되지 않았기에, 여인들을 부활의 증인으로 제시하는 이야

---

367. Bock, 379. n.786 참고.
368. Collins, 796.
369. 양용의, 2010: 381.
370. Marcus, 2009: 1081.

기를 일부러 꾸며낼 이유가 없었다(Keener, 2009: 698-99).

9-10절 (예수께서 나타나심) 예수께서 여인들에게 나타나시자 여인들은 예수의 발을 붙잡고 경배한다. 유령은 발이 없다고 여겨졌으므로 마태복음에서 예수의 발이 언급된 것은 예수께서 유령이 아니심을 말하려는 의도와 관련된다고 보인다.[371]

예수께서는 "내 형제들에게 갈릴리로 가라 하라. 거기서 나를 보리라."고 말씀하신다. 여기서 '내 형제들'은 마태복음 12:48-50; 25:40의 용례를 통해서 볼 때 예수의 제자들을 가리킨다.[372] 부활하신 예수께서는 여전히 제자들을 '형제들'이라고 부르신다.

유대인들은 부활을 종말에 발생할 현상으로 기대하였기에, 예수의 부활이 역사 속에서 발생하였다는 것은 종말론적 시대가 도래하였음을 의미한다(Keener, 2009: 712).

19. 경비병들이 퍼뜨린 거짓 소문 (28:11-15)

예수의 부활을 보고받고도 거짓 소문으로 대응한 대제사장들은 하나님을 두려워하지 않는 불신앙의 극치를 보인다. 그들은 거짓 소문으로 하나님을 대적한다. 로마 군인들은 대제사장들과 장로들의 도움으로 처벌을 면하기 위해 그들이 시키는 대로 제자들이 예수의 시체를 훔쳐 갔다는 헛소문을 퍼뜨린다.

1. 번역

11 그들이 갈 때, 보라, 경비병 중에 몇몇이 도시로 들어가서 대제사장들에

---

371. DA, 1997: 669.
372. Hagner, 1995: 874.

게 일어난 모든 일을 알렸다. 12 그들이 장로들과 함께 모여서 의논하고 상당한 양의 은을 병사들에게 주며 13 말했다.

"그대들은 '그의 제자들이 밤에 와서 우리가 잘 때 그를 훔쳐 갔다.'고 말하시오.

14 이 일이 총독에게 들리면

우리가 [그를] 설득하여 그대들이 화를 입지 않도록 하겠소."

15 그들이 은을 받고 가르침 받은 대로 하였다. 그리하여 이 말이 유대인들 가운데 오늘[날]까지 퍼졌다.

2. 주해와 해설

11-13절 (대제사장들이 경비병을 매수함) 경비병은 일어난 사건을 대제사장들에게 보고한다. 대제사장들은 예수의 부활에 관하여 듣고서도 여전히 예수를 믿지 않는다. 그들이 예수가 십자가에서 내려오면 믿겠다고 한 말 (마 27:42)이 거짓임이 드러난다(DA, 1997: 671). 대제사장들은 경비병들에게 예수의 제자들이 와서 "우리가 잘 때에 그를 도둑질하여 갔다."고 소문을 내도록 했다. 자고 있었다면 무슨 일이 있었는지 알 수 없으므로 이것은 모순된 진술이다. 살아 있는 예수를 지키지 못한 제자들이 예수의 시체를 훔치기 위해 목숨을 걸었을 리도 없다.[373] 시체를 훔치는 것은 불경건하게 여겨졌을 뿐 아니라 사형에 해당했기 때문에,[374] 그들은 예수의 시체를 훔치고자 하지 않았을 것이다.

14절 (경비병을 보호하겠다고 함) 대제사장들은 경비병들의 총독의 처벌을 받지 않게 하겠다고 한다. 경비병들이 총독의 눈치를 보아야 하는 것

---

373. Keener, 2009: 713; DA, 1997: 672.
374. DA, 1997: 672; Keener, 2009: 713.

은 그들이 성전 수비대원들이 아니라 빌라도의 군인들이었음을 암시한
다.[375] 십자가에 처형된 죄수의 시체를 자다가 도둑맞은 군인이 처형 대신
자살을 택한 기록이 있기도 한 것을 볼 때,[376] 예수의 무덤을 지키던 군인
들은 처형당할 것을 걱정하였다고 추측된다.

대제사장들은 이러한 걱정을 하고 있는 병사들을 위하여 총독을 설득
하겠다고 한다. 마카비2서 10:20은 '은으로 설득하였다'는 표현을 담고
있는데, 대제사장들도 아마 돈을 사용하여 총독을 설득하고자 했을 것이
다(DA, 1997: 672).

15절 (거짓 소문이 퍼짐) 경비병이 퍼뜨린 소문은 널리 퍼졌다. 마태복음
은 "오늘날까지 유대인 가운데 두루 퍼지니라."고 하는데, '오늘날까지'는
사건이 발생한 시점과 저술 시점 사이에 시간적 간격이 있음을 암시하는
표현이다(Harrington, 410).

20. 부활하신 예수의 명령 (28:16-20)

18-20절에 기록된 예수의 말씀의 구조는 다음과 같이 분석될 수 있다.[377]

18b   모든 권세(πᾶσα ἐξουσία)를 받으신 예수

19-20a 예수의 명령

      1. 모든 민족(πάντα τὰ ἔθνη)을 제자 삼으라.

      2. 세례를 주라.

      3. 분부한 모든 것(πάντα ὅσα ἐνετειλάμην)을 가르치라.

20b   모든 날들 동안(πάσας τὰς ἡμέρας) 함께 계신다는 예수의 약속

---

375. Hagner, 1995: 877.

376. Keener, 2009: 714.

377. DA, 1997: 677.

16-20절은 모세를 연상시킨다. 산은 4:8; 5:1; 15:29; 17:1-2에서처럼 모세와 관련되는데, 예수의 공생애의 마지막 장면이 산인 것도 모세가 그의 생애를 산에서 마치는 점과 유사하다(DA, 1997: 679).

구약 성경의 27개의 위임 기사 중 5개의 경우에서, 하나님의 모든 명령을 준수해야 함이 언급되는데, 그중에서 4개의 경우(출 7:2; 수 1:7; 대상 22:13; 렘 1:7)는 70인역의 표현이 마태복음 28:20과 유사하다.[378] 위임 기사들 중에서 2개(신 31:23; 수 1:1-9)는 신적인 임재의 약속을 담고 있다(DA, 1997: 680).

여호수아 1:2은 '가라'고 하며, 7절은 모세가 명한 것을 지키라고 하고, 9절은 하나님의 임재를 약속한다.[379] 특히 예레미야 1:7-8은 '가다'(πορεύ-ομαι) 동사(7절)와 반복적인 '모든'(πᾶς)을 사용하고(7절), '명령하다'(ἐντέλλομαι) 동사를 사용하며(7절), 신적 임재를 표현할 때 '함께'(μετά)를 사용하는 점에서(8절) 마태복음 28:19-20과 유사하다(DA, 1997: 680). 마태복음 28:19-20은 가서, (새 모세로서의) 예수께서 명하신 것을 (모든 민족들에게) 지키도록 가르치라고 하며 예수의 임재를 약속한다는 점에서 예수의 경우는 모세의 경우와 유사하므로, 모세-예수 모형론을 담고 있다(DA, 1997: 680). 그런데, 마태복음이 언급하는 임재의 경우는 하나님의 역할을 예수께서 하시는 것으로 대체되므로 예수의 신성이 암시되고 있다.

1. 번역

16 열한 제자들이 갈릴리로 예수께서 그들에게 정해주신 산으로 갔다. **17**

---

378. DA, 1997: 679.
379. DA, 1997: 679.

그들이 그를 보고 경배하였는데, 어떤 이들은 주저하였다. **18** 예수께서 나아오셔서 그들에게 말씀하셨다.

"하늘과 땅의 모든 권세가 나에게 주어졌다.

19 그러므로 너희는 가서 모든 민족을 제자 삼으라.

그들에게 아버지와 아들과 성령의 이름으로 세례를 주어라.

20 내가 너희에게 명령한 모든 것을 그들이 지키도록 가르쳐라.

보라, 내가 세상의 종말까지 모든 날들 동안 너희와 함께 있을 것이다."

2. 주해

16절 (예수께서 지정하신 산에 모임) 열한 제자들은 예수께서 지정하신 산으로 간다. 예수께서 지정하신(ἐτάξατο) 산은 "예수께서 명령하신 산"(산상설교를 선포하신 산)을 뜻할 수 있다(DA, 1997: 681). 예수께서 모세 율법이 산에서 선포된 경우처럼 산에서 산상설교를 메시아의 율법으로 선포하셨다면, 동일한 산에서 제자들에게 자신이 명한 모든 것을 가르쳐 지키게 하라는 위임 명령을 주셨을 수 있다.

17절 (경배하는 자들과 주저하는 자들) 제자들은 예수를 만나 경배하는데 일부 주저하는 자들도 있었다. 개역개정판이 '아직도 의심하는 사람들이 있더라'로 번역한 부분(οἱ δὲ ἐδίστασαν)은 '그런데 그들은 주저하더라'로 번역해야 한다. 개역개정판이 '의심하다'로 번역한 단어(ἐδίστασαν)는 '의심하였다'보다는 마태복음의 용례상 '주저하였다'로 번역하는 것이 좋기 때문이다. 이 동사(διστάζω)는 마태복음 14:31에 한 번 더 사용되었는데 그곳에서도 '주저하다'라는 뜻으로 읽을 수 있다.[380]

---

380. Hagner, 1995: 884-85. 마 14:31에서 이 동사는 '믿음이 적은 자들아'라는 표현이 나오는 문맥에서 사용되어 믿음이 없는 상태보다는 믿음이 있기는 하지만 적으며,

주저한 사람들은 예수께 온 열한 제자 중 일부이다. '호이 데'(οἱ δὲ)는
'호이 멘'(οἱ μὲν)과 함께 사용되지 않을 경우에는 주어가 부분적으로 변
화됨을 뜻한다.[381] 그러므로 주저한 사람들은 예수께 나온 제자들 중에 일
부라고 볼 수 있다.

제자들은 예수를 보고 경배하였는데, 그중에는 경배하기를 주저하는
자들도 있었다.[382] 경배와 주저가 함께 동반될 수 있음은 믿음과 주저함이
동반된 것을 지적하는 마태복음 14:31을 통해서도 이해될 수 있다.[383]

18절 (예수의 권세) 예수께서는 "하늘과 땅의 모든 권세를 내게 주셨다."
고 하신다. 이 말씀은 예수의 정체를 알려 준다. 예수께서는 다니엘 7:13-
14에 나오는 인자 같은 분이다. 그분은 하늘 구름을 타고 하나님께 나아
와 모든 백성과 나라를 다스릴 "권세와 영광과 나라"를 받는다. 예수는 하
늘 구름을 타시는 신적인 존재이시며 그 통치권의 영역은 전 세계이다.
부활하신 예수께서 다니엘서 7장이 언급한 인자 같은 분처럼 모든 권세
를 받으심은 인자의 오심을 산헤드린 의회원들이 볼 것이라는 예수의 예
언(마 26:64)을 성취한 것이다.[384]

사형수로서 처형을 당한 예수께서 부활하시어 모든 권세를 받으심은
말단이 으뜸이 될 것이라는 예수 자신의 가르침을 몸소 실현한 예증에 해
당하는 측면도 있다(DA, 1997: 673).

19절 (예수의 명령) 예수께서는 "모든 민족을 제자로 삼으라."고 명하신
다. 이 명령은 예수께서 받으신 전 우주적 권세에 토대한다. 모든 민족을

주저하는 상태를 가리킨다.
381. DA, 1997: 682.
382. '호이 데'(οἱ δὲ)가 집단 중에 일부를 가리킬 수 있음은 마 26:67에서 확인된다(강대
　　훈, 하, 669).
383. 강대훈, 하, 669 참고.
384. DA, 1997: 683 참고.

다스릴 수 있는 권세를 전제하는 것은 다니엘 7:13-14의 내용과 일치한다. 예수께서는 모든 권세를 받았으므로 모든 민족의 메시아이다. 모든 민족을 제자 삼도록 하는 제자들의 사역은 아브라함을 통하여 모든 민족을 복되게 하는 예언(창 12:3)의 성취를 가져온다.[385] 이 구절은 마태복음 1:1이 예수를 아브라함의 자손으로 소개한 것을 연상시킨다(DA, 1997: 688).

'제자 삼으라'는 명령형으로 되어 있으므로, 문장 속에서 주된 명령이다. '가라,' '세례 주라,' '가르치라'는 이 명령을 수행하는 방식을 알려 주는 구체적 분부들이다. 분사 '가서'(πορευθέντες)는 명령의 뜻을 전달하므로, '가라'로 번역할 수 있다.[386] 70인역과 신약 성경, 특히 마태복음에서는 두 개의 명령형을 이어서 사용하기보다는 하나는 분사로 바꾸어 사용하는 것이 일반적이기 때문이다(Merkle, 2018: 21). 창세기 27:13에서 '가서 가져오라'(πορευθεὶς ἔνεγκε)는 히브리어 본문의 두 개의 명령형을 번역한 것이므로 "가라. 가져오라."를 뜻하는 표현이다.[387] 창세기 37:14의 '가서 보라'(πορευθεὶς ἰδὲ)도 히브리어 명령형 두 개 중에 하나를 분사로 번역한 것이다.

예수께서는 아버지와 아들과 성령의 이름으로 세례를 주라고 하신다. '~의 이름으로'(εἰς τὸ ὄνομα)는 헬라어 용례를 통해서 볼 때에는 "그들이 ~에 속하도록"이라는 뜻으로 사용된 듯하고, 랍비 문헌의 용례를 통해서 볼 때에는 "~와 관계 속으로 들어가도록"이라는 뜻으로 사용된 듯하다.[388] 그렇다면, 세례는 하나님, 예수, 성령과 (언약) 관계 속으로 들어가 언약 백성이 되기 위한 의식으로 볼 수 있다.

---

385. DA, 1997: 683.
386. Merkle, 2018: 21.
387. Merkle, 2018: 24-25.
388. DA, 1997: 685.

'아버지와 아들과 성령'은 예수를 하나님, 성령과 함께 나열하여 예수께서 신적인 존재임을 암시한다.[389] 세 분의 '이름'(ὄνομα)이 단수형으로 나온 것은 하나의 이름이 세 분에게 공유되는 것을 암시한다(DA, 1997: 685). 하나님께서 자신의 이름을 예수께 주심은 요한복음 17:11; 빌립보서 2:9 등에서도 볼 수 있다.[390]

20절 (예수의 모든 분부를 가르쳐 지키도록 하라) 예수께서는 자신이 가르친 모든 것을 가르쳐서 지키도록 하라고 분부하신다. "가르쳐 지키게 하라."는 행함이 제자도의 매우 중요한 측면임을 알려 준다. 행해야 하는 내용은 예수께서 분부한 모든 것이다. 산상설교를 비롯한 마태복음에 나오는 모든 가르침이 지키도록 가르쳐야 할 내용에 포함된다. 또한 예수께서 폐지하지 않고 완성하신다고 하신 구약 성경의 내용도 포함된다. 가르칠 내용은 이것들이며 가르침의 목적은 이것들을 지키도록 하는 것이다. 이러한 가르침이 이방인들을 포함한 '모든 민족'에게 지키도록 가르쳐져야 하므로, 예수께서 가르치신 내용을 이방인들이 지킬 필요가 없다고 할 수 없다. 또한 이것은 예수의 십자가 고난과 부활 이후에 주어진 명령이므로 십자가 부활 이후의 새 시대에는 예수의 가르침을 지킬 필요가 없다고 주장할 수도 없다. 예수의 가르침은 예수께서 재림하실 때까지 유대 그리스도인이든 이방 그리스도인이든 모두가 지켜야 하는 가르침이다.

예수께서는 "내가 세상 끝날까지 너희와 항상 함께 있으리라."고 약속하신다. '항상 함께 있으리라'는 말씀은 1:23의 임마누엘(우리와 함께 계신 하나님)과 수미상관을 이룬다.[391] 이 말씀은 예수께서 성령을 통해서 함께 계신다는 뜻으로 볼 수 있다. 마태복음의 부활하신 예수께서는 신약

389. Keener, 2009: 716-17.
390. DA, 1997: 686.
391. 양용의, 2018: 577; Harrington, 415.

성경 다른 곳에서 성령께서 하시는 일로 기록된 기능을 수행하신다 (Harrington, 415).

3. 해설

부활하신 예수께서는 하늘과 땅의 모든 권세를 하나님으로부터 받으시고 제자들에게 명령하신다(28:16-20). 그 명령의 핵심은 유대인들만이 아니라 이방인까지 모두 제자 삼으라는 것이다. 제자 삼는 방식이 함께 제시되었는데, 그것은 모든 민족에게 가는 것과 그들에게 아버지와 아들과 성령의 이름으로 세례를 주는 것과 예수께서 분부하신 모든 것을 그들에게 가르치는 것이다. 이러한 명령을 준행하는 제자들에게 예수께서는 세상 끝날까지 함께 하실 것을 약속하신다. 그러므로 마태복음을 비롯한 복음서에 담긴 모든 예수의 가르침은 유대 그리스도인만이 아니라 모든 그리스도인이 세상 끝날까지 가르침 받고 지켜야 할 그리스도의 법이다.

예수의 명령은 부활하신 후에 하신 것이므로 구약 시대에 속한 것이라고 할 수 없다. 이 명령은 신약 시대의 모든 성도들이 지켜야 하는 메시아의 명령이다. 이 명령은 예수께서 공생애 때 가르치신 모든 가르침을 지켜야 함을 분명히 한다. 그러므로 복음서에 기록된 예수의 가르침을 신약의 율법이라면서 폐지되었다고 주장할 수 없다. 예수께서는 자신의 가르침이 지킬 필요가 없는 율법이라고 간주하신 적이 없으며 오히려 그 모든 것을 신약의 백성들이 지켜야 하는 분부로 간주하셨다.

II. 참고 문헌

Bennett, W. J., ""The Son of Man Must ···'," *NovT* 17, 1975: 113-29.

Betz, Otto, "Dichotomized Servant and the End of Judas Iscariot (Light on the Dark Passages: Matthew 24:51 and Parallel: Acts 1:18)," *Revue de Qumran* 5, 1964: 43-58.

Bird, Michael F., "The Case of the Proselytizing Pharisees?: Matthew 23.15," *Journal for the Study of the Historical Jesus* 2, 2004: 117-37.

Blass, F. & A. Debrunner, *A Greek Grammar of the NT and Other Early Christian Literature*, trans. by R. W. Funk, Chicago: University of Chicago Press, 1961. (= BDF)

Bock, D. L., *Mark*, New Cambridge Bible Commentary, Cambridge: Cambridge University Press, 2015.

Bohnen, J., ""Watch How You're Eating': Judas and Jesus and Table Manners: An Intertextual Reading of John 13:26, Matthew 26:23 and Sirach 31:12-32:13," *Scriptura* 74, 2000: 259-83.

Boring, M. E., *Mark: A Commentary*, The New Testament Library, Louisville: Westminster John Knox, 2006.

Brewer, David Instone, "The Two Asses of Zechariah 9:9 in Matthew 21," *Tyndale Bulletin* 54, 2003: 87-98.

Brown, Scott G., "Mark 11:1-12:12: A Triple Intercalation?," *CBQ* 64, 2002: 78-89.

Carlson, Stephen C., ""The Jenny and the Colt' in Matthew's Messianic

Entry 1: Matthew 21:5 as a Reading of Zechariah 9:9 in Light of Mark 11:1-10," *CBQ* 81, 2019a: 62-84.

———, "'The Jenny and the Colt' in Matthew's Messianic Entry 2: Matthew 21:7 as a Reading of Mark 11:7 in Light of Zechariah 9:9," *CBQ* 81 2019b: 235-51.

Carroll, John T., *Luke*, The New Testament Library, Louisville, Kentucky: Westminster John Knox, 2012.

Carter, Edward J., "Toll and Tribute: A Political Reading of Matthew 17.24-27," *JSNT* 25 2003: 413-31.

Carter, Warren, "Are There Imperial Texts in the Class?: Intertextual Eagles and Matthean Eschatology as 'Lights out' Time for Imperial Rome (Matthew 24:27-31)," *JBL* 122, 2003: 467-87.

Collins, A. Y., *Mark*, Minneapolis: Fortress, 2007.

Combs, J. R., "A Ghost on the Water?," *JBL* 127, 2008: 345-58.

Dallas, J. Edward, "Matthew 16:28: The Promise of Not Tasting Spiritual Death before the Parousia," *Trinity Journal* 30, 2009: 81-95.

Danby, H., ed. & trans., *The Mishnah*, Oxford: Oxford University Press, 1933.

Davies, W. D. & D. C. Allison, *A Critical and Exegetical Commentary on the Gospel According to Saint Matthew*, vol.2, Edinburgh: T. & T. Clark, 1991.

———, *A Critical and Exegetical Commentary on the Gospel According to Saint Matthew*, vol.3, Edinburgh: T. & T. Clark, 1997.

DeBruyn, Lawrence A., "Preterism and 'This Generation'," *Bibliotheca*

Sacra 167, 2010: 180-200.

Derrett, J. D. M., "Law in the New Testament: The Syro-Phoenician Women and the Centurion of Capernaum," *NovT* 15, 1973: 161-86.

Donahue, J. R. & D. J. Harrington, *The Gospel of Mark*, Sacra Pagina Series 2, Collegeville, Minnesota: The Liturgical Press, 2002.

Doran, Robert, "The Parable of the Talents/Pounds: Apocalyptic Warning or Economic Critique?," *Biblica* 100, 2019: 527-42.

Dormandy, Richard, "Jesus' Cutting Irony: Further Understanding of Mark 11:17," *The Expository Times*, vol.114, 2003b: 333-34.

Edwards, J. R., *The Gospel According to Mark*, Grand Rapids: Eerdmans, 2002.

Esler, P. F., "The Incident of the Withered Fig Tree in Mark 11," *JSNT* 28, 2005: 41-67.

Evans, C. A., *Luke*, NIBC, Peabody: Hendrickson, 1990.

————, *Mark 8:27-16:20*, WBC 34B, Nashville: Thomas Nelson Publishers, 2001.

————, "Jewish Burial Traditions and the Resurrection of Jesus," *Journal for the Study of the Historical Jesus* 3, 2005: 233-48.

Finley, Thomas J., "'Upon This Rock': Matthew 16.18 and the Aramaic Evidence," *Aramaic Studies* 4, 2006: 133-51.

Finney, Paul Corby, "The Rabbi and the Coin Portrait(Mark 12:15b, 16)," *JBL* 112, 1993: 629-44.

Fitzmyer, J. A., *Essays on the Semitic Background of the New Testament*, Missoula: University of Montana, 1974.

France, R. T., *The Gospel of Mark*, Grand Rapids: Eerdmans, 2002.

Farnes, Alan Taylor, "Matthew's 'Thirty Pieces of Silver' (Matt 26,14-26) and the Price of a Slave," *Biblica* 100, 2019: 543-59.

Friedrichsen, Timothy A., "A Note on Και Διχοτομησει Αυτον (Luke 12:46 and the Parallel in Matthew 24:51)," *CBQ* 63, 2001: 258-64.

Fuhrmann, Justin, "The Use of Psalm 118:22-23 in the Parable of the Wicked Tenants," *Proceedings* 27, 2007: 67-81.

Furstenberg, Yair, "Jesus against the Laws of the Pharisees: The Legal Woe Sayings and Second Temple Intersectarian Discourse," *JBL* 139, 2020: 769-88.

Gibson, J., "Jesus' Refusal to Produce a 'Sign'(Mk 8.11-13)," *JSNT* 38, 1990: 37-66.

————, "The Rebuke of the Disciples in Mark 8.14-21," *JSNT* 27, 1986: 31-47.

Goodwin, Mark J., "Hosea and 'the Son of the Living God' in Matthew 16:16b," *CBQ* 67, 2005: 265-83.

Graham, Daryn, "Early Christian Understandings of the 'Abomination That Causes Desolation'," *The Reformed Theological Review* 74/3, 2015: 162-75.

Greeven, H. & E. Güting, *Textkritik des Markusevangeliums*, Theologie: Forschung und Wissenschaft 11, Münster: Lit, 2005.

Grindheim, Sigurd, "Ignorance Is Bliss: Attitudinal Aspects of the Judgment According to Works in Matthew 25:31-46," *NovT* 50, 2008: 313-31.

Guelich, Robert A., *Mark 1-8:26*, WBC 34A, Dallas: Word Books, 1989.

Gundry, R. H., *Mark*, Grand Rapids: Eerdmans, 1993.

Gurtner, Daniel M., "LXX Syntax and the Identity of the NT Veil," *NovT* 47, 2005: 344–53.

————, "Interpreting Apocalyptic Symbolism in the Gospel of Matthew," *Bulletin for Biblical Research* 22, 2012: 525–45.

Hagner, D. A., *Matthew 1-13*, WBC 33A, Dallas: Thomas Nelson, 1993.

————, *Matthew 14-28*, WBC 33B, Dallas: Thomas Nelson, 1995.

Hamilton, Catherine Sider, "'His Blood Be upon Us': Innocent Blood and the Death of Jesus in Matthew," *CBQ* 70, 2008: 82–100.

————, "The Death of Judas in Matthew: Matthew 27:9 Reconsidered," *JBL* 137, 2018: 419–37.

Harb, Gertraud, "Matthew 17.24-27 and Its Value for Historical Jesus Research," *Journal for the Study of the Historical Jesus* 8, 2010: 254–74.

Harrington, D. J., *The Gospel of Matthew*, Sacra Pagina Series 1, Collegeville, Minnesota: The Liturgical Press, 1991.

Harvey, A. E., "Eunuchs for the Sake of the Kingdom," *Heythrop Journal* 48, 2007: 1–17.

Haskell, Rob, "Matthew 17:24-27: A Religio-Political Reading," *Evangelical Review of Theology* 32, 2008: 173–84.

Hellerman, J. H., "Challenging the Authority of Jesus: Mark 11:27-33 and Mediterranean Notions of Honor and Shame," *JETS* 43, 2000: 213–28.

Henderson, I. H., "'Salted With Fire'(Mark 9.42-50)," *JSNT* 80, 2000:

44-65.

Hendriksen, W., 『마태복음』, 중, 이정웅 역, 개정판, 서울: 아가페, 2016.

─────, 『마태복음』, 하, 김경래 역, 개정판, 서울: 아가페, 2016.

Herron, Jr., R. W., "Mark's Jesus on Divorce: Mark 10:1-12 Reconsidered," *JETS* 25/3, 1982: 273-81.

Hooker, M. D., *The Gospel According to Saint Mark*, London: A. & C. Black, 1991.

Horvath, T., "Why was Jesus Brought to Pilate?," *NovT* 11, 1969: 174-84.

Hoskins, Paul M., "A Neglected Allusion to Leviticus 4-5 in Jesus's Words Concerning His Blood in Matthew 26:28," *Bulletin for Biblical Research* 30, 2020: 231-42.

Huizenga, Leroy Andrew, "Obedience unto Death: The Matthean Gethsemane and Arrest Sequence and the Aqedah," *CBQ* 71, 2009: 507-26.

Hurtado, L. W., *Mark*, NIBC, Peabody, MA: Hendrickson, 1983.

Jackson, H. M., "The Death of Jesus in Mark and the Miracle from the Cross," *NTS* 33, 1987: 16-37.

Johnson, L. T., *The Gospel of Luke*, Sacra Pagina Series 3, Collegeville, Minnesota: The Liturgical Press, 1991.

Johnson, Nathan C., "The Passion According to David: Matthew's Arrest Narrative, the Absalom Revolt, and Militant Messianism," *CBQ* 80, 2018: 247-72.

Keener, C. S., "Adultery, Divorce," *Dictionary of New Testament Background*, ed. by C. A. Evans & S. E. Porter, Leicester: IVP, 2000:

6-16.

───────, *The Gospel of Matthew*, Grand Rapids: Eerdmans, 2009.

Kim, Seon Yong(김선용), "Ancient Binding Spells, Amulets and Matt 16.18-19: Revisiting August Dell's Proposal a Century Later," *NTS* 62, 2016: 378-97.

Koester, H., "Mark 9:43-47 and Quintilian 8.3.75," *HTR* 37, 1944: 151-53.

Kunjanayil, Paul, "The Interconnection between the Emmanuel Theme and the Forgiveness of Sins Theme in the Gospel of Matthew," *Studia Biblica Slovaca* 13, 2021: 20-48.

Lampe, Peter, "Das Spiel mit dem Petrusnamen Matt. XVI. 18," *NTS* 25, 1978-79: 227-45.

Lane, W., *The Gospel According to Mark*, Grand Rapids: Eerdmans, 1974.

Lanier, Gregory R., "'From God' or 'from Heaven'?: ἐξ ὕψους in Luke 1,78," *Biblica* 97/1, 2016: 121-27.

Lerner, Berel Dov, "Untangling Σαβαχθανι (Matt 27:46 and Mark 15:34)," *NovT* 56, 2014: 196-97.

Llewelyn, S. R. & Gareth J. Wearne, Bianca L. Sanderson, "Guarding Entry to the Kingdom: The Place of Eunuchs in Mt. 19.12," *Journal for the Study of the Historical Jesus* 10, 2012: 228-46.

Loader, William R. G., "Did Adultery Mandate Divorce?: A Reassessment of Jesus' Divorce Logia," *NTS* 61, 2015: 67-78.

Loba-Mkole, Jean-Claude, "Beyond Just Wages: An Intercultural Analysis of Matthew 20: 1-16," *Journal of Early Christian History* 4, 2014: 112–

34.

Luz, U., *Das Evangelium nach Matthäus*, EKKNT 1/1, Zürich: Benziger, 1985.

Lyons-Pardue, Kara J., "A Syrophoenician Becomes a Canaanite: Jesus Exegetes the Canaanite Woman in Matthew," *Journal of Theological Interpretation* 13, 2019: 235-50.

Maclean, Jennifer K. Berenson, "Barabbas, the Scapegoat Ritual, and the Development of the Passion Narrative," *HTR* 100, 2007: 309-34.

Maier, Gerhard, 『마태복음』, 송다니엘 역, 서울: 진리의 깃발, 2017.

Marcus, J., *Mark 1-8*, The Anchor Bible, New York: Doubleday, 2000.

————, *Mark 8-16*, The Anchor Bible, New York: Doubleday, 2009.

Mays, J. L., "Is This Not Why You Are Wrong?," *Interpretation* 33, 2006: 32-46.

Meier, John P., "The Historical Jesus and the Historical Law: Some Problems within the Problem," *CBQ* 65, 2003: 52-79.

Menken, Maarten J. J., "The Old Testament Quotation in Matthew 27,9-10: Textual Form and Content," *Biblica* 83, 2002: 305-28.

————, "Striking the Shepherd: Early Christian Versions and Interpretations of Zechariah 13,7," *Biblica* 92, 2011: 39-59.

Merkle, Benjamin L., "The Meaning of Ἐκκλησία in Matthew 16:18 and 18:17," *Bibliotheca Sacra* 167, 2010a: 281-91.

————, "Who Will Be Left behind?: Rethinking the Meaning of Matthew 24:40-41 and Luke 17:34-35," *The Westminster Theological Journal* 72, 2010b: 169-79.

————, "Why the Great Commission Should Be Translated 'Go!' And Not 'As You Go'," *Southeastern Theological Review* 9/2, 2018: 21-32.

Mitchell, Matthew W., "Matthew 26:73 and the Case of the Disappearing Galilean Accent," *JBL* 139, 2020: 107-24.

Moses, Robert E., "Jesus Barabbas, a Nominal Messiah?: Text and History in Matthew 27.16-17," *NTS* 58, 2012: 43-56.

Mowery, Robert L., "Son of God in Roman Imperial Titles and Matthew," *Biblica* 83, 2002: 100-110.

Nadella, Raj, "The Ambivalent Pilate: Reverse Mimicry in Matthew's Gospel," *Bangalore Theological Forum* 45, 2013: 56-65.

Oakman, D. E., "Cursiung Fig Trees and Robbers' Dens Pronouncement Stories Within Social-Systemic Perspective Mark 11:12-25 and Parallels," *Semeia* 64, 1994: 253-72.

Osborne, Grant R., *Mark*, Teach the Text Commentary Series, Grand Rapids: Baker Books, 2014.

Owen-Ball, David T., "Rabbinic Rhetoric and the Tribute Passage(Mt. 22:15-22; Mk. 12:13-17; Lk. 20:20-26)," *NovT* 35, 1993: 1-14.

Pesch, R., *Das Markusevangelium,* II, Herders Theologischer Kommentar zum Neuen Testament, Freibrug: Herder, 1984.

Plummer, Robert L., "Something Awry in the Temple?: The Rending of the Temple Veil and Early Jewish Sources That Report Unusual Phenomena in the Temple around AD 30," *JETS* 48, 2005: 301-16.

Pokorný, P., "From a Puppy to the Child," *NTS* 41, 1995: 321-37.

Quarles, Charles L., "Μετὰ Τὴν Ἔγερσιν Αὐτοῦ: A Scribal Interpretation in Matthew 27:53?," *TC* 20, 2015: 1-15.

Razafiarivony, Davidson, "Exclusion of the Blind and Lame from the Temple and the Indignation of the Religious Leaders in Matthew 21: 12-15," *Journal of Biblical Theology* 1, 2018: 93-113.

Richardson, P., "Why Turn the Tables?: Jesus' Protest in the Temple Precincts," *SBL Seminar Papers*, 1992: 507-23.

Roitto, Rikard, "Reintegrative Shaming and a Prayer Ritual of Reintegration in Matthew 18:15-20," *Svensk Exegetisk Årsbok* 79, 2014: 95-123.

Safrai, S., "Home and Family," *The Jewish People in the First Century*, vol.2, ed. by S. Safrai and M. Stern, Compendia Rerum Iudaicarum ad Novum Testamentum, Section 1, Assen/Amsterdam: Van Gorcum, 1976: 728-92.

Sanders, E. P. & M. Davies, *Studying the Synoptic Gospels*, London: SCM, 1989.

Sanders, E. P., *The Historical Figure of Jesus*, London: Penguin, 1993.

Scott, James W., "The Misunderstood Mustard Seed: Matt 17:20b; Luke 17:6," *Trinity Journal* 36, 2015: 25-48.

Sepulveda, Anthony, "An Inquiry on the Pharisees' Search for Proselytes (Mt 23:15)," *Annales Theologici* 33, 2019: 91-117.

Shea, William H., "The Sabbath in Matthew 24:20," *Andrews University Seminary Studies* 40, 2002: 23-35.

Shuali, Eran, "Did Peter Speak Hebrew to the Servant?: A Linguistic Examination of the Expression 'I Do Not Know What You Are

Saying' (Matt 26:70, Mark 14:68, Luke 22:60)," *JBL* 136, 2017: 405–16.

Smillie, Gene R., "Jesus' Response to the Question of His Authority in Matthew 21," *Bibliotheca Sacra* 162, 2005: 459–69.

Snodgrass, K., *The Parable of the Wicked Tenants*, WUNT 27, Tübingen: Mohr, 1983.

Stein, R. H., *Luke*, NAC, Nashville, Tennessee: Broadman, 1992.

Stettler, C., "Purity of Heart in Jesus' Teaching," *JTS* n.s. 55, 2004: 467–502.

Story, J. Lyle, "Hope in the Midst of Tragedy (Isa 5:1-7; 27:2-6; Matt 21:33-46 Par)," *Horizons in Biblical Theology* 31, 2009: 178–95.

Strack, Herman L. & Paul Billerbeck, *Kommentar zum Neuen Testament aus Talmud und Midrasch*, vol.1, München: C.H. Beck, 1928. (= Str-B, 1)

Tanner, J. Paul, "The 'Outer Darkness' in Matthew's Gospel: Shedding Light on an Ominous Warning," *Bibliotheca Sacra* 174, 2017: 445–59.

Thiering, B. E., "'Breaking of Bread' and 'Harvest' in Marks Gospel," *NovT* 12, 1970: 1-12.

van Tine, R. Jarrett, "Castration for the Kingdom and Avoiding the Αἰτία of Adultery (Matthew 19:10-12)," *JBL* 137, 2018: 399–418.

Tönsing, Gertrud, "Scolding the 'Wicked, Lazy' Servant; Is the Master God?: A Redaction-Critical Study of Matthew 25:14-30 and Luke 19:11-27," *Neotestamentica* 53/1, 2019: 123–47.

Turner, David L., "Matthew 21:43 and the Future of Israel," *Bibliotheca*

Sacra 159, 2002: 46-61.

Yang, Yong Eui(양용의), "Picture of Peter in Matthew's Gospel: The Rock and Stumbling Stone," 『신약연구』 9, 2010: 1-42.

Weber, Kathleen, "Is There a Qumran Parallel to Matthew 24,51//Luke 12,46," *Revue de Qumran* 16/4, 1995: 657-63.

Wettlaufer, Ryan D., "A Second Glance at Matthew 27:24," *NTS* 53, 2007: 344-58.

Whitaker, Robyn, "The Tale of Two Feasts: The Use of Synkrisis in Matthew 14:1-21," *Australian Biblical Review* 69, 2021: 1-14.

Williamson, L., *Mark*, Interpretation: A Bible Commentary for Teaching and Preaching, Louisville: John Knox Press, 1983.

Witherington III, Ben, *The Gospel of Mark*, Grand Rapids: Eerdmans, 2001.

Wong, Eric Kun-Chun, "The Matthaean Understanding of the Sabbath: A Response to G N Stanton," *JSNT* 14, 1991: 3-18.

강대훈, "마태복음에 나타난 '하데스'와 '아뷔소스'' 의 개념과 하늘나라와의 관계에 대한 연구'," 『신약연구』 13/2 2014: 183-218.

──────, 『마태복음 주석』, 상권, 서울: 부흥과개혁사, 2019.

──────, 『마태복음 주석』, 하권, 서울: 부흥과개혁사, 2019.

김상훈, 『숲의 해석 마태복음』, 서울: 총신대학교출판부, 2007.

김창훈, "마태복음 27:53의 '예수의 부활 후에'에 대한 내본문적 연구," 『신약논단』 25, 2018: 1-36.

김태섭, "마태복음 22장 9절에서 'αἰ διέξοδοι τῶν ὁδῶν'의 해석," 『신약논단』 21, 2014: 895-924.

김학철, "너희 선생은 세금을 내지 않는가?': 마태복음 17:24-27에 나타
　　난 마태공동체의 납세와 로마 지배 체제,"『신약논단』 13, 2006:
　　601-29.

─────, "하늘나라 비유로서 달란트 비유(마 25:14-30) 다시 읽기: 주
　　인과 세 번째 종의 상호 평가 중 어느 것이 옳은가?,"『신약논단』 16,
　　2009: 5-39.

박성호, "초기 유대교의 출처로서의 복음서: 마태복음 18:10과 초기 유대
　　교의 천사 사상,"『한국기독교신학논총』 116, 2020: 71-104.

박윤만, 『마가복음』, 서울: 킹덤북스, 2017.

신현우, 『누가복음 어떻게 읽을 것인가』, 서울: 성서유니온, 2016.

─────, 『마가복음』, 한국신약해설주석 2, 서울: 감은사, 2021.

양용의, 『마가복음 어떻게 읽을 것인가』, 서울: 성서유니온, 2010.

─────, 『마태복음 어떻게 읽을 것인가?』, 개정판, 서울: 성서유니온,
　　2018.

이민규, "인지메타포(Cognitive Metaphor)의 이론적 관점을 통해 본 마태
　　복음의 빵-메타포와 의미 연구: 마태복음 14-15장을 중심으로,"『신약
　　논단』 22, 2015: 809-53.

이석호, 『하나님 나라 왕들의 행진곡: 마태복음 주해』, 서울: 킹덤북스,
　　2013.

이준호, "구조로 본 '최후 심판 비유'(마 25:31-46),"『신약연구』 6, 2007:
　　527-61.

정훈택, 『쉬운 주석 마태복음』, 서울: 그리심, 2007.